직업건강심리학

- 현대인의 일, 웰빙 그리고 조직문화 -

Jonathan Houdmont · Stavroula Leka · Robert R. Sinclair 편저
김경우 · 민승기 · 이상일 · 임호찬 공역

학지사

Contemporary Occupational Health Psychology:
Global Perspectives on Research and Practice, Volume 2
by Jonathan Houdmont, Stavroula Leka and Robert Sinclair

이 연구는 2018년 나사렛대학교 연구비로 일부 진행되었습니다.

역자 서문

역자들은 『직업건강심리학–현대인의 일, 웰빙 그리고 조직문화–』를 번역하면서 다음과 같은 사항들을 희망한다. 지난 60년간 대한민국은 세계사에 유례가 없는 압축 성장을 달성하였다. 2018년 대한민국 국민 1인당 GDP는 세계 29위로 32,775미국달러로 집계되어 있다(9위인 미국에 비해서 29,377달러, 25위인 일본에 비해서 8,074달러 적음; https://statisticstimes.com/economy/projected-world-gdp-capita-ranking.php). 실로 대단한 성취이다!

하지만 쉴 틈 없이 달려온 우리는 현재 전환기를 맞고 있다. 한국의 국민소득 증가 추이를 보면, 2006년에 2만 달러를 돌파($20,795)한 이후에, 12년이 지난 2018년에 3만 달러를 돌파($32,775)하였다. 2만 달러에서 3만 달러로 진입하는 데 걸린 시간으로 스위스가 2년, 독일과 일본 5년, 미국 9년, 영국 11년 등의 추세를 보였고, 한국보다 더 걸린 나라는 프랑스 13년, 캐나다가 15년이 소요되었다. OECD 회원국의 평균이 8.2년임을 고려해 볼 때 한국은 4년 정도 더 걸린 셈이다.

심리학적 관점에서 한국 경제를 볼 때, 시간당 인건비가 높은 고부가가치 산업으로의 변화 속도가 느린 것으로 보인다. 고부가가치 산업은 근본적으로 창의성을 필요로 하며, 긴 안목에서 연구 인력의 양성이 필요하다. 또한 경쟁국보다 더 매력적인 물건을 만들어야 하고, 더 친절한 인간적인 서비스를 제공해야 한다. 이 모든 일은 결국 인간이 하는 것이다. 이 책의 내용은 현재 한국 기업이 당면하였거나 곧 당면하게 될 선진국 기업들의 다양한 산업안전보건 이슈를 직업건강심리학의 관점에서 소개하고 있다. 선진국들도 지금 한국이 겪고 있는 조직 내 갑질, 일부 노동자들의 하는 척하는 업무태도, 능력보다는 인맥으로 진출하려는 근태 등의 다양한 현상을 이미 경험해 왔다.

심리학적 입장에서 기업 경쟁은 모든 조직원의 공동체 정신, 최상의 서비스 정신, 소비자들에게 봉사하는 기업이미지 등이 필수적이다. 결국 이런 사안들에 선제적으로 대응하고, 해결 방안을 모색하고 준비하는 기업이 지속 가능한 회사가 될 수 있을 것이다. 국내에서 처음 번역되는 직업건강심리학이 한국의 기업 CEO 및 안전보건관리자, 현장 노동자에게 미래를 준비하는 길잡이로 조금이나마 기여하였으면 하는 바람이다.

끝으로 이 책의 번역을 제안한 '한국산업안전보건공단'의 김경우 심리학 박사의 안목에 감사드리고, 이 책이 산업재해로 인한 사망률 세계 1위의 불명예를 해결하는 데 약간의 도움이 되기를 바란다. 또한 국내 기업에서 당장 필요성을 느끼는 주제는 아닐 수 있으나 긴 안목으로 이 책이 필요할 것이라고 판단하여 기꺼이 출판을 결정해 준 학지사 김진환 대표님에게도 감사를 드린다.

역자 대표 임호찬

편저자 서문

『직업건강심리학–현대인의 일, 웰빙 그리고 조직문화–』 제2권을 읽는 독자를 환영한다. 제1권은 연구자와 학생들에게 좋은 평가를 받았는데(2010년 출간), 제2권도 독자들이 현시대의 다양한 관심사를 이해하는 데 도움이 되기를 기대한다.

Wiley-Blackwell 출판사는 유럽직업건강심리학회(The European Academy of Occupational Health Psychology)와 미국의 직업건강심리학회(The Society for Occupational Health Psychology)를 대신해서 다음과 같은 목적으로 일련의 서적을 출간하려고 한다.

1. 직업건강심리학 분야에서 권위 있는 독자적인 자료들을 출판한다.
2. 전통적인 문헌에서는 찾아보기 어려운 진보된 연구자들의 신선한 실증연구를 출판한다. 특히 이러한 연구들은 전문가들의 현장 적용, 교육 및 훈련 프로그램의 개발에 응용될 수 있을 것이다.
3. 인용 빈도가 높은 국제 전문가들의 출간을 촉진한다.
4. 직업건강심리학의 연구자, 현장 종사자, 교육자, 학생들로부터 흥미를 끄는 최근 주제들을 포함시킨다.

유럽에서는 2014년에 제3권도 이미 출간되었다. 미래에 이 책의 저자가 될 수도 있는 기고자들의 문의는 언제든지 환영이다. 모든 원고는 다음과 같은 기준으로 평가됨을 밝혀 둔다.

1. 현대적인 관점에 따른 연구자, 교육자, 기업현장 관리자, 학생들의 원고
2. 문헌 검토의 적절성 및 강점
3. 개념적인 견고성
4. 방법론과 자료분석의 확고성(새로운 실증자료를 포함한 기고물)
5. 글쓰기의 수준
6. 실용성 있는 전문성을 포함

제2권의 모든 저자는 이 책이 산업현장 실무에 유용한 자원이 되기를 희망한다.

Jonathan Houdmont

Stavroula Leka

Robert Sinclair

차례

1장

조직정치와 직업건강심리학: 요구-자원 관점을 중심으로

Simon L. Albrecht
그리피스 대학교(Griffith University, 오스트레일리아)

Elin M. Landells
모나쉬 대학교(Monash University, 오스트레일리아)

… 정치적 관점이 파괴적이고 교묘한, 그리고 고유의 부정적 시각의 조직현상을 반영할 필요는 없다. 그러나 … 정치는 조직 생활의 단순한 사실 중 하나이다. 그리고 … 리더는 개인과 조직의 목적을 달성하기 위해 타인과 함께 그리고 타인을 통해서 일할 필요가 있다.

Ammeter 등(2002, p. 788)

조직정치와 직업건강심리학: 우리가 이미 알고 있는 것들

조직정치의 전반적인 현실은 연구의 관심이 되고 있다(Buchanan, 2008; Chang, Rosen & Levy, 2009; Hochwarter et al., 2010). 리더십과 경영, 팀, 그리고 조직적인 기능이 효율적으로 작동하기 위해서 연구자들과 현장전문가들이 조직정치의 현실에 대해 이해하는 것이 상당히 중요하다는 인식이 증가하고 있다(Kurchner-Hawkins & Miller, 2006; Pfeffer, 1992; Zanzi & O'Neill, 2001). 예를 들면, '사업장에서 개인의 목적과 조직의 목적을 위한 관심과 자원을 활성화하기 위해서는 비평적인 수준의 정치가 필요하다'는 부분에 대해서는 논쟁이 있어 왔다(Hochwarter et al., 2010, p. 757). 이는 리더와 관리자들이 전통적인 형태의 권한이나 통제방법을 소유하거나 요구하지 않을 수 있는 오늘날의 복잡한 조직 환경과 수평적인 조직 구조에서는 특히나 사실이다(Douglas & Ammeter, 2004).

선행연구에서 조직정치는 바람직하지 않은, 자기 잇속만 챙기는 위법적이고 승인되지 않는 행동이며 또한 조직에 역기능적 결과를 야기하는 행동으로 정의되어 왔다(예, Kiewitz, Restubog, Zagenczyk, & Hochwarter, 2009; Miller, Byrne, Rutherford, & Hansen, 2009). 약 30년 전에 Mintzberg(1983)는 조직정치를 '비공식적이고, 표면적이고, 지엽적이며, 일반적으로 분열을 초래하는, 그리고 무엇보다 기술적인 의미에서는 공식적인 권한과 수용된 이념에 의한, 또는 인증된 전문가에 의한 불법적인 행동'으로 정의했다(p. 172). 최근 Rosen, Chang, Johnson과 Levy(2009)도 조직정치를 '자기 잇속을 챙기는, 불법적인, 그리고 때로는 조직이나 구성원에게 해로운 활동'이라고 정의했다(p. 203). 주목할 점은 조직정치가 뒤에서 험담하기, 자체승진, 그리고 아부나 아첨과 같은 행동으로 특징지어져 왔다는 점이다(Ferris et al., 2002; Gandz & Murray, 1980).

이러한 전반적인 부정적 개념들과 정의, 그리고 이와 관련되는 조직정치의 방법 때문에 조직정치가 개인과 조직의 결과 전반에 부정적인 영향을 미친다는 점은 놀라운 일이 아니다. 지난 20년간 수행된 59개의 연구를 대상으로 수행한 Miller, Rutherford와 Kolodinsky(2008)의 메타분석에서 조직정치는 직무스트레스($r=0.45$), 실수 경향성($r=0.44$)과 상당히 강력한 긍정적인 관련성이 있음을 언급하였으며, 조직정치와 직무만족($r=-0.45$), 그리고 조직적 몰입($r=-0.41$) 간에는 부정적 관련성이 있음을 언급하였다. 70개의 연구를 대상으로 수행한 Chang, Rosen과 Levy(2009)의 메타분석에서는 조직정치가 심리적 긴장($\beta=0.48$)과 노동자의 사기($\beta=-0.57$)와도 관련이 있음을 보여 주었다. 전반적으로 이러한 연구들은 조직정치가 주요 직업건강심리학적 결과에 부정적인 영향을 미칠 수 있으며, 결과적으로 개인, 팀, 그리고 조직에도 부정적 영향을 미칠 수 있다는 점을 분명하게 제안한다.

대부분의 연구자가 조직정치에 대한 부정적 개념과 측정방법들을 이용하였음에도 불구하고, 많은 연구자와 평론가는 조직정치의 긍정적이고 기능적인 측면에 대한 인식을 요구하고 있다(Albrecht, 2006; Liu, Liu, & Wu, 2010; Vigoda & Cohen, 1998). 이러한 연구자들은 조직정치에 대한 긍정적인 면과 부정적인 면 모두가 있을 수 있으며, 정치가 조직 변화와 조직 의사결정에 중요한 역할을 할 수 있다는 점을 주장한다. 그러나 조직정치의 기능적인 또는 긍정적인 측면을 확인하고 보다 균형적인 접근을 위한 연구는 상당히 제한적이었다(Drory & Vigoda-Gadot, 2010; Gotsis & Kortezi, 2010).

이 장에서 우리는 조직정치의 기능적이고 긍정적인 측면을 이해할 수 있는 6가지 중요한 질문과 제안을 하고자 한다. 물론 연관되는 다양한 사안이 있으나, 연구자와 현장전문가들이 조직정치와 관련되는 직업건강심리학의 함의를 이해하고 관리하는 데 도움이 되는 주요 영역들에 초점을 두고자 한다.

주요 질문은 다음과 같다.

1. 조직정치가 긍정적인 측면과 부정적인 측면, 양쪽 모두에서 개념화되어야 하는가?
2. 어떻게 조직정치를 정의해야 하며 핵심 특징과 차원은 무엇인가?
3. 어떠한 이론적인 모델, 이론 그리고 체계가 조직정치의 현상과 영향력을 설명하는 데 도움이 될 수 있는가?
4. 어떻게 조직정치를 측정하는가?
5. 실무적인 수준에서 조직정치의 최적화를 위한 최선의 개입은 무엇인가?
6. 과학과 현장실무로 나누어진 것을 연결하기 위한 미래 연구의 핵심 영역은 무엇인가?

1 조직정치가 긍정적인 측면과 부정적인 측면, 양쪽 모두에서 개념화되어야 하는가

어떻게 조직정치가 개념화되어야 하는가에 대해서는 상반되는 관점이 있다. 예를 들어, Dipboye와 Foster(2002)는 조직정치의 개념화에 대한 15가지의 서로 다른 방식에 주목했으며, 이러한 개념화 대부분이 조직정치를 부정적인 것으로 보고 있다. 그러나 Kurchner-Hawkins와 Miller(2006)는 정치에 대한 전반적인 부정적 관점들이 '정치적 행동이 조직 내에서 얼마나 미묘하고 다양하게 일어나는지, 그리고 이것이 조직의 성과 달성에 어떻게 공헌하는지 등에 대한 다양한 이해 가능성을 감소시킨다'고 주장했다(p. 347). Kurchner-Hawkins와 Miller는 조직정치를 '힘의 운동' 그리고 '공식적인 조직 내의 과정과 절차 밖에서 주로 발생하는 영향력'으로 정의했으며(p. 331) 또한 '조직정치가 어떻게 발생되는지에 따라서 긍정적이거나 또는 부정적일 수도 있는 중립적 개념'임을 제안했다(p. 331).

조직정치가 긍정적일 수도 또는 부정적일 수도 있으며 그리고 조직정치가 개인, 팀 그리고 조직의 성과에 긍정적 기능과 부정적 기능을 야기할 수 있다고 주장하는 연구자 및 현장전문가에게 동의한다. 사실 연구와 실무의 구분이 암시하듯이, Buchanan(2008)의 연구에서 250명의 관리자 중 53%는 정치가 조직 효율성에 긍정적 공헌을 하고 있다고 응답하였다는 점에서 관리자는 정치가 부정적이고 자기 잇속만을 챙기는 것으로 인식하지 않는다는 점을 제안한다. 비슷한 맥락으로 Butcher와 Clarke(2003)도 개인적 이해관계와 조직적 이해관계, 이 두 가지 모두를 가능케 하는 행동 관련 사례들이 있을 수 있다고 제안했다. 즉, 중요한 기술적 혁신을 성공적으로 이끄는 것은 생산성 증가와 같이 조직에 이익을 가져올 수 있으며, 이는 조직의 전망이 밝아지고 프로젝트 리더가 더 좋은 승진 기회를 얻을 수 있는 등의 이점이 있을 수 있다. 또한 일반적으로 개인과 조직의 목적 달성을 위해 이용된 '긍정적 정치'(Hochwarter et al., 2010)는 긍정적 감정과 성취감 등의 생산적 결과를 야기할 수도 있으므로 이것은 긍정적 직업건강심리학과 조직적인 성과가 연관되는 것을 의미하는 것이기도 하다. 예를 들어, Madison 등(1980)은 조직정치는 일을 다 마친 것 같은 느낌, 한층 높은 수준의 의사결정 느낌, 그리고 더 나아진 의사소통이 이루어지는 느낌 등을 유발할 수 있다고 언급했다. 또한 Buchanan(2008)은 정치가 유용한 관계에 대한 네트워크를 만들고, 계획을 지원하며, 그리고 목적을 달성하는 데 이용될 수 있다고도 결론지었다. 우리의 질적 예비연구는 조직정치의 긍정적인 성과가 현재 상황을 넘어서 앞으로 나아가기 위해 조직에서 의사소통과 생산성의 증가, 보다 나은 투명성, 유연성 및 혁신의 증가 그리고 증가된 재능을 포함하고 있음을 제안한다. 전반적으로 이론과 연구 결과들은 다음과 같은 첫 번째 제안을 한다.

제안 1: 연구자와 현장전문가는 조직정치가 긍정적이며 동시에 부정적일 수 있다는 점과 이것이 개인, 팀, 조직의 성과에 기능적인 결과와 역기능적인 결과를 야기할 수 있다는 점을 인지할 필요가 있다. 정의, 측정방법 그리고 연구모델은 이러한 조직의 현실을 수용할 필요가 있다.

2 어떻게 조직정치를 정의해야 하며 핵심 특징과 차원은 무엇인가

다양하고 상충되는 조직정치의 정의와 개념을 선행연구에서 찾아볼 수 있다. 최근 Drory와 Vigoda-Gagot(2010)은 조직정치의 다양한 정의에서 "이 개념이 과도기적이고 지속적인 논쟁 가운데 있다"는 점을 제안한다는 것을 확인했다 (p. 195). 오늘날의 복잡하고 역동적인, 그리고 더욱 수평적인 조직 맥락의 현실을 반영하여 조직정치를 정의할 수 있는 최선의 방법은 무엇인가?

최근 직업건강심리학과 긍정 조직행동에 대한 관심이 증가하는 것처럼 (Bakker & Schaufeli, 2008; Luthans & Youssef, 2004, 2007) 우리는 제안 1과 같이 조직정치가 긍정적 측면과 부정적 측면 그리고 중립적 측면 모두를 수용할 수 있는 방식으로 정의될 필요가 있다는 점을 제안하고자 한다. 또한 조직정치와 관련하여 불안이나 몰입, 결핍 같은 부정적 직업건강심리학 결과가 지속적으로 나타났듯이 긍정적 기분(Albrecht, 2006), 직무 관여(Ferris & Kacmar, 1992), 참여(Albrecht & Wilson-Evered, 출간 예정), 혁신(Pfeffer, 1992), 성과(Rosen, Levy, & Hall, 2006)와 같은 긍정적 직업건강심리학의 결과 또한 수용될 필요가 있다.

조직정치의 차원과 관련해서 대부분의 저자는 정치가 영향력과 권력에 연관된다는 점에 동의해 왔다(Block, 1987; Drory, 1993; Mintzberg, 1983; Pfeffer, 1992). 우리는 조직 의사결정, 자원 분배, 조직 목적에 영향을 미치기 위해서 공식적 · 비공식적인 모두를 포함하는 힘과 영향력, 네트워크, 관계, 그리고 지식을 사람들이 전략적으로 사용한다는 점에 대해 전반적인 동의가 이루어지는 곳에서 조직정치가 두드러질 수 있을 것이라는 점을 제안한다. 이전의 조직정치에 대한 정의와 달리 비공식적인 과정(Chang, Rosen, & Levy, 2009; Mintzberg, 1983; Pfeffer, 1981), 승인되지 않은 행동(Mintzberg, 1983; Vredenburgh & Shea-VanFossen, 2010), 또는 인상관리(Fedor, Ferris, Harrell-Cook, & Russ, 1998)가 조직정치에 반드시 필요한 차원이라고 보지 않는다. 예를 들어, 정치에 대한 인식이 의사결정과 자원 분배에 영향을 미치는 비공식적인 절차와 '겉돌며 일하는 것'(Kurchner-Hawkins & Miller, 2006)에 강력한 연관성이 있다는 것에 동의하는 반면에, 노동자 또는 관리감독자가 그들의 업무분장에 분명하게 정의된 일에만 종사해야 하는 것과 같이 엄격하고 정형화된 '규칙을 준수하는' 제도가 조직정치의 한 형태로 동등하게 고려될 수도 있다는 점을 주장하는 것이다. 비공식적인 절차보다는 규칙을 준수하는 것이 조직성과에 영향을 미치는 권력, 영향력, 네트워킹, 관계와 지식의 사용과 연관이 있음에도 불구하고, 규칙을 준수하는 것은 기존의 공식화된 규칙과 규정, 그리고 책임감을 엄격하게 고수한다는 점을 가정하는 것이기도 하다.

Maslyn과 Fedor(1998)는 개인의 경험이 동료 또는 관리감독자와의 경험 같은 직접적인 작업 맥락에 있는지, 팀 단위와 같은 더 넓은 집단 경험에 있는지, 또는 조직 분위기와 문화에 대한 노동자의 귀인과 같은 조직적 수준에 있는지 등에 따라 개인은 정치를 서로 다르게 경험한다고 주장했다. 그리고 각 수준을 넘나드는 서로 다른 인식은 서로 다른 태도 및 행동과 연관이 있다는 것을 보여 주었다. Fedor, Maslyn, Farmer와 Bettenhausen(2008)은 이러한 '분석 수준'에 대한 논쟁이 조직정치의 긍정적이고 부정적인 개념에도 동일하게 적용될 필요가 있다고 주장했다. 중요한 점은 조직정치가 긍정적이든, 부정적이든 또는 중립적이든지 간에 조직 분위기와 같은 조직 수준에서 가장 잘 개념화될 수 있으며 '공유된 지각'이라는 용어와 관련해서 이해될 수 있다는 것이다. 이처럼 조직의 정치적 분위기에 관한 노동자의 공유된 지각이라는 용어로 정의되는 조직정치는 그 본질과 범위의 진단부터 어디서, 어떻게 개입할 것인지에 대한 실질적 발판을 제공한다.

조직정치가 작동하는 데 필요한 조직적 맥락의 본질은 조직정치를 정의하고 이해하는 것에 대한 중요한 쟁점이며 조직정치의 정의에서 분명하게 인정되지 않고 있는 또 다른 쟁점이다. Aristoteles를 비롯한 다른 연구자들 이래로 조직정치는 애매모호함, 갈등 및 경쟁적 이해관계의 조건하에서 번창하는 경향성이 있다는 점을 이미 인정하고 있으나 조직정치의 선행연구에서는 이러한 조건을 받아들여야 한다는 점에 대해서 인정되지 않고 있다. 마치 조직 신뢰에 대한 개념화와 경험이 '불확실함 또는 위험'을 미리 예상하는 것처럼(Albrecht, 2002), 조직정치 역시 중요하게 보이기 위해서 불확실함, 애매모호함, 경쟁적 이해관계, 또는 혼란 등을 요구한다. 사실 조직정치가 좀 더 이목을 끌기 위해서는 개인, 팀 그리고 조직이 원하는 성과에 대한 의견 불일치 또는 경쟁적 관점, 그리고 성취해야 하는 수단 등이 필요하다. 경쟁적인 이해관계가 없고 의사결정의 유연성이 없는 조직기능의 조건하에서 조직정치는 제한된 역할만을 할 것이다.

요약하자면, 조직정치의 기능적이며 긍정적 차원에 대한 인식의 필요성과 일관되는 맥락으로 앞의 논쟁들은 다음과 같은 두 번째 제안을 한다.

제안 2: 조직정치는 의사결정, 자원 분배, 그리고 개인, 팀, 조직의 목적 달성에 있어서 (공식적인, 비공식적인) 권력과 영향력, (불확실함, 애매모호함, 또는 경쟁적 이해관계하에 있는) 네트워크, 관계, 그리고 지식의 전략적이고 전술적인 사용에 대한 공유된 지각으로 정의된다.

3 어떠한 이론적 모델, 이론 그리고 체계가 조직정치의 현상과 영향력을 설명하는 데 도움이 될 수 있는가

조직정치 지각 모델(the Perceptions of Organizational Politics Model: POPM)은 정치에 대한 인식을 이해하는 데 가장 많이 참고된다(Chang, Rosen, & Levy, 2009). POPM은 Ferris, Russ와 Fandt(1989)에 의해 처음 제안되었으며, 이후 Ferris 등에 의해 발전되었다(Ferris & Kacmar, 1992; Ferris et al., 2002; Kacmar & Carlson, 1997). 이 모델은 정치의 선행요인, 조절요인 그리고 결과요인을 구분한다. 선행요인은 집중화와 정형화 같은 조직적 영향, 경력 개발, 책임감과 같은 직무와 작업환경 영향, 그리고 긍정적 정서, 마키아벨리즘(Machiavellianism)[1]과 같은 개인적 영향의 3가지 영역으로 구분된다. 조절요인에는 지각된 통제감, 이해, 그리고 정치적 행동이 포함되며(Harrell-Cook, Ferris & Dulebohn, 1999), 결과요인에는 낮은 직무만족도, 높은 직무 불안, 낮은 조직 몰입, 그 외 다른 부정적 결과들이 포함된다(Ferris et al., 2002).

유의한 수준의 다양한 경험적인 근거가 POPM을 지지하고 있으나(Byrne, Kacmar, Stoner, & Hochwarter, 2005; Cropanzano, Howes, Grandey, & Toth, 1997; Ferris et al., 1996), 비평가들은 POPM이 강력한 이론적 근거를 가지고 있지 않으며 구성 요소가 어떻게 연관성을 가지는지에 대한 명확한 설명이 없다는 점을 지적했다(Chang, Rosen, & Levy, 2009). 게다가 Ferris 등(2002)의 모델은 주로 조직정치의 부정적인 영향에만 초점을 맞추고 있어 조직정치를 긍정적으로 동기화하는 차원에 대해서는 충분한 설명이 되지 않는다. 그리고 이것은 선행요인과 결과요인에만 연관되어 있다. 또한 직무 요구-통제-지지 모델(Job Demand-Control-Support Model)과 같은 포괄적 범위의 모델과 달리(Johnson & Hall, 1988; Karasek, 1979), POPM은 상당히 좁은 범위에서 조직정치에 초점을 맞추고 있으며 연관되는 선행요인과 결과요인 역시 마찬가지이다. 조직적 자원, 절차적 정당성, 조직 분위기와 같은 다른 중요한 조직 변인들과 조직정치 간의 복잡한 관

1) 역자 주: 목적을 위해 수단을 가리지 않는 것을 말한다(두산백과).

계를 설명하기가 쉽지는 않은 것 같다. 우리는 조직정치가 좀 더 포괄적인 모델 또는 법칙적 관계 내에 있는 많은 요소 중의 하나로 유용하게 고려될 수 있으며, 조직, 직무, 그리고 개인적 자원과 요구의 광범위하면서도 핵심적인 범위와의 관계를 충분히 설명할 수 있다고 주장한다.

그렇다면 어떠한 이론적 관점이 현재의 조직정치와 직업건강심리학적 연구, 그리고 현장 적용의 발전에 도움이 되는가? 우리는 몰입 관련 선행연구에서 가장 널리 언급되는 이론적 체계인(Bakker, Albrecht, & Leiter, 2011) 직무 요구-자원 모델(Job Demands-Resources model: JD-R; Bakker & Demerouti, 2007)이 직업건강심리학적 맥락에서 조직정치의 지각과 결과를 이해하는 데 유용하게 적용될 수 있을 것이라고 제안하고자 한다. 직무 요구-자원 모델은 자기효능감과 같은 개인적 자원과 자율성과 같은 직무특성의 범위가 긍정적으로 동기화되는 양질의 자원으로서 어떻게 기능하는지, 그리고 몰입, 역할 내 성과, 역할 외 성과, 창의성, 그리고 재정 수입과 같은 자연스러운 긍정적 조직성과와 몰입을 야기하는 자원으로서는 어떻게 기능하는지를 설명한다(Demerouti & Cropanzano, 2010; Halbesleben, 2010). 한편, 직무요구는 소진, 결근 그리고 실수와 같은 부정적 직업건강심리학과 조직성과를 야기하는 건강장애 과정과 연관이 있다. 중요한 점은 직무 요구-자원 모델은 자원 관련 요인들이 성과에 있어서 요구 관련 요인의 부정적 영향을 어떻게 완충할 수 있는지(Bakker, Demerouti, & Euwema, 2005; Xanthopoulou, Bakker, Demerouti & Schaufeli, 2007), 그리고 몰입에 실질적 영향을 미치기 위해 개인과 직무자원의 최소한의 요구 수준과 같은 요구 관련 요인과 자원 관련 요인 간의 상호작용이 어떻게 나타나는지 설명할 수 있다는 점이다.

최근 Albrecht와 Wilson-Evered(출간 예정)는 자율성, 기술 활용, 관리감독자 지원, 그리고 훈련과 개발 기회와 같은 '하위의' 직무 수준의 자원과 고위층 리더십, 조직 분위기, 조직 지원, 인적자원관리 정책과 같은 '상위의' 조직 수준의 자원을 명백하게 구분함으로써 직무 요구-자원 모델 확장이 유용할 수 있다는 것을 주장했다. 다른 연구자들처럼 Albrecht와 Wilson-Evered도 직무 요구-자원 모델의 요구 관련 요인을 '도전적 요구'와 '방해 요구'로 나눌 수 있다는 점을 제안했다(Crawford, LePine, & Rich, 2010; Demerouti & Bakker, 2011; Podsakoff, LePine, & LePine, 2007; Van den Broeck, De Cuyper, De Witte, & Vansteenkiste, 2010). 부정적으로 형성된 조직정치는 '방해 요구'로 개념 지어질 수 있을 것이며 긍정적으로 형성된 조직정치는 '도전적 요구'로 개념 지어질 수 있을 것이다.

직무 요구-자원 모델을 통해 더욱 정교해진 조직정치 모델([그림 1-1])은 긍정적인 조직정치를 포함하는 도전적 요구가 어떻게 몰입을 유발하는지 그리고 부정적인 조직정치를 포함하는 방해 요구가 어떻게 소진을 야기하는지를 보여 준다. 부정적 정치와 불안과 소진 등의 부정적 직업건강심리학 결과 사이의 관련성이 높다는 것은 예전부터 주목받고 있는 사실이다. 긍정적 조직정치가 몰입을 야기한다는 주장을 지지하는 것과 관련해서 우리는 긍정적 조직정치 행동이 '직무 크래프팅(job crafting)'과도 유사하다고 주장한다(Bakker, 2010). 조직정치에 대한 앞의 언급처럼 Tims와 Bakker(2010)는 직무 크래프팅이 구조적 또는 사회적 직무자원의 증가, 직무요구/도전의 증가, 또는 직무요구의 감소를 위한 적극적인 행동을 형성할 수 있다고 주장했다. 유사하게도, 영향력, 네트워크, 그리고 지식의 실행을 통한 긍정적 조직정치 역시 자원 확장, 개인과 조직적 도전의 충족, 그리고 개인과 작업 집단에 부여된 요구 수준의 영향 등을 추구한다. 몰입이 도전적이고 풍부한 자원이 있는 환경에서 주로 나타난다는 것을 보여 준 다수의 선행연구를 고려해 볼 때(Bakker & Bal, 2010; Demerouti & Cropanzano, 2010), 긍정적 정치가 긍정적 동기부여 과정에 유사하게 기여할 수 있으며 몰입을 야기할 것이라고 제안할 수 있다.

또한 직무 요구-자원 모델은 심리적 자산 등의 개인적 자원이 몰입에 어떠한 영향을 미치는지(Sweetman & Luthans, 2010), 만족, 몰입, 그리고 웰빙 등의 직업건강심리학과 연관되는 결과에는 어떻게 영향을 미치는지 설명할 수 있다. Halbesleben(2010)의 메타분석은 개인적 자원이자 심리적 자산의 구성 요소인 자기효능감과 몰입 사이의 높은 연관성을 보여 주었다. [그림 1-1]에서 볼 수 있듯이, 우리는 정치 기술이 몰입에 영향을 미치는 조직자원과 직무자원, 요구의 범위, 그리고 개인적 자원으로 개념 지어질 수 있다고 주장한다. 정치 기술은 '일

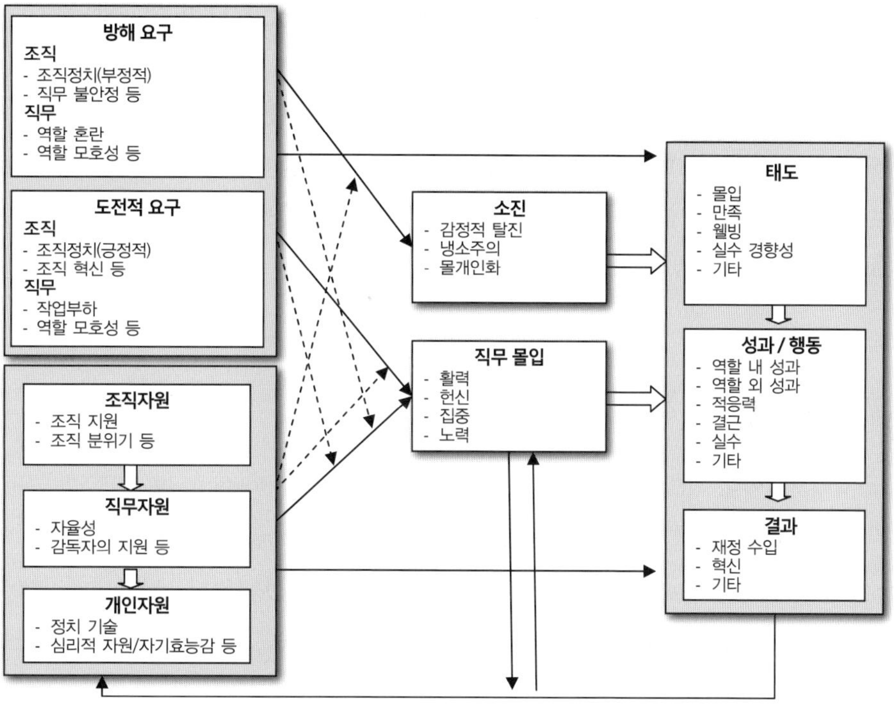

[그림 1-1] 조직정치를 통합하는 직무 요구-자원 모델

주의: 점선 화살표는 조절관계(moderated relationships)를 나타낸다.

과 관련하여 타인을 효율적으로 이해하는 능력 그리고 개인과 (또는) 조직 목적을 향상시킬 수 있도록 타인의 행동에 영향을 미치는 지식 이용능력'으로 정의되어 왔다(Perrewé et al., 2004, p. 142). 그러므로 개인적 자원의 하나인 정치 기술은 조직정치와 같은 작업장 스트레스 요인의 부정적 결과로부터 개인을 보호하는 완충 역할을 할 수 있으며(Herrell-Cook, Ferris, & Dulebohn, 1999), 개인이 가진 에너지를 확장하고, 개인과 조직이 원하는 성과의 성취를 위해 자원을 이용하는 것도 가능하게 한다.

요약하자면, Chang, Rosen과 Levy(2009) 그리고 Ferris와 Hochwarter(2011)가 강조했듯이, 조직정치 지각의 형성과 조직성과의 관계를 이해하기 위해서는 통합적 이론 접근이 필요하다. 정교한 직무 요구-자원 모델이 조직정치의 긍정적이고 부정적인 차원, 그리고 그 결과 모두를 수용할 수 있다고 생각한다.

> 제안 3: 조직정치의 부정적이고 긍정적인 개념 모두를 위해서는 포괄적 이론체계가 필요하다. 여기서 제안된 요구-자원 모델은 조직적 수준과 직무적 수준, 그리고 개인적 자원, 도전, 스트레스 요인에 대한 요구를 모델링할 수 있다. 이것이 조직정치와 그 결과를 이해하고 관리하는 데 유용한 체계를 제공할 것이다.

4 어떻게 조직정치를 측정하는가

조직정치 지각 척도(the Perceptions of Organizational Politics Scale: POPS)는 가장 널리 이용된 조직정치 측정도구이다. 이 척도는 Kacmar와 Ferris(1991)에 의해 개발되었으며 Kacmar와 Carlson(1997)의 의해 개선되었다. Miller 등(2009)은 POPS를 '정치 지각을 위한 척도의 실질적 기준'이라고 하였으며, 이 척도를 이용한 95개의 사례를 포함하여 75개의 경험적 연구를 확인한 바 있다. POPS는 '일반적인 정치 행동' '성공을 위한 지속성', 그리고 '급여와 승진'과 같은 3가지 하위차원으로 구성된다. 하위차원과 전체 척도의 일관성 있는 신뢰도가 보고되었으나(Andrews & Kacmar, 2001; Cropanzano et al., 1997; Kiewitz et al., 2009), POPS의 요인 분석에서는 일관적이지 않은 결과들이 나타났다(Fedor et al., 1998; Nye & Witt, 1993). 그리고 POPS의 차원은 여전히 완전하지 않은 것으로 남아 있다. POPS의 부정적 편향에 대한 예시를 몇몇 문항에서 찾아볼 수 있다. 예를 들면, '이 조직의 사람들은 동료들을 비방함으로써 자신을 발전시키고자 한다', 그리고 '타인이 듣기 원하는 것을 말하는 것이 때로는 진실을 말하는 것보다 낫다'와 같은 문항들이다. 조직정치가 전통적으로 어떻게 측정되어 왔는지를 반영하여, Fedor와 Maslyn(2002)은 다음과 같이 결론지었다.

> 조직 연구자인 우리의 관심을 사로잡는 측정수단이 없는 것이 어느 정도 익숙한 상태이다. 정치 행동에 대한 긍정적 측면과 부정적 측면 모두를 경험적으로 조사할 때, 현재 이용 가

능한 척도의 대부분이 부정적 편향을 반영하고 있다는 사실 때문에 우리는 단지 한 가지 측면만을 평가한다(예, Kacmar & Ferris, 1991). 그리고 이 시점에서 정치가 조직 변화의 하나로서 이러한 긍정적 역할을 한다는 것을 확인하기란 상당히 어렵다. (p. 273)

일반적으로, 조직정치의 긍정적 측면은 '사실상 연구되지 않은' 것으로 설명되어 왔다(Ferris et al., 2002, p. 219).

Fedor 등(Fedor & Maslyn, 2002; Maslyn, Fedor, Farmer, & Bettenhausen, 2005; Fedor et al., 2008)은 긍정적 정치 지각과 부정적 정치 지각 모두를 측정할 수 있는 도구를 개발하고자 노력한 몇 안 되는 연구자들이다. Fedor 등은 긍정적 정치와 부정적 정치에 대한 지각을 평가할 수 있는 20문항의 척도를 개발했으며, 개인, 집단, 그리고 조직 수준에서 긍정적 지각과 부정적 지각을 측정하는 6가지 하위척도를 만들었다. 긍정적 하위척도의 예시 문항으로는 '때로 나는 내가 얻을 수 있는 최선의 결과를 얻기 위해 다른 사람들에게 영향을 미칠 필요가 있다(긍정적 개인)'와 '나의 상사가 정치적인 사람일수록 나의 작업집단에는 더 좋다(긍정적 집단)'와 같은 것들이다. MBA 과정에 있는 119명의 학생들이 응답한 결과에 의하면, Fedor 등(2008)은 노동자들이 조직정치의 긍정적 차원과 부정적 차원 모두를 지각한다고 결론지었다. 그리고 긍정적 척도는 직무만족, 감독에 대한 만족, 동료에 대한 만족, 그리고 심리적 계약의 전달성에 있어서도 부정적 척도들을 넘어서는 변화를 예측한다고도 보고했다. Fedor 등에 의해 개발된 척도가 지속적으로 타당화되고 적용되지는 않았으나, 이 연구는 긍정적 조직정치의 측정도구가 긍정적 직업건강심리학 결과와 유의하게 관련이 있을 수 있다는 점을 분명히 제안한다. 이 분야에는 더 많은 연구가 필요하다. 이 주제에 대한 우리의 생각은 '이 조직에서 일을 마치기 위해서는 다른 사람들에게 미치는 영향이 중요하다' '이 조직에서 아이디어가 보다 발전되기 위해서 영향력 있는 사람들의 지원이 필요하다는 것을 사람들은 알고 있다', 그리고 '이 조직에서 영향력 있는 사람들의 지원을 얻는 것이 프로젝트의 발전을 위해서 중요하다'와 같은 문항들이 포함될 필요가 있다는 것이다. 새롭고 확장된 조직정치 측정도구가 타당성을 확보하고 조직 맥락에서 노동자가 '느낀 경험'을 반영하기 위해서는 추가 연구가 필요하다.

제안 4: 조직정치 측정도구는 조직정치의 긍정적 측면과 부정적 측면, 그리고 중립적 측면 모두를 반영해야만 한다. 이를 반영한 신뢰로운 문항이 중요한 조직성과와 어떻게 관련성이 있는지를 확인하기 위한 경험적 연구가 필요하다.

5 실무적인 수준에서 조직정치의 최적화를 위한 최선의 개입은 무엇인가?

선행연구와 이론은 조직에서 조직정치의 최적화를 위해 어떻게 개입해야 하는지에 대한 다양한 방법을 제안하고 있다. 조직정치에 접근하기 위한 한 방법으로 요구-자원 모델을 이용한 것과 마찬가지로 개입은 노동자의 인식을 돕고, 조직정치에서 긍정적 '도전' 차원은 최적화하고 부정적 '방해' 차원은 관리하고 최소화하는 방향으로 나아가야 한다. 또한 조직, 직무, 개인과 연관되는 자원이 소진, 몰입, 그리고 직업건강심리학의 자연스러운 결과에 대한 조직정치의 영향력을 조절하기 때문에('도전적' 요구와 '방해' 요구 모두를 포함하여), 이러한 자원에 대한 관리와 최적화를 개입 목표로 할 필요가 있다.

조직 수준의 개입은 문화 변화와 조사 피드백 절차 등의 전통적인 조직 발전 방법론을 포함하는 것이 보다 나은 결과 도출에 도움이 된다. 예를 들어, 앞에서 제안된 긍정적, 부정적, 그리고 중립적 측정도구의 이용과 같은 조직정치 분위기에 대한 기초 자료의 수집이 유용할 수 있으며, 조사 피드백 회의를 통해 조직에 대한 광범위한 피드백을 제공하는 것이 가능하다. 이러한 워크숍에 참여한 노동자는 조직 가치, 문화 특징, 그리고 조직 현실과 같은 긍정적 조직정치를 인지하고 받아들일 수 있는 절차와 과정을 찾는 데 도움을 받을 수 있다. Kurchner-Hawkins와 Miller(2006)는 투명성, 신뢰, 그리고 시기적절하고 완벽한 정보의 의사소통은 긍정적 정치를 지지하기 위한 핵심 요소들임을 언급했다. 워크숍과 이러한 과정은 서로 다른 정치적 전략과 전술, 그리고 이러한 것들이 어울린 결과를 리더, 관리자, 그리고 노동자가 알 수 있는 것을 목표로 했다. 예를 들어, 성과 관리와 성과 개발 시스템의 한 부분으로서 다면 피드백 과정(multi-rater feedback process)이 관리자와 리더에게 제공될 수 있으며 이 과정에서 참여자의 행동과 의도는 긍정적, 중립적, 그리고 부정적 정치에 대한 인지 범위에 대해 피드백할 수 있다.

조직의 지지(Eisenberger, Cummings, Armeli, & Lynch, 1997)와 지지받는 조직 분위기(Patterson et al., 2005) 등의 조직자원은 노동자 몰입, 직무만족, 그리고 성과 등의 결과에 직접적인 영향을 미친다([그림 1-1] 참고). 또한 이러한 조직 자원은 소진, 결근, 그리고 실수와 같은 부정적 직업건강심리학 결과와 관련 있는 부정적 조직정치 등의 방해되는 스트레스인자의 영향을 조절할 수 있다. 마치 조직정치의 긍정적 측면, 부정적 측면과 같이 서로 다른 부분에 대해 공유된 이해가 가능하도록 적극적인 조직 분위기를 만들어야 하는 것과도 같다. 좀 더 자세히 말하자면 조직은 구성원을 위한 훈련과 개발 프로그램을 시작할 수 있다. 즉, 긍정적 정치전략을 이해함으로써 개인이 언제 긍정적인 방식으로 정치를 이용하는지를 알 수 있도록 돕는 훈련과 개발 프로그램을 시작할 수 있으며 긍정적 정치 전략에 대한 논의를 장려하는 단어들도 제공할 수 있다. Zanzi와 O'Neill(2001)에 의하면 승인된 그리고 승인되지 않은 정치전술이 조직정치와 관련된 긍정적 단어와 공유된 이해를 발전시키기 위한 개입의 개념적 기초 형성에 유용한 것으로 나타났다.

직무 수준에서는 Valle와 Perrewé(2000)는 다음과 같이 언급하였다.

> …관리자들이 개인 노동자의 직무자율성, 기술 다양성, 피드백과 승진 기회를 늘리기 위해서, 그리고 부하직원과 동료 노동자와 의사소통 및 협력을 위해서 일할 때에는 누구나 조직이 덜 정치적이라고 인식할 수 있다. 이러한 환경은 일에 대한 노동자의 지식을 증가시키고 불확실성을 감소시킬 수 있다. 그리고 이것은 정치 지각의 감소를 유발해야 한다. (p. 380)

직무확대와 팀 기반의 조직 체계와 같은 전통적 직무설계 개입(Mathieu, Maynard, Rapp, & Gilson, 2008; Parker & Ohly, 2008)도 지적되었다. 선행연구와 같이 [그림 1-1]은 직무자원이 몰입과 소진, 그리고 다른 직업건강심리학과 관련된 결과처럼 조직적 요구(방해 또는 도전적 요구로서 조직정치와 같은)의 영향력을 조절할 수 있음을 보여 준다. 예를 들어, Ferris 등(1996)은 통제와 이해가 직무불안을 포함하여 정치 지각과 결과 간의 관계를 조절했다는 점을 발견했다. Hochwarter, James, Johnson와 Ferris(2004)는 '작업환경에 대한 어느 정도의 통제감을 가지는 것과 조직 현상에 대한 근원적인 원인을 이해하는 것은 부분적으로 정치 지각에 대한 부정적 영향을 개선할 수 있다(p. 45)'고 주장했다. 그러므로 리더가 권한, 자원, 팀 구성원에 대한 지원이 가능하도록 하는 조직 리더십 관리 및 개발과 같은 개입방안은 직업건강심리학 결과에 직접적인 영향을 미칠 수 있는 기초적인 개입 전략이다. 그리고 이것은 좋은 정치의 긍정적 영향을 제공하고 나쁜 정치의 부정적 영향을 개선하기 위한 조직요구와도 상호작용을 한다.

개인 수준의 자원과 관련해서 Howchwarter 등(2004)은 '현재 선행연구에서 부족한 것이 정치 지각과 일의 결과에 영향을 미칠 수 있는 성향적 변인에 대한 실험'이라고 주장했다(p. 44). 다음 연구들은 다양한 인격 또는 개인차 요인이 조직정치 지각에 영향을 미칠 수 있음을 보여 준다. Rosen, Levy와 Hall의 문헌연구(2006)는 정치 인식이 마키아벨리즘, 통제소재, 권력에 대한 요구(O'Conner & Morrison, 2001; Valle & Perrewé, 2000), 자기 관찰(Valle & Perrewé, 2000), 긍정적 정서, 부정적 정서, 자기효능감, 그리고 공정민감성 등과 연관이 있다는 것을 보여 주었다(Adams, Treadway, & Stepina, 2008). 그리고 정치 기술(Ferris et al., 2005)과 심리적 자산(Luthans & Youssef, 2004)과 같은 개발 가능한 개인차 요인은 직업건강심리학 결과와 관련되는 조직정치와의 관계에 중요하고 조절적 영향을 미칠 수 있는 변수로 인식되어야 한다. 이 주장을 뒷받침하기 위해서 Brouer 등(2006)은 정치 기술이 우울한 증상과 직무만족을 포함하여 정치지각과 그 결과 사이의 관계를 조절했다는 점을 발견했다. 몰입에 대한 조절 효과를 고려할 때(Medhurst & Albrecht, 2011), 심리적 자산(Luthans & Youssef, 2004) 역시 직업건강심리학 결과에 영향을 미치는 주요하고 조절 가능한 개인적 자원 또는 개인차 요인의 하나로 포함될 수 있다. 개인차 변인에 대한 초점과 상관없이, 조직정치가 긍정적 또는 부정적으로 지각되는 데 있어 개인차 변인이 어떻게 작동되는지에 대한 추가 연구가 필요하다.

전반적으로 연구는 개인과 직무 수준, 그리고 조직정치에 대한 인식을 포함하는 조직적 수준의 요인과 직업건강심리학 결과 사이에는 복잡한 관계가 있음을 제안한다. 이러한 수준이 개별적으로 어떻게 구성되며, 통합적으로는 직업건강심리학 결과에 어떠한 영향을 미치는지 이해할 필요가 있다. 또한 직업건강심리학 결과에 대한 조직정치의 영향력을 관리하기 위해 이러한 세 가지 수준의 개입이 필요하다.

제안 5: 직업건강심리학 결과에 있어서 조직정치의 영향을 최적화하기 위한 전략을 조직은 실행할 수 있다. 조직적 수준에서는 투명성, 신뢰, 열린 의사소통, 의사결정의 참여, 사업을 넘나드는 네트워킹과 협력, 그리고 조직정치의 긍정적이고 부정적 차원에 대한 공유된 이해의 개발 조장 등이 포함된다. 직무수준에서 관리자는 자율성, 통제, 이해, 기술 다양성, 피드백과 승진 기회 증가 등을 추구해야 한다. 개인 수준에서는 정치 기술 개발, 심리적 자산 등의 증가가 포함될 수 있다.

6 과학과 현장실무로 나누어진 것을 연결 짓기 위한 미래 연구의 핵심 영역은 무엇인가

이 장에서 우리는 조직정치가 긍정적 측면과 부정적 측면 모두를 포함하고 있다는 것을 제안했고 이는 조직수준에서 형성된 분위기와 같은 것으로 개념화되었다. 조직정치에 관한 문헌들이 발전되고 중요한 변인들이 직업건강심리학의 주된 흐름에 포함되기 위한 첫 번째 조언은 직무 요구-자원 모델을 망라하는 범위 내에서 이것을 포함하는 것이다. 여기서 도전적이고 방해되는 요구 모두를 포함하는 조직요구, 조직자원, 직무요구, 직무자원, 그리고 개인적 자원을 구성하는 체계 내에서 조직정치를 개념화할 수 있는 방식에 대해 간략히 설명하였다. Demerouti와 Bakker(2011)가 제안했듯이, 이러한 모델링은 조직 수준, 직무 수준, 그리고 개인적 수준의 변인 간에 복잡한 상호작용을 확인할 수 있는 기회를 제공한다. 예를 들어, 도전적 요구로서 조직정치를 경험한 개인, 이용 가능한 자원을 가지고 있다고 인식하는 개인, 그리고 높은 수준의 개인적 정치 기술을 가지고 있는 개인은 자신의 일에 가장 잘 몰입할 것이다. 그러나 조직정치를 조직 수준의 방해 요구로 경험한 개인, 낮은 수준의 직무자원이 아닌 높은 수준의 직무요구로 지각하는 개인, 그리고 낮은 수준의 회복탄력성을 가지고 있는 개인은 소진의 위험에 노출될 수 있을 것이다. 추가적인 조직 수준의 요구(예, 직무 불안정에 대한 분위기), 조직 수준의 자원(예, 조직적 지지), 직무요구(예, 문제해결 요구), 그리고 개인적 수준의 자원(예, 심리적 자산) 등을 아우르는 보다 포괄적인 모델에 대한 지속적인 연구가 필요하다.

두 번째는 정치 분위기의 측정도구가 오늘날의 역동적이고 복잡한 조직 환경을 반영하는지 확인할 필요가 있으며, 조직정치의 개념화에 대한 타당성을 확인하기 위한 추가적인 양적 연구가 필요하다는 것이다. 선행연구(예, Gandz & Murray, 1980; Madis Riley, 1983)에서 조직 구성원이 조직정치와 연관되는 기능적인 결과와 역기능적인 결과 모두를 인식하고 있다는 점을 제안했으나, 기존 측정도구와 모델들이 이러한 조직 현실을 충분히 반영하고 있지는 않다. 이러한 구조를 반영할 수 있는 조직정치 측정도구 개발과 함께 과학과 현장실무로 이분화된 다리를 연결할 수 있는 추가 연구가 필요하다.

제안 6: 지금까지의 질적이고 양적인 연구들은 연구자와 현장전문가에 의해 이해되고 있는 조직정치 영역을 충분히 다루지 못했다. 조직정치와 직업건강심리학에 대한 앞으로의 연구는 개인, 팀, 그리고 조직적 수준의 변인 간의 복잡한 상호작용을 확인할 수 있는 요구-자원 모델 내에서 자리를 잡아야만 한다.

결론

조직정치에 대한 개념이 교차로에 있는 어떤 것이라고 생각된다. 하나의 길이 조직정치에 대한 부정적 측면의 개념화와 측정방법, 그리고 그 결과에 기반한 연구를 지속적으로 다루고 있었으나, 또 다른 길은 조직정치의 긍정적이고 부정적인 인식 모두를 포함해서 이해하고자 하는 노력과 이러한 인식을 평가하기 위한 방법의 개발, 그리고 기능적이고 역기능적인 직업건강심리학 결과 모두를 수용할 수 있는 포괄적 이론 체계 내에서 조직정치를 설명하고자 하였다. 그리고 조직정치를 조작 가능하고, 자기 잇속만 챙기는, 승인되지 않는 행동으로 국한하는 개념은 버려야 한다고 주장해 왔다. 대신 우리는 조직정치의 핵심이 권력과 영향력의 전략적 또는 전술적인 사용(공식적이고 비공식적인 것 모두를 포함해서), 네트워크, 관계, 그리고 개인, 팀, 조직 목표의 성취를 향한 지식들에 있다고 제안했다. 또한 직무 요구-자원 모델이 직업건강심리학 맥락 내에서 조직정치의 지각과 결과를 이해하는 데 도움이 될 것으로 주장했으며, 이 모델에서 조직정치를 방해 요구와 도전적 요구 모두가 가능한 조직 수준의 구조로 설명했다. 좀 더 실무적인 수준에서는 좋은 정치의 긍정적 효과를 늘리고, 나쁜 정치의 부정적 효과를 최소화하기 위해 조직, 직무, 그리고 개인적 수준에서 조직이 실행할 수 있는 전략을 제안했다. 이러한 제안들을 포함하여 개인, 팀, 조직의 건강과 웰빙, 그리고 그 효과성에 대한 조직정치의 영향력을 평가할 수 있는 미래의 연구에 기대를 건다.

참고문헌

Adams, G. L., Treadway, D. C., & Stepina, L. P. (2008). The role of dispositions in politics perception formation: the predictive capacity of negative and positive affectivity, equity sensitivity, and self-efficacy. *Journal of Managerial Issues, 20*, 545–563.

Albrecht, S. L. (2002). Perceptions of integrity, competence and trust in senior management as determinants of cynicism toward change. *Public Administration and*

Management: An Interactive Journal, 7, 320–343.

Albrecht, S. L. (2006). Organizational politics: affective reactions, cognitive assessments and their influence on organizational commitment and cynicism toward change. In E. Vigoda-Gadot & A. Drory (Eds.), *Handbook of Organizational Politics* (pp. 230–252). Cheltenham: Edward Elgar.

Albrecht, S. L., & Wilson-Evered, E. (출간 예정). *Bridging the practice and science of employee engagement: a qualitative investigation.* Ciencia & Trabajo.

Ammeter, A. P., Douglas, C., Gardner, W., Hochwarter, W. A., &Ferris, G. R. (2002). Toward a political theory of leadership. *Leadership Quarterly, 13*, 751–796.

Andrews, M. C., & Kacmar, K. M. (2001). Discriminating among organizational politics, justice, and support. *Journal of Organizational Behavior, 22*, 347–366.

Bakker, A. B. (2010). Engagement and 'job crafting': Engaged employees create their own great place to work. In S. L. Albrecht (Ed.), *Handbook of employee engagement: Perspectives, issues, research and practice* (pp. 229–244). Cheltenham: Edward Elgar.

Bakker, A. B., Albrecht, S. L., & Leiter, M. P. (2011). Key questions regarding work engagement. *European Journal of Work and Organizational Psychology, 20*, 4–28.

Bakker, A. B., & Bal, P. M. (2010). Weekly work engagement and performance: a study among starting teachers. *Journal of Occupational and Organizational Psychology, 83*, 189–206.

Bakker, A. B., & Demerouti, E. (2007). The job demands-resources model: State of the art. *Journal of Managerial Psychology, 22*, 309–328.

Bakker, A. B., Demerouti, E., & Euwema, M. C. (2005). Job resources buffer the impact of job demands on burnout. *Journal of Occupational Health Psychology, 10*, 170–180.

Bakker, A. B., & Schaufeli, W. B. (2008). Positive organizational behavior: Engaged employees in flourishing organizations. *Journal of Organizational Behavior, 29*, 147–154.

Block, P. (1987). *The empowered manager: Positive political skills at work*. San Francisco: Jossey-Bass Publishers.

Brouer, R. L., Ferris, G. R., Hochwarter, W. A., Laird, M. D., & Gilmore, D. C. (2006). The strain-related reactions to perceptions of organizational politics as a workplace stressor: Political skill as a neutralizer. In E. Vigoda-Gadot & A. Drory (Eds.), *Handbook of organizational politics* (pp. 187–206). Northampton, MA: Edward Elgar Publishing.

Buchanan, D. (2008). You stab my back, I'll stab yours: Management experience and perceptions of organization political behavior. *British Journal of Management, 19,* 49–64.

Butcher, D., & Clarke, M. (2003). Redefining managerial work: Smart politics. *Management Decision, 41*, 477–487.

Byrne, Z. S., Kacmar, C., Stoner, J., & Hochwarter, W. A. (2005). The relationship between perceptions of politics and depressed mood at work: Unique moderators across three levels. *Journal of Occupational Health Psychology, 10*, 330–343.

Chang, C., Rosen, C. C., & Levy, P. E. (2009). The relationship between perceptions of organizational politics and employee attitudes, strain, and behavior: A meta-analytic examination. *Academy of Management Journal, 52,* 779–801.

Crawford, E. R., LePine, J. A., & Rich, B. L. (2010). Linking job demands and resources to employee engagement and burnout: A theoretical extension and meta-analytic test. *Journal of Applied Psychology, 95,* 834–848.

Cropanzano, R., Howes, J., Grandey, A. A., & Toth, P. (1997). The relationship of organizational politics and support to work behaviors, attitudes, and stress. *Journal of Organizational Behavior, 18,* 159–180.

Demerouti, E., & Bakker, A. B. (2011). The job demands-resources model: Challenges for future research. *South African Journal of Industrial Psychology, 37*, 1–9.

Demerouti, E., & Cropanzano, R. (2010). From thought to action: Employee work engagement and job performance. In A. B. Bakker & M. P. Leiter (Eds.), *Work engagement: The essential theory and research* (pp. 147–163). New York: Psychology Press.

Dipboye, R. L., & Foster, J. B. (2002). Multi-level theorizing about perceptions of organizational politics. In F. Yammarino & F. Dansereau (Eds.), *Research in multi-level issues, Volume 1: The many faces of multi-level issues* (pp. 255–270). Oxford: JAI Press/Elsevier Science.

Douglas, C., & Ammeter, A. P. (2004). An examination of leader political skill and its effect on ratings of leader effectiveness. *Leadership Quarterly, 15*, 537–550.

Drory, A. (1993). Perceived political climate and job attitudes. *Organization Studies, 14*, 59–71.

Drory, A., & Vigoda-Gadot, E. (2010). Organizational politics and human resource management: A typology and the Israeli experience. *Human Resource Management Review, 20*, 194–202.

Eisenberger, R., Cummings, J., Armeli, S., & Lynch, P. (1997). Perceived organizational support, discretionary treatment, and job satisfaction. *Journal of Applied Psychology, 82*, 812–820.

Fedor, D. B., Ferris, G. R., Harrell-Cook, G., & Russ, G. S. (1998). The dimensions of politics perceptions and their organizational and individual predictors. *Journal of Applied Social Psychology, 28*, 1760–1797.

Fedor, D. B., & Maslyn, J. M. (2002). Politics and political behavior: Where else do we go from here? In F. Yammarino & F. Dansereau (Eds.), *Research in multi-level issues, Volume 1: The many faces of multi-level issues* (pp. 271–285). Oxford: JAI Press/Elsevier Science.

Fedor, D. B., Maslyn, J. M., Farmer, S., & Bettenhausen, K. (2008). The contribution of positive politics to the prediction of employee reactions. *Journal of Applied Social Psychology, 38*, 76–96.

Ferris, G. R., Adams, G., Kolodinsky, R. W., Hochwarter, W. A., & Ammeter, A. P. (2002). Perceptions of organizational politics: Theory and research directions. In F. Yammarino & F. Dansereau (Eds.), *Research in multi-level issues, Volume 1: The many faces of multilevel issues* (pp. 179–254). Oxford: JAI Press/Elsevier Science.

Ferris, G. R., Frink, D. D., Galang, M. C., Zhou, J., Kacmar, K. M., & Howard, J. L. (1996). Perceptions of organizational politics: Prediction, stress-related implications, and outcomes. *Human Relations, 49*, 233–266.

Ferris, G. R. & Hochwarter, W. A. (2011). Organizational politics. In S. Zedeck, H. Aguinis, W. Cascio, M. Gelfand, K. Leong, S. Parker, & J. Zhou (Eds.), *Handbook of industrial and organizational psychology* (Vol. 3) Washington, DC: American Psychological Association.

Ferris, G. R., & Kacmar, K. M. (1992). Perceptions of organizational politics. *Journal of Management, 18*, 93–116.

Ferris, G. R., Russ, G. S., & Fandt, P. M. (1989). Politics in organizations. In R. A.

Giacalone & P. Rosenfeld (Eds.), *Impression management in the organization* (pp. 143–170). Hillsdale, NJ: Lawrence-Erlbaum.

Ferris, G. R., Treadway, D. C., Kolodinsky, R. W., Hochwarter, W. A., Kacmar, C. J., Douglas, C., & Frink, D. D. (2005). Development and validation of the political skill inventory. *Journal of Management, 31*, 126–152.

Gandz, J., & Murray, V. V. (1980). The experience of workplace politics. *Academy of Management Journal, 23*, 237–251.

Gotsis, G. N., & Kortezi, Z. (2010). Ethical considerations in organizational politics: Expanding the perspective. *Journal of Business Ethics, 94,* 497–517.

Halbesleben, J. R. B. (2010). A meta-analysis of work engagement: Relationships with burnout, demands, resources and consequences. In A. B. Bakker & M. P. Leiter (Eds.), *Work engagement: A handbook of essential theory and research* (pp. 102–117). New York: Psychology Press.

Harrell-Cook, G., Ferris, G. R., & Dulebohn, J. H. (1999). Political behaviors as moderators of the perceptions of organizational politics-work outcomes relationships. *Journal of Organizational Behavior, 20*, 1093–1105.

Hochwarter, W. A., Ferris, G. R., Laird, M. D., Treadway, D. C., & Gallagher, V. C. (2010). Nonlinear politics perceptions work outcomes relationships: A three-study, five-sample investigation. *Journal of Management, 36*, 740–763.

Hochwarter, W. A., James, M., Johnson, D., & Ferris, G. R. (2004). The interactive effects of politics perceptions and trait cynicism on work outcomes. *Journal of Leadership and Organizational Studies, 10*, 44–57.

Johnson, J. V., & Hall, E. M. (1988). Job strain, work place social support, and cardiovascular disease: A cross-sectional study of a random sample of the Swedish working population. *American Journal of Public Health, 78*, 1336–1342.

Kacmar, K. M., & Carlson, D. S. (1997). Further validation of the perceptions of politics scale (POPS): A multiple sample investigation. *Journal of Management, 23*, 627–658.

Kacmar, K. M., & Ferris, G. R. (1991). Perceptions of organizational politics scale (POPS): Development and construct validity. *Educational and Psychological Measurement, 51*, 193–205.

Karasek, R. A., Jr., (1979). Job demands, job decision latitude, and mental strain: Implications for job design. *Administrative Science Quarterly, 24*, 285–308.

Kiewitz, C., Restubog, S. L. D., Zagenczyk, T., & Hochwarter, W. A. (2009). The interactive effects of psychological contract breach and organizational politics on perceived organizational support: Evidence from two longitudinal studies. *Journal of Management Studies, 46*, 806–834.

Kurchner-Hawkins, R., & Miller, R. (2006). Organizational politics: Building positive political strategies in turbulent times. In E. Vigoda-Gadot & A. Drory (Eds.), *Handbook of Organizational Politics* (pp. 328–352). Cheltenham: Edward Elgar.

Liu, Y., Liu, J., & Wu, L. (2010). Are you willing and able? Roles of motivation, power, and politics in career growth. *Journal of Management, 36,* 1432–1460.

Luthans, F., & Youssef, C. M. (2004). Human, social and now positive psychological capital management: Investing in people for competitive advantage. *Organizational Dynamics, 33,* 143–160.

Luthans, F., & Youssef, C. M. (2007). Emerging positive organizational behavior. *Journal of Management, 33,* 321–349.

Madison, D. L., Allen, R. W., Porter, L. W., Renwick, P. A., & Mayes, B. T. (1980). Organization politics: An exploration of managers'perceptions. *Human Relations, 33,* 79–100.

Maslyn, J., & Fedor, D. (1998). Perceptions of politics: Does measuring different foci matter? *Journal of Applied Psychology, 84*, 645–653.

Maslyn, J., Fedor, D., Farmer, S., & Bettenhausen, K. (2005). *Perceptions of positive and negative organizational politics: Roles of frequency and distance of political behavior.* Paper presented at the 2005 Annual Meeting of the Southern Management Association, Charlotte.

Mathieu, J., Maynard, M. T., Rapp, T., & Gilson, L. (2008). Team effectiveness 1997–2007: A review of recent advancements and a glimpse into the future. *Journal of Management, 34*, 410–476.

Medhurst, A. R., & Albrecht, S. L. (2011). Salesperson performance, engagement, climate for involvement, and psychological capital: A proposed model. *Journal of Management and Organization, 17*, 400–413.

Miller, B. K., Byrne, Z. S., Rutherford, M. A., & Hansen, A. M. (2009). Perceptions of organizational politics: A demonstration of the reliability generalization technique. *Journal of Managerial Issues, 21*, 280–300.

Miller, B. K., Rutherford, M. A., & Kolodinsky, R. W. (2008). Perceptions of organizational politics: A meta-analysis of outcomes. *Journal of Business Psychology, 22*, 209–222.

Mintzberg, H. (1983). *Power in and around organizations*. Englewood Cliffs, NJ: Prentice-Hall.

Nye, L. G., & Witt, L. A. (1993). Dimensionality and construct validity of the perceptions of organizational politics scale (POPS). *Educational and Psychological Measurement, 53,* 821–829.

O'Connor, W. E., & Morrison, T. G. (2001). A comparison of situational and dispositional predictors of perceptions of organizational politics. *Journal of Psychology, 135,* 301–312.

Parker, S. K., & Ohly, S. (2008). Designing motivating jobs. In Kanfer, R., Chen, G., & Pritchard, R. (Eds.), *Work motivation: Past, present and future* (pp. 233–284). A SIOP Organizational Frontier Series volume, Lawrence Erlbaum.

Patterson, M. G., West, M. A., Shackleton, V. J., Dawson, J. F., Lawthom, R., Maitlis, S., Robinson, D. L., & Wallace, A. M. (2005). Validating the organizational climate measure: Links to managerial practices, productivity and innovation. *Journal of Organizational Behavior, 26,* 379–408.

Perrewé, P. L., Zellars, K. L., Ferris, G. R., Rossi, A. M., Kacmar, C. J., & Ralston, D. A. (2004). Neutralizing job stressors: Political skill as an antidote to the dysfunctional consequences of role conflict stressors. *Academy of Management Journal 47*, 141–152.

Pfeffer, J. (1981). *Power in organizations.* Massachusetts: Pitman Publishing.

Pfeffer, J. (1992). *Managing with power: Politics and influence in organizations*. Boston, MA: Harvard Business School Press.

Podsakoff, N. P., LePine, J. A., & LePine, M. A. (2007). Differential challenge stressorhindrance stressor relationships with job attitudes, turnover intentions, turnover, and withdrawal behavior: A meta-analysis. *Journal of Applied Psychology, 92*, 438–454.

Riley, P. (1983). A structurationist account of political culture. *Administrative Science Quarterly, 28,* 414–437.

Rosen, C. C., Chang, C., Johnson, R. E., & Levy, P. E. (2009). Perceptions of the organizational context and psychological contract breach: Assessing competing perspectives. *Organizational Behavior and Human Decision Processes, 108,* 202–217.

Rosen, C. C., Levy, P. E., & Hall, R. J. (2006). Placing perceptions of politics in the context of the feedback environment, employee attitudes, and job performance. *Journal of Applied Psychology, 91*, 211–220.

Sweetman, D., & Luthans, F. (2010). The power of positive psychology: Psychological capital and work Engagement. In A. B. Bakker & M. P. Leiter (Eds.), *Work engagement: A handbook of essential theory and research* (pp. 64–68). New York: Psychology Press.

Tims, M., & Bakker, A. B. (2010). Job crafting: Towards a new model of individual job redesign. *South African Journal of Industrial Psychology, 36*, 1–9.

Valle, M. P., & Perrewe, P. L. (2000). Do politics perceptions relate to political behaviors? *Human Relations, 53*, 359–386.

Van den Broeck, A., De Cuyper, N., De Witte, H., & Vansteenkiste, M. (2010). Not all job demands are equal: Differentiating job hindrances and job challenges in the Job Demands-Resources model. *European Journal of Work and Organizational Psychology, 19,* 735–759.

Vigoda, E., & Cohen, A. (1998). Organizational politics and employee performances: A review and theoretical model. *Journal of Management Systems, 10,* 59–72.

Vredenburgh, D. J., & Shea-VanFossen, R. (2010). Human nature, organizational politics and human resource development. *Human Resource Development Review, 9*, 26–47.

Xanthopoulou, D., Bakker, A. B., Demerouti, E., & Schaufeli, W. B. (2007). The role of personal resources in the job demands-resources model. *International Journal of Stress Management, 14*, 121–141.

Zanzi, A., & O'Neill, R. M. (2001). Sanctioned versus non-sanctioned political tactics. *Journal of Managerial Issues, 13,* 245–263.

2장

근로자 헌신과 안녕감

John P. Meyer와 Elyse R. Maltin
웨스턴 온타리오 대학교(The University of Western Ontario, 캐나다)

Sabrina Thai
토론토 대학교(University of Toronto, 캐나다)

회사에 대한 근로자의 헌신은 장기근속 근무에 관한 관심 때문에 처음 촉발되었고(Mowday, Porter, & Steers, 1982), 점차적으로 출근율, 직무수행, 조직행동 같은 근로자와 관련된 인사평가를 포함하는 수준까지 확장되었다(Meyer & Allen, 1997). 근로자의 건강 및 안녕감과 관련해서 헌신의 중요성을 연구하기 시작한 것은 비교적 최근의 일이다(Meyer & Maltin, 2010). 이 장의 목적은 헌신이 어떻게 근로자의 안녕감과 관련되는지를 설명하기 위한 이론적 골격을 제공하려는 것이다. 이론적 기반은 헌신, 동기, 직업건강심리에 관한 문헌에서 밝혀진 이론과 연구 결과로부터 도출되고, 통합적 이해를 제공하게 된다. 그리고 향후 연구 방향과 경영현장에 적용해 볼 의도도 있다.

먼저 여기서 언급하는 헌신과 안녕감이 어떤 의미인지를 설명하고자 한다. 이 두 개념은 복잡하고 다양한 측면으로 이해할 수 있고, 둘 간에 어떤 연관성이 있는지를 이해하는 것도 중요하다. 그다음 과거 연구들을 리뷰하고 일반적인 이론 틀을 제공하여 향후 연구에 유용한 디딤돌을 놓고자 한다. 이런 과정에서 헌신이 근로자의 다양한 안녕감 지표와 연관되어 있는 증거를 살펴볼 것이다. 안녕감과 헌신 간의 연관성을 이해한 다음, 자기결정이론(Self-Determination Theory: SDT; Ryan & Deci, 2000) 및 직무 요구-자원(Job Demand-Resources: JD-

R; Bakker & Demerouti, 2007) 모델로 헌신의 효과를 설명하고, 근로자의 헌신과 안녕감에 영향을 끼치는 근무여건을 찾아보려고 한다. 마지막 부분에서는 미래의 연구방향을 제시하고, 헌신과 근로자의 안녕감을 고양시킬 수 있는 근무체계 및 현장여건을 조성하기 위한 이론적 틀의 의미를 논의해 볼 것이다.

헌신과 안녕감의 의미

지난 수십 년간 여러 방식으로 헌신의 개념을 설명해 왔다(리뷰 자료는 Klein, Molloy & Cooper, 2009; Meyer & Allen, 1997 문헌에 있음). 현대는 자주 언급된 세 요인 모델(Three-Component Model: TCM; Meyer & Allen, 1991, 1997; Meyer & Herscovitch, 2001)을 근거로 이해하면서, 헌신을 "근로자를 어떤 목표 및 목표와 연관된 행동을 체계적으로 결속시키는 어떤 힘"으로 간주한다(Meyer, Becker, & Van Dick, 2006, p. 666). 근로자들의 결속된 힘은 여러 방식으로 느낄 수 있는데(즉, 근로자마다 다른 마음가짐을 가질 수 있음), 예를 들면 정서적 애착, 목표에 깊은 관여, 목표를 달성해야 한다는 의무감, 목표 달성과 무관한 행동을 하면서 느끼는 비용(급여)에 대한 자각 등이 있다. 기초적인 틀로는 감성적 헌신, 규범적 헌신, 지속적 헌신으로 구분된다.

직무 헌신에 대한 대부분의 연구는 조직에 대한 근로자 헌신에 초점을 맞추어 왔고, 특히 안녕감 및 헌신과 연관된 연구가 많았다. 그러나 요즘은 다른 직무 헌신, 즉 다른 부서에 대한 헌신(즉, 전문집단 및 노동조합; Vandenberghe, 2009), 사람(즉, 감독관 및 팀원; Becker, 2009), 그리고 활동(즉, 목표 및 봉사프로그램; Neubert & Wu, 2009) 등에 관한 관심이 증가하고 있다. 이러한 헌신들은 모두 조직 전체와 구체적인 목표와 연관된 것이다. 오늘날 소수의 연구만이 근로자 안녕감을 위해서 다른 헌신의 의미를 설명하고 있지만, 이들 연구를 적재적소에 소개할 것이다.

근로자 안녕감의 의미는 헌신의 의미보다 더욱 복잡한 논쟁거리이다. 안녕감에 대한 다양한 정의와 모델이 제시되고 있고, 더욱 자세한 논쟁은 범위를 넘어서기 때문에 다른 문헌을 참고하길 권한다(Tetrick, 2002). 헌신과 안녕감을 연결 지은 많은 연구는 의료모델에 기반을 두면서, 건강관리를 질병이 없는 것으로 이해하고 있다. 더욱이 최근에는 긍정심리가 대두되면서(Seligman & Csikszentmihalyi, 2000) 안녕감을 확장시켜서 최적의 기능이란 의미로 받아들인다(개인의 성장 및 발전; Ryan & Deci, 2001; Ryff & Singer, 2008). 기존 연구들은 대부분 스트레스나 긴장의 유무와 연관 지으며 헌신을 설명해 왔기 때문에 그 점을 먼저 살펴보겠다. 또한 미래의 연구를 위해서 논의 방향은 안녕감을 광의의 개념으로 접근하려고 한다.

헌신과 안녕감: 이론적 틀

헌신과 근로자 안녕감을 연관한 연구가 증가하고 있지만 다소 비체계적이고 단편적인 점이 있다. 그 이유는 명확하고도 설득력 있는 이론적 틀이 부족했기 때문이기도 하다(Meyer & Maltin, 2010). 우리는 기존 연구들을 조직하고 설명하는 데 사용된 모델을 제기하면서, 미래의 연구방향을 설정하고자 한다. [그림 2-1]을 보면 헌신은 작업여건의 효과를 조절하는 역할을 할 뿐만 아니라, 근로자의 신체 및 정신 건강의 직접적인 기여자이다. 더욱 중요한 것은 건강과 관련된 헌신의 효과를 설명하는 데 도움이 되는 기제를 규명하고, 근로자와 기업주

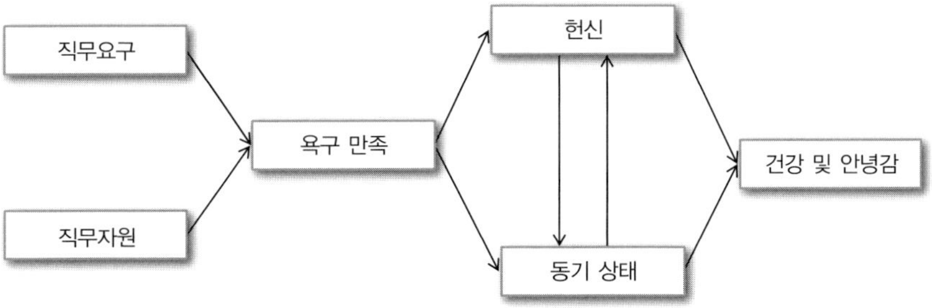

[그림 2-1] 근로자 헌신과 안녕감: 개념적 구성 틀

에게 가장 이익이 되는 헌신 유형을 촉진하기 위해서 언제 또 어떻게 조직의 정책과 운영 방법을 적용해야 할지를 설명한다.

이론적 틀을 정교화하기 전에 몇 가지 사항을 주의해야 한다. 첫째, 헌신과 안녕감 간의 연관성을 규명한 연구는 주로 헌신과 신체건강 및 정신건강/질병 간에 직접적인 관련성에 초점을 두었고, 이뿐만 아니라 직무스트레스와 긴장 간에 연관성을 헌신이 어떻게 조절하는지에 관심을 두었다. 여기서는 지면 관계상 전자에 초점을 두었다. 조절 효과에 관한 더 많은 정보는 Meyer와 Maltin(2010)의 리뷰 문헌을 참고하기 바란다. 둘째, 이론과 연관된 직무여건, 기제, 산출물 등에 관한 논의 또한 제한적이다. 예를 들어, 스트레스/안녕감(Hobfoll & Shirom, 2001) 및 동기(Higgins, 1998)에 대한 다른 이론들이 있는데, 이것은 헌신이 근로자 안녕감에 끼치는 함의를 설명하고 미래 연구에 주목받는 주제가 될 것이다. 마지막으로, 질병 선행조건으로 작업여건을, 조절자로서 헌신을, 결과물로서 안녕감을 언급했지만, 이론의 기반이 되는 대부분의 연구는 객관적인 실험의 결과물이 아니라는 사실을 주목해야 한다. 그러므로 인과관계를 규명한다고는 해도 확고한 것은 아니다. 우리는 미래의 연구를 위해서 좀 더 자세하게 이런 한계점을 다룰 것이다.

헌신의 결과물로서 웰빙

이론에 따르면 헌신은 근로자의 건강 및 웰빙과 직접적으로 연관된다. 다음에 살펴보겠지만, 이러한 관계성의 강도와 방향은 헌신의 근원에 따라 다양하게 나타난다. 헌신은 또한 종업원의 동기 상태에 영향을 받는 조절과정(regulatory process)과 연결되어서 간접적으로 웰빙 수준을 변화시키게 될 것이다. 여기서 헌신과 노동자 웰빙 간의 연관성을 밝힌 증거를 살펴보고, 이런 연관성을 이해하기 위한 일환으로 조절과정을 살펴보겠다.

대부분의 연구는 감성적 헌신(Affective Commitment: AC) 특히 조직을 지향하는 감성적 헌신에 관심을 가져 왔다. 감성적 헌신은 좋은 건강지표와 연관되고, 부정적 건강지표를 개선시킨다는 결과들이 꾸준히 보고되었다. 예를 들어, 감성적 헌신은 신체웰빙과 정적 상관을 보이고(예, Siu, 2002), 일반건강(예, Bridger, Kilminster, & Slaven, 2007), 정신건강(예, Grawitch, Trares, & Kohler, 2007), 긍정정서(예, Thoresen et al., 2003), 직무 관련 웰빙(예, Epitropaki & Martin, 2005), 자존감(예, Frone, 2007), 생활만족(예, Zickar, Gibby, & Jenny, 2004)을 좋게 하였다. 또한 감성적 헌신은 심인성 질병을 일으키는 긴장(예, Addae & Wang, 2006), 신체 이상(예, Wegge et al., 2006), 불안 및 우울증 같은 정신건강 문제(예, Hepburn, Kelloway, & Franche, 2010), 부정정서(예, Thoresen et al., 2003), 소진(예, Grawitch, Barber, & Kruger, 2010) 등을 완화시키는 데 반해, 스트레스, 고통, 전반적 긴장, 직무 관련 긴장감(예, Lambert, Hogan, & Griffin, 2008) 등을 일으킨다. 이와 같은 전반적 추세와 다르게 신체 혹은 정신건강과 별 연관성이 없다는 보고도 일부 있고(예, Jamal, 2005; Littrell, Billingsley, & Cross, 1994; Tan & Akhtar, 1998), 우리의 결과도 긍정적인 연관성을 보이지 않았다.

흥미롭게도 비록 많은 연구가 이루어진 것은 아니지만, 감성적 헌신과 반대로 조직에 대한 지속적 헌신(Continuance Commitment: CC)과 노동자의 웰빙과는 부정적인 관계를 보였다. 예를 들어, Zickar 등(2004)은 지속적 헌신은 생활만족을 낮추었고, 직무와 연관된 긴장감(예, Irving & Coleman, 2003), 시간 압박감(예, Addae & Wang, 2006), 감정고갈(예, Bakker, Demerouti, de Boer & Schaufeli, 2003; King & Sethi, 1997), 건강 이상(Armstrong-Stassen, 2004) 등을 촉발한다고 했다. Wasti(2005)는 터키 노동자를 대상으로 지속적 헌신과 직무스트레스 간에 작지만 유의미한 긍정적 상관을, 다른 노동자들에게서는 부정적 상관을 보고하였다. 여러 연구에서도 지속적 헌신과 노동자의 긴장지표 간에 의미 있는 관련성을 찾지 못했다(예, Somers, 2009; Wegge et al., 2006). 각 연구를 전체적으로 보면, 감성적 헌신(AC)과 다르게 지속적 헌신(CC)은 웰빙에 부정적 영향을 끼친다고 볼 수 있다.

규범적 헌신(Normative Commitment: NC)과 관련성을 연구한 문헌은 적지만, 규범적 헌신은 여러 가지 긴장지표와 별 상관이 없다는 보고가 많다(Addae &

Wang, 2006; Sake & Ashforth, 1997; Somers, 2009). 중국 노동자를 대상으로 한 연구에서만 규범적 헌신과 감정고갈 간에 정적 상관을 보고하였다(Tan & Akhtar, 1998). Tan과 Akhtar는 중국의 경우 규범적 헌신은 충성심 및 우선성을 강조한 규범적 압력을 노동자들이 내면화하면서 강도 높은 직무수행 결과로 에너지 소진을 일으킨다고 하였다.

마지막으로, 몇몇 연구는 직무 관련 기타과업에 대한 헌신이 건강에 이로운지 해로운지를 연구하였다. 예를 들면, 4개의 연구는 감성적 헌신과 노동자의 경력, 직무, 전문성, 기타 스트레스 징후/소진 등과 부정적 상관을 보고했다(Cohen, 1998; Miller, Ellis, Zook, & Lyles, 1990; Reilly, 1994; Yeh, Ko, Chang, & Chen, 2007). Galais와 Moser(2009)는 고객부서에 근무하는 계약직 노동자들의 심인성 질환을 알아보았다. 그 결과 감성적 헌신이 높을수록 웰빙에 긍정적인 영향을 끼쳤지만, 그 직원들이 다른 부서로 발령되었을 경우에는 웰빙에 부정적 영향을 보였다. 따라서 아직 많이 연구되지는 않았으나, 감성적 헌신은 회사 자체보다 근무부서의 특성 때문에 노동자의 웰빙에 긍정적 영향을 끼칠 수 있다고 한다. 그러나 동일 연구에서 너무 강한 감성적 헌신은 만일 비중을 둔 인간관계(예, 타부서 발령, 전보 등)가 단절되었을 경우에 노동자 건강에 부정적 영향을 끼칠 수 있음도 밝혔다.

내부기제

왜 헌신이 건강에 긍정적 · 부정적 영향을 끼치는지를 이해하고 또 이런 연관성이 헌신 유형에 따라 다르게 작용하는지를 이해하게 되면서, 헌신은 개인의 마음가짐에 의해 매우 다른 결과를 초래할 수 있음을 알게 되었다(Meyer & Herscovitch, 2001). 감성적 헌신이 강할수록 직무(조직, 전문성, 팀워크 등)에 더 충실하고 동일시도 강하다. 또한 유대감을 유지하려고 하고, 상호 지지하는 행동을 더 많이 한다. 규범적 헌신이 강할수록 유대감과 동조행동은 복종심에 기반을 두게 되고, 지속적 헌신이 강할수록 유대감이 깨지거나 직장을 떠날 때 발생할 수 있는 잠재적 손해를 더 많이 의식하게 된다. 마음가짐이 영향을 끼치지만, 먼저 헌신 유형의 궁극적 요인인 소망, 복종, 손실계산의 의미를 알아보자. 이후 내용들은 더 복잡한 요인들의 조합에 초점을 둔다.

최근까지만 해도 헌신을 유발하고 그것의 결과와 연관된 기제들에 거의 관심을 두지 않았다. Meyer, Becker와 Vandenberghe(2004)은 헌신이론과 동기이론을 통합시키면서 여러 상황을 설명하였다. 이 과정에서, 세 요인 모델로 규명된 헌신의 마음가짐이 자기결정이론에서 언급한 동기 상태와 여러 측면에서 유사함에 주목하였다(Ryan & Deci, 2000). 동기 상태는 신체 조절과정을 다르게 작동시키고, 핵심 심리욕구를 만족시킬 수 있다. 그러므로 Meyer 등은 헌신 유형과 동기 상태를 연결시켜서, 직무현장에서 어떤 헌신이 어떻게 작용하는지를 밝혀가면서 동기의 작용방식을 이해하였다. Meyer와 Maltin(2000)은 헌신과 웰빙 간에 숨겨져 있는 연관성을 설명하기 위해서 설명 논리를 확장시켰다. 이 장에서도 이론적 모델을 계발하기 위해 비슷한 논리를 사용하였다. 깊이 들어가기 전에 자기결정이론의 두 가지 중요한 요인을 간단히 살펴보자.

한 가지 측면은 다른 동기이론과는 다르게, 자기결정이론에서 동기는 강도 및 질이 다르다는 점을 인정하고 있다. 좀 더 구체적으로 말하면, 자기결정이론은 개인이 경험하는 동기 상태와 어떻게 행동으로 실천하는가 하는 문제를 구별하고 있다. 첫째, 내원적 동기(즉, 직장 업무가 즐겁다)와 외원적 동기(즉, 후속 결과물을 획득하려는 욕구)를 구분한다. 더 중요한 것은 이 이론은 적어도 직장 내에서 외원적 동기가 매우 다양함을 인정한다. 어떤 사람이 보상을 얻거나 징계를 피하기 위해서 타인과 잘 지내려고 노력할 때, 그 사람은 통제당하고 있다거나 외적 규제를 느끼고 있다고 말한다. 반대로 자신이 스스로 선택했고 자기 가치와 일치되는 활동에 종사할 때, 사람들은 더 자율적으로 되고 규제를 통합시키거나 준수하는 경험을 하게 되고, 그 결과 이런 가치는 자아개념과 하나가 된다. 만일 어떤 사람이 외부 규율을 내면화하고 그런 규율에 따라서 개인행동을 평가할 때 중간형태의 규제(즉, 내사된 규제)를 경험하게 되지만, 자신의 진정한 가치와 일치되는 행동은 아니다. 다음 논의를 위해 여기서 내원적 동기는 자율적 조절처럼 통합된/동일시한 규제와 유사한 개념으로 사용할 것이고, 반대로 외부 또는 내사된 규제는 통제된 규제라는 개념이 된다.

두 번째 측면은 세 가지 핵심 심리적 욕구인 자율성(deCharms, 1968), 경쟁력(White, 1959), 관계성(Baumeister & Leary, 1995)을 이해하는 것이다. 이 세 가지 욕구는 정신건강에 필요한 기본 영양소인 셈이다. 자율성 욕구는 마음속 깊은 곳에서 자신이 하고 있는 일이 스스로 선택한 것이고 또 개인의 핵심 가치와 일치한다고 믿을 때 최대로 충족된다. 경쟁욕구는 개인 목표를 달성하고 책무를 완수하는 데 필요한 능력 및 잠재력이 있다고 믿을 때 충족될 것이다. 마지막으로 관계욕구는 주변 사람들로부터 가치 있고 인정받는다고 느낄 때 충족된다.

자기결정이론에 의하면, 세 가지 핵심 심리욕구의 충족은 자율규제를 실천하는 사람들에게 필수 요소이고, 또 자율규제는 높은 수행과 노동자 웰빙의 필수 요소이다. 이러한 연관성은 산업현장을 포함해서 여러 가지 맥락에서 수행된 연구 결과에서 일정하게 규명되었다(예, Baard, Deci, & Ryan, 2004; Deci et al., 2001; Gagné & Deci, 2005, 작업현장에 따른 더 자세한 자기결정이론을 알아보려면 이 문헌을 참고).

헌신적인 마음가짐과 동기 상태를 동등한 입장에서 보면, Meyer, Becker와 Vandenberghe(2004)는 감성적 헌신은 자율규제 형태에서 유발되고, 지속적 헌신은 통제된 규제에서 생겨난다고 하였다. 의무를 기초로 하는 과업일 경우에, 규범적 헌신은 내사된 규제와 가장 밀접하게 연관된다. 이러한 전제들은 더 연구되어야 하지만, 이런 주장은 외현적으로 경험적 지지를 얻고 있다(예, Gagné, Chemolli, Forest, & Koestner, 2008; Gagné et al., 2010).

이론적 논쟁과 외현적 증거로 볼 때, [그림 2-1]은 헌신적 마음가짐과 동기 상태(조절과정) 간의 연결성을 보여 주고 있다. 영향의 방향성을 볼 때, Meyer, Becker와 Vandenberghe(2004)는 조직에 대한 노동자 헌신은 일상 작업 활동을 하는 동기 상태에 영향을 주지만, 동기 상태는 장기간 헌신 유형을 결정짓는 데 영향을 끼치는 매개물이 된다. 그러나 Gagné 등(2008)은 헌신에 영향을 미치는 동기의 영향력은 시간이 지나야 알게 되고 강하게 나타난다고 하였으며, 반대 과정은 약하게 일어난다고 하였다. 인과적 방향을 설명하는 연구가 부족하므로 모델 연구와 후속 논의를 위해서 노동자의 헌신과 동기는 연관성이 있으며, 인과적 효과의 방향도 쌍방적일 수 있음을 전제로 하고 설명하겠다(Meyer & Maltin, 2010 참고).

헌신적인 마음가짐과 동기 상태 간의 유사성을 생각해 보면, 욕구 만족의 연관성도 비슷할 수 있다. 이런 전제에 대한 경험적 연구는 드물지만, 실질적 연관성을 보인 증거가 있다(Meyer, Stanley, & Parfyonova, 2011). 자기결정이론에 따르면, 핵심 욕구의 만족은 자율규제에 필수 요소이므로 인과관계의 원인으로 작동한다. 그러므로 욕구 만족과 헌신적인 마음가짐 간에 연관성도 동일하게 욕구 만족이 우선 요인이 될 것이다. [그림 2-1]에서 욕구 만족이 헌신적 마음가짐과 동기 상태로 연결되는 출발점이 됨을 보여 주고 있고, 헌신과 동기 상태는 수평 차원에서 상호 영향을 미친다. 노동자가 조직 내에서 상호작용하고 직무를 수행할 때, 마음가짐은 긴장 수준 또는 웰빙의 느낌에 직접적인 영향을 미칠 것이라고 예측된다. 그러나 여기서 제안된 인과적 순서는 가설적인 것이고 실제 측정은 어렵다. 그럼에도 불구하고 인과관계가 뒤바뀌거나(즉, 마음가짐이 욕구 만족에 영향을 끼침) 또는 쌍방 영향을 끼친다고 할지라도, 헌신적인 마음가짐, 동기 상태, 핵심 욕구의 만족 간에 연관성이 있다는 것을 인식하는 것이 헌신의 유형을 이해하고 또 헌신과 행동/웰빙 간에 관련성을 이해하는 데 중요하다.

선행인자로서 작업조건

[그림 2-1] 모델의 좌측은 헌신과 웰빙의 잠재적 선행인자를 제시하고 있다. 모델에 따르면, 헌신은 웰빙과 관련된 작업여건에 영향을 끼치는 잠재적 조절자이다. 선행조건을 규명하는 것은 매우 중요한데, 왜냐하면 그것들이 헌신 및 노동자 웰빙을 증진시키는 잠재적인 중재 목표가 되기 때문이다.

헌신을 불러일으키는 잠재적 선행인자와 연관된 연구는 매우 다양하게 진행되었다(Meyer & Allen, 1997 참고). 설명을 위해서, 선행인자들을 직무 요구-자원 모델에 따라서 직무요구 또는 직무수행 자원으로 분류하였다(Bakker & Demerouti, 2007). 선행인자를 분류하는 기준으로 직무 요구-자원 모델을 인용한 이유는 두 가지이다. 첫째, 처음에는 에너지 고갈, 즉 소진 모델로 발전되었지만 생산성과 연관된 직무관여 수준과도 연결되면서 노동자 웰빙 정도를 긍정-부정 차원으로 설명할 수 있다(예, Schaufeli & Bakker, 2004). 둘째, 직무 요구-자원 모델은 자기결정이론에서 규명된 핵심 욕구의 만족(작업조건과 웰빙 간에 연결을 중재함)을 포함하고 있으므로(Bakker & Demerouti, 2007 참고), 이론적 모델과 잘 부합된다고 생각하였다.

직무 요구-자원 모델에 따르면, "직무요구는 신체적 · 심리적 노력을 꾸준히 요구하는 다양한 측면(즉, 신체적 · 심리적 · 사회적 · 조직적 측면)이 있으며, 나아가 특정한 신체적 · 심리적 대가를 필요로 하는 것"으로 정의한다(Bakker, van Vedhoven & Xanthopoulou, 2010, p. 4). 직무요구의 예로는 작업부하, 시간압박, 역할 모호성 및 갈등 등이 있다. 한편, "직무자원은 ① 작업 목표를 달성하는 데 필요한 기능, ② 직무요구 및 직무와 연관된 신체적 · 심리적 역량을 감당할 수 있는 능력, ③ 개인의 성장, 학습기회, 발전을 자극하는 직무의 여러 측면(즉, 신체적 · 심리적 · 사회적 · 조직적 측면)을 지칭하는 것이다."(Bakker, van Vedhoven, & Xanthopoulou, 2010, p. 4) 직무자원의 예로는 자율성, 사회적 지지, 업무 피드백, 기술 활용력, 학습기회 등이다. [그림 2-1]에서 도식한 것처럼, 직무요구와 직무자원은 헌신 및 건강지표에 독립적인 영향인자이다. 직무 요구-자원 모델에 따르면 직무요구와 자원은 상호작용을 하는데, 즉 잠재적으로 웰빙에 부정적 영향을 끼치는 요구들이 가용한 능력 수준에 따라 완충되고, 또 웰빙에 긍정적 영향을 끼치는 효율적인 직무자원들은 직무요구가 난해한 조건하에서 상승작용을 한다. 그러나 한정된 지면 사정으로 여기서는 단지 독립적인 영향요인들을 주로 설명하고, 좀 더 복잡한 상호작용 효과는 더 이상 설명하지 않겠다.

먼저 직무요구 영역을 살펴보면, 역할 모호성과 역할갈등이 가장 많이 연구되었는데, 메타 분석연구에서 이 두 요소가 감성적 헌신과 부적인 상관을 보였다(Meyer, Stanley, Herscovitch, & Topolnytsky, 2002). 감성적 헌신은 대인 갈등과도 부적 상관을 보였고(예, Leong, Furnham, & Cooper, 1996; Tucker, Sinclair, & Thomas, 2005), 그 외 시간압박(Taris, Schreurs, & van Iersel-van Silfhout, 2001), 정치적 관점(Hochwarter, Perrewé, Ferris, & Guercio, 1999), 작업 팀 간 갈등(예, Hogan, Lambert, Jenkins, & Wambold, 2006), 일반적인 직무스트레스 또는 복합스트레스(예, Yeh, Ko, Chang, & Chen, 2007; Zickar, Gibby, & Jenny, 2004) 등과 부적 상관을 보였다. 소수이긴 하지만 몇 개의 반대 결과도 있었다. 예를 들면, Addae와 Wang(2006)은 감성적 헌신이 시간압박 정도와 상관이 없다고 했고, Barling과 Kelloway(1996)는 직무 불안정성과도 상관이 없다고 하였다.

소수의 연구이지만 직무요구와 조직헌신의 기타 요인들 간에 연관성도 연구되었는데 일관적이지 않은 결과를 보였다. 역할 모호성과 역할갈등이 많이 연구되었다는 점을 다시 한번 강조한다. 메타분석 연구에서 Meyer, Stanley, Herscovitch와 Topolnytsky(2002)는 모호성과 갈등은 규범적 헌신과는 부적 상관을 보이지만 지속적 헌신과는 정적 상관을 보인다고 하였다. 두 헌신 모두 중간 정도의 상관을 보였고, 상반된 결과를 보이는 몇몇 연구들도 있다. 예를 들면, 지속적 헌신과 역할 모호성 간에 부적인 상관을 보인다고 했다(Irving & Coleman, 2003). 직무요구와 관련된 연구를 보면, 조직에 대한 지속적 헌신은 역할 중압감과 부적인 상관을 보이고(Yousef, 2002), 시간 압박감과는 정적인 상관을 보였다(Addae & Wang, 2006). 규범적 헌신과 시간 압박감 같은 직무요구 간에 상관이 없었고, 또 비업무적인 직무방해(Cohen & Kirchmeyer, 1995), 역할 중압감(Maltin, 2006; Yousef, 2002), 대인갈등(Maltin, 2006), 일반적인 직무스트레스(Tan & Akhtar, 1998) 등과도 무관하였다.

작업현장 스트레스와 기타 영역에 대한 헌신 간에 연관성을 알아보려는 연구가 적긴 하지만 담당 업무, 즉 직무 헌신에 대한 연구는 조금 있다. 조직에 대한 헌신처럼 직무에 대한 헌신은 업무량 및 역할 스트레스와 부적 상관을 보였고(Miller, Ellis, Zook, & Lyles, 1990), 간호사 업무(Yeh, Ko, Chang, & Chen, 2007), 역할 모호성 및 조직 압박(Maltin, 2006)과도 부적 상관을 보였다. 반대로, Drach-Zahavy와 Freund(2007)은 팀원에 대한 감성적 헌신과 질적인 스트레스 간에 정적인 상관을 보고하였고, 이 결과는 스트레스와 감성적 헌신 간에 정적인 상관을 보고한 소수 의견 중에 하나이다. 한 가지 가능한 설명은 팀원으로서 조직의 실적이 나쁠 때 구성원들이 상호 지지하면서 노력하는 경우 애착이 더 강해진다. 다른 요소들에 대한 연구를 보면, Maltin(2006)은 지속적 헌신과 직무 및 역할 모호성, 조직 압박, 작업량 등과 유의미한 긍정적 상관을 밝혔다. 또한 그녀는 직무에 대한 규범적 헌신은 대인 갈등 및 작업량과 긍정적 상관을 보였고, 역할 모호성과는 부정적 상관을 보였다.

직무자원에 초점을 두면, 앞서 제기한 정의가 매우 광범위해서 다양한 변인과 연관됨을 주목해야 한다. 메타분석 연구에서 보았듯이 이런 요소들은 감성적 헌신과 강한 긍정적 상관을 보였고, 조직의 지지 분위기(Rhoades & Eisenberger, 2002), 공정한 조직운영(Colquitt et al., 2001), 개인-직무 간 적합성(Kristof-Brown, Zimmerman & Johnson, 2005), 변혁적 리더십(Meyer, Stanley, Herscovitch, & Topolnytsky, 2002) 등과도 긍정적 상관을 보인다. 실제로 헌신에 대한 많은 연구는 강력한 증거를 제시하고 있는데, 즉 직무 요구-자원 모델에서 설명하고 있는 가용한 자원들은 조직 및 기타 요소(예, 직무, 팀, 감독자; Klein, Becker, & Meyer 2009 참고)에 대한 감성적 헌신과 정적인 상관을 보인다. 일반적으로 상관 정도는 약하지만 규범적 헌신과도 긍정적 상관을 보였다. 지속적 헌신과 상관은 좀 더 약하고, 어떤 경우에는 부정적 상관을 보인다(Meyer, Stanley, Herscovitch, & Topolnytsky, 2002).

요약

지금까지 논의된 연구들의 큰 흐름을 보면, 헌신은 노동자 건강 및 웰빙과 많은 연관이 있고, 세 가지 헌신 유형(감성적 헌신, 지속적 헌신, 규범적 헌신)과 연관된 패턴은 조직경영의 평가결과물(즉, 근무기간, 직무수행력)을 분석한 연구와 비슷하다. 이것은 곧 올바른 헌신 유형을 고양시키는 노동조건 조성이 경영주 및 노동자들 모두가 상생하는 결과로 연결할 수 있음을 의미한다.

기존 연구들을 검토해서 종합한 결과에 덧붙여서, 이 이론적 틀의 핵심은 잠재된 기제 및 변화를 위한 계기를 찾아내는 것이다. 감성적 헌신이 보통 웰빙(긴장) 지표들과 긍정적(부정적) 연관이 되는 이유는 자율적 규제 및 욕구 만족과 연결되어 있다는 사실이다. 조직 및 기타 변인(즉, 직무, 팀, 고객)에 강한 감성적 헌신을 보이는 노동자는 가치를 공유하는 경향이 있고, 또 서로 지지적인 행동을 기꺼이 보여 준다. 그들은 낮은 사람에 비해 개인의 핵심 심리적 욕구를 스스로 만족하게끔 조성한다. 감성적 헌신은 (능력이 높아서) 직무자원이 많고 직무요구를 방해하는 요소들이 적은 노동자들에게서 높기 마련이다.

감성적 헌신과 반대로, 지속적 헌신은 감시당하고 있다거나 직무수행 동안 통제받는 상황에서 유발된다. 이런 조건들은 자율성 욕구를 침해할 수 있다. 지속적 헌신은 직무요구의 장애물(즉, 역할 모호성/갈등)과 당연히 정적 상관을 보이고, 자원 가용성(즉, 공정성, 지지)과 부적 상관을 보인다. 곧 조직 내에 감시체계가 있다고 느끼는 노동자는 욕구 만족을 위협하는 이런 요구들로부터 자유로울 수 없을 것이고, 나아가 긴장 및 소진도 높을 것이다.

규범적 헌신과 웰빙 간 연관성을 조사한 문헌은 부족하고, 또 밝혀진 내용도 불일치하거나 연관성도 미미하였다. 다음에 살펴보겠지만, 최근 연구물에서 부분적으로 규명된 것인데 규범적 헌신에서 의무감(복종심)은 상황에 따라 다르게 경험된다. 이런 의문은 향후 규명해야 할 몇 가지 주제에 속하며, 미래 연구 방향에서 몇 가지를 살펴보고자 한다.

미래 연구 방향

여기서 제시된 이론적 골격은 현재까지 연구된 헌신과 작업조건, 동기 과정,

웰빙 등과 연관성을 체계화하는 데 도움을 줄 것이다. 그러나 아직 살펴보아야 할 것이 많고 실증적으로 증명되어야 할 모델도 있다. 다음에는 미래 연구에서 우선사항이 무엇인지를 살펴보자.

[그림 2-1] 모델을 보면, 직무요구 및 직무자원이 헌신, 특히 감성적 헌신을 보이는 데 선행 요인이 된다. 그러나 연구 결과는 대부분 비실증적이고 또 요구 및 자원을 평가한 방법도 대개 지각적인 측정수단을 사용했다. 이런 점 때문에 헌신적인 노동자들이 작업조건에 대한 지각을 더 왜곡하거나 인과관계가 반대로 될 수도 있다. 측정될 수 없는 변인의 영향을 배제할 수도 없다. 따라서 미래 연구의 선결과제는 직무요구 및 자원의 변화가 헌신에 미치는 영향을 평가하도록 이상적으로 무선화된 통제설계를 사용하여서 더 많은 중재연구를 해야 할 것이다.

이런 연구의 가장 분명한 의미는 요구를 감소시키고 자원을 향상시키는 것이지만, 직무 요구-자원 모델에 따르면 높은 요구가 반드시 문제로 연결되지는 않는다. 실제로 직무자원이 높으면 고난도 직무 조건하에서 더 좋은 효과를 보인다(Bakker, van Veldhoven, & Xanthopoulou, 2010). 나아가 어떤 요구는 개인에게 긍정적 의미를 주기도 한다. 예를 들어, 메타분석 결과에서 Crowford, LePine와 Rich(2010)는 노동자 참여점수는 직무요구의 불필요한 요소들(즉, 까다로운 서류작업, 심리적 갈등)과 부적 상관을 보이지만, 도전적 직무요구(즉, 긴급한 업무, 고난도 업무)와는 정적 상관을 보인다고 하였다. 마지막으로, 사람요인으로서 업무를 대하는 선입견(예, 위협 대 도전) 및 감정적 반응 정도가 영향을 미친다. 업무에 대한 선입견은 사고방식의 변화(즉, 어려운 여건 속에서도 긍정적인 의미를 찾기; Tugade & Frederickson, 2004 참고)를 통해서 수정될 수도 있으므로 매우 중요하다. 그러므로 직무요구의 의미, 교육 및 경영 기법으로 직무요구를 보는 시각, 직무요구 및 자원과 헌신 및 웰빙 간의 상호작용 등은 미래 연구 주제들이다.

지금까지 살펴본 연구들을 기반으로 볼 때, 감성적 헌신은 노동자의 관여를 이끄는 최적 상태이고, 지속적 헌신은 웰빙에 부정적 영향을 준다고 볼 수 있다. 그러나 최근 연구는 초창기 연구 결과들(Meyer & Allen, 1991; Meyer &

Herscovitch, 2001)을 확증해 주고 있는데, 헌신의 세 가지 유형 중에 하나가 부각되는 것은 다른 두 개의 수준에 의해서 결정된다는 것이다. 예를 들어, Gellatly, Meyer와 Luchak(2006)은 규범적 헌신이 강한 지속적 헌신 및 약한 감성적 헌신과 결합될 때보다 강한 감성적 헌신과 결합될 경우에 근무지속 기간과 조직시민행동(Organizational Citizenship Behavior: OCB)에 긍정적 영향을 미친다는 것을 발견했다. 각 조건을 다시 설명해 보면, 규범적 헌신이 강한 감성적 헌신과 결합되는 경우에는 도덕적 책무성(즉, 공정한 일 처리를 해야 한다는 욕구)을 중시하게 되지만, 반면에 규범적 헌신이 강한 지속적 헌신 및 약한 감성적 헌신과 결합될 경우는 은혜를 입었다는 의무감(즉, 기대하고 있는 대로 일 처리를 해야 한다는 욕구)을 중시한다. 다른 연구에서 강한 감성적 헌신 및 강한 규범적 헌신 둘 다를 가진 사람은 강한 감성적 헌신 한 가지를 가진 사람보다 더 높은 웰빙과 과업수행 수준을 보였다(예, Somers, 2009; Wasti, 2005). 비슷하게 Meyer, Stanley와 Parfyonova(2011)는 강한 지속적 헌신이 강한 감성적 헌신 및 강한 규범적 헌신 등과 결합될 경우, 이를 완벽한 헌신 프로파일이라고 하는데, 높은 과업 수준 및 노동자 웰빙에 긍정적 영향을 미친다고 했다. 이런 사실들은 개별 헌신 요소에만 근거한 결론은 오해를 보일 수가 있다는 점이다. 그러므로 향후 연구방향으로 세 가지 헌신에 대한 마음가짐이 노동자 웰빙에 어떤 영향을 끼치는지를 연구할 필요가 있다.

끝으로, 앞서 언급했듯이 최근 연구의 대부분은 긴장 완화 측면에서 웰빙을 살펴보고 있다. 현대사회에서 대부분의 노동인력이 신체적 · 심리적 압박감을 느끼는 고강도의 스트레스를 겪고 있기 때문에 이 문제를 가볍게 생각할 수는 없다. 그러나 심리기능을 효율적으로 만드는 헌신을 더 많이 연구할 필요가 있다. 감성적 헌신이 높은 노동자는 낮은 노동자보다 긴장 수준이 낮지만, 담당하는 과업을 통해서 개인의 발전 및 성장도 더 크게 느낄 수 있을까?

적용 함의점

원인과 결과 간 효과에 대한 증거가 부족한 상황에서 실제에의 적용을 조언한다는 것은 매우 조심스럽다. 그럼에도 불구하고 적어도 지금까지의 연구만 봐도 높은 수준의 감성적 헌신은 노동자가 웰빙을 느끼는 데 도움이 되는 조건으로 간주된다. 기업에서 자체조사로 헌신 수준을 평가하는 것은 쉽기 때문에 비교적 비용이 적게 드는 진단도구로 사용될 수 있다. 만일 헌신 수준이 낮은데, 더구나 높은 지속적 헌신과 낮은 감성적 헌신을 가진 노동자는 언젠가는 근속기간/수행수준 및 웰빙에 문제를 보일 징후로 판단된다. 이런 노동자들에게는 어떤 중재적 도움을 제공해야 할 것이다.

작업조건에 대해 두 가지 큰 범주(요구와 자원)를 언급했는데, 이 둘은 최적의 헌신 및 노동자 웰빙을 향상시키고자 하는 중재의 핵심 목표가 될 것이다. 중재과정에서 세부적인 요구 또는 자원을 파악하는 단서는 개인 면담, 포커스 집단, 조직 진단을 통해서 알아낼 수 있다. 또한 직무요구 및 자원은 개인의 욕구 만족에 따라서 간접적으로 헌신 및 웰빙에 영향을 미친다는 점을 명심해야 한다. 그러므로 노동자마다 최상의 업무 집중을 일으키는 욕구가 무엇인지를 진단하는 것이 효율적인 중재전략을 결정하는 데 유용하다. 어떤 부서에서는 효과적이고 또 '최상의 적용'이던 중재가 다른 부서에서는 덜 효율적일 수도 있는데, 바로 연관된 욕구를 만족시키는 요인들이 다르기 때문이다. 예를 들면, 어떤 부서는 교육 훈련이 능력 향상 욕구를 만족시키고 헌신을 고양시키는 데 효과적이지만, 능력 제고가 주 관심사가 아닌 부서는 교육 훈련이 도움이 되지 않는다. 이럴 경우에는 노동자들이 교육 내용을 결정할 때, 즉 자율성 욕구를 만족시켜 주는 상황이라면 더욱 효과를 보일 것이다.

이 글을 읽는 독자 중에는 조직에 헌신하는 것이 업무 효과 또는 웰빙을 증가시키는 만능이 아님을 주목할 것이다. 요즘처럼 요동치는 경제여건에서 조직이 노동자를 보증해 주는 입장에 있기 어려우므로, 노동자가 조직에 헌신하도록 독려하는 것은 바람직하지도 않고 윤리적이지 않을 수도 있다. 이것은 합리적인 관심사이다. 다행히 노동자가 조직(즉, 직무, 팀, 상급자, 소비자)보다 (자주성을 갖춘) 존재로서 헌신을 보이고, 이러한 헌신은 전체적으로 조직에 이익을 가져온다는 증거들이 축적되고 있다. 앞서 언급한 것처럼, 조직보다는 중요한 것에 대한 감성적 헌신이 웰빙을 가져다준다는 증거가 있다. 따라서 조직은 존재에 대한 감성적 헌신을 발달시키도록 도움으로써 더 높은 수준의 노동자 웰빙을 증진시킬 수 있다. 하지만 관계가 단절되면 감성적 헌신이 노동자 건강에 나쁜 영향을 일으킬 수 있음도 명심해야 한다(Galais & Moser, 2009 참고).

결론

노동자 웰빙이 잠재적으로 헌신으로 연결된다는 생각을 자주 하지는 않지만, 현대의 연구들은 그럴 수 있음을 밝히고 있다. 헌신이 근속 및 직무수행과 관계되는 것만큼 헌신이 웰빙과 연결된다는 점은 특히 고무적인 것이다. 그래서 건강한 근로분위기를 조성하려는 노력이 생산성 손실비용으로 판단되지 않아야 한다. 여기서 제시된 이론적 모델은 기존 연구물들을 설명하고 통합시키는 데 도움이 될 것이고, 효율적인 경영전략 지침이 될 수 있을 것이다.[1)]

참고문헌

Addae, H. M., & Wang, X. (2006). Stress at work: Linear and curvilinear effects of psychological–, job–, and organization-related factors: An exploratory study of Trinidad and Tobago. *International Journal of Stress Management, 13*, 476–493.

Armstrong-Stassen, M. (2004). The influence of prior commitment on the reactions of layoff survivors to organizational downsizing. *Journal of Occupational Health Psychology, 9*, 46–60.

Baard, P. P., Deci, E. L., & Ryan, R. R. (2004). Intrinsic need satisfaction: A motivational

1) 이 장은 Meyer, J. P.가 캐나다 사회과학 및 인간연구위원회의 연구기금을 지원받아 수행되었다.

basis of performance and well-being in two work settings. *Journal of Applied Social Psychology, 34*, 2045–2068.

Bakker, A. B., & Demerouti, E. (2007). The job demands-resources model: State of the art. *Journal of Managerial Psychology, 22*, 309–328.

Bakker, A., Demerouti, E., de Boer, E., & Schaufeli, W. B. (2003). Job demands and job resources as predictors of absence duration and frequency. *Journal of Vocational Behavior, 62*, 341–356.

Bakker, A. B., van Veldhoven, M., & Xanthopoulou, D. (2010). Beyond, the demand-control model: Thriving on high job demands and resources. *Journal of Personnel Psychology, 9*, 3–16.

Barling, J., & Kelloway, E. K. (1996). Job insecurity and health: The moderating role of workplace control. *Stress Medicine, 12*, 253–259.

Baumeister, R., & Leary, M. R. (1995). The need to belong: Desire for interpersonal attachments as a fundamental human motivation. *Psychological Bulletin, 117*, 497–529.

Becker, T. E. (2009). Interpersonal commitments. In H. J. Klein, T. E. Becker, & J. P. Meyer (Eds.), *Commitment in organizations: Accumulated wisdom and new directions* (pp. 137–178). New York: Routledge/Taylor and Francis Group.

Bridger, R. S., Kilminster, S., & Slaven, G. (2007). Occupational stress and strain in the naval service: 1999 and 2004. *Occupational Medicine, 57*, 92–97.

Cohen, A. (1998). An examination of the relationship between work commitment and work outcomes among hospital nurses. *Scandinavian Journal of Management, 14*, 1–17.

Cohen, A., & Kirchmeyer, C. (1995). A multidimensional approach to the relation between organizational commitment and nonwork participation. *Journal of Vocational Behaviour, 46*, 189–202.

Colquitt, J. A., Conlon, D. E., Wesson, M. J., Porter, C. O. L. H., & Ng, K. Y. (2001). Justice at the millennium: A meta-analytic review of 25 years of organizational justice research. *Journal of Applied Psychology, 86*, 425–445.

Crawford, E. R., LePine, J. A., & Rich, B. L. (2010). Linking job demands and resources to employee engagement and burnout: A theoretical extension and meta-analytic test. *Journal of Applied Psychology, 95*, 834–848.

deCharms, R. (1968). *Personal causation: The internal affective determinants of behavior.* New York: Academic Press.

Deci, E. L., Ryan, R. M., Gagne, M., Leone, D. R., Usunov, J., & Kornazheva, B. P. (2001). Need satisfaction, motivation, and well-being in the work organizations of a former Eastern Bloc country: A cross-cultural study of self-determination. *Personality and Social Psychology Bulletin, 27*, 930–942.

Drach-Zahavy, A., & Freund, A. (2007). Team effectiveness under stress: A structural contingency approach. *Journal of Organizational Behavior, 28*, 423–450.

Epitropaki, O., & Martin, R. (2005). From ideal to real: A longitudinal study of the role of implicit leadership theories on leader-member exchanges and employee outcomes. *Journal of Applied Psychology, 90*, 659–676.

Frone, M. R. (2007). Interpersonal conflict at work and psychological outcomes: Testing a model among young workers. *Journal of Occupational Health Psychology, 5*, 246–255.

Gagné, M., Chemolli, E., Forest, J., & Koestner, R. (2008). A temporal analysis of the relation between organisational commitment and work motivation. *Psychologica Belgica, 48*, 219–241.

Gagné, M., & Deci, E. L. (2005). Self-determination theory and work motivation. *Journal of Organizational Behavior, 26*, 331–362.

Gagné, M., Forest, J., Gilbert, M-H., Aube, C., Morin, E., & Malorni, A. (2010). The motivation at work scale: Validation evidence in two languages. *Educational and Psychological Measurement, 70*, 628–646.

Gagné, M., Koestner, R., & Zuckerman, M. (2000). Facilitating acceptance of organizational change: The importance of self-determination. *Journal of Applied Social Psychology, 30*, 1843–1852.

Galais, N., & Moser, K. (2009). Organizational commitment and the well-being of temporary agency workers: A longitudinal study. *Human Relations, 62*, 589–620.

Gellatly, I. R., Meyer, J. P., & Luchak, A. A. (2006). Combined effects of the three commitment components on focal and discretionary behaviors: A test of Meyer and Herscovitch's propositions. *Journal of Vocational Behavior, 69*, 331–345.

Grawitch, M. J., Barber, L. K., & Kruger, M. H. (2010). Role identification, community socioeconomic status demands, and stress outcomes in police officers. *Anxiety,*

Stress, & Coping: An International Journal, 23, 165–180.

Grawitch, M. J., Trares, S., & Kohler, J. M. (2007). Healthy workplace practices and employee outcomes. *International Journal of Stress Management, 14*, 275–293.

Hepburn, C. G., Kelloway, E. K., & Franche, R.-L. (2010). Early employer response to workplace injury: What injured workers perceive as fair and why these perceptions matter. *Journal of Occupational Health Psychology, 15*, 409–420.

Higgins, E. T. (1998). Promotion and prevention: Regulatory focus as a motivational principle. In M. P. Zanna (Ed.), *Advances in experimental social psychology, Vol. 20* (pp. 1–46). New York: Academic Press.

Hobfoll, S. E., & Shirom, A. (2001). Conservation of resources theory: Application to stress and management in the workplace. In Golembiewski, R. T. (Ed.), *Handbook of organizational behavior, 2nd edn* (pp. 57–80). New York: Marcel Dekker.

Hochwarter, W. A., Perrewe, P. L., Ferris, G. R., & Guercio, R. (1999). Commitment as an antidote to the tension and turnover consequences of organizational politics. *Journal of Vocational Behavior, 55,* 277–297.

Hogan, N. L., Lambert, E. G., Jenkins, M., & Wambold, S. (2006). The impact of occupational stressors on correctional staff organizational commitment: A preliminary study. *Journal of Contemporary Criminal Justice, 22*, 44–62.

Irving, P. G., & Coleman, D. F. (2003). The moderating effect of different forms of commitment on role ambiguity-job tension relations. *Canadian Journal of Administrative Sciences, 20*, 97–106.

Jamal, M. (2005). Short communication: Personal and organizational outcomes related to job stress and Type-A behavior: A study of Canadian and Chinese employees. *Stress and Health, 21,* 129–137.

King, R. C., & Sethi, V. (1997). The moderating effect of organizational commitment on burnout in information systems professionals. *European Journal of Information Systems, 6*, 86–96.

Klein, H. J., Becker, T. E., & Meyer, J. P. (2009). *Commitment in organizations: Accumulated wisdom and new directions*. Florence, KY: Routledge/Taylor and Francis Group.

Klein, H. J., Molloy, J. C, & Cooper, J. T. (2009). Conceptual foundations: Construct definitions and theoretical representations of workplace commitments. In H. J.

Klein, T. E. Becker, & J. P. Meyer (Eds.), *Commitment in organizations: Accumulated wisdom and new directions* (pp. 3–36). Florence, KY: Routledge/Taylor and Francis Group.

Kristof-Brown, A. L., Zimmerman, R. D., & Johnson, E. C. (2005). Consequences of individual's fit at work: A meta-analysis of person-job, person-organization, persongroup, and person-supervisor fit. *Personnel Psychology, 58,* 281–342.

Lambert, E. G., Hogan, N. L., & Griffin, M. L. (2008). Being the good soldier: Organizational citizenship behavior and commitment among correctional staff. *Criminal Justice and Behavior, 35,* 56–68.

Leong, C. S., Furnham, A., & Cooper, C. L. (1996). The moderating effect of organizational commitment on the occupational stress outcome relationship. *Human Relations, 49,* 1345–1363.

Littrell, P. C., Billingsley, B. S., & Cross, L. H. (1994). The effects of principal support on special and general educators'stress, job satisfaction, school commitment, health, and intent to stay in teaching. *Remedial and Special Education, 15,* 297–310.

Maltin, E. R. (2006). Occupational Commitment, Organizational Commitment, and Work Motivation: Integration and Effects on Stress and Strain in Teachers. Unpublished Masters Thesis, *Department of Psychology*, University of Western Ontario.

Meyer, J. P., & Allen, N. (1991). A three-component conceptualization of organizational commitment. *Human Resource Management Review, 1,* 61–89.

Meyer, J. P., & Allen, N. (1997). *Commitment in the workplace: Theory, research, and application.* Thousand Oaks, CA: Sage.

Meyer, J. P., Becker, T. E., & Vandenberghe, C. (2004). Employee commitment and motivation: A conceptual analysis and integrative model. *Journal of Applied Psychology, 89,* 991–1007.

Meyer, J. P., Becker, T. E., & Van Dick, R. (2006). Social identities and commitments at work: Toward an integrative model. *Journal of Organizational Behavior, 27,* 665–683.

Meyer, J. P., & Herscovitch, L. (2001). Commitment in the workplace: Toward a general model. *Human Resource Management Review, 11,* 299–326.

Meyer, J. P., & Maltin, E. R. (2010). Employee commitment and well-being: A critical review, theoretical framework, and research agenda. *Journal of Vocational*

Behavior, 77, 323–337.

Meyer, J. P., Stanley, L. J., & Parfyonova, N. M. (2011). Employee commitment in context: The nature and implications of commitment profiles. *Journal of Vocational Psychology.* doi: 10.1016/j.jvb.2011.07.002.

Meyer, J. P., Stanley, D. J., Herscovitch, L., & Topolnytsky, L. (2002). Affective, continuance and normative commitment to the organization: A meta-analysis of antecedents, correlates, and consequences. *Journal of Vocational Behavior, 61*, 20–52.

Miller, K. I., Ellis, B. H., Zook, E. G., & Lyles, J. S. (1990). An integrated model of communication, stress, and burnout in the workplace. *Communication Research, 17,* 300–326.

Mowday, R. T., Porter, L., & Steers, R. (1982). *Employee Organization Linkages.* New York: Academic Press.

Neubert, M. J., & Wu, C. (2009). Action commitments. In H. J. Klein, T. E. Becker, & J. P. Meyer (Eds.), *Commitment in organizations: Accumulated wisdom and new directions* (pp. 179–213). Florence, KY: Routledge/Taylor and Francis Group.

Reilly, N. P. (1994). Exploring a paradox: Commitment as a moderator of the stressorburnout relationship. *Journal of Applied Social Psychology, 24,* 397–414.

Rhoades, L., & Eisenberger, R. (2002). Perceived organizational support: A review of the literature. *Journal of Applied Psychology, 87*, 698–714.

Ryan, R. M., & Deci, E. L. (2000). Self-determination theory and the facilitation of intrinsic motivation, social development, and well-being. *American Psychologist, 55*, 68–78.

Ryan, R. M., & Deci, E. L. (2001). Onhappiness and human potentials: Areview of research on hedonic and eudaimonic well-being. *Annual Review of Psychology, 52,* 141–166.

Ryff, C. D., & Singer, B. H. (2008). Know thyself and become what you are: A eudaimonic approach to psychological well-being. *Journal of Happiness Studies, 9,* 13–39.

Saks, A. M., & Ashforth, B. E. (1997). A longitudinal investigation of the relationship between job information sources, applicant perceptions of fit, and work outcomes. *Personnel Psychology, 50*, 395–426.

Schaufeli, W. B., & Bakker, A. B. (2004). Job demands, job resources, and their relationship with burnout and engagement: A multi-sample study. *Journal of Organizational Behavior, 25*, 293–315.

Seligman, M. E. P., & Csikszentmihalyi, M. (2000). Positive psychology: An introduction. *American Psychologist, 55*, 5–14.

Siu, O. (2002). Occupational stressors and well-being among Chinese employees: The role of organisational commitment. *Applied Psychology: An International Review, 51*, 527–544.

Somers, M. J. (2009). The combined influence of affective, continuance, and normative commitment on employee withdrawal. *Journal of Vocational Behavior, 74*, 75–81.

Tan, D. S. K., & Akhtar, S. (1998). Organizational commitment and experienced burnout: An exploratory study from a Chinese cultural perspective. *International Journal of Organizational Analysis, 6*, 310–333.

Taris, T. W., Schreurs, P. J. G., & van Iersel-van Silfhout, I. J. (2001). Job stress, job strain, and psychological withdrawal among Dutch university staff: Toward a dual-process model for the effects of occupational stress. *Work & Stress, 15*, 283–296.

Tetrick, L. E. (2002). Individual and organizational health. In P. L. Perrewe & D. C. anster (Eds.), *Historical and current perspectives on stress and health* (pp. 117–142). Amsterdam, London: JAI.

Thoresen, C. J., Kaplan, S. A., Barsky, A. P., Warren, C. R., & de Chermont, K. (2003). The affective underpinnings of job perceptions and attitudes: A meta-analytic review and investigation. *Psychological Bulletin, 129*, 914–945.

Tucker, J. S., Sinclair, R. R., & Thomas, J. L. (2005). The multilevel effects of occupational stressors on soldiers' well-being, organizational attachment, and readiness. *Journal of Occupational Health Psychology, 10,* 276–299.

Tugade, M. M., & Frederickson, B. L. (2004). Resilient individuals use positive emotions to bounce back from negative emotional experiences. *Journal of Personality and Social Psychology, 86*, 320–333.

Vandenberghe, C. (2009). Organizational commitments. In H. J. Klein, T. E. Becker, & J. P. Meyer (Eds.), *Commitment in organizations: Accumulated wisdom and new directions* (pp. 99–135). Florence, KY: Routledge/Taylor and Francis Group.

Wasti, S. A. (2005). Commitment profiles: Combinations of organizational commitment forms and job outcomes. *Journal of Vocational Behavior, 67*, 290–308.

Wegge, J., van Dick, R., Fisher, G. K., West, M. A., & Dawson, J. F. (2006). A test of basic assumptions of Affective Events Theory (AET) in call centre work. *British Journal of Management, 17*, 237–254.

White, R. W. (1959). Motivation reconsidered: The concept of competence. *Psychological Review, 66*, 297–333.

Yeh, Y.-J., Ko, J.-J. R., Chang, Y.-S., & Chen, C.-H. V. (2007). Job stress and work attitudes between temporary and permanently employed nurses. *Stress and Health, 23*, 111–120.

Yousef, D. A. (2002). Job satisfaction as a mediator of the relationship between job stressors and affective, continuance, and normative commitment: A path analytical approach. *International Journal of Stress Management, 9*, 99–112.

Zickar, M. J., Gibby, R. E., & Jenny, T. (2004). Job attitudes of workers with two jobs. *Journal of Vocational Behavior, 64*, 222–235.

3장

근거에 기반한 직업건강심리학

Rob B. Briner
바스 대학교(University of Bath, 영국)

도입

현장에서 일하고 있는 심리학 분야의 현장전문가들에게 중요하면서도 간단한 질문 중 하나는 연구를 통해 활용 가능한 근거에 기반한 실행의 범위가 어디까지인가 하는 것이다. 즉, 전문가들에 의해 사용되는 실행, 기술, 그리고 평가가 가지는 이점들이 연구 결과에 의해 뒷받침되는 것인가? 실제 이러한 근거들이 비효율적인 실행이나 잠재적인 문제점에 대해 제안을 할 수 있는가? 또는 이러한 근거에 대한 효과성과 안전성이 분명하지 않거나 알려져 있지 않은 것은 아닌가? 물론 이러한 것들은 심리학뿐만 아니라 어떠한 분야에서든지 현장전문가와 그들의 고객이 걱정하는 질문이다. 실행이 반드시 '근거에 기반해야(evidence-based)' 한다는 점은 이미 많은 연구를 통해 잘 알려져 있다.

'근거에 기반한'이라는 용어가 새로울 수도 있으나 이미 20년 전 의학분야에서 그 기원을 가지고 있으며, 다수의 학문 영역과 현장에서는 근거와 실행을 함께 통합하려는 시도로서 이 용어를 사용하고 있다. 2011년 6월, 구글에서 다음의 문장을 검색한 결과는 직업건강심리학과 연관되는 분야에서 이 용어를 사용하는 정도를 대략적으로 보여 준다.

- 근거에 기반한 의학: 약 350만 건 검색
- 근거에 기반한 경영학: 약 150만 건 검색
- 근거에 기반한 간호학: 388,000건 검색
- 근거에 기반한 임상심리학: 212,000건 검색
- 근거에 기반한 인적자원관리: 127,000건 검색
- 근거에 기반한 공중 보건: 73,000건 검색
- 근거에 기반한 건강심리학: 49,200건 검색
- 근거에 기반한 건강 증진: 39,900건 검색
- 근거에 기반한 산업의학: 12,900건 검색
- 근거에 기반한 산업 및 조직심리학: 89건 검색
- 근거에 기반한 직업심리학: 2건 검색(최근 영국 심리학회에서 생산된 동영상 제목에 이 문구를 사용한 약 500건의 검색 제외)
- 근거에 기반한 조직심리학: 1건 검색
- 근거에 기반한 직업건강심리학: 0건 검색

물론 단순한 검색 숫자가 어떤 분야가 실제로 근거에 기반하고 있는지에 관한 정도를 말해 주는 것은 아니지만, 각 분야에서 근거에 기반한 실행이 논쟁 또는 논의되고 있는지 정도에 관해서는 어느 정도 알 수 있다. '근거에 기반한 직업건강심리학'에 대한 검색 결과가 '0'으로 나타났다는 점은 조금 놀라운 일이며, 이 장은 다른 영역에서 논의된 것처럼 근거에 기반한 실행이 직업건강심리학에 어떻게 적용될 수 있는지에 대한 첫 번째 시도이다.

많은 평론가가 일과 조직심리학(Anderson, Herriot, & Hodgkinson, 2001), 산업 및 조직심리학(Briner, 1998; Briner & Rousseau, 2011), 인적자원관리(Rynes, Giluk & Brown, 2007), 일반적인 경영학(Pfeffer & Sutton, 2006; Rousseau, 2006), 의학(Sackett, Richardson, Rosenburg, & Haynes, 1996) 등을 포함한 다양한 분야에서 연구 근거와 실행 간의 '차이(gap)'에 대해 유사한 우려를 언급한 점에 주목할 필요가 있다.

근거에 기반한 접근방식은 어떻게 하면 연구 결과에 기반해서 실행이 좀 더 잘 될 수 있을까 하는 단순한 생각이 아니다. 오히려 다른 분야에서 근거에 기반한 실행을 발전시키고 근거에 기반하여 전문가들을 훈련시키는 데 집중해 왔다는 점을 감안해 본다면, 근거에 기반한다는 것이 직업건강심리학에 있어서 어떠한 함의를 가지는가? 어떻게 우리는 근거에 기반한 직업건강심리학으로 나아갈 수 있을 것인가?

여기서는 근거에 기반한 접근방법이 해결해야 할 문제의 본질을 우선 고려할 것이다. 근거에 기반한 실행에 대한 정의를 내리고, 체계적 문헌연구(systematic reviews)의 핵심적 역할에 대해 생각해 보고자 한다. 그리고 직업건강심리학이 이미 근거에 기반하고 있다는 정도를 어떻게 설정할 수 있는지를 검토해 봄으로써 훈련, 현장전문가, 전문 기관 및 연구자를 위한 함의와 함께 직업건강심리학이 근거에 기반하는 데 도움이 되는 방법을 제안하고자 한다.

근거에 기반한 실행이 해결해야 하는 문제는 무엇인가

실행을 하기 위한 근거에 기반한 접근방법은 서로 다른 영역에서 나타나는 많은 문제점이 있으나, 한 가지 근본적인 문제가 있다. 즉, 정확히 알려진 비율은 아니지만 일상적으로 이용되는 개입방법과 실행의 이점이 관련되는 연구 근거에 의해 뒷받침되고 있지 않다는 점이다. 그 결과는 분명하다. 이러한 개입방법이 노동자에게 도움이 될 수도 있으나, 반면에 노동자에게 도움이 되지 않을 수도 있고 심지어 해를 입힐 수도 있다.

이러한 부분과 연관되는 문제점은 무엇인가? 첫째, 직업건강심리학 분야의 전문가들을 포함한 현장의 전문가들이 작업장에서 도움이 되는 최선의 관련 근거를 이용하지 않거나 또는 이용할 수 없다는 점은 분명한 것으로 보인다. 여기에는 다음과 같은 이유가 있을 수 있다.

- 관련되는 최적의 근거는 읽고 이해하기 어려운 학술저널의 논문으로 출간된 것일 수 있다.
- 학술저널에 출간된 연구가 때로는 실행과 관련성이 없다.
- 현장전문가들은 지속적으로 출간되는 상당한 양의 관련 연구를 계속 살펴볼 수 있는 시간적 여유가 없다.
- 직업건강심리학에서는 실행 관련 질문에 초점을 두는 근거에 대한 체계적 문헌연구가 거의 없다.(이후 참고)
- 직업건강심리학의 현장전문가들이 대학과정을 마쳤을 때, 논문 다운로드 비용을 지불하지 않고는 학술저널에 대한 접근이 어렵거나 불가능하다.
- 직업건강심리학 훈련과정이 연구에 대한 체계적인 또는 비평적인 평가가 필요한 기술 훈련을 포함하지 않고 있다.
- 직업건강심리학 훈련과정은 어떻게 근거를 사용해야 실행과 관련되는지에 대한 방법과 관련이 없다.
- 대학의 정규 훈련과정에서 직업건강심리학 전문가들이 배우는 근거는 상당히 빠른 속도로 구식이 될 수 있다.

둘째, 학계는 실행과 직접적 연관성이 없는 연구를 하는 경향이 있다. 대부분의 연구자는 현장 적용 가능성이 있는 연구의 수행을 연구자의 역할로 보지 않고, 심리학적 과정에서 보다 기초적인 연구 질문에 관심을 가지고 접근하는 것을 연구자의 역할로 본다. 즉, 연구자들은 '기초 과학'을 수행하는 것이 연구자로서 해야 할 일로 생각하며, 현장에서 어떻게 적용할 것인가 하는 부분은 현장전문가에게 남겨 둔다. 직업건강심리학 분야의 현장전문가에게는 상당히 어렵게 느껴질 수도 있고, 왜 연구자가 자신의 연구를 현장에서 이용 가능하도록 만들려는 노력을 기울이지 않는가에 대해 궁금해 할 수도 있다. 여기서 한 가지 더 중요한 것은 연구자와 관련된 인센티브와 압박이다. 연구자는 일반적으로 실행에 기반한 연구는 다루지 않는 권위 있는 학술저널에 출간하기를 요구받는다. 이것은 근거를 이용할 수 있음에도 불구하고 실제로 현장 문제에 적용하기는 어려울 수도 있다는 것을 의미한다.

이후 좀 더 자세히 언급되겠지만, 세 번째 문제는 실행에 도움이 되고, 실행의 관점에서 다루어져야 하는 **근거에 대한 체계적 문헌연구의 부재**이다. 직업건강심리학과 연관되는 다수의 문헌연구와 메타분석이 있으나 실행에 대한 질문에 대답을 하고자 하는 목적으로 수행된 체계적인 연구는 거의 없다. 예를 들어, 직업건강심리학 분야의 현장전문가가 자신이 일하는 작업장의 어떠한 상황에서 일과 가정 간의 갈등을 줄이기 위한 개입방법을 찾기 위해 가장 유용한 근거가 무엇인지 알고 싶다고 가정해 보자. 아마도 현장전문가는 20년 전으로 거슬러 올라가 수십 개의 연관되는 연구를 확인하고 복사하고, 그리고 각 연구 결과를 추적하여 그 근거가 제안하는 것이 무엇인지 요약해야 할 것이다. 대부분의 현장전문가에게 이것은 불가능한 일이다.

근거에 기반한 접근방법의 또 다른 문제는 때로 **실행은 근거보다 유행과 열정에 의해 좌지우지된다**는 점이다. 우리 모두는 개념과 실행이 최신 유행에서 오는 것은 아니라는 점을 알고 있다. 이러한 유행과 열정은 쉽게 적용될 수는 있으나 금세 사라지고 분명하게 다른 새것으로, 그리고 만병통치약 같은 해결책을 약속하는 또 다른 흥미진진한 생각으로 대체된다.

실제로 실행에 있어 연구 근거의 역할은 때때로 논쟁이 되기도 한다. 현장전문가들은 사소하고 이해할 수 없는, 그리고 때로는 상관없는 연구를 수행하는 것에 대해 학계를 비난한다. 학계는 현장전문가들이 실행과 관련되는 연구 근거에 충분한 관심을 기울이지 않는다는 점을 비난한다. 현장전문가와 연구자 모두는 조직이 사전 평가와 중재방안에 대한 최종적인 평가를 진지하게 받아들이지 않고 최신 유행에 편승하려 한다는 점을 비난한다. 조직은 학계와 현장전문가들이 문제를 너무 복잡하고 이론적으로만 만들고, 조직이 가지고 있는 문제에 대해 빠르고 효과적인 답을 주지 않는다는 점을 비난한다.

그러나 다양한 분야에서 연구 근거와 실행을 효과적으로 통합하고자 하는 과정의 이러한 실패는 그 누구의 잘못도 아니다. 이것은 학계, 현장전문가, 조직에서 연관된 모든 분야가 서로 다른 우선순위, 서로 다른 압박, 서로 다른 인센티브를 가지고 제각각 일을 함으로써 발생하는 시스템적인 문제이다. 이것은 연구에서 실행으로, 또는 반대로 실행에서 연구로 이어지는 지식의 흐름을 막는다. 근거에 기반한 실행과 관련되는 장애물은 이후 상세히 논의할 것이다.

각각의 당사자가 하나의 문제에 대해 서로 다른 관점을 가질 수는 있으나 기본적인 문제에 대해서는 어떠한 의견 일치가 있다. 즉, 실행은 연구 근거에 기반해야 하고, 또 그렇게 되어야만 한다는 점이다.

실행을 위한 근거에 기반한 접근방법은 무엇인가

앞에서 언급되었듯이, '근거에 기반한'이라는 용어를 만든 것은 의학 분야이다. 한 가지 중요한 점은 『영국 의학 저널』의 편집위원이(Smith, 1991, p. 798) "의학적 개입방안의 약 15%만이 확실한 과학 근거에 의해 뒷받침된다."라고 주장했다는 점이다. 이러한 비율이 직업건강심리학 개입방안에서는 과연 얼마나 될 것인지를 추측하는 것도 흥미롭지만(아마도 불편할 수도 있지만), 여기서 얻을 수 있는 한 가지 중요한 교훈은 진지하게 근거에 대한 문제를 생각하기 위해서, 그리고 좀 더 근거에 기반하기 위해서, 우리는 우리의 무지함을 이해하고 인지할 필요가 있다는 점이다. 많은 다른 분야처럼 직업건강심리학 역시 직업건강심리학적 지식이 가지는 모순과 격차들은 경시하는 반면 직업건강심리학이 가지는 확실함과 성공적인 결과들은 강조하기를 원한다. 이것이 근거에 기반한 실행을 적용하는 데 장애물이 될 수도 있으며, 의학 분야에서처럼 이를 설명할 필요가 있다.

1 근거에 기반한 실행에 대한 정의

이 용어를 사용하는 직업건강심리학과 다른 분야들이 의학 분야와 동일하지는 않다. 각 분야에서 관련 정의를 발전시킬 필요가 있으나, 어떻게 처음 정의되었는지에 대해 생각해 보는 것은 의미가 있다. Sackett 등(1996, pp. 2-3)은 근거에 기반한 의학의 실행은 환자를 돌보는 것과 관련되는 의사결정에 있어서 '…체계적인 연구를 통해서 개인 임상 전문가와 최고의 외부 임상 전문가를 통합하는 것'이라고 언급하였다. Sackett 등은 근거에 기반한 의학에 대해서 다음과 같이 언급했다.

…환자를 돌보는 일생 동안의 과정과 자기주도적 학습이 진단, 예측, 치료, 그리고 다른 임상적 건강관리 현안에 있어서 중요한 임상 정보의 필요성을 야기한다. 우리는…

1. 이러한 정보의 필요성을 답변 가능한 질문으로 바꾼다.
2. 효율적으로 이러한 것에 답할 수 있는 최선의 근거를 찾는다.
3. 이것의 타당성과 유용성을 위해서 근거는 비판적으로 평가한다.
4. 이러한 평가 결과를 임상 현장에 적용한다.
5. 성과를 평가한다(Sackett, Richardson, Rosenburg, & Haynes, 1996).

결정적인 것은 근거에 기반한 실행은 **연구 근거와 현장전문가의 전문지식을 통합하는 것이라는 점이다.** 그러나 '근거에 기반한'이라는 용어에 내포된 근거에 기반한 실행의 개념에 대한 가장 많은 오해는 현장전문가의 관점, 경험, 기술, 그리고 이해가 고려되지 않는다거나 또는 연구 근거보다 오히려 더 적게 고려된다고 생각하는 것이다. 사실 그렇지는 않다. 연구 근거는 그 자체보다는 오히려 현장전문가의 지식과 경험에 통합되어 적용될 수 있다. 그러므로 근거에 기반한 실행의 핵심은 이렇게 서로 다른 지식의 원천을 어떻게 통합하는가이다.

최근 경영 분야의 정의(Briner, Denyer, & Rousseau, 2009. p. 19)는 다음과 같다.

근거에 기반한 경영이란 현장전문가의 전문지식과 판단, 현장 상황에 따른 근거, 가장 관련성 있는 연구 근거에 대한 비판적 평가, 그리고 이러한 결정에 영향받을 수 있는 사람들의 관점과 같은 4가지 정보자원을 양심적이고, 분명하고, 신중하게 사용할 수 있는 의사결정이다.

이러한 정의 내의 다양한 생각에는 정교함이 필요하다. **신중하다**는 것은 현장전문가가 근거와 정보를 모으기 위해 지속적이고 계획적인 생각을 가지고 노력을 기울인다는 것을 의미한다. 현장전문가는 발견한 근거를 기록하고 의사소통하는 것과 같은 **분명한** 방법을 이용하지만 이러한 정보의 출처와는 별개로 모든 정보나 근거가 타당하거나 유용한 것은 아니다. 그런 이유로 현장전문가는 근거의 질과 연관성 모두에 대해 비판적 관점을 가지고 **판단해야** 한다.

2 근거에 기반한 실행하기

현장전문가는 4가지의 서로 다른 정보를 더하거나 통합하여 의사결정한다는 개념을 [그림 3-1]에 간단하게 나타내었다. 어떤 행동을 취할 것인지 또는 특정한 개입방안이나 평가를 이용할지 여부에 대한 결정은 이러한 4가지 지식 또는 근거의 교차점에서 이루어진다. 어떠한 상황에서는 각각의 근거에 대한 양과 질, 관련성이 다를 수 있다. 예를 들면, 어떤 경우에는 관련되는 현장전문가가 결정에 도움이 되는 유효한 경험을 가지고 있을 수 있다. 다른 경우에는, 결정에 도움이 될 수 있는 관련성 있는 연구나 타당한 외적 근거가 없을 수도 있다. 모

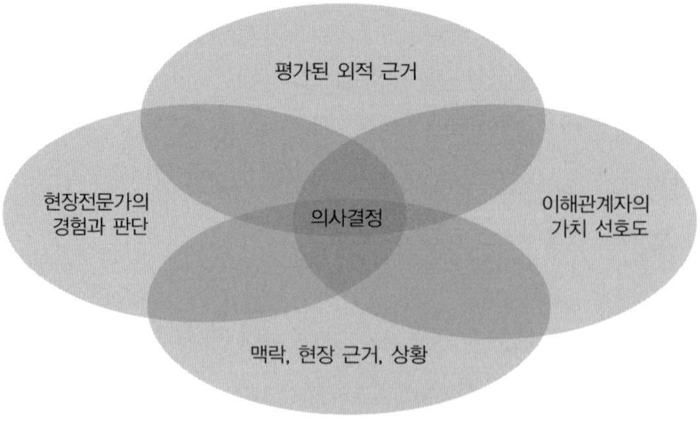

[그림 3-1] 근거에 기반한 실행 요소들(Briner, Denyer, & Rousseau, 2009)

든 경우마다 근거의 출처가 서로 다르고 다양할 수는 있으나, 핵심은 이 모든 것을 고려한 통합적이고 체계적인 방법이 필요하다는 것이다.

그러나 각각의 요소에서는 어떠한 종류의 근거와 정보가 수집되어야 하는가? 〈표 3-1〉은 일-가정 갈등(Work-Family Conflict: WFC)과 관련되는 문제가 있을 때, 직업건강심리학 현장전문가에게 물을 수 있는 질문 예시이다. 관련 있는 정보와 근거를 모으기 위해서 **현장전문가의 경험과 판단**에 대해 할 수 있는 질문에는 일-가정 갈등에 관한 현장전문가의 신념, 이 문제를 다루어 본 이전 경험, 그리고 현장전문가가 일하고 있는 조직 상황에 대한 이해, 그리고 만약 현장전문가의 관련 경험이 많다면 현장전문가의 예감과 느낌 등이 포함될 수 있다.

〈표 3-1〉 4가지 요소에서 수집된 일-가정 갈등 문제를 나타내는 근거 유형

현장전문가의 전문지식과 판단

- 나는 일-가정 갈등에 대해서 무엇을 믿는가?
- 나는 이전에 이것을 본 적이 있는가?
- 만약 그렇다면, 이러한 경우에 어떤 일이 일어났는가?
- 일-가정 갈등과 그 원인에 대한 나의 믿음은 무엇인가?
- 과거에는 어떻게 했고, 왜 그렇게 했는가?
- 그 밖에 무엇이 일어났는가?
- 나의 예감은 무엇인가?
- 내가 생각하는 원인, 영향, 그리고 가능한 해결책은 무엇인가?
- 나의 경험이 어떻게 연관되고 적용될 수 있는가?
- 왜 조직은 이것이 문제가 된다고 믿고 있는가?
- 일-가정 갈등이 정말 문제인가, 또는 그 밖에 다른 것이 있는가?

현장 상황에서의 근거

- 일-가정 갈등이 실제로 문제가 된다는 근거가 있는가?
- 일-가정 갈등은 어떻게 측정되는가?
- 이 상황에서 일-가정 갈등의 원인이 되는 근거는 무엇인가?
- 일-가정 갈등이 가지는 영향에 대한 근거는 무엇인가?
- 일-가정 갈등과 연관되는 문제들이 확인될 수 있는가?
- 일-가정 갈등에 대해 현장의 설명은 무엇인가?
- 일-가정 갈등에 영향을 미칠 수 있는 현재 정책 또는 실행은 무엇인가?
- 관리자의 생각은 어떠한가?

- 가능한 개입방법의 비용과 이점은 무엇인가? 여기서 개입하는 것이 가치가 있는가?
- 조직 내부와 외부에서는 일-가정 갈등에 영향을 미칠 수 있는 어떤 일이 일어나고 있는가?

관련성 높은 외부 연구 근거

- 일-가정 갈등 수준이 다른 상황에 비해 높은가?
- 일-가정 갈등을 측정하는 도구의 타당성과 신뢰성에 대해 알려진 것은 무엇인가?
- 일-가정 갈등의 주요 원인으로 체계적으로 검토된 연구 근거가 제안하는 것은 무엇인가?
- 일-가정 갈등의 주요 영향으로 체계적으로 검토된 연구 근거가 제안하는 것은 무엇인가?
- 이러한 근거는 어떻게 연관이 있고 적용 가능한가?
- 체계적 문헌연구에서 연구 근거가 효과적인 개입방법으로 제안하는 것은 무엇인가?
- 이러한 개입방법은 얼마나 효과적일 것인가?

개입에 따른 영향을 받을 수 있는 사람의 관점

- 노동자는 제안된 평가 또는 개입방안에 대해 어떻게 생각하는가?
- 노동자가 의도하지 않은 부정적 결과를 알고 있는가?
- 관리자는 이러한 개입방안에 대해 어떻게 생각하는가?
- 영향을 받을 수 있는 노동자의 가족은 개입방안에 관해 어떻게 생각하는가?
- 개입을 실행할 책임이 있는 사람은 개입이 실행 가능한 것이라고 생각하는가?
- 일-가정 갈등 문제에 대해 다른 사람이 가지고 있는 대안적 설명과 해결책은 무엇인가?

두 번째, **현장 상황에 대한 근거**를 모으기 위해 현장전문가는 일-가정 갈등 문제에 대해 조직이 알고 있는 것에 대한 다양한 범위의 질문을 할 수 있다. 물론 그렇지 않을 수도 있으나 조직에 의해 확인되고 직업건강심리학 현장전문가에게도 제시되는 이 문제가 보이는 만큼의 심각한 문제가 아닐 수도 있는 것은 흔한 일이다. 예를 들면, 문제를 유발하는 다른 중요한 요인들이 있을 수 있다. 확인된 문제가 노동자의 웰빙에 부정적 영향을 미칠 수 있는 내부적 근거의 부재일 수도 있고, 또는 이미 나타난 변화는 어쨌거나 문제가 빠른 시일 내에 상당히 줄어들 수도 있음을 의미하는 것일 수 있다.

세 번째, **관련성 높은 외부 연구 근거**이다. 이것은 학계에 의해 연구가 이루어지고 출판되었으며, 그리고 다른 연구자들이 고려하는 부분이다. 현장전문가가 일-가정 갈등 문제에 대해 많은 경험이 있을 수 있고 조직에서 얻은 상당히 좋은 근거를 가지고 있을 수도 있으나, 관련성이 높은 연구 근거가 제안하는 것이 무엇인지 알 필요도 있다. 예를 들어, 만약 일-가정 갈등을 측정할 수 있다면 이러한 측정 결과가 타당하고 신뢰할 수 있는 것인가? 일-가정 갈등에 대한 원인과 영향에 대해 최선의 근거들은 무엇을 제안하는가? 일-가정 갈등을 줄이기 위한 개입방법에 대해 근거는 무엇을 제안하는가? 다른 분야의 경우에는 통상적으로 체계적 문헌연구를 통해서 이러한 근거들이 모아진다(다음 참조). 이러한 문헌연구는 이 문제 또는 그 질문에 대해 어떠한 것이 알려져 있는지를 찾기 위해서 단지 몇몇의 연구가 아닌, 근거의 전체를 고찰하기 위한 분명한 방법을 이용한다.

넷째, 근거는 개입에 의해 영향을 받을 수 있는 사람들로부터 모아진다. 이것은 윤리적 이유 때문에 부분적으로 이루어진다. 직업건강심리학 현장전문가는 자신의 결정과 조언에 조직과 개인 모두를 참여시킬 의무가 있으므로 조직과 개인은 이러한 부분에 사전동의를 할 수 있다. 여기에는 좀 더 현실적인 원인들이 있다. 일반적인 조직 변화 노력과 마찬가지로 대부분의 개입방안은 제대로 실행되지 않거나 또는 실행할 수 없기 때문에 실패한다. 또는 시도된 변화가 지속되지 않는 것도 실패의 원인이다. 내적 근거와 외적 근거에 의해 뒷받침될 수 있는 신중하게 계획된 개입방안이 제대로 작동되기 위해서는 받아들이는 사람의 경험과 관점을 이해할 필요가 있다. 예를 들어, 만약 생산라인 관리자가 개입방안이 제대로 작동할 것 같지 않다고 생각하고 왜 그렇게 생각하는지에 대한 설명을 한다면, 개입방안을 다시 계획하거나 또는 개입방안 적용에 이러한 정보가 고려되어야 한다. 심지어 이 상황에 좀 더 효과적일 수 있는 다른 형태의 중재방안을 선호한다면 기존 개입방법이 취소될 수도 있다.

근거에 기반한 방법으로 직업건강심리학을 실행하려는 논리는 상식처럼 보인다. 많은 현장전문가가 이미 근거에 기반한 방법으로 실행을 하고 있다고 느낄 수도 있다. 물론 현장전문가가 개인적으로 또는 전문가 그룹으로서 생각하는 실행의 범위가 어디까지인지는 다음에서 좀 더 상세히 논의하고자 한다.

한 가지 계속되는 질문은 만약 근거에 기반한 실행이 그렇게 명백하고 그러한 논리가 기본 상식이라면, 왜 근거에 기반한 실행은 현장에서 흔하게 작동되지 않고 있는가 하는 점이다. 각각의 현장전문가가 결정에 도달하기 위해서 앞의

4가지 정보에서 근거를 모으고 통합하기란 쉽지 않은 일이다. 이것은 시간, 기술, 자원, 그리고 조직과 개인의 몰입이 필요하다. 동시에 근거에 기반한 실행의 적용을 가로막는 많은 제도적 그리고 구조적 장애물이 있다.

3 근거에 기반한 실행을 가로막는 장애물

앞에서 논의하였듯이 연구 근거와 실행을 효과적으로 통합하지 못하는 것은 어떤 단일 집단이나 개인의 잘못이 아니다. 근거에 기반한 실행을 막는 장애물은 연관되는 다양한 집단 간에 그리고 집단 내에 존재할 수 있다.

이미 언급했듯이, 학계와 연구자들은 실행에 좀 더 근접한 또는 즉시 적용 가능한 연구를 수행하려 하지 않는다. 왜 그럴까? 그들은 이러한 연구 수행에 대한 보상을 받지 않으며 누군가는 기초연구를 수행해야만 한다. 좀 더 응용 연구를 수행할 수 있는 현장전문가 역시 그렇게 해야 할 필요성을 느끼지 않는다. 즉, 중요한 장애물은 개입방법이 어떻게 효과적인지 이해하는 데 도움이 되는 응용 연구의 부족 또는 실행에 기반한 근거의 부족이다.

다음에 논의될 체계적 문헌연구 수행과도 관련되는 두 번째 장애물은 현장전문가 또는 연구자, 또는 직업건강심리학 영역의 전문기관이 이미 알고 있는 것과 알지 못하는 것을 찾기 위해서 많은 노력을 기울이지 않는다는 점이다. 이미 알고 있는 기존 연구는 실행과정에서 직면할 수 있는 문제의 본질에 대해 무엇을 말해 주는가? 역시 여기에도 그 책임의 소재는 어디에 있는가에 대한 질문이 있다. 항상 학계는 새로운 경험적 연구 수행에 많은 관심이 있는 것처럼 보이고 실제로 이러한 연구에 더 많은 보상을 한다. 현장전문가는 연구를 수행한 연구자가 현장전문가에게 그 연구가 무엇을 의미하는 것인지에 대해서 알려 줘야 한다고 느낀다.

현장전문가, 조직, 그리고 학계와 관련되는 명백한 세 번째 장애물은 유행하는 아이디어와 개입방안에 초점을 맞추려는 경향성과 실제로 좀 더 연관성 있고 타당성이 있을 수 있는 아이디어와 개입방안에 대한 비용 문제이다. 현장전문가는 조직에 적용할 수 있는 서비스를 원하기 때문에 '최신의 것'을 원한다. 또한 조직은 '선두주자' 또는 '최첨단'이기를 원하기 때문에 최신의 것을 원하고 그렇게 함으로써 조직은 경쟁자보다 앞서 나갈 수 있다. 여기서 역설적인 것은 최신의 아이디어와 중재방안은 그 효과성에 대한 정확한 근거가 거의 없을 것이라는 점이다. 또한 학계는 학계 내에서 유행하는 연구 아이디어와 개념을 찾는다. 그렇게 함으로써 연구 결과를 출판할 수 있는 가능성이 높아진다. 유행하는 또는 대중적인 아이디어가 시간이 지나도 좋은 아이디어인 것도 아니다.

또 다른 장애물은 현장전문가, 학계와 조직이 근거에 기반한 실행 접근방법을 이용하지 않고 있음에도 이미 합리적으로 잘하고 있다고 느낀다는 점이다. 왜 그러한가? 한 가지 가능한 이유는 앞에서 언급했듯이 근거에 기반한 실행 접근방법이 직업건강심리학 분야에서 상대적으로 잘 알려져 있지 않기 때문이다. 좀 더 중요한 다른 이유는 개별 현장전문가, 학계, 관리자가 실행과 연구 근거 간의 높은 연관성을 찾는 것보다 자신의 개인 경력을 쌓는 데 더 관심이 많다는 점이다. 이것이 그 누구의 책임도 아니라는 점을 감안하더라도, 이러한 것이 그 분야 전체의 보상 또는 발전으로 이어질 것 같지는 않다. 즉, '잘하는 것'은 그 분야의 발전보다는 개인 경력 개발과 연관되는 것으로 이해되는 것이다.

근거에 기반한 실행을 가능하게 하는 시스템 또는 구조의 부재와 기존의 이해관계가 혼재되어 나타나는 이러한 장애물을 넘어서는 것이 불가능한 것처럼 보일 수도 있다. 그러나 이러한 장애물이 왜 존재하고 지속되는지를 이해하는 것이 필수적인 출발점이다.

체계적 문헌연구의 역할

체계적 문헌연구는 이 장에서 이미 몇 번이나 언급되고 있으며 근거에 기반한 실행에 있어 체계적 문헌연구는 필수적이다. 즉, 실행과 연관되는 체계적 문헌연구 또는 그와 유사한 방법적 접근 없이 근거에 기반하는 실행은 불가능하다는 것을 의미한다.

무엇이 체계적 문헌연구인지 그리고 이것이 수반하는 것은 무엇인지를 설명하기 전에, 기존 직업건강심리학 분야에서 문헌연구의 유형과 한계점에 대해 생각해 볼 필요가 있다.

1 직업건강심리학에서 기존 문헌연구의 유형

아마 직업건강심리학에서 가장 흔한 형태의 문헌연구는 그 연구에 대한 근거와 동기가 되는 경험적 연구를 보고한 학술 논문에 대한 서론을 찾는 것일 것이다. 이러한 문헌연구는 일반적으로 상당히 짧으며 문헌연구의 목적은 왜 이 연구가 필요하고 기존 문헌에 어떠한 공헌을 했는지에 대한 논거를 만드는 것이다. 당연히 이러한 문헌연구는 포괄적이거나 체계적이지 않으며 그렇게 하려고 의도하지도 않는다. 오히려 그 연구의 필요성에 대해 가능한 한 강력한 사례를 만들기 위해서 기존 문헌들로부터 '체리피킹(cherry-pick)'[1]을 한다.

직업건강심리학에서 연구자에 의한 **완전한 문헌연구**는 흔하지 않으며 이러한 연구들은 특별 리뷰 학회지 또는 **심리학 연간 리뷰**와 **산업 및 조직심리학의 국제 리뷰** 등의 정기간행물들, 그리고 지금 이 책과 같은 책에서 찾아볼 수 있다. 일반적으로 이러한 문헌연구는 저자의 관점에서 내용을 말하거나 연구 영역의 개요를 제공하는 **서술적 문헌연구** 형태를 취하며 체계적이거나 명백하고 분명한 방법을 거의 시도하지 않는다. 연구 결과를 포함하거나 제외하는 근거에 대해서는 알려진 것이 없다.

세 번째로 그리고 아주 전문화된 형태의 문헌연구는 **메타분석**이다. 이 방법은 변인들 간의 관계에 대해 좀 더 나은 전체적 평가를 위해서 동일한 또는 유사한 방법을 사용하여 동일한 질문을 묻는 다양한 연구로부터 자료를 모은다. 메타분석은 여러 면에서 체계적이고 유용하지만 그 범위가 좁고 상당한 양의 데이터가

1) 역자 주: 일반적으로 자기에게 불리한 사례나 자료를 숨기고 유리한 자료를 보여 주며 자신의 견해 또는 입장을 지켜 내려는 편향적 태도를 지칭하는 말이다(네이버 지식백과).

이미 존재할 때에만 시도할 수 있으며, 연구자들이 반복적으로 요청한 질문에만 대답을 할 수 있다. 궁극적으로 이러한 질문은 이론적으로 또는 현실적으로 중요하지 않을 수도 있으며 이미 상당한 양의 관련 자료가 존재하기 때문에 메타 분석에서 다루어지는 것이다.

네 번째 문헌연구의 형태는 교과서에서 찾을 수 있다. 필요에 따라서 교과서는 체계적이거나 포괄적일 수 없으며, 특히 비판적일 수가 없다. 오히려 교과서는 연구 분야와 그것의 발전에 대한 단순한 입문서를 제공한다. 근거에 대한 모순과 불일치는 거의 언급되지 않으며 그러한 문헌연구는 하지도 않고 하려고도 않는다. 좀 더 정확하게는 특정한 분야의 지식 상태를 나타내는 것이다.

분명한 것은 조직심리학과 경영학(Briner & Denyer, 출간 예정), 그리고 직업건강심리학과 연관되는 많은 다른 분야와 마찬가지로 직업건강심리학은 선행하는 근거에 대한 문헌연구를 특별히 진지하게 고려하지는 않는다는 점이다. 이미 가지고 있는 데이터에 대해 연구를 수행하는 2차 연구보다 오히려 새로운 데이터를 수집해야 하는 1차 연구를 더 강조한다. 학생의 경우, 어떻게 문헌연구를 수행해야 하는지에 대한 교육을 받은 적이 거의 없지만, 1차적인 연구 방법에 대한 교육은 항상 받고 있다. 직업건강심리학이 이전 연구를 중요하지 않게 다루는 것은 아니지만, 이미 알고 있는 것과 모르는 것을 좀 더 정확하게 찾아내는 부분에 대해서는 상대적으로 많은 생각과 주의를 기울이지 않는다. 이것이 체계적 문헌연구가 다루어야 하는 문제이다.

2 체계적 문헌연구란 무엇인가

앞에서 언급된 다른 유형의 문헌연구와는 달리 체계적 문헌연구는 다루고자 하는 질문에 답하기 위해서 체계적이고 분명한 방법을 사용한다. 즉, 체계적 문헌연구는 선행연구에 대한 연구이다.

체계적 문헌연구는 특정한 질문, 일련의 질문에 대답하기 위해서 모든 연관되는 연구를

> (어떻게 설계되었든지 간에) 확인하고 평가하며 종합하려고 시도함으로써 체계적인 오류(systematic error, 또는 편향)를 분명하게 제한하는 것을 목표로 하는 일련의 과학적 방법이다. 체계적 문헌연구 수행이 사회적 조사의 한 부분일 수도 있으므로 먼저 그리고 상세히 방법을 설정한다. 이러한 점에서… 체계적 문헌연구는 대부분의 '전통적' 서술적 문헌연구와는 완전히 다르다(Petticrew & Roberts, 2006, pp. 9-10).

다른 분야에서는 체계적 문헌연구의 방법이 잘 정립되어 있다. 그리고 문헌연구를 수행하는 것에 관한 많은 지침서가 있다(예, Gough, Oliver, & Thomas, 출간예정; Higgins & Green, 2008; Littell, Corcoran, & Pillai, 2008; Petticrew & Roberts, 2006). 이 지침들은 특정한 현장 관련 질문에 답할 수 있는 근거에 기반한 실행과 상당히 관련성이 있고, 근거에 기반한 실행에 이용되는 4가지 정보 중 하나를 제공하는 데 도움이 된다. 또한 특정한 연구 주제, 근거의 양과 질, 발견된 결과의 일관성, 그리고 어떤 차이가 있는지 등에 대해서 얼마나 많이 알려져 있는지를 상세하게 밝힌다. 즉, 연구자가 관심이 있고 중요한 질문을 설명하는 데 지침을 이용할 수도 있으므로 학술연구와도 연관성이 높다.

체계적 문헌연구에서도 근거를 모으고 분석하고 통합하기 위한 다양한 방법이 있으나, 기본 원칙들이 존재한다. 메타분석을 제외하고는 이러한 원칙 중 어떠한 것도 직업건강심리학과 연관되는 문헌연구에서는 발견되는 것이 없다는 점에 주목할 필요가 있다.

- 가장 분명한 원리는 체계적 문헌연구가 **체계적이고 조직적**이라는 것이다. 체계적 문헌연구는 특정한 그리고 집중적으로 문제를 다루기 위해 계획된(1차 연구와 같이) 일련의 단계 또는 방법에 따라 수행된다.
- 사용된 방법은 **명백하고 투명하게**, 그리고 분명하게 기술된다.
- 연구 결과의 목록을 제시하기보다는 결과를 **통합하고 요약함으로써** 얻은 근거를 모은다.
- 많은 유형의 1차 연구와 같이 체계적 문헌연구는 **반복이 가능하다**. 만약 동일

한 방법이 다시 사용된다면 동일한 결과가 나타날 것이다. 즉, 체계적 문헌연구는 업데이트가 가능하며 근거가 어떻게 변화되었는지를 확인하기 위해 이후의 자료에도 동일한 방법을 사용하여 반복할 수 있다는 것을 의미한다.

3 체계적 문헌연구의 수행

체계적 문헌연구를 설명하는 가장 효과적인 방법 중 하나는 체계적 문헌연구 수행에 필요한 것이 무엇인지를 설명하는 것이다. 많은 유형의 체계적 문헌연구가 있으며 그 범위와 깊이가 다양하게 고려될 수 있다는 점에 주의해야 한다. 하나의 완전한 체계적 문헌연구를 완료하기 위해서 한 팀의 구성원이 수개월 또는 그 이상을 소요해야 할 수도 있다. 한편으로는 숙련된 연구자가 하루 안에 부분적으로 체계적 문헌연구의 특징을 가지고 있는 문헌연구를 만들어 낼 수도 있다. 더 작은 범위의 자료, 소수의 출처, 적은 키워드를 사용한, 그리고 연구를 포함하거나 제외시킬지에 대해 더욱 엄격한 기준을 이용하여 근거를 찾음으로써 체계적 문헌연구의 주요 원칙을 지키면서 좀 더 제한된 형태의 완전한 체계적 문헌연구가 이루어질 수도 있다.

〈표 3-2〉(Petticrew & Roberts, 2006)는 대규모 체계적 문헌연구 수행에 따른 주요 단계를 설명하고 있다. 여기에는 1차 연구를 수행하는 데 이용된 연구방법과 유사한 점이 많다. 즉, "어리석은 질문을 물으면 어리석은 문헌연구를 얻을 것이다"(Counsell, 1997, p. 381)와 같이 많은 요소가 질문의 수준과 특별함에 의존하고 있다. 예를 들면, '일-가정 갈등이 사람들의 건강에 안 좋은가?'는 어리석은 질문일 수 있다. 좀 더 나은 질문은 '노동자의 건강에 있어서(특별하게 정의된) 일-가정 갈등의 긍정적, 부정적, 또는 중립적 영향은 무엇인가'이다. 보다 간결한 질문은 '특정한 시기 동안에 평가된 일-가정 갈등에 대해 보고된 변화가 건강 변화와 관련이 있는가'이다. 질문은 더욱 구체적일 수도 있는데, 건강에 영향을 미치는 것으로 알려진 다른 요인에 의해 통제되는 것, 어떤 방식에서 임상적으로 또는 심리적으로 유의한 건강상의 변화를 명시하는 것

〈표 3-2〉 체계적 문헌연구 수행에 따른 주요 단계와 질문 예시

1. **문헌연구에서 다룰 질문을 확인하고 분명하게 정의하라.** 문헌연구를 통해 해결하고자 하는 질문은 정확하게 무엇인가? 이것이 왜 중요하고 관심이 있는가? 질문은 얼마나 분명하고 구체적인가? 답이 가능한 질문인가? 질문이 더욱 세분화될 수 있는가?
2. **자문 또는 운영집단 구성을 고려하라.** 연구에 대한 지식이 있거나 현장에서 전문가로 활동하는 전문가 집단이 문헌연구를 좀 더 효율적이고 연관성 있게 만들 수 있는가?
3. **질문에 답할 연구 유형과 자료를 결정하라.** 어떤 유형의 연구 또는 자료가 원칙적으로 질문에 답할 수 있는가? 어떤 연구가 연관이 있는가? 어떤 연구가 연관이 없을 것인가?
4. **관련 있는 연구에 대한 문헌을 검색하라.** 어떤 데이터베이스를 검색해야 하는가? 출간되지 않은 또는 회색문헌(grey literature)[2)]이 포함되어야 하는가? 데이터 범위가 적절한가? 어떤 검색 용어가 연관되는 모든 연구를 찾을 수 있는가?
5. **포함범위를 충족시키는 것, 추가 검색이 필요한 것과 그렇지 않은 것, 그리고 제외해야 하는 것을 확인하기 위해서 검색된 모든 연구를 꼼꼼히 살펴라.** 검색된 각각의 연구가 포함범위를 충족하고 있는가? 연관성이 있고 질문에 답하는 것을 도울 수 있는가? 결정을 내리기 전에 어떤 연구를 좀 더 자세히 조사해야 하는가?
6. **연구에서 연관성 있는 자료 또는 정보를 추출하라.** 각각의 연구에서 어떤 정보와 자료가 취해져야 하는가? 이후의 분석과 통합을 위해서 어떻게 기록할 수 있는가?
7. **문헌연구의 질문과 관련하여 선정된 연구의 질을 평가함으로써 비판적으로 연구를 평가하라.** 문헌연구의 질문을 고려할 때, 연구의 방법론적 수준은 어떠한가? 그것이 부족한가, 또는 합리적인 수준인가, 또는 높은 수준인가?
8. **연구 결과를 종합하라.** 연구들에서 발견된 것은 어떻게 합쳐질 수 있는가? 이 결과들이 전반적으로 제안하는 것은 무엇인가?
9. **출판물 또는 기타 선입견의 잠재적 영향력을 고려하라.** 결과가 어떤 방식으로 편향될 수 있는가? 결과의 양, 질, 그리고 본질을 결정하는 다른 요인은 무엇인가?
10. **보고서를 작성하라.** 어떻게 배경, 방법, 그리고 결과를 충분히 상세하게 기술할 수 있는가? 그리고 독자 역시 결론을 도출할 수 있는가? 어떤 다른 정보의 제공이 필요한가?
11. **문헌연구의 결과를 알려라.** 결과가 관련되는 독자에게 어떻게 도달할 것인가? 서로 다른 독자를 위한 최선의 형식 또는 생산물은 무엇인가? 현장전문가가 이용할 수 있도록 어떻게 현장에서 접근 가능하도록 할 것인가?

(단지 통계적인 유의수준보다), 그리고 만약 일상적인 상관관계가 발견되는지에

2) 역자 주: 서지정보원을 통해 공개적으로 그 출판정보가 나타나지 않아 확인과 접근 및 이용이 불투명한 정보자료를 두루 가리킨다(위키백과).

대한 설명에 따라 반대의 인과관계를 배제하는 것 등이 그 예시이다.

많은 부분이 질문에 대한 문헌연구의 방법과 계획이 얼마나 적절한지에 달려 있다. 이러한 이유로 체계적 문헌연구를 수행하는 연구자는 문헌연구 방법이 적절하고 세밀하게 준수될 수 있도록 상세한 방법을 기술한 프로토콜을 개발하기도 한다.

4 직업건강심리학에서 체계적 문헌연구의 사례

직업건강심리학과 연관이 있는 체계적 문헌연구를 찾아보기가 쉽지 않으나 조직심리학과 같은 기존 몇몇 사례의 검토가 도움이 된다. 첫 번째는 유연하게 적용되는 개입방안 영향의 근거에 대한 문헌연구(Joyce, Pabayo, Critchley, & Bambra, 2010)이다. 이것은 중요하며 시기적절한 주제이다. 일반적인 생각은 유연하게 적용할 수 있는 개입방안이 좋은 것이라고 생각하며 이러한 관점을 지지하는 많은 근거가 있다.

이 문헌연구는 1990년대에 의학 및 관련 분야에서 체계적 문헌연구를 장려하기 위해 설립된 코크란 연합(Cochrane Collaboration)의 코크란 리뷰(Cochrane Database of Systematic Reviews)에 의해 출간된 것이다. 앞에서 설명했듯이, 체계적 문헌연구는 잠재적으로 관련 있는 논문을 확인하는 것에서부터 출발한다. 그리고 문헌연구의 질문과 실제로 관련 있는 논문만을 유지하기 위한 포함 기준을 적용시킨다. Joyce 등(2010)의 문헌연구 사례에서 언급된 절차는 다음과 같다.

- 데이터베이스의 키워드 검색, 인용 검색, 수작업 검색, 그리고 전문가 의견을 통해 잠재적으로 관련 있는 11,954개의 논문이 처음에 확인되었다.
- 그리고 제목과 (또는) 초록을 기반으로 11,740개의 논문이 제외되었다.
- 214개의 논문(full text article)을 대상으로 포함 기준을 사용하여 선별하였다.
- 10개의 논문이 문헌연구에 최종적으로 포함되었다.

문헌연구의 구조화된 초록이 〈표 3-3〉에 제시되어 있다. 이 초록은 문헌연구의 주요 특징과 방법을 설명하고 있다. 연구의 목적이 개입방안의 **효과성**을 연구하는 것이므로 연구 전과 후가 통제된 인과관계 추론 연구 설계를 이용한 연구만이 포함되었다. 또한 중재 후 6개월 이내의 결과를 평가한 연구는 제외하기로 하였다. 아마도 확인된 주요 변화가 더 오래 지속되어야 할 필요성이 있다는 점을 근거로 했을 것이다. 단지 10개의 일부 다른 연구가 발견되었다는 점을 감안할 때, 저자는 발견한 결과를 서술적으로 종합했다. 저자는 연구진이 포함한 연구의 대부분이 자기보고 방식의 결과 측정방법을 사용한 것과 같은 많은 방법론적 제한점이 있음을 확인했다. 이 결과는 몇몇 개입방안은 긍정적인 효과를 나타내고 있지만 다른 것들은 그렇지 않았다는 점을 언급한다. 유연하게 적용 가능한 개입방안의 영향에 대한 관련 연구들이 '부분적으로 그리고 방법론적으로 제한된 근거'를 나타내고 있다는 점에 대한 저자의 관찰에 동의하지 않을 수 없다. 이것은 일반적인 생각과는 분명히 대조되는 것이다.

〈표 3-3〉 체계적 문헌연구의 초록 예시

노동자의 건강과 웰빙에 대한 유연한 근로 조건과 그 영향(Joyce, Pabayo, Critchley, & Bambra, 2010)

연구 배경: 선진국에서는 유연한 근로 조건이 점차 일반적인 것으로 되고 있으나, 노동자의 건강과 웰빙에 미치는 영향은 거의 알려져 있지 않다.

연구 목적: 노동자와 그들 가족의 신체적, 정신적, 그리고 전반적인 건강과 웰빙에 대해 유연하게 적용 가능한 개입방안의 이점과 해로운 점 등의 효과성을 평가하는 것이다.

검색 전략: 검색은 이용자에게 맞춰진 코크란 공중보건그룹(Cochrane Public Health Group)을 포함한 12개의 데이터베이스(CENTRAL; MEDLINE; EMBASE; CINAHL; PsycINFO; Social Science Citation Index; ASSIA; IBSS; Sociological Abstracts; and ABI/Inform)에서 진행되었다. 또한 관련되는 웹사이트, 주요 저널에 대한 수작업 검색, 참고문헌 목록 검색, 연구저자 및 주요 전문가의 의견을 구했다.

선정 기준: 노동자의 건강과 웰빙에 대해 유연하게 적용 가능한 개입방안의 영향을 실험한 무선통제실험(Randomized Controlled Trial: RCT), 틈입-시계열(interrupted time series), 그리고 통제된 사전-사후 연구(Controlled Before and After studies: CBA)가 포함되었다. 6개월 미만의 결

과를 평가한 연구는 제외하고 검증된 도구를 이용하여 측정한 신체적, 정신적, 그리고 전반적인 건강 및 불건강에 관련된 결과를 추출했다. 또한 적어도 하나의 주요 결과와 함께 보고되는 경우에는, 2차 결과(병가, 보건 서비스의 이용, 행동적 변화, 사고, 일과 삶의 균형, 아이, 가족 구성원, 그리고 동료 노동자의 건강과 웰빙 등을 포함)도 함께 추출했다.

자료 수집과 분석: 2명의 경험 있는 문헌연구 저자들이 자료 추출과 질적 평가를 수행했다. 연구들 간의 이질성이 높았으므로 서술적인 통합을 수행하였다.

주요 결과: 10개의 연구가 포함 기준을 준수했다. 근무교대 자기 스케줄링($n = 4$), 근무시간 자율선택제($n = 1$), 그리고 초과근무($n = 1$)와 같은 6개의 통제된 사전-사후 연구(CBA)가 일시적으로 유연성이 있는 개입방안을 보고했다. 부분적/점진적 은퇴($n= 2$), 비자발적인 단시간 근로($n = 1$), 그리고 고정된 기간의 계약($n = 1$)과 같은 다른 4개의 통제된 CBA 연구들은 계약에 있어서 유연성 형태를 평가했다. 검색된 연구는 짧은 추적 기간, 선택 편향의 위험, 그리고 대부분 자기보고식 결과 자료에 의존하는 등의 방법론적 제한점을 가지고 있었다. 근무교대 자기 스케줄링에 대한 4개의 CBA 연구와 부분적/점진적 은퇴에 대한 하나의 CBA 연구는 1차 연구 결과(자기보고된 건강상태를 포함하여 수축기혈압과 심장박동률, 피로, 정신건강, 수면기간, 수면의 질과 각성)뿐만 아니라 건강 관련 2차 결과(동료의 사회적 지지와 공동체의식)에서도 통계적으로 유의한 개선이 보고되었다. 그리고 부정적 건강 관련 영향은 나타나지 않았다. 근무시간 자율선택제는 신체적 그리고 심리적 건강과 관련한 자기보고 결과에서 유의한 영향은 없는 것으로 나타났다. 유사하게, 초과근무를 하는 개인과 그렇지 않은 개인들을 비교하였을 때, 건강상태가 악화될 가능성은 추수연구에서 개입 집단에서 유의하게 높지는 않았다. 건강에 대한 자기보고 결과에서 점진적/부분적 은퇴는 제외하고 건강 결과가 개선된 노동자들이 통제되었을 때 계약의 유연성에 대한 효과는 모호하거나 부정적이었다. 한 연구는 성별에 따른 결과를 비교했으나 건강에 대한 자기보고 결과에서는 차이가 발견되지 않았으며 사회경제적 지위에 따른 결과에서도 차이가 나타나지 않았다.

저자 결론: 문헌연구를 통한 결과는 자기 스케줄링 또는 점진적/부분적 은퇴 등과 같은 노동자의 통제와 선택을 증가시키는 유연하게 적용 가능한 개입방안이 건강 결과에 긍정적 영향을 가지고 있을 것 같다는 점을 잠정적으로 제안한다. 하지만 조직의 관심에 의해 동기화되거나 지시된 개입방안, 고정된 기간의 계약과 비자발적인 시간제 고용은 모호하거나 부정적인 건강 영향이 나타났다. 부분적으로 그리고 방법론적으로 제한된 근거에 기반하고 있음을 감안한다면, 이러한 결과에는 신중한 해석이 필요하다. 또한 건강, 웰빙, 그리고 건강 불균형에 대한 유연한 근로 조건의 영향을 설명하기 위해서 잘 설계된 개입방안 연구가 필요하다.

체계적 문헌연구의 두 번째 사례는 리더의 스트레스, 리더 행동, 리더십 스타일, 그리고 노동자의 스트레스와 정서적 웰빙 간의 관계에 대한 근거를 조사한 것이다(Skakon, Nielsen, Borg, & Guzman, 2010). 역시 중요하고 시기적절한 주제

이며, 일반적인 생각은 리더가 노동자들의 웰빙에 중요한 영향력이 있을 것이라는 점이다. 이 문헌연구에서 다루는 3가지 질문은 다음과 같다.

- 리더의 스트레스 수준과 정서적 웰빙이 노동자의 스트레스와 정서적 웰빙과 관련이 있는가?
- 리더와 노동자 사이의 관계를 포함해서 리더의 행동과 노동자 스트레스, 그리고 정서적 웰빙 간의 연관성은 무엇인가?
- 특정한 리더십 스타일이 노동자의 스트레스와 정서적 웰빙과 관련이 있는가?

10,000개 이상의 참고문헌에서 Skakon 등(2010)은 잠재적으로 관련성이 있는 378개의 연구를 확인했다. 154개는 경험적 연구들이며 105개는 주제와 연관이 없거나 현장연구가 아니었다. 그리고 남은 것은 49개의 연구였다. 49개의 연구 중 6개는 종적 연구였다. 리더와 노동자의 웰빙 간의 관련성에 대한 몇몇 증거가 있으나 Skakon 등(2010, p. 131)은 "…대부분의 연구가 본질적으로 횡단연구이기 때문에 인과관계에 대한 근거를 확인하는 것은 불가능하다."고 결론지었다.

체계적 문헌연구는 주어진 질문이나 실행과 관련해서 알려진 것은 무엇이며, 중요한 것은 무엇인지, 그리고 알려져 있지 않은 것은 무엇인지를 확인할 수 있는 중요한 도구이다.

직업건강심리학은 어떻게 근거에 기반하는가

당신이 현장전문가 또는 연구자라면, 다음과 같은 질문을 받았을 때 당신의 답은 무엇인가?

- 노동자 지원프로그램이 조직의 건강과 성과를 개선하는가?
- 작업장의 스트레스는 다른 위험 요인과 관련되는 신체적 질병의 유의미한 원

인인가?
- 일-가정 갈등이 노동자의 건강에 장기적으로 영향을 미치는가?
- 어떤 작업 조건이 소진을 야기하는가?
- 어떤 개입방안이 작업장에서 긍정적 영향을 증진하는 데 가장 효과적인가?
- 개인의 작업성과 예측에 있어 다른 요인들에 비해 직무 몰입이 얼마나 중요한가?
- 노동자의 대처능력이 훈련을 통해서 개선될 수 있는가? 그리고 이것이 노동자의 성과와 웰빙에 영향을 미치는가?
- 더 행복한 노동자는 결근할 가능성이 적은가?
- 모바일 의사소통 기술의 사용이 노동자의 웰빙에 부정적 영향을 미치는가?
- 전통적인 사무 환경에서 '개방형 사무실(hot desking)'[3]로의 변경이 노동자의 성과와 스트레스에 미치는 영향은 무엇인가?

여기서 중요한 문제는 당신의 대답이 무엇인지가 아니라, 만약 답을 가지고 있다면 그 답에 어떻게 도달했는가이다. 당신이 알고 있다는 것을 어떻게 알 수 있는가? 질문에 답하려고 할 때 어떤 정보와 근거 자료를 고려하거나 생각하는가? 단일연구? 또는 메타분석 결과? 자신이 읽은 책 또는 문헌연구 논문의 재수집? 질문에 연관되는 몇몇 연구 결과에 대한 자신의 지식? 저자가 당신에게 이야기한 것이나 학술대회에서 들었던 것? 나의 추측은 만약 이런 질문에 답할 수 있을지라도 질문에 대한 답을 위해 사용한 그 근거를 자신이 명확하게 구분할 수 없을 것이라는 점이다.

이 말은 앞의 모든 질문에 대한 당신의 대답이 '나는 잘 모르겠어요' 또는 '나는 확신할 수 없어요'라는 것으로 보일 가능성도 상당하다는 점이다. 그러나 왜 당신이 모르고 있겠는가? 더 중요한 질문은 만약 근거가 모호하거나 부족하더라도 우리는 왜 이러한 질문에 대한 답을 종합적으로 알지 못하는 것인가이다. 연구

3) 역자 주: 모든 직원에게 각자의 책상(자리)을 배정해 주는 것이 아니라, 업무가 부과될 때에만 책상을 이용하게 하는 방법이다(옥스퍼드 사전).

근거가 제안하고 현장전문가가 믿고 있는 것 사이의 유사성과 차이점을 확인하기 위해서 인적자원 전문가인 Sara Rynes와 동료들에 의해 비슷한 질문이 제기되었다(Rynes, Brown, & Colbert, 2002).

직업건강심리학의 실행이 어떻게 근거에 기반하는가? 다양한 이유 때문에 결정적인 답을 하는 것이 쉽지는 않으나, 적어도 근거에 기반한다는 특징을 확인하고 이전 산업 및 조직심리학의 실행과 유사하게 직업건강심리학 역시 근거에 기반한 실행의 범위를 생각해 볼 수 있다.

〈표 3-4〉(Briner & Rousseau, 2011)에는 근거에 기반한 실행의 7가지 특징과 직업건강심리학에서 찾을 수 있는 범위에 대한 대략적인 추정을 함께 정리하였다. 이러한 추정에 기반하면, 직업건강심리학이 이전부터 근거에 기반하는 것과 관련된 발전적인 방법을 가지고 있었다는 것을 알 수 있다. 그러나 그 차이를 줄이기 위해서 무엇을 해야 하는가?

〈표 3-4〉 근거에 기반한 실행의 주요 특징과 직업건강심리학에서 찾을 수 있는 범위 추정

근거에 기반한 실행의 특징	직업건강심리학에서는?
'근거에 기반한'이라는 용어가 사용되거나 또는 잘 알려져 있다. 근거에 기반한 실행이 많은 다른 분야에서 존재하고 이 용어가 널리 사용되고 있다는 점을 감안할 때, 그 정의는 분야마다 다양할 수 있을지라도 근거에 기반한 접근방법을 적용한 어떤 분야에서 그 용어를 사용하지 않거나 모르는 것은 아닌 것 같다.	(구글 검색에 기반해서) 분명히 이 용어는 알려져 있지 않거나 전혀 사용되지 않고 있다.
최신 연구 결과와 연구 요약이 이용 가능하다. 출간된 학계의 저널과 연구 요약에 대한 접근 없이 근거에 기반한 실행의 수행은 어렵다. 근거에 기반한 실행의 기초 원칙은 최선으로 관련되는 외부 근거에 대한 체계적 문헌연구를 이용할 필요가 있다는 점이다.	체계적인 문헌연구가 직업건강심리학에서 흔하지 않기 때문에 아주 제한된 범위 내에서 이루어지고 있으며 현장전문가를 위한 학계 저널에 대한 접근도 제한적이다.

근거에 기반한 실행의 특징	직업건강심리학에서는?
1차 연구에 대한 논문과 전통적인 문헌연구에 대해 현장전문가의 접근이 가능하다. 다양한 이유로 체계적 문헌연구가 관심 분야에서 이용 가능하지 않거나 또는 이루어지지 않을 수도 있다. 이 경우, 학술지에 출간된 1차 연구와 전통적인 문헌연구를 이용할 수 있다.	현장전문가를 위한 학술 저널에 대한 접근이 상당히 제한적이다.
'최첨단'의 실행, 만병통치약, 그리고 최신 유행의 새로운 아이디어들이 건전한 회의론으로서 다루어진다. 근거에 기반하지 않은 실행에 대한 한 가지 특징은 계속적인 검색과 새로운 해결책 또는 치료에 대한 홍보이다. 이러한 특징은 다이어트, 자기개발, 그리고 경영분야와 같은 주제를 다룬 대중적인 서적에서 발견할 수 있다.	조직심리학이 유행과 열정에 이끌리는 것과 같은 어떤 약간의 범위
의뢰인과 고객으로부터 근거에 기반한 실행에 대한 요구가 있다. 어떤 실행에 대해 의뢰인 또는 고객이 근거에 기반한 실행을 원하지 않거나 거절한다면, 근거에 기반한 방법으로 실행을 하는 것은 불가능하다.	어떤 약간의 범위? 그러나 우리는 직업건강심리학의 고객인 조직이 무엇을 원하는지 거의 알지 못한다.
실행 결정은 통합적이며 앞에서 기술된 4가지 정보와 근거에 따라 이루어진다. 강조되었듯이, 근거에 기반한 의사결정은 외부의 출간된 근거에서 보는 것 이상이다. 오히려 평가된 외부의 근거, 결정에 의해 영향을 받는 사람들의 관점, 그리고 현장 상황의 정보, 현장전문가의 경험과 전문지식을 통합하는 것이다.	어떤 약간의 범위? 그러나 직업건강심리학 현장전문가가 어떻게 일을 하고 있는지에 대해 거의 모르기 때문에 판단이 어렵다.
초기 훈련과 지속적 전문성 개발은 근거에 기반한 접근방법을 적용한다. 근거에 기반한 관점에서 시작하는 초기 훈련과 지속적 전문성 개발은 실행을 위해 근거에 기반한 접근방법 개발에 초점을 두고 있다. 실행 결정을 돕기 위해서 특정한 실행 문제와 연관되는 외부적이며 상황적인 근거를 확인하고 비판적으로 평가할 수 있도록 현장전문가를 훈련시킨다. 이러한 접근이 문제 해결에 직접적인 도움을 주기 때문에 관련되는 근거를 획득하고 사용하려는 적극적인 욕구를 만들어 낸다.	아주 제한된 범위에서? 석사 프로그램이 훈련을 위한 이러한 접근방법을 취하는지 또는 직업건강심리학의 전문집단이 지속적 전문성 개발 유형을 제공하는지가 분명하지 않다.

어떻게 근거에 기반한 직업건강심리학을 발전시킬 수 있는가

직업건강심리학의 실행에 있어 근거의 이용을 증가시키는 것이 바람직한 것이라고 가정한다면, 근거에 기반한 실행으로 나아가기 위해서는 무엇을 해야 하는가? 이러한 변화와 관련되는 것이 앞에서 논의되었으며 몇 가지 분명한 것이 있다. 가장 중요하고 긴급한 것은 다음과 같다.

1 훈련의 역할

직업건강심리학의 석사 프로그램은 상당히 학술적이며 전통적인 교육 모델에 기반해 있는 경향이 있다. 즉, 연구로부터의 지식을 학생과 의사소통하고 학생이 그러한 지식을 습득했는지 여부를 확인하는 것이다. 근거에 기반한 실행의 관점에서 이러한 접근방식은 상당한 제한점이 있다. 중요한 것은 학생에게 체계적 문헌연구를 이용함으로써 연구 근거를 비평적으로 평가하고 고찰할 수 있는 기술을 가르치는 것이며 이것을 현장에 적용하는 것이다. 현장에 적용하는 부분은 전문기관에 의해 제공되는 지속적 전문성 개발(Continuing Professional Development: CPD)을 통해서 학습할 수 있을 것이다. 근거에 기반한 실행의 일부를 구성하고 있는 다른 종류의 근거를 사용하고 수집하는 기술에 대한 훈련 역시 중요하다.

2 현장실무자와 전문기관의 역할

근거에 기반한 방법에 있어서 실행은 지속적인 장시간 경력 개발을 필요로 한다. 왜냐하면 근거는 변하기 때문이다. 현장전문가가 자신의 일하는 방식에 대해 질문을 하고 결정의 기초가 되는 것에 대해 묻는 것 또한 어려운 일이다. 몇몇 사례에서 보면 이것은 오랫동안 고수한 신념, 선호하는 실행 또는 접근방법을 버려야 한다는 것을 의미하는 것일 수도 있다.

앞에서 언급하였듯이 전문기관은 훈련과 관련되는 중요한 역할뿐 아니라 조직의 구성원이 실행을 개선하고 이용할 수 있는 체계적 문헌연구의 제공을 도울 수 있다. 미국의 직업건강심리학회(Society for Occupational Health Psychology) 또는 유럽 직업건강심리학회(the European Academy of Occupational Health Psychology)가 이러한 부분에 대해서 어떠한 행동을 취하고 있는지는 분명하지 않다. 두 조직 모두가 연구 적용의 중요성을 믿고 있다고는 하나 그렇게 할 수 있도록 도울 수 있는 실질적 단계를 기술하고 있거나 확인하고 있지는 않다.

개인과 조직이 함께 근거에 기반한 방식으로 일하는 것은 현장전문가 혼자만의 책임은 아니다. 전문기관과 훈련받는 사람, 연구자, 그리고 조직의 협력적인 노력이 요구된다.

3 연구자의 역할

연구자들이 실행하는 것을 충분히 알리지 않는다는 의견과 연구자는 다른 방식으로 연구를 수행할 필요가 있다는 의견에 대해서는 많은 분야에서 논쟁이 있어 왔다. 특히 경영학에서 이러한 논쟁이 활발했으며 연구와 실행이 좀 더 가까워질 수 있는 다양한 방법을 고려하고 있다(Rousseau, 출간 예정).

앞에서 언급했듯이, 현재의 학술 체제 내에서 연구가 현장으로 연결되는 것에 대한 보상이 연구자에게는 없다. 그러나 연구자는 현장전문가가 연구에 접근할 수 있도록 해야 하며 연구가 현장전문가의 업무와 관련되도록 고려할 책임이 있다는 점에 대해서는 여전히 논쟁이 있을 수 있다. 이것은 저널 출간 시 마지막에 들어가는 일반적으로 매우 진부하고 피상적인 '실행에 대한 함의' 부분보다 훨씬 더 나아갈 필요가 있다(Bartunek & Rynes, 2010). 대부분의 연구자는 현장전문가가 아니다. 그렇다면 연구자가 그러한 함의를 이해하기를 어떻게 기대할 수 있는가. 연구가 실행과 관련이 있을 수 있다는 것을 이해하는 것은 연구자와 현장전문가 사이에 있는, 또는 연구와 현장 모두를 이해하는, 그리고 실행에 대한 함의를 확인하고 설명할 수 있는 더 나은 위치에 있는 중재자들과의 심도 있는 협력이 요구된다.

간단하고 유용한 첫 번째 시작은 연구자가 좀 더 현장에 초점을 둔 체계적 문헌연구를 수행하는 것과 함께 그러한 문헌연구를 어떻게 수행할지에 대한 지식을 개발하고 전파하는 것일 수 있다.

결론

직업건강심리학의 실행이 근거를 잘 이용하고 통합할 수 있게 하며 관련성 있는 정보와 근거에 대한 다른 자원 역시 더 잘 활용할 수 있도록 한다는 점에는 의심의 여지가 없다. 그렇게 하기 위한 실질적 방법을 발전시키기 위해 근거에 기반한 실행은 이미 다른 분야에서 적용되고 있는 것과 같은 특정한 접근방법 중 하나이다.

그리고 근거에 기반하는 직업건강심리학의 실행을 발전시키는 것이 쉽지 않다는 점도 의심할 여지가 없다. 그러나 직업건강심리학의 궁극적 목표에 대한 관점을 놓치지 않아야 한다. 양심적이고 분명하고, 판단력 있는 근거를 사용하지 않고 어떻게 효과적으로 또는 윤리적 방법으로 실행을 가능하게 할 수 있는가?

참고문헌

Anderson, N., Herriot, P., & Hodgkinson, G. P. (2001). The practitioner-researcher divide in Industrial, Work and Organizational (IWO) psychology: Where are we now and where do we go from here? *Journal of Occupational and Organizational Psychology, 74*, 391–411.

Bartunek, J. M., & Rynes, S. L. (2010). The construction and contributions of "implications for practice": What's in them and what might they offer? *Academy of Management Learning and Education, 9*, 100–117.

Briner, R. B. (1998). What is an evidence-based approach to practice and why do we need one in occupational psychology? *Proceedings of the 1998 British Psychological*

Society Occupational Psychology Conference, 39–44.

Briner, R. B., & Denyer, D.(출간 예정). Systematic review and evidence synthesis as a practice and scholarship tool. In D. M. Rousseau (Ed.), *Handbook of Evidence-Based Management: Companies, Classrooms, and Research*. New York: University Press.

Briner, R. B., Denyer, D., & Rousseau, D. M. (2009). Evidence-based management: Concept clean-up time? *Academy of Management Perspectives, 23*, 19–32.

Briner, R., & Rousseau, D. M. (2011). Evidence-based I-O psychology: Not there yet. *Industrial and Organizational Psychology: Perspectives on Science and Practice, 4*, 3–22.

Counsell, C. (1997). Formulating questions and locating primary studies for inclusion in systematic reviews. *Annals of Internal Medicine, 127*, 380–387.

Gough, D., Oliver, S., & Thomas, J. (출간 예정). *An introduction to systematic reviews.* London: Sage.

Higgins, J. P. T., & Green, S. (Eds.) (2008). *Cochrane Handbook for Systematic Reviews of Interventions* (updated September 2009). Available at www.cochrane-handbook.org (accessed April 29, 2010).

Joyce, K., Pabayo, R., Critchley, J. A., & Bambra, C. (2010). *Flexible working conditions and their effects on employee health and wellbeing.* Cochrane Database of Systematic Reviews 2010, Issue 2. Art. No. CD008009. DOI: 10.1002/14651858.CD008009.pub2.

Littell, J. H., Corcoran J., & Pillai, V. (2008). *Systematic reviews and meta-analysis.* New York: Oxford University Press.

Petticrew, M., & Roberts, H. (2006). *Systematic reviews in the social sciences: A practical guide.* Oxford: Blackwell Publishing.

Pfeffer, J., & Sutton, R. I. (2006). Evidence-based management. *Harvard Business Review, 84*, 62–74.

Rousseau, D. M. (2006). Is there such a thing as evidence-based management? *Academy of Management Review, 31*, 256–269.

Rousseau, D. M.(출간 예정). *Handbook of evidence-based management: Companies, classrooms and research*. New York: Oxford University Press.

Rynes, S. L., Brown, K. G., & Colbert, A. E. (2002). Seven common misconceptions about human resource practices: Research findings versus practitioner beliefs. *Academy of Management Executive, 16*, 92–103.

Rynes, S. L., Giluk, T. L., & Brown, K. G. (2007). The very separate worlds of academic and practitioner periodicals in human resource management: Implications for evidencebased management. *Academy of Management Journal*, 50, 987–1008.

Sackett, D. L., Richardson, W. S., Rosenburg, W., & Haynes, R. B. (1997). *Evidence-based medicine: How to practice and teach EBM*. London: Churchill Livingstone.

Skakon, J., Nielsen, K. M., Borg, V., & Guzman, J. (2010). Are leaders' well-being, behaviours and style associated with the affective wellbeing of their employees? A systematic review of three decades of research. *Work & Stress, 24*, 107–139.

Smith, R. (1991). Where is the wisdom? The poverty of medical evidence. *British Medical Journal, 303*, 798–799.

4장

고강도 스트레스 직무에서 정신건강 처치 방안

Thomas W. Britt과 Anna C. McFadden
클렘슨 대학교 (Clemson University, 미국)

많은 조직의 노동자들이 정신건강 문제를 일으킬 위험이 있는 고강도 스트레스를 겪고 있다. 전형적인 직무 예는 전투계획을 작성하는 군사전문가, 잠재된 위험을 파악하는 정보분석가, 여러 위험 상황을 일차 대응해야 하는 근무자, 소방관, 경찰관 등이다. 또한 심리적 · 신체적 증상을 반복적으로 일으키는 만성적인 조직 스트레스에 노출된 다양한 직업 종사자도 있다(Barling, Kelloway, & Frone, 2005; Cooper, Dewe, & O'Driscoll, 2001).

유해한 근무조건도 정신건강 문제를 일으키는 잠재요인들로 인식하지만, 노동자가 이런 문제로 정신건강 치료를 찾는 결정인자를 규명한 연구는 놀랍게도 거의 없다. 노동자 지원프로그램(Employee Assistance Programs: EAPs)에 대한 문헌은 정신건강서비스의 필요성을 설명하고 있지만, 노동자가 이러한 자원을 활용하는 요인을 규명한 연구는 부족하다(Cooper, Dewe, & O'Driscoll, 2011 참고). 더구나 노동자 지원프로그램에 대한 기본 가정을 보면 여러 프로그램의 이점을 찾는 것은 노동자의 책임이라는 인식이 있고, 또한 프로그램의 활용도 직무요구에 부적합한 소수의 노동자들에게 적용할 예방조치 서열 세 번째로 여겨지고 있다.

여기서는 고강도 스트레스 직무에서 정신건강 문제를 규명한 연구를 살펴보고, 노동자가 문제 해결방안을 찾고 또 치료를 해야겠다는 결정에 연관된 요인들을 알아보겠다. 여기서 주안점은 노동자가 고강도 직무로 야기된 문제 때문에 정신건강 치료를 찾는지, 직무와 무관하거나 이전 직장에서 기인된 문제로 치료를 원하는지를 구분하는 결정요소를 알아보는 것이다. 치료 필요성을 느끼는 개인 결정인자뿐만 아니라, 치료 필요성을 증가시키는 조직문화, 리더십, 부서 분위기 등의 관점도 논의할 것이다. 연구 결과들을 살펴본 후에 고강도 직무스트레스를 담당하는 노동자의 정신건강 치료를 지원하는 것은 조직 및 부서책임자의 책무임을 논의할 것이다. 노동자들이 더 큰 질환을 겪기 전에 효율적인 정신건강 비용지출의 필요성 및 고강도 스트레스 직무 경우에 조직문화가 매우 중요한 요소임을 재강조함과 동시에, 고강도 스트레스 직무에서 정신건강 치료의 비용을 평균 수준으로 지출해야 할 필요성을 설명하면서 이 장을 마무리할 것이다.

고강도 스트레스 직무에서 정신건강 문제

정신건강 문제가 가장 우선되는 고강도 직무스트레스 직무는 미국 군인이다. 1991년 걸프전쟁에서 사막의 폭풍 작전(Operation Desert Storm) 후에 다양한 정신건강 문제가 나타나면서, 미군은 군사작전의 정신건강 충격을 평가하기 위해서 작전배치 후에 광범위한 사전 선별프로그램을 구축하기 시작했다. 전쟁 동안에 외상 스트레스를 겪게 되므로, 아프가니스탄 및 이라크 전투 참가자들 중에 30% 가까이 정신과 문제를 호소한 것은 놀랍지 않다(Hoge, Auchterlonie, & Milliken, 2006; Hoge et al., 2004). 자살률의 증가를 보고한 연구도 많이 있다. 퇴역 국방부 관리들은 지난 30년간 군인 자살률이 가장 높게 증가하였다고 미국 연합통신사(Associated Press)에 알렸다(P. Jelinek, January 30, 2009). 2008년에만 적어도 128명의 관리들이 자살했고, 이 수치는 2006년 102명 및 2007년 115명을 넘어섰다.

더구나 군사작전으로 인한 정신건강 문제를 예측할 수 있는 수준까지 연구되었다. 병사들은 위험성이 높은 전투(Hoge et al., 2004), 장기간 작전 참여(Adler,

Huffman, Bliese, & Castro, 2005), 다양한 임무배치(Castro & Adler, 2011)를 수행할 경우에 정신건강을 위협받을 가능성이 증가한다. Castro와 Adler(2011)는 일주일 중에 40시간 이상을 작전에 참여하는 군인들의 정신건강 문제(즉, 외상후 스트레스 장애, 우울, 알코올남용) 발생률이 40% 수준을 보였다고 보고했다. 이런 병사들은 고위험 전투에 참가할 가능성이 높고, 심각한 직업상 재해를 경험하게 됨으로서 정신건강 지표에 문제를 보이게 된다.

군사영역 외에 고강도 스트레스 직무를 수행하는 노동자들도 스트레스에 노출됨으로 정신건강 문제를 보인다. 응급대응 영역(즉, 구급 의료진, 소방관)의 노동자는 고강도 스트레스에 자주 노출되면서, 자연재해 및 인재로 인한 위험성이 80%를 넘는다고 보고되었다(Beaton & Murphy, 1995). 이러한 스트레스 사건에 노출될수록 정신건강 문제도 제기된다(Phelps, Lloyd, Creamer, & Forbes, 2009). 영국의 응급 의료팀 표본에서 22% 정도가 외상후 스트레스 장애(Post-Traumatic Stress Disorder: PTSD)의 진단과 일치하는 증상을 보였다(Bennet et al., 2004). Del Ben, Scotti, Chen과 Fortson(2006) 연구에서 소방관의 경우 8% 정도가 PTSD를 보였고, 고강도 스트레스 직무로 인하여 몇 가지 PTSD 가능성 지표를 보였다. McFarlane(1998)의 연구를 보면, 호주에서 고위험 산불 진화에 참여한 소방관 중에 15% 정도가 PTSD를 보였다.

Rothberg와 Wright(1999)는 경찰관이 겪는 고강도 스트레스(즉, 폭력제압, 상해, 죽음)를 세분화해서, 어느 정도 강도를 경험할 때 정신건강 문제를 일으키는지를 밝혔다. 미국의 경우 교외지역 경찰관은 13% 정도가 PTSD 증상을 보였다(Robinson, Sigman, & Wilson, 1997). 또 다른 연구에서, 2001년 뉴욕에서 발생한 9.11 테러 희생자를 돕는 과정에서 초기 대응자들이 소진 및 '공감피로(compassion fatigue)'에서 기인된 정신건강 문제를 보였다고 하였다(Alexander & Atcheson, 1998; Boscarino, Figley, & Adams, 2004). 흥미롭게도 대중방송에서 잠재적으로 외상 사건을 겪었다고 말한 사람들은 정신건강 문제도 호소하였다. 종군기자를 대상으로 행한 Feinstein, Owen과 Blair(2002)의 연구에서, PTSD 평생유병률이 28.6%, 우울증이 21.4%, 약물남용이 14.3% 정도라고 하였다. 이 값은 전쟁을 취재하지 않은 기자들과 비교해 볼 때 상당히 높은 수치이다.

간략하게 살펴본 결과, 노동자들은 직무로 인한 스트레스 때문에 다양한 정신건강 문제(즉, PTSD, 우울증, 알코올 문제, 소진)를 겪고 있으며, 담당 직무에서 겪는 스트레스 크기는 정신건강 문제를 예측하게 해 준다. 고강도 스트레스 사건이 직무재해를 일으켜서 정신건강 문제를 겪게 될 것이라는 사실을 알 수 있는데, 마치 환경재해(즉, 고소음, 유해공기)가 노동자에게 신체문제를 일으킬 수 있는 것과 같다. 대부분 경우 노동자는 신체외상을 당하면 스스로 의료기관을 찾지만, 정신건강 문제로 상담을 받을지 결정하는 것은 매우 모호하다.

노동자가 정신건강 문제로 치료기관을 찾을까?

노동자가 정신건강 문제로 치료기관을 찾게 하려면, 조기치료 비용이 장차 더 심각한 문제를 예방하는 효율적인 방안이라는 점을 가장 먼저 강조해야 한다(Bacharach & Bamberger, 2007; Bryant, Mould, & Nixon, 2003; Ehlers & Clark, 2003). 그러므로 노동자가 정신건강 치료를 받으려고 하는지 또한 문제를 인지해서 치료기관을 찾기 전까지 얼마의 시간이 소요되는 지에 관해 정보를 수집하는 것이 중요하다. 하지만 노동자가 정신건강 서비스를 찾는 비율을 조사한 연구는 없으며, 기관을 찾기 전까지 얼마의 시간이 경과하는지에 대한 정보도 없는 실정이다(Bamberger, 2009).

노동자 지원프로그램(Employee Assistance Programs: EAPs)을 찾는 비율을 조사한 연구들이 몇 개 있다. 예를 들면, French, Dunlap, Roman과 Steele(1997)의 연구는 노동자의 11% 정도가 노동자 지원프로그램을 활용하였다고 보고하였다. 이러한 표본연구는 특정 부서별로 몇 % 정도가 EAPs를 이용하는지가 불명확해서, 단지 치료를 받고 안 받은 비율만 추정할 뿐이다. 예를 들어, 신체외상은 모두 치료받기 때문에 보고된다(Probst, Brubaker, & Barsotti, 2008).

최근 이라크 및 아프가니스탄 전투에서, 작전 참여 후에 개인별로 몇 달 후에 정신건강 문제를 호소하는지를 추적하고, 또 치료가 의뢰되었을 때 정신건강에 대한 치료도 원하는지를 살펴보았다. Hoge 등(2004)은 전쟁 참여 군인 가운데 23~40% 정도가 정신건강 문제로 치료기관을 찾았다고 밝혔다. Milliken, Aucherlonie와 Hoge(2007)는 군인들을 종단연구하면서 정신건강 상태를 조사하였는데, 전문 상담원이 미군부대를 방문하여 특정 진단을 내린 의료기록을 분석하였다. 그 결과 정신건강 문제로 의뢰된 군인들 중에 42%는 초기 심리검사 스크린 후에 90일 내에 치료서비스를 받았고, 작전 참여 후 3~6개월 사이에 실시된 심리검사를 통해서 61%가 90일 내에 치료서비스를 받았다. 그러나 알코올 문제로 의뢰된 군인들 중에는 21%만 정신건강 치료서비스를 받았다.

Milliken, Aucherlonie와 Hoge(2007)의 연구에서는 아쉽게도 주 방위군에 대한 의료기록은 미비하여서 조사에 포함되지 않았다. 최근 연구에서 Kehle 등(2010)은 정신건강 문제 징후를 보인 예비역 이라크 파병수비대원의 50% 이상이 그 문제로 치료기관을 찾지 않았다고 하였다. Kim 등(2010)은 치료기관을 방문한 주 방위군 비율은 13~27%라고 하였다.

이상의 몇몇 연구는 비록 추정치 차이가 크지만, 일반적으로 정신건강 문제가 의심되는 대다수 군인이 그 문제로 치료기관을 찾지 않았음을 보여 준다. 또한 고강도 스트레스 직종의 노동자들은 정신건강 문제로 치료를 받지 않는 것으로 나타났고, 또한 초기 증상이 부차적인 문제를 일으킬 정도로 심각해질 때까지 치료를 받지 않았다(Bamberger, 2009). 다음 절에서 정신건강 치료기관을 찾는 노동자와 그렇지 않은 노동자를 구분하는 요인을 살펴보겠다.

치료노력에 대한 결정인자

노동자들이 필요한 정신건강 치료를 받으려고 하는 결정인자들을 규명한 연구들이 있다. 대부분의 연구는 군대 상황에서 실시되었지만, 소방관과 의료구급대원 같이 재해를 최초로 대응하는 노동자를 대상으로 치료노력 여부도 조사하였다. 이런 연구들과 함께 노동자 지원프로그램을 활용하는 예측인자에 관한 연구도 있다. 이런 연구를 검토할 때 한 가지 경고는 직무상 심각한 스트레스로 기인된 직무재해보다 직무와 무관한 스트레스 때문에 노동자 지원프로그램을 더 활용한다는 점이다.

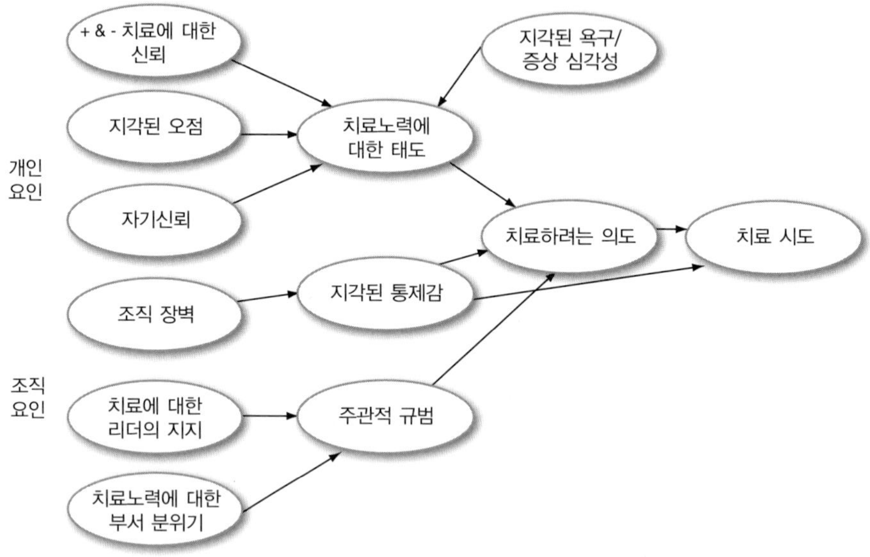

[그림 4-1] 노동자가 치료노력을 하는 개인 및 조직 결정인자들

정신건강 문제로 치료 서비스를 찾으려는 결정에 관한 연구를 살펴볼 때, 개인적 요인과 부서/조직 요인을 구분해서 정리하겠다. [그림 4-1]은 Ajzen(1985)의 계획된 행동이론을 기반으로 연구방향을 제시하고 있는 전체 모델이 된다. 이 모델은 Bamberger(2009)의 이론과 비슷한데, 고강도 스트레스 직무에서 치료노력을 결정하는 개인요인 및 조직요인을 강조하고 있다. 또한 이 모델은 고강도 스트레스 직무 경우에 정신건강 치료에 대한 절차상에 변화를 강조하고 있다.

1 치료노력에 대한 개인 결정인자

군인, 소방관, 경찰관, 응급 상황 대응자 같은 고강도 직무를 담당하는 노동자는 회복력 및 스스로 문제를 다루는 능력을 갖추어야 한다(Bamberger, 2009; Castro & Adler, 2011). 그러므로 노동자가 직무 때문에 정신건강 문제를 갖는 것을 인정하는 것이 개인적으로는 어렵고, 이 문제로 정신건강 치료를 모색한다는 것은 더더욱 어렵다. 군대의 경우, 연구자들은 치료 필요성의 요인으로 정신건강 문제를 인정하면서 생기는 오점을 강조하고 있다(Britt, 2000; Hoge et al., 2004; Kim et al., 2010; Pietrzak et al., 2009).

Britt(2000)는 보스니아에 평화유지 임무를 수행하고 귀국한 군인을 대상으로 정신건강 문제 및 치료노력과 연관된 오점을 연구하였다. 어떤 문제로 심리 및 신체 예비조사를 받은 모든 군인은 군사임무를 마친 후 치료에 의뢰되었다. 정신건강 스크린 검사는 PTSD, 우울증, 알코올 남용 등을 평가하였고, 어떤 문제 영역에 절단점을 넘어선 경우 정신건강 전문가와 상담하게 하였다. 신체 문제 경우에도 동일한 절차를 적용하였다. 연구대상자들은 군대에서 문제를 인정함으로써 생기는 오점에 대한 질문들에 답하고, 또한 심리 또는 신체 문제(만일 문제 영역에서 절단점을 넘어선 경우)를 드러내면서 느끼는 편안함 정도, 그리고 정신 또는 신체 건강으로 의뢰된 후의 경과 등을 보고하였다.

군대에서는 신체건강보다 정신건강에 문제가 있을 때 더 큰 오점이 되고, 대다수의 군인은 정신건강 문제는 개인경력에 불리하고 또 상급자들이 다르게 취급한다고 했다. 나아가 군인들도 임무를 마치고 부대원들과 함께 귀국해서(혼자 귀국했을 때와 비교해서), 전문가와 신체문제보다 심리문제를 상담할 때 더 어려움을 보고했다. 끝으로 의료문제보다 심리문제 의뢰에 따른 처방을 덜 따른다고 하였다.

Hoge 등(2004)의 연구에서 이라크 및 아프가니스탄에서 군사작전 후 귀국한 군인은 치료가 필요한 상흔이 있다는 점을 인정하고, 상흔의 심각성은 정신건강 예비증상을 보인 퇴역군인 중에 2배로 나타났다. 이런 발견은 오점에 대한 염려는 정신건강 치료를 받을 필요가 있는 군인들이 가장 높다는 것을 의미한다. 우울증 및 PTSD 같은 정신건강 문제의 징후는 사회적 위축도 보이는데, 위축이 치료노력을 방해하기도 한다. 이런 결과를 재검증한 연구들은 오점이라는 인식은 정신건강 문제가 더 심각하거나 또는 징후가 있다고 보고한 군인들 중에 더 높았다(Britt et al., 2008). Greene-Shortridge, Britt과 Castro(2007)는 정신건강 치료와 관련해서 오점에 관한 염려는 증상 정도가 심한 사람에게는 당연한 것이고, 증상이 없는 노동자는 상담기관을 찾는 것에 대해 대수롭지 않다고 생각하므로 치료 시도 후에 부각되는 결과를 고민하지 않는다고 하였다.

많은 연구에서 군인들은 정신건강 치료 결정과 관련된 요인으로 오점을 의식한다는 것을 밝혔지만, 실제 심리치료 여부를 결정하는 예측인자로서 오점의 정도에 관한 연구는 부족하다. Britt, Greene, Castro와 Hoge(2006)는 심리문제를 인정한 군인들 중 정신치료를 모색하고 있다고 말한 병사들은 치료를 찾는 것과 관련한 오점을 적게 받았다고 보고하였다. 그러나 이 결과는 횡단연구 설계, 즉 특정 시점에서 알아본 것이므로, 심리치료를 모색했던 군인들은 치료를 오점으로 덜 의식한다는 가능성을 배제할 수 없다. 최근 연구는 치료노력을 하는 군인과 하지 않는 군인들을 구분할 오점 정도를 규명하지는 못했다(Britt et al., 2011; Kim et al., 2011). 오점이라는 의식이 심리치료를 부정적인 태도로 보게 하는데, 이것이 치료노력을 주저하게 하는 중요한 선행인자가 될 것이다.

노동자 지원프로그램을 이용하는 예측인자로서 정신건강 치료를 비밀리에 진행할 경우 오점이 어떤 영향을 보이는지 알아보았다. French 등(1997)은 노동자 지원프로그램을 활용하는 예측인자를 규명하였는데, 비밀보장에 대한 인식이 중요한 인자였다. 노동자들은 지원프로그램을 활용했음을 동료가 알게 될 것이라고 믿을 때 덜 사용하였다. 이 점은 노동자 지원프로그램을 사용하는 것이 잠재적인 오점이 되는 염려를 반영하는 것이다.

심리문제와 연관된 오점에 덧붙여, 바쁜 업무를 담당하는 노동자들은 장기치료를 받을 시간이 없고, 다양한 정신건강 치료를 모색할 여유가 없다고 느끼고 있다. Hoge 등(2004)은 군인들의 경우는 치료를 위한 시간적 여유 및 스케줄 확정의 어려움 때문에 심리치료를 받는 데 장애물이 되고, 사전 심리검사에서 증상 가능성이 있다고 판단된 병사들도 이런 장애물을 호소하였다. Britt 등(2008)은 치료에 대한 오점과 직무상 장벽은 분명하고, 치료 장벽은 업무량이 많은 병사들 가운데 우울을 보일 때 더 높았다. 또한 교대근무를 하는 구급대원 및 노동자는 적시에 정신건강 치료를 받기 어려운 근무시간 때문에 어려움을 겪는다(Smith, Folkard, Tucker, & Evans, 2011). 다음에 노동자의 정신건강 문제를 체계적으로 관여해야 하는 매우 바쁜 업무들을 알아보려 한다.

심리치료를 결정하는 노동자의 결정에 영향을 미치는 2가지 중요한 요인으로 오점과 직무 장벽을 들 수 있지만, 최근에 연구자들은 치료노력을 결정하는 부가적인 결정인자들에 주목하기 시작했다. 일반 직군에서 치료노력을 방해하는 선행요인을 검토하면서 Vogel, Wester와 Larson(2007)은 4가지 중요한 방해물로 사회적 낙인, 치료에 대한 두려움, 감정을 드러내는 염려, 자기노출에 대한 염려를 규명하였다. 부가적으로 주목을 받지 못한 2가지 방해물인 사회적 규범(치료를 받는 과정에 타인의 도움) 및 자존심(치료를 받는다는 불쾌감)을 밝혔다. 이 모든 요인은 상담에 복합적인 위험으로 작용하고, 심리치료를 결정할 때 노동자의 손실-이익 분석의 대상이 될 것이다(Vogel, Wester, Larson, & Wade, 2006).

치료에 대한 두려움은 치료를 받으면 어떻게 취급받을지에 대한 염려인데, 이런 염려는 치료사가 무슨 생각을 할까, 사람이 어떻게 치료될 수 있을까, 심리문제를 고백하도록 압력을 받지는 않을까 하는 등이다(Amato & Bradshaw, 1985; Kushner & Sher, 1989). 감정노출에 대한 염려는 치료과정에서 생기는 당연한 두려움이다(Vogel & Wester, 2003). 개인감정을 드러내지 않으려는 노동자들은 치료노력을 더 거부한다(Komiya, Good, & Sherrod, 2000). 자기노출 측면에서 감정문제나 기타 개인정보를 드러내는 의지는 개인차가 있다(Jourard, 1964). 감정을 드러내지 않으려는 노동자들은 당연히 심리치료 노력을 부정적 태도로 볼 것이다(Vogel & Wester, 2003; Vogel, Wester, Wei, & Boysen, 2005).

고강도 스트레스 직무에서 감정을 드러내지 않는 것과 강도의 규준은 노동자의 치료 결정에 더 큰 영향을 끼치는 요인이 될 수 있다. 또한 치료에 대한 두려움은 심리치료 과정에서 무슨 문제가 일어날지 알 수 없고, 야기된 문제도 정확히 알 수 없을 것이라는 점이다. 노동자 지원프로그램에 관한 몇 가지 중재연구는 회사 지원프로그램의 기본 정책에 대해 노동자가 정확히 이해하고, 약물의 효과 및 부작용에 대한 정보도 제공하는 것이다. Bennett와 Lehman(2001)은 회사 지원프로그램의 내용을 알고 있는 노동자는 통제집단에 비해서 노동자 지원프로그램의 본질을 잘 이해한다고 밝혔다. 또한 중재안을 들은 노동자는 직장동료에게 노동자 지원프로그램을 적극적으로 추천하고, 동료의 어려움 또는 물질남용으로 걱정되는 직원을 덜 무시하였다. Sinclair, Leo와 Wright(2005)는 노동자에게 도움이 된다는 지식은 의사소통 수준 평가척도로 예측되며, 그런 지식은 조직에 대한 감성적 헌신과 연결된다. 이런 연구는 심리치료 과정에 어떤 일이 발생하는지를 교육받은 노동자는 치료에 대해서 더욱 우호적인 태도를 갖고 있으며, 치료를 고민하는 동료에게 치료를 권유할 가능성이 훨씬 높음을 보여준다.

Vogel, Wester와 Larson(2007)은 치료를 모색하려는 내부 예측요인으로 사회규범을 거론하였다. 사회규범이란 만일 심리적 문제를 느낄 때 치료를 받아야 한다는 사람들의 신념을 의미한다. 사회규범은 계획된 행동 이론(Ajzen, 1985)에서 주관적 규범과 비슷한데, 이 이론은 가까운 사람들이 개인행동에 관여하는 것을 지지할 때 개인이 의도를 더 쉽게 받아들이고, 주변사람의 소망을 따르는 것이 중요하다고 믿게 된다는 것이다. 정신건강 치료를 모색하는 중에 중요한 사람이 개인의 치료노력을 지지하고 또 치료를 추천해 줄 때 치료를 더 쉽게 결정할 것이다.

조직에 속해 있는 노동자 입장을 고려해 보면, 주관적 규범이 치료 결정에서 중요한 역할을 할 것이다. 치료 시작을 결심하는 요인들을 더 자세히 살펴보면, 고강도 직무를 수행하는 노동자들은 근무부서의 분위기 영향을 더 크게 받기 때문에 치료 결정의 첫 번째 요인은 부서 구성원들의 지지를 받는다는 인식이다. Milne, Blum과 Roman(1994)은 노동자 지원프로그램에 대해 최고 경영자 및 직속 상급자의 우호적 시각을 느끼는 노동자는 지원프로그램에 신뢰를 느끼고, 이것이 프로그램의 활용도를 확장시키는 중요인자가 된다고 하였다.

필요한 심리치료를 방해하는 연구에 비해 촉진해 주는 요인들에 대한 연구 자료는 부족한 실정이다. Vogel과 Wester(2003)는 심리치료의 이점 및 위험요인에 대한 인식은 치료 및 치료비용에 대한 개인의 태도를 결정한다고 하였다. 이 연구에서 4가지 질문으로 구성되었는데, 그중에는 "상담가에게 개인문제를 노출하는 것이 얼마나 도움이 되는가" 또 "만일 당신이 괴로워하고 있는 정서문제를 상담가에게 노출했을 때 도움되는 반응을 얼마나 얻을 수 있을까"와 같은 질문이 포함되어서 심리치료에 대한 주관적 유용성을 평가해 보았다(p. 354). 질문에 대한 개인반응은 치료를 받으면서 고민도 감소시키고, 개인 및 직무수행 측면에서도 더 좋게 해 줄 것이라고 생각하였다. 치료이점에 대해 노동자가 느끼는 긍정적 믿음을 자세하게 연구할 필요가 있으며, 궁극적으로 치료를 받아야겠다는 결심을 할 때 노동자가 치료의 이점을 인식하게 하는 방안도 연구해야 한다.

군인들의 경우 치료를 결심하는 추가적인 요인들을 연구하였다. Kim 등(2011)은 이라크와 아프가니스탄 군사작전에 참가했던 현역 군인을 대상으로, 치료비용을 예측하려는 목적으로 심리치료 및 정신건강 전문가에 대한 믿음 및 치료로 인한 오점과 치료 결정의 방해물을 연구하였다. 여기서 문제 해결 및 치료에 대한 믿음(즉, "나는 정신건강 전문가를 믿지 않는다" 및 "심리문제는 도움 없이 스스로 해결하려고 한다"; Mackenzie, Knox, Gekoski, & Macaulay, 2004 참고)이 심리문제로 치료를 받으려는 병사와 그렇지 않은 병사를 구분 짓는 유일한 변인이었다.

Britt 등(2011)은 퇴역한 예비군을 대상으로 치료를 모색하는 정도를 조사하였는데, 심리문제 및 치료에 대한 신뢰를 알아본 측정치가 심리치료를 시도하는 예비역 군인과 그렇지 않은 군인을 구분해 주었다. 또한 정신건강을 위해 치료가 필요하다는 예비역 군인들의 태도가 치료를 받을 가능성을 예측하였다. Kehle 등(2010)은 긍정적 태도는 이라크 전쟁에 참전했던 퇴역 주 방위 병사들이 치료를 받는 데 영향을 미친다고 했다. 마지막으로 노동자 지원프로그램의 활용에 대한 연구는 자신이 필요할 때 프로그램을 활용함으로써 도움을 받을 수 있다는 노동자 신뢰가 중요함을 강조하였다(Milne et al., 1994).

[그림 4-1]에서, 앞에 언급한 개인요소들이 심리치료를 받으려는 노동자의 결정과 얼마나 연관되는지를 논의하였다. 개인요소들은 크게 보면 **계획된 행동이론**(Theory of Planned Behavior: TPB; Ajzen, 1985; Britt et al., 2011 참고)에 속한다. TPB에 따르면, 행동으로 실천하는 의도(즉, 치료 시작)는 3가지 요인의 영향을 받는다. 행동에 대한 일반적인 태도, 그런 행동에 대한 사회적 규범(주관적 규범이라고 함), 그 행동에 대한 지각된 통제감 등이다. 좀 더 자세히 보면, 태도에 대한 결정인자는 행동에 대한 긍정 대 부정적 믿음의 빈도(즉, 치료비용과 이점, 치료에 대한 염려, 오점)이고, 주관적 규범에 대한 결정인자는 자신에게 중요한 타인(동료 및 부서 직속상관)이 그 행동을 어떻게 보는지에 대한 믿음이 되며, 지각된 행동통제에 대한 결정인자는 개인이 그 행동을 얼마나 통제할 수 있는지에 대한 믿음(치료에 대한 행정적인 장벽 정도)을 의미한다.

정신건강 문제로 치료해야겠다는 의도는 치료에 대한 태도가 긍정적일 때, 중요한 동료들이 치료를 지지할 때, 노동자가 치료를 받을 시간과 자원을 통제할 수 있다고 믿을 때 더욱 강해질 것이다. 비록 TPB 연구 결과가 의도와 구체적 행동 간에 조정변수들을 거론하고 있지만, 우호적 조건에서 치료 의도는 실제로 치료를 시작하는 예측치가 될 수 있다. 예를 들면, Armitage(2006)는 의도-행동 연결과정에서 의도를 착수하는 과정을 설명했는데, 즉 개인이 특정 장소에서 허락된 시간을 가질 수 있을 때 그 행동을 실행할 의도를 갖게 된다고 했다.

[그림 4-1]에서 심리치료를 받겠다는 노동자의 결정 중에 TPB에 완벽하게 부합되지 않는 2가지 최종적인 개인 결정인자를 제시하였다. 이 인자들은 건강간호 활용에 대한 Anderson(1995)의 행동모델에서 설명되었는데, 증상의 심각성 및 노동자가 직면한 직무요구의 중요성을 언급하고 있다. 트라우마를 크게 겪어서 더 큰 심리문제를 경험한 노동자들은 당연히 심리치료 기관을 방문하려고 할 것이다(Fikretoglu, Brunet, Guay, & Pedlar, 2007; Kehle et al., 2010; Milliken, Auchterlonie, & Hoge, 2007). 치료 시도에 대한 조직 스트레스의 크기와 연관된 연구는 정신건강 문제의 발생과정에 직무재해의 중요성을 강조하고 있다.

2 치료 결정에 대한 조직의 결정인자

고강도 스트레스 직무 경우에 치료 시도에 대한 개인 결정인자를 규명한 연구들은 있지만, 조직 결정인자에 대한 연구는 부족하다. [그림 4-1]에 따르면, 치료 시도에서 부서 및 조직의 지지적인 분위기는 치료 필요성에 대한 노동자의 태도에 영향을 미치고, 나아가 노동자가 지각한 주관적 규범도 영향을 미친다. 이제 세부적으로 필요한 심리치료에 대한 부서 및 조직의 요인들을 살펴보겠다. 이런 요인을 검증한 연구는 부족하지만, 향후 연구에서 어떤 것들이 평가되어야 하는지를 살펴보자.

Bamberger(2009)는 노동자가 심리치료 필요성을 느낄 때를 연구하면서, 부서 차원에서 중요한 요인들을 정리하였다. 그는 부서 차원 규범이 노동자의 치료 필요성 정도에 영향을 미친다고 하였다. 예를 들면, 노동자 스스로 심리문제에 대처할 수 있다고 믿는 규범은 치료노력을 부정적으로 간주하지만, 비밀보장, 지지, 격려를 중요시한 부서규범은 치료노력을 긍정적으로 여김으로 치료 결정을 더 쉽게 한다. 그러나 노동자의 심리치료 노력에 가장 직접적으로 연관된 부서요인을 규명한 연구가 부족한 실정이다.

안전 분위기에 대한 이론과 연구는 심리치료 결정 과정에 조직, 부서, 리더십 영향을 더 쉽게 이해시켜 줄 것이다. 치료에 우호적인 부서 분위기는 안전 행동에 대한 분위기도 비슷할 것이다. 안전 분위기 확장 차원에서, 고강도 직무에서 치료 시도 결정에 관한 연구문헌들이 있다. 첫째, 안전행동을 매개하는 결정은 생산성 극대화와 안전한 작업환경 극대화 간에 상호 교환을 이해해야 한다. 작업량이 많을 때 안전행동 강조는 고민스럽다(Zohar, 2010). 유사하게, 고강도 스트레스 직무 노동자가 심리문제를 보일 때, 맡은 업무가 중요하고 핵심 업무일 경우는 치료를 미루면서 업무 수행에 집중하게 만든다. Sonnentag와 Frese(2003)는 노동자는 종종 개인의 웰빙을 희생하면서 업무 효율성을 유지하려고 한다고 했다. 이런 경우에 조직 및 부서의 분위기는 치료로 인하여 업무에 일시적 방해가 있더라도, 노동자가 필요한 심리치료를 받도록 영향력을 행사해야 한다.

부서 및 조직 분위기 외에, 안전행동에 대한 리더십 역할이 노동자의 심리치료 노력에 영향을 미친다. Zohar(2010)는 리더십이 분위기를 결정하고, 리더와 사회 학습 간에 상호작용이 노동자로 하여금 안전 관련 행동의 상대적 중요성을 고취시킨다고 하였다. 치료노력과 더불어 치료에 대한 직속 상사의 태도가 치료 필요성에 대한 노동자 결정에 영향을 끼친다. 만일 상관이 노동자의 심리적 웰빙을 가볍게 여기면, 리더와 정책 실행의 상호작용으로 노동자도 우호적인 분위기를 느끼지 못할 것이고 치료 시도에 대한 동기도 줄어들게 된다. 안전에 대한 경영적 뒷받침이 안전 수행에 일차 요인이고(Zohar, 1980), 치료노력을 '고양시키는' 지지가 군대와 같은 복잡한 위계조직에서 치료 결정을 내리는 데 일차 요인이 된다.

모델의 조직 적용 측면

정신건강 문제가 고강도 직무를 수행하는 것과 연관된다면, 심리문제를 겪는 노동자에게 적시에 치료서비스를 제공하는 것이 조직의 책무가 될 것이다(Castro & Adler, 2011). 고강도 직무 노동자는 독립심 및 자기신뢰 같은 회복력 강도가 높기 때문에 어려움에 처했을 때 치료를 받기 꺼린다. 그러므로 조직은 노동자가 필요한 심리치료를 받도록 우호적인 조치를 취할 필요가 있다. 이 장에서 우리는 필요한 치료비용 예산을 책정하고 심리치료를 받는 것이 노동자의 더 심각한 문제를 예방하고, 고강도 직무 담당자에게 맞춤형(정기적) 정신건강 서비스 제공의 중요성을 논의하고자 한다.

노동자는 스스로 그 문제를 해결할 수 없음에도, 심리치료를 개인의 실패로 여기므로 치료를 모색하지 않는다. 그러나 만일 노동자가 고강도 스트레스 사건을 겪을 때 심리문제가 생길 수 있음을 염두에 둔다면, 증상 발생이 심한 직무스트레스로 인한 자연스러운 반응임을 깨닫게 될 것이다. 직무상 재해로 인해 심리문제를 일으키는 사례가 꽤 있음을 알고 있으면, 심리문제의 원인이 개인의 나약함보다는 직무상 스트레스 때문이라고 귀속시킬 수 있다(Bamberger, 2009). 심리문제의 원인이 근무 특성이라고 생각하면 노동자가 쉽게 치료받을 수 있도록 하고 더 많은 노동자가 치료를 받게 될 것이고, 해당 부서 및 조직에서 치료를 부정적으로 간주하지 않을 것이다.

심리치료를 일상적 과정으로 보는 데 장애물은 심리치료를 받는 것이 일차 및 이차 예방에 실패한 결과로 보는 시각이다. 삼자 예방 모델(Ivancevich, Matteson, Freedman, & Phillips, 1990)은 심리치료 비용을 부담하는 것은 삼차 예방조치로 간주하고 있으며, 또한 심리치료 필요성은 심리문제 발생을 방지하려는 초기 예방조치가 실패했음을 가정하고 있다. 여기서 직무상 스트레스에 노출된 후에 필요한 심리치료 비용은 일차 및 이차 예방노력과 동시에 감당하는 것이 좋음을 주장한다. 예를 들어, 고강도 직무 노동자에게 회복력 훈련은 심리문제 발생 전에 노동자의 완충능력을 올리려는 일차 시도이다. 그러나 회복력 훈련에서, 미군은 심리문제는 직무재해로 야기되므로 병사들에게 필요하면 치료를 모색하여서 더 심각한 사태를 방지하라고 강조한다(Adler, Bliese, McGurk, & Hoge, 2009). 치료노력과 회복력 훈련을 함께하면서 스트레스를 이겨내는 노동자의 능력을 강화시킴에도 불구하고, 스트레스에 노출되는 것은 심리문제를 유발한다는 점을 인정하는 것이다. 노동자는 회복력 훈련과 심리문제를 서로 다른 것으로 간주하지만, 직무를 원활히 하면서 효율적인 부서 요원으로 인정받게 하는 양립할 수 있는 방안이다.

앞서 언급했듯이, 심리치료를 회복력을 유지시키는 근원으로 간주하지 않는 한 가지 이유는 노동자들이 심리치료에서 무슨 일이 일어날지에 관해 부정적 태도 및 오해를 가지고 있다는 점이다. 예를 들면, 노동자는 심리치료에 대해 긴 시간이 소요되고, 개인 및 부서 업무에 부정적 영향을 미친다고 믿고 있다. 또한 치료는 개인의 경력에 '오점'으로 남을 것이고, 이런 대가는 치료의 이점보다 더 크다고 믿는다. 노동자는 심리문제로 약물을 먹어야 할 수도 있고, 그 부작용은 개인 수행력뿐만 아니라 부서 수행력도 떨어뜨린다고 믿는다. 심각한 직무재해의 경우에 심리치료를 실시하는 것이 더 효과적임을 노동자에게 교육하고(Karlin et al., 2010 참고), 고강도 스트레스 직무의 경우 정신건강 서비스를 맞춤 제공하는 조직문화가 더 나은 생산성으로 연결된다. 예를 들어, 군대, 법 집행관, 소방관 직무는 자기 업무를 개인 정체성의 중요한 부분으로 간주한다. 만일 정신건강 전문가들이 노동자의 직무 중요성을 인식하지 못하면 심리치료는 업무와 연관된 경험을 부각시키지 못할 것이고, 노동자들도 치료를 주저하거나 그만둘 것이다.

최근 연구는 업무와 연관된 심리문제를 다룰 때 직무경험과 치료를 결부시키는 것이 중요하다고 밝혔다. Blonk, Brenninkmeijer, Lagerveld와 Houtman(2006)은 심리문제로 휴가 중인 노동자에게 직무 관련 경험과 전통적인 인지행동치료(Cognitive Behavioral Treatment: CBT)를 연결시킬 때, 더 빨리 직무에 복귀하는지에 관심을 두었다. 결과는 직무 관련 CBT 집단이 CBT 집단 및 통제집단보다 더 빨리 업무에 복귀하였다.

노동자를 업무에 복귀시키는 데 초점을 둔 심리치료는 고강도 스트레스 직무를 수행하는 사람에게 특히 타당하다고 믿고 있다. 불행히도 직무재해로 유발된 문제를 치료하기 위해서 전통적인 치료방법에 업무특성을 얼마나 결부시켜야 할지에 대한 연구는 없다. 노동자가 필요한 심리치료를 모색하는지를 잘 이해하는 것이 중요한데, 조직문화와 관련된 요인이 당면한 심리문제와 결합된다는 방향성을 설정하는 것이 더 많은 연구관심을 불러일으킬 것이고, 이런 요인들을 더 강조할수록 고강도 스트레스 종사자들이 심리치료를 더 수용하게 될 것이다.

요약하면, 고강도 스트레스 노동자는 직무재해로 판단되는 외상사건에 노출된 결과 심리문제를 보이게 된다. 이런 문제를 치료할 필요성을 조성하는 것은 조직 및 리더의 책임이다. 여기서 심리치료를 받으려는 개인 결정인자 및 부서/조직 인자를 몇 가지 규명하였고, 심리치료 비용을 당연하게 여기고, 고강도 스트레스 직무를 수행하는 부서는 조직문화를 치료와 잘 결합시켜서 많은 노동자가 도움을 받기를 제안하고 있다. 향후 연구에서는 치료를 결정함에 있어서 여러 요인의 상대적 중요성을 구체적으로 규명하고, 심리치료에 대한 (의식 혹은 효과)

변화를 평가하고, 치료의 보편화가 도움이 필요한 노동자 비율을 변화시키는지를 평가해야 한다.[1)]

참고문헌

Adler, A. B., Bliese, P. D., McGurk, D., & Hoge, C. W. (2009). Battlemind debriefing and Battlemind training as early interventions with soldiers returning from Iraq: Randomization by platoon. *Journal of Consulting and Clinical Psychology, 77*, 928–940.

Adler, A. B., Huffman, A. H., Bliese, P. D., & Castro, C. A. (2005). The impact of deployment length and experience on the well-being of male and female soldiers. *Journal of Occupational Health Psychology, 10*(2), 121–137.

Ajzen, I. (1985). From intentions to action: A theory of planned behavior. In J. Kuhl & J. Beckman (Eds.), *Action control: from cognition to behavior* (pp. 11–39) Heidelberg: Springer.

Alexander, D. A., & Atcheson, S. F. (1998). Psychiatric aspects of trauma care: Survey of nurses and doctors. *The Psychiatrist, 22*, 132–136.

Amato, P. R., & Bradshaw, R. (1985). An exploratory study of peoples' reasons for delaying or avoiding help-seeking. *Australian Psychologist, 20*, 21–31.

Andersen, R. M. (1995). Revisiting the behavioral model and access to medical care: Does it matter? *Journal of Health and Social Behavior, 36*, 1–10.

Armitage, C. J. (2006). Evidence that implementation intentions promote transitions between stages of change. *Journal of Consulting and Clinical Psychology, 74*, 141–151.

Bacharach, S. B., & Bamberger, P. A. (2007). 9/11 and New York City firefighters'post hoc unit support and control climates: A context theory of the consequences of involvement in traumatic work-related events. *Academy of Management Journal, 30*, 849–868.

Bamberger, P. (2009). Employee help-seeking: Antecedents, consequences and new

1) 이 장은 미 육군 의료연구병합활동(US Army Medical Research Acquisition Activity) 산하 국방부 정신건강연구프로그램의 연구지원(#W81XWH–11–2–0010)을 받아서 수행되었다. 이 장에 언급된 견해들은 저자의 관점이고, 미 육군 의료사령부 또는 국방부의 공식 정책 또는 입장을 나타내는 것은 아니다.

insights for future research. *Personnel and Human Resources Management, 28*, 49.

Barling, J., Kelloway, E. K., & Frone, M. R. (Eds.) (2005). *Handbook of work stress*. Thousand Oaks, CA: Sage.

Beaton, R. D.,&Murphy, S. A. (1995). Working with people in crisis: Research implications. In C. R. Figley (Ed.), *Compassion fatigue: Coping with secondary traumatic stress disorder in those who treat the traumatized* (pp. 51–81). Philadelphia, PA: Brunner/Mazel.

Bennett, J. B., & Lehman, W. E. (2001). Workplace substance abuse prevention and helpseeking: Comparing team-oriented and informational training. *Journal of Occupational Health Psychology, 6*(3), 243–254.

Bennett, P., Williams, Y., Page N., Hood, K., & Woollard, M. (2004). Levels of mental health problems among UK emergency ambulance workers. *Emergency Medicine Journal, 21*, 235–236.

Blonk, R. W. B., Brenninkmeijer, V., Lagerveld, S. E., & Houtman, I. L. D. (2006). Return to work: A comparison of two cognitive behavioural interventions in cases of work-related psychological complaints among the self-employed. *Work & Stress, 20*, 129–144.

Boscarino, J. A., Figley, C. R., & Adams, R. E. (2004). Compassion fatigue following the September 11 terrorist attacks: Astudy of secondary trauma among New York City social workers. *International Journal of Emergency Mental Health, 6*(2).

Britt, T. W. (2000). The stigma of psychological problems in a work environment: Evidence from the screening of service members returning from Bosnia. *Journal of Applied Social Psychology, 30*(8), 1599–1618.

Britt, T. W., Bennett, E. A., Crabtree, M., Haugh, C., Oliver, K., McFadden, A., & Pury, C. L. S. (2011). The theory of planned behavior and reserve component veteran treatment seeking. *Military Psychology, 23*(1), 82–96.

Britt, T. W., Greene, T. M., Castro, C. A., & Hoge, C. W. (2006). The stigma of psychological problems in the military. In D. R. McCreary & M. M. Thompson (Chairs), *Stress and mental health in military personnel: Current issues*. Presented at the American Psychological Association/US National Institute for Occupational Safety and Health Work, Stress, and Health conference, Miami, FL, USA, March 1–4.

Britt, T. W., Greene-Shortridge, T. M., Brink, S., Nguyen, Q. B., Rath, J., Cox, A. L.,

Hoge, C. W., & Castro, C. A. (2008). Perceived stigma and barriers to care for psychological treatment: Implications for reactions to stressors in different contexts. *Journal of Social and Clinical Psychology, 27*, 317–335.

Bryant, R. A., Moulds, M. L., & Nixon, R. V. D. (2003). Cognitive behaviour therapy of acute stress disorder: A four-year follow-up. *Behaviour Research and Therapy, 41*(4), 489–494.

Castro, C. A., & Adler, A. B. (2011). Reconceptualizing combat-related posttraumatic stress disorder as an occupational hazard. In Adler, A. B., Bliese, P. D., & Castro, C. A. (Eds.), *Deployment psychology: Evidence-based strategies to promote mental health in the military* (pp. 217–242). Washington, DC: American Psychological Association.

Cooper, C. L., Dewe, P. J., & O'Driscoll, M. P. (2001). *Organizational stress: A review and critique of theory, research, and applications.* London: Sage Publications.

Cooper, C. L., Dewe, P. J., & O'Driscoll, M. P. (2011). Employee assistance programs: Strengths, challenges, and future roles. In J. C. Quick & L. E. Tetrick (Eds.), *Handbook of occupational health psychology* (2nd edn.) (pp. 337–356). Washington, DC: American Psychological Association.

Del Ben, K. S., Scotti, J. R., Chen, Y., & Fortson, B. L. (2006). Prevalence of posttraumatic stress disorder symptoms in firefighters. *Work & Stress, 20*(1), 37–48.

Ehlers, A., & Clark, D. (2003). Early psychological interventions for adult survivors of trauma: A review. *Biological Psychiatry, 53*(9), 817–826.

Feinstein, A., Owen, J., & Blair, N. (2002). A hazardous profession: War, journalists, and psychopathology. *American Journal of Psychiatry, 159,* 1570–1575.

Fikretoglu, D., Brunet, A., Guay, S., & Pedlar, D. (2007). Mental health treatment seeking by military members with posttraumatic stress disorder: Findings on rates, characteristics, and predictors from a nationally representative Canadian military sample. *Canadian Journal of Psychiatry, 52*(2), 103–110.

French, M. T., Dunlap, L. J., Roman, P. M., & Steele, P. D. (1997). Factors that influence the use and perceptions of employee assistance programs at six worksites. *Journal of Occupational Health Psychology, 2*(4), 312–324.

Greene-Shortridge, T. M., Britt, T. W., & Castro, T. A. (2007). The stigma of psychological problems in the military. *Military Medicine, 172*, 157–161.

Hoge, C. W., Auchterlonie, J. L., & Milliken, C. S. (2006). Mental health problems, use of mental health services, and attrition from military service after returning from deployment to Iraq or Afghanistan. *Journal of the American Medical Association, 295,* 1023–1032.

Hoge, C. W., Castro, C. A., Messer, S. C., McGurk, D., Cotting, D. I., & Koffman, R. L. (2004). Combat duty in Iraq and Afghanistan, mental health problems, and barriers to care. *New England Journal of Medicine, 351*, 13–22.

Ivancevich, J. M., Matteson, M. T., Freedman, S. M., & Phillips, J. S. (1990). Worksite stress management interventions. *American Psychologist, 45*, 252–261.

Jourard, S. M. (1964). *The Transpersonal Self*. New York: Van Nostrand.

Karlin, B. E., Ruzek, J. I., Chard, K. M., Eftekhari, A., Monson, C. M., Hembree, E. A., & Foa, E. B. (2010). Dissemination of evidence-based psychological treatments for posttraumatic stress disorder in the Veterans Health Administration. *Journal of Traumatic Stress, 23*(6), 663–673.

Kehle, S. M., Polusny, M. A., Murdoch, M., Erbes, C. R., Arbisi, P. A., Thuras, P., & Meis, L. A. (2010). Early mental health treatment-seeking among U.S. National Guard soldiers deployed to Iraq. *Journal of Traumatic Stress, 23*(1), 33–40.

Kim, P. Y., Britt, T. W., Klocko, R. B., Riviere, L. A., & Adler, A. B. (2011). Negative attitudes about treatment and utilization of mental health care among soldiers. *Military Psychology, 23*, 65–81.

Kim, P. Y., Thomas, J. L., Wilk, J. E., Castro, C. A., & Hoge, C. W. (2010). Stigma, barriers to care, and use of mental health services among active duty and national guard soldiers after combat. *Psychiatric Services, 61*, 572–588.

Komiya, N., Good, G. E., & Sherrod, N. B. (2000). Emotional openness as a predictor of college students' attitudes toward seeking psychological help. *Journal of Counseling Psychology, 47*, 138–143.

Kushner, M. G., & Sher, K. J. (1989). Fears of psychological treatment and its relation to mental health service avoidance. *Professional Psychology: Research and Practice, 20*, 251–257.

Mackenzie, C. S., Knox, V. J., Gekoski, W. L., & Macaulay, H. L. (2004). An adaptation and extension of the attitudes toward seeking professional psychological help scale. *Journal of Applied Social Psychology, 34*, 2410–2435.

McFarlane, A. C. (1998). Epidemiological evidence about the relationship between PTSD and alcohol abuse: The nature of the association. *Addictive Behaviors, 23*(6), 813–826.

Milliken, C. S., Auchterlonie, J. L., & Hoge, C. H. (2007). Longitudinal assessment of mental health problems among active and reserve component soldiers returning from the Iraq war. *Journal of the American Medical Association, 298*(18), 2141–2148.

Milne, S. H., Blum, T. C., & Roman, P. M. (1994). Factors influencing employees' propensity to use an employee assistance program. *Personnel Psychology, 47*, 123–145.

Phelps, A., Lloyd, D., Creamer, M., & Forbes, D. (2009). Caring for carers in the aftermath of trauma. *Journal of Aggression, Maltreatment & Trauma, 18*(3), 313–330.

Pietrzak, R. H., Johnson, D. C., Goldstein, M. B., Malley, J. C., & Southwick, S. M. (2009). Perceived stigma and barriers to mental health care utilization among OEF-OIF veterans. *Psychiatric Services, 60*, 1118–1122.

Probst, T. M. Brubaker, T. L., & Barsotti, A. (2008). Organizational under-reporting of injury rates: An examination of the moderating effect of organizational safety climate. *Journal of Applied Psychology, 93*(5), 1147–1154.

Robinson, H. M., Sigman, M. R., & Wilson, J. P. (1997). Duty related stressors and PTSD symptoms in suburban police officers. *Psychological Reports, 81*, 835–845.

Rothberg, J. M., & Wright, K. (1999). Trauma prevention in the line of duty. In J. M. Violanti & D. Paton (Eds.), *Police trauma: Psychological aftermath of civilian combat* (p. 327). Springfield, IL: Charles C. Thomas Publishers.

Sinclair, R. R., Leo, M. C., & Wright, C. (2005). Benefit system effects on employees' benefit knowledge, use, and organizational commitment. *Journal of Business and Psychology, 20*(1), 3–29.

Smith, C. S., Folkard, S., Tucker, P., & Evans, M. S. (2011). Work schedules, health, and safety. In L. E. Tetrick & J. C. Quick (Eds.), *Handbook of occupational health psychology* (2nd ed.) (pp. 185–204). Washington, DC: American Psychological Association.

Sonnentag, S., & Frese, M. (2003). Stress in organizations. In W. C. Borman, D. R. Ilgen,

& R. J. Klimoski (Eds.), *Handbook of psychology: Industrial and organizational psychology, vol. 12* (pp. 453–491). Hoboken, NJ: John Wiley & Sons Inc.

Vogel, D. L., & Wester, S. R. (2003). To seek or not seek help: The risks of self-disclosure. *Journal of Counseling Psychology, 50*, 351–361.

Vogel, D. L., Wester, S. R., & Larson, L. M. (2007). Avoidance of counseling: Psychological factors that inhibit seeking help. *Journal of Counseling & Development, 85*, 410–422.

Vogel, D. L., Wester, S. R., Larson, L. M., & Wade, N. G. (2006). An information-processing model of the decision to seek professional help. *Professional Psychology: Research and Practice, 37*(4), 398–406.

Vogel, D. L., Wester, S. R., Wei, M., & Boysen, G. A. (2005). The role of outcome expectations and attitudes on decisions to seek professional help. *Journal of Counseling Psychology, 52*, 459–470.

Zohar, D. (1980). Safety climate in industrial organizations: Theoretical and applied implications. *Journal of Applied Psychology, 65*(1), 96–102.

Zohar, D. (2010). Thirty years of safety climate research: Reflections and future directions. *Accident Analysis and Prevention, 42*, 1517–1522.

5장

조직에서 인간자원도구로서 유머

Josje Dikkers
유트레히트 응용과학 대학교 (University of Applied Sciences Utrecht, 네덜란드)

Sibe Doosje
유트레히트 대학교(Utrecht University, 네덜란드)

Annet de Lange
네이메헨 레드바우드 대학교(Radboud University Nijmegen, 네덜란드)

서론

1 배경 및 문헌의 범위

유머의 생성과 사용은 보통 조직 및 조직 내 개인의 핵심 자산은 아니다. 노동자들은 조직의 유머러스한 분위기 조성이 아니라 구체적인 생산 목표를 달성하도록 요구받는다. 그러나 사람들은 유머러스한 태도, 재료, 생각들을 조직에 사용한다. 이런 것이 노동자로서 또 개인에게 유용하고 생산적일 수도 있을까? 이런 질문을 연구한 자료를 살펴보자. 먼저, 유머의 정의를 알아보고자 한다. 이 장에서는 유머에 대한 계란 모델을 소개하는데, 이는 조직건강의 자원으로서 작업현장에서 예술기능을 한다. 다음으로 기업에서 유머구사에 대한 사회적 기능 및 개인의 유머감각을 설명하였다. 미래 연구방향을 포함해서, 평가 및 중재기능을 살펴보고 논의하겠다.

2 학문적 연구

긍정심리학의 효과가 확산되면서 학술적으로 유머의 역할을 연구하게 되었다(예, Aspinwall & Staudinger, 2003; Carr, 2004; Compton, 2005; Giacalone, Jurkiewicz, & Dunn, 2005; Peterson, 2006). 긍정심리학이 작업현장까지 영향을 끼치면서, 긍정적인 조직행동(Positive Organizational Behavior: POB, 예, Nelson & Cooper, 2007) 및 정신적 자산(Psychological Capital: PsyCap)이라는 새로운 개념을 낳았다. 긍정적인 조직행동을 연구하면서, Luthans와 Youssef(2007)는 몇 가지로 구분하였는데 ① 긍정적 **특성**(즉, 빅 5 성격특성, 핵심 자기-평가, 긍정적인 심리특성), ② 긍정적 **상태의 역량**(즉, 긍정적인 조직행동, 자기효능감, 낙관주의, 회복력, 정신자산), ③ 배치, 보상, 동기유발과 관련해서 효과적인 직무수행을 지향하도록 하는 긍정적 조직 및 이것을 실천하려는 전략, 구조, 조직문화 등, ④ 긍정적 편향 같은 긍정적인 특성, 상태, 조직요인들 간의 상호작용으로 야기되는 긍정 조직행동 등이다.

긍정적 특성은 시간 및 장소와 무관하게 꾸준한 상태를 의미하지만, 긍정적 상태의 역량은 가변성이 있어서 변화 및 발전이 가능하다(Luthans & Youssef, 2007). 긍정심리학의 몇 가지 유목이 발견되었다. 예를 들어, Peterson과 Seligman(2004)은 24가지 강점을 6개 미덕으로 분류하였는데, ① 지혜 및 지식(창의성, 호기심), ② 용기(용맹, 꾸준함), ③ 인간성(사랑, 친절), ④ 정의(시민정신, 리더십), ⑤ 절제(용서, 자비), ⑥ 초월(감사, 희망, 유머, 영성) 등이다. 한편, Snyder와 Lopez(2002)는 다르게 분류했는데, ① 감정-중심(주관성 또는 심리적 웰빙, 몰입), ② 인지-중심(자기효능감, 지혜), ③ 자아-기반(진실성, 인간성), ④ 대인관계(용서, 감사) 혹은 신체건강(강인함), ⑤ 대처-중심(유머, 명상, 영성) 등이다. 두 번째 분류방법이 기업에서 긍정심리학을 접목시키는 실용성을 보이고 있다(Luthans & Youssef, 2007). 여기서 흥미로운 점은 유머의 분류를 조금 다르게 하고 있지만 두 가지 분류방법 모두 유머와 영성을 명시하고 있다는 것이다. Peterson과 Seligman(2004)의 분류기준에서는 유머를 일상 현실보다 높은 차원의 초월적 특성으로 간주한 반면에, Snyder와 Lopez(2002)는 유머를 대처-중심 긍정심리학적 특질로서 스트레스 수준을 낮추는 것(또는 스트레스에 대처)으로 보았다.

Luthans와 Youssef에 따르면, 긍정심리 역량을 발달시키고 투자하는 것은 노동자들의 경쟁력에 예상치 못한 이점을 주어서 기업을 발전시킨다(Luthans et al., 2006; Luthns & Youssef 2007). 새롭게 인식된 이런 자원을 발달시키고 업무에 적용함으로써 이익을 유발한다. 예를 들어, Avey, Luthans와 Youssef(2010)는 심리적 자산이 부차적으로 조직 시민행동(Organizational Citizenship Behaviors: OCBs)을 긍정적으로 이끌고, 냉소주의, 사표, 반생산적인 행동 등과 부적 상관을 보인다고 했다.

긍정심리 방향성에 부합되고 긍정적 특징 또는 상태가 (직무 관련) 행동에 영향을 미치는 이론적 모델은 Fredrikson(1998, 2001)의 긍정정서에 대한 **확장-구축**(broaden-and-build) 이론이다. 이 모델은 일상에서 긍정적 감정경험은 시간이 지나면서 복합적으로 작용하여서 다양한 개인자원을 구축시키고, 순간순간 사고-행동 영역을 확장시킨다. 긍정적 감정에서 일어난 확장된 마음상태는 부정적 감정에서 촉발된 소심한 마음상태와 반대된다. 긍정정서로 확장된 개인능력은 성공적인 대처 및 활력의 가능성을 증가시키는 잠재자원으로 작용한다. 이 장에서 유머 그 자체가 개인의 자원이 되고, 타인의 자원을 불러일으키는 촉진제가 된다는 점을 살펴보겠다. 먼저 유머에 대한 정의를 내려 보겠다.

개념화: 계란 모델

유머를 정의하는 것은 건방진 일이기도 한데, 정확하게 유머가 무엇인지에 관한 일치된 의견은 없지만 이 문제에 대해 몇 가지 시도가 있었다. 단순하지만 순환론적인 정의로 Martineau는 "유머러스하다고 인식되는 모든 의사소통 방식"이라고 하였다(Martineau, 1972, p. 114). 인지 및 사회심리학에서 정의된 것을 근거로, Martin(2007)은 사회적 상황에서 감정적 반응(기쁨) 및 표현(웃음)을 유발하는 인지-지각적 과정으로 규정하였다. 이런 정의는 유머를 가벼운 사회적 불일치라고 주장한 Gervais와 Wilson(2005)의 발전 촉매제 관점과 대체로 비슷하다. 불일치는 유머에서 필수적인 인지-지각적 과정이고, 이것은 갈등적인 생각, 사건 또는 글귀 등 복합적인 것이다(Clouse & Spurgeon, 1995; Frecknall, 1994; Martin, 2007; Wyer, 2004). 이상의 연구들은 불일치이론과 깊게 연관 짓지는 않았는데, 왜냐하면 조직에서 유머러스한 모든 표현에는 불일치가 기본적인 인지과정이기 때문이다. 또한 이런 표현방식(Buijzen & Valkenburg, 2004)은 여기서 다루지 않을 것이다.

조직에서 유머를 구사할 때, Cooper(2005)는 유머를 "노동자가 다른 노동자들과 함께 특정 행위를 즐거워하는 사건이면서, 그 행위가 의도적인 행동이라고 지각하는 것"으로 정의 내렸다(p. 767). 여기서 초점은 재미가 아니라 즐겁게 해주려는 의도이고, 그 즐거움은 항상 모든 사람에게 발생하지는 않는다. Romero와 Cruthirds(2006, p. 59)는 Cooper의 정의에 있는 대상을 개인, 집단, 조직으로 정의하였다. 결론적으로 조직의 유머는 **직무 상황에서 개인, 집단, 조직에게 의도적 즐거움을 주려는 가벼운 불일치**라고 정의된다. 이런 정의는 ① 유머의 정서적 및 인지적 측면(즉, 즐거움 또는 기쁨 및 불일치), ② 직무와 관련된 상황, ③ 현장에서 표현되고 소통되는 유머의 다양한 단계(즉, 개인, 집단, 조직단계), ④ 의도성 등을 포함하고 있다.

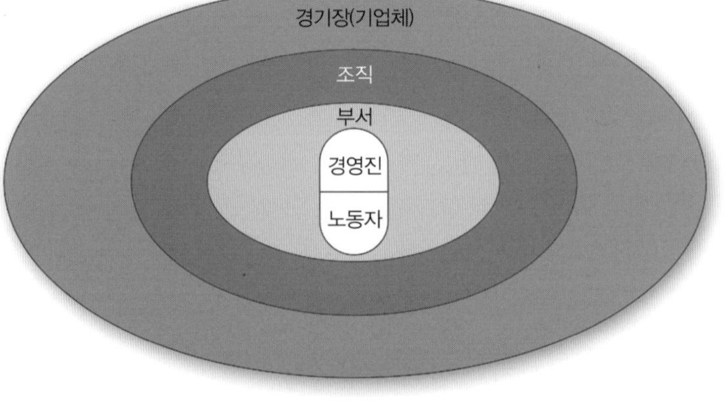

[그림 5-1] 직무현장에서 유머의 계란 모델

이런 정의가 조직에서 유머가 작동되는 모델이 되고, 이것을 계란 모델(egg model; [그림 5-1])이라고 한다. 이 모델은 정의에서 언급한 의사소통 수준을 묘사하고 있고, 각 수준별로 체계적인 상호작용 차원을 보여 준다.

모델을 보면, 개인(노동자, 상급자)은 유머감각이 있어야 하고, 조직 및 각 부서들은 유머문화를 가져야 한다. 이 모든 것이 광범위한 유머문화로 각인되어야 하고, 이것을 경기장(ARENA; 비유적으로 기업체로 봄)이라고 명명하였는데, 경기장이란 개념은 조직 외부요인으로서 조직이 있는 지역이나 국가의 유머문화를 규정하는 것이고, 조직의 업무(즉, 건강관리 또는 경쟁적 사업), 즉 업무의 일반적 특성과 발전 전략 등을 뜻한다(Bakas, 2007). 이전 유머 연구는 이 모델을 설명하고 나서 설명할 것이므로, 먼저 유머감각 및 이것이 개인에게 미치는 영향(미시 수준), 다음에 집단 또는 조직차원에서 유머의 효과(중간 수준), 마지막으로 광범위한 문화맥락에서 유머의 기능(거시 수준)을 알아보겠다. 달리 말하면, 계란 모델의 내부를 살펴본 다음에 과거에 수행된 실증적 결과들을 제시하겠다.

개인의 유머감각 및 결과(미시 수준)

유머감각은 fMRI 연구에서 규명되었듯 대뇌의 하드웨어이다(Marinkovic et al., 2011). 이 결과는 유머를 성격구성 혹은 성향, 포괄적으로 유머감각이라고 규정한 고전적 개념과 일치한다. Freud(1928)는 초기에 고차원의 자아방어기제 중 하나로 농담 및 재치를 언급하였다. 그의 기본 생각은 이드(Id)의 성적 · 공격적 충동을 비웃는 수단으로 유머가 작동한다고 보았다. 그에게 유머감각은 성숙한 방어기제인데, 왜냐하면 금기시된 충동이 유머러스한 표현, 즉 유대인 및 벨기에 사람에 대한 농담으로 인정되었기 때문이다. 오늘날 이러한 역동을 유머러스한 대처(Doosje, 2010; 이런 개념에 대한 연구), 또는 유머러스한 감정조절(Gross, 2001; 감정조절의 선행초점 및 반응초점 전략)이라고 부른다. 이러한 마음속 역동의 목적은 스트레스를 낮추고 긍정정서를 올리기 위한 것이다.

받아들이는 차원에서, 유머의 재료는 이해되고 또 느껴져야 한다. 기쁨과 웃음도 유머과정의 결과물이다(Martin, 2007). Thorson과 Powell(1993)이 증명한 것처럼, 사람마다 유머를 수용하는 정도에 차이가 있다. 적극적 의미에서 유머는 스트레스에 대한 반응으로 생성되는 것이다. 조직에서 개인의 이런 행동에 대한 연구는 별로 없지만, 유머 사용이 많은 노동자는 유머를 수용하는 경향이 높은 노동자를 찾을 것이다. 동작 개그맨 및 코미디언은 청중이 필요하다. 직장 분위기 조성자에 대한 연구는 보통 이런 자발적인 노동자는 조직 분위기를 증가시킬 뿐만 아니라 집중력이 필요한 조직 경영에 비효율성 및 불일치도 보인다고 했다(Plester & Orams, 2008).

유머 유형에 대한 개념을 알아보는 연구들도 있다(Martin et al., 2003). 사회-자아 및 긍정-부정의 두 가지 차원에 따른 4가지 유머 유형을 [그림 5-2]에 묘사하였다. 자신의 관점에서 자기-발전형 및 자기-파괴형의 두 가지 유머 유형이 있다. 자기-발전형 유머는 자신을 더 긍정적으로 만들기 위해서 유머를 구사하고, 자기-파괴형 유머는 더 나쁘게 작용한다. 다른 두 가지는 사회적 관점인데, 친화형 유머는 좋은 시간을 보내거나 사회적 기능과 응집력을 증진시키려는 목적으로 유머를 활용하지만, 공격형 유머는 타인들에게 해로움을 주기 위해서 유머를 사용한다.

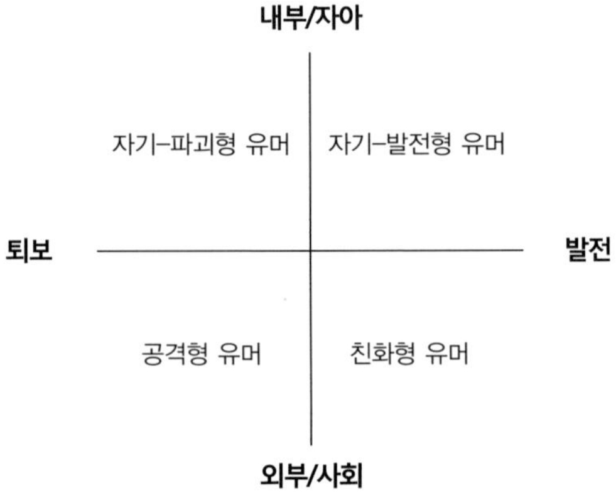

[그림 5-2] 4가지 유머 유형(Martin et al., 2003)

친화형 유머와 우울 또는 부정적 영향 간에 부적 상관이 있다는 연구들이 있으며(Hugelshofer, Kwon, Reff, & Olson, 2006; Kuiper et al., 2004), 또 어떤 연구는 자기-발전형 유머와 소진으로 인한 개인성취 차원 간에 정적 상관이 있음을 밝혔다(Talbot, 2000; Talbot & Lumden, 2000). 다른 연구에서는 공격형 및 자기-파괴형 유머와 신경증 간에 정적 상관을, 친화성 및 성실성과는 부적 상관이 있음을 밝혔다(Martin et al., 2003). 공격형 유머는 정서 지각, 정서 지지, 갈등 조절과 부적 상관을 보였으며(Yip & Martin, 2006), 우울증, 불안, 부정적 감정과는 정적 상관(Kuiper et al., 2004), 에너지 고갈 차원과도 정적 상관(Tümkaya, 2007)을 보인다. 최근 Kuiper와 McHale(2009)은 긍정적인 자기-평가 규준이 높을수록 친화형 유머를 더 많이 사용하고, 이것이 또 사회적 자존감을 높여 주고 우울감을 낮춘다고 하였다. 당연하지만, 부정적 자기평가가 높을수록 자기-파괴형 유머를 많이 사용해서 사회적 자존감을 낮추고 우울감을 높인다. 이런 결과들은 앞의 긍정적 · 부정적 두 가지 유머스타일은 다양한 방식으로 개인의 웰빙 수준에 영향을 미친다. 특히 친화형 유머의 사용 증가는 사회적 지지망을 발달시키고 지속시켜서 웰빙을 증대시킨다. 상대적으로 자기-파괴형 유머는 부적응적 사회 지지망을 발달시켜서 심리적 웰빙을 저해한다.

긍정적 유머 유형은 웰빙을 증대시키고, 부정적 유머 유형은 불행을 증가시킨다는 연구들이 확실히 입증되었다(Martin et al., 2003). 그러나 유머의 유형이 직업건강심리학에는 거의 적용되지 않았다. 더구나 사회-개인 차원은 직업 상황에 적용할 수 있는 연구거리로 입증되었다. 왜냐하면 사회-개인 차원은 단순히 유머 유형과 특성에 따른 개인의 이점이 아니라 직무수행 및 조직에서 상호작용의 질을 보여 주기 때문이다.

부서 및 조직의 유머 사용과 결과(중간 수준)

각자 자신의 유머감각을 드러내지만, 사회에서 유머러스한 표현은 분출구 역할을 한다. 유머 훈련자들은 보통 조직에서 유머의 발생빈도가 낮다고 강조하지만, 그 반대로 보는 게 좋을 듯하다. Holmes와 Marra(2002a)는 다양한 조직을 대상으로 팀 미팅에서 통상적인 유머 표현 및 웃음의 빈도를 알아보았다. 그 결과 회의 중 2~5분에 한 번 발생함을 밝혔다. 이 빈도는 공기업 및 정부조직보다 개인 회사의 노동자 및 사무직 회의에서 다소 높음을 발견했다. 이 연구는 친밀한 친구들 간 미팅보다 팀 미팅에서 유머 빈도가 낮음을 밝혔다(Holmes & Marra, 2002b). 사회 응집성은 조직에서 개인 간 유머 사용에 유사성을 높인다. 유사성–매력 이론에 대한 많은 연구는 사람들은 비슷한 태도, 신념 혹은 유머를 견지할 때 서로에게 끌리게 된다고 했다(Byrne, 1971).

일반적으로 부서 및 회사에서 유머의 기능은 매우 다양한데, 유머를 좋아하는 분위기는 응집성을 올리고 관계의 강도를 공고히 하지만, 유머를 부정적으로 보는 분위기는 관계의 강도를 낮춘다(Holmes & Marra, 2002b). 유머의 부정은 조직 미팅에서 유머 교환을 약 40% 정도를 낮추고, 친밀한 친구들과의 만남보다 10배 더 부정적이었다. 이것은 곧 친구모임보다 직무 상황에서 더 큰 긴장감과 경쟁의식을 느낌을 의미한다. 또한 유머는 사회적 규범을 서로 소통하거나 부과하거나 혹은 조직에 의견을 개진하기 위해서 노동자들이 사용하기도 한다(Collinson, 1988). 이런 측면은 우월성 이론(Hobbes, 1840; Radcliffe-Brown, 1952)의 연구 주제인데, 유머가 사회적으로 일정한 거리감을 만들거나 또는 자기–이미지 증진을 위해 사용된다고 주장한다. 이제 Duncan, Smeltzer와 Leap(1990)가 직무 부서, 리더십, 소통 및 조직문화에서 유머의 역할에 대해 논의한 것을 알아보자.

1 직무 부서 내에서 유머(수평적 영향)

집단에서 유머를 도식하기 위해 Lundberg(1969)는 농담 행동에 관여되는 사람을 4가지 분석 유목으로 구분했다. ① **시도자**, 또는 농담을 말하는 사람, ② **대상자**, 또는 농담을 듣는 사람, ③ **초점**, 또는 농담의 대상 또는 유머 대상이 된 사람, ④ **대중**, 또는 농담을 듣는 개인/집단 등이다.

Cooper(2008)는 유머가 대인 간 상호작용에 영향을 미치는 4가지 기제를 밝혔는데, 보상감정(reinforcement-affect), 지각된 유사성(perceived similarity), 자기노출(self-disclosure), 서열상 돌출(hierarchical salience) 등이다. 여기서는 우선 앞의 3가지 기제를 알아보고, 네 번째는 서열적 관계를 의미하므로 다음 부분에서 설명하겠다. 먼저, Clore와 Byrne(1974)이 제시한 보상감정 매력 모델은 어떻게 사회적 의사소통이 강화(긍정정서를 유발함으로) 혹은 처벌(부정정서를 유발함으로)로 작용하는지를 설명하고 있다. Cooper(2008)에 따르면, 유머는 강화 혹은 처벌 사건으로 간주될 수 있다고 했다. 둘째, 유사성 매력 가설은 인간은 유사한 태도 및 신념을 공유하는 사람에게 매력을 갖는다는 주장이다(Byrne, 1971). 유머경험을 공유하는 것은 자신도 '유머러스한' 자극(즉, 웃음을 주는)을 정확하게 해석할 수 있음을 느끼게 해 주고, 사람들을 더 가깝게 느끼도록 해 준다. 셋째, 자기노출은 보통 관계-구축의 중요한 측면이고, 자기노출 수준이 높을수록 노출자와 유대감이 높음을 의미한다(Collins & Miller, 1994). 이런 측면 때문에 직장에서 유머를 구사하는 것은 자기노출의 한 형태가 된다.

Romero와 Cruthirds(2006)는 집단 응집력에서 유머의 영향력을 밝힌 통합적인 모형을 제안하였다. 집단 응집력을 증가시키는 요인은 외부적인 것(다른 집단과 경쟁 및 위협)과 내부적인 것(신입 구성원의 시도)으로 분류된다(Sherif, 1977). 집단 응집력은 집단 내의 긍정적 강화 및 외부 위협의 감소로 증대될 수 있다. 유머는 외부 위협을 감소시켜 줌으로 구성원들 간에 긍정적 감정을 형성시켜서 집단을 결속시킨다(Francis, 1994). 예를 들면, 공격적 유머는 팀의 경쟁자를 조롱하기 위해 구사한다. 사회화 과정 같은 내면적 힘은 신입사원을 부서 혹은 회사 문화에 적응시키기 위해 친화적 유머 혹은 약간 공격적 유머를 구사해서, 회사 규범에 순종하도록 만든다(Martineau, 1972). 기존 집단의 경우에, 친화적/자기 발전적 유머는 구성원들의 유머로 생겨나는 긍정정서 때문에 집단 응집성을 증대시킨다(Terrion & Ashforth, 2002). 정리하면, Romero와 Cruthirds(2006)는 친화적/자기-발전적 유머를 사용하는 것은 모두 집단 응집성을 올려 준다고 하였다.

2 서열적 관계에서 유머(수직적 영향)

리더와 하급자 간에 관계는 우월성 이론이 적용되는 상황이어서 또 다른 관심 영역이다. Martin(2007)의 검토를 보면, 유머는 리더들이 갈등을 해결하기 위해서, 부하들을 동기화하기 위해서, 부서 직원들을 결속시키고 협조를 유도하기 위해서 사용하는 중요한 의사소통 기술이다. 리더가 구사한 유머는 하급자들과 관계를 매끄럽게 해 주고, 긴장을 완화하고 창의성 및 동기를 촉발한다(Decker & Rotondo, 2001). 유머감각이 많은 리더를 모시는 하급자들 또한 리더의 방식을 더욱 긍정적으로 간주할 뿐만 아니라 개인의 직무도 만족스럽다고 보고하였다(Decker, 1987). Cooper(2008)는 유머는 조직 서열 또는 직급 때문에 생기는 장벽을 파괴시키는 데 효과적이라고 하였다(Locke, 1996; Vinton, 1989). 연구 결과들을 보면, 유머감각은 바람직한 특성이지만 남성 혹은 여성의 바람직한 유머 유형은 다르다는 결론에 도달한다(Yip & Martin, 2006). 리더십 문헌에서도 긍정적 유머와 부정적 유머 간에 차이가 있어서 좋은 리더는 너그러운 유머 유형을 보이지만, 나쁜 리더는 좀 저급한 유머 유형을 보였다(Priest & Swain, 2002). 긍정적 유머를 보이는 리더는 부정적 유머의 리더보다 더 높은 경영능력을 보였다. 그러나 남성 경영자와 여성 경영자 간에 차이가 있었다. 여성 경영자의 경우는 긍정적 유머 구사가 남성 경영자보다 능력면에서 더 강한 결속력을 보였다. 또한 부정적 유머를 더 많이 사용할 경우에는 남성 경영자보다 여성의 경영능력을 더 부정적으로 평가하였다. 이런 발견은 앞에서 언급한 유머 유형(Martin et al., 2003)에 대한 개념적 틀, 즉 사회적-개인적 유머 유형 및 긍정적-부정적 유머 유형 차원과 일치한다.

이론적으로 보면, **서열상 돌출**이 수직적으로 공유된 유머와 연관이 있다. Cooper(2008)가 제기한 대인 간 기제에 따르면, 유머는 경영진과 노동자층을 구별 짓는 서열장벽을 제거하거나 강화할 수 있다. 예를 들어, 경영진은 하급자의 행동을 통제하기 위해서 유머를 자주 사용한다(Holmes, 2000; Martineau, 1972). 상위 직급에 있는 경영진은 하급자보다 더 많은 농담을 구사하고, 상대방의 미소를 더 잘 끌어내는 경향이 있다(Robinson & Smith-Lovin, 2001). 상급자가 유머를 사용할 때, 하급자를 농담의 초점 또는 대상자로 삼게 된다(Coser, 1959). 이런 관점에서, 유머는 권위자의 전유물이고, 하급자에게 (공식적) 힘을 보여 주는 수단이 된다(Holmes & Marra, 2002a, b). 당연하게 이런 여건에서 구사되는 유머는 공격적 유머가 된다.

그러나 노동자나 경영자도 서열의식을 감소시키기 위해서 유머를 사용한다. Kets de Vries(1990)는 유머를 특히 자주 구사하는 어떤 노동자들은 왜 현명한 바보(sagefool) 역할을 자처하며 상급자에게 반대 의견 및 부서 의견을 전달하는 책임을 지는지를 설명하면서, 유머러스한 방식으로 소통하는 이런 피드백은 잘 받아들여지기 때문이라고 하였다. Romero와 Cruthirds(2006)는 자기-발전적 유머는 상급자의 환심을 사고 유사점을 전달하기 위해서 노동자가 사용하는 것이라고 한다. Cooper(2005)가 제시한 것처럼, 유머는 환심을 사는 강력한 전략으로, 타인에게 매력을 주어서 타인의 행동에 영향을 끼친다고 하였다. 상급자 앞에서 자기-파괴적 유머는 유머의 가치 또는 시도자를 비하하게 만들기 때문에 노동자가 사용하기에 부적절하다(Romero & Cruthirds, 2006). 경영진의 관점에서 친화적 또는 자기-파괴적 유머를 사용하는 것은 경영자와 부서 직원들 간에 장벽을 낮추는 데 도움이 될 수 있다. 직원들은 부서의 리더에게 스트레스를 덜 느끼고 더 지지적인 참여를 하게 되고, 정도가 약한 자기-파괴적 유머를 구사할 때도 더 개방적인 소통을 하게 된다(Smith & Powell, 1988).

3 소통수단 및 조직문화 반영으로서 유머

유머를 정의할 때 알아본 것처럼 직무현장에서 야기되는 가벼운 불일치는 개인, 집단, 조직에 의도적인 즐거움을 줌으로써 의사소통에는 유머가 내재되어 있다. 의사소통에서 유머는 경청, 이해, 메시지 수용을 향상시키는 긍정적 감정을 불러일으켜 개방적 분위기를 조성해 준다(Creatbatch & Clark, 2002). 유머는 '주의집중을 끄는' 역할이 있으며(Sternthal & Craig, 1973), 이해심, 설득력, 감정 연결을 증대(Weinberger & Gulas, 1992)시키는 효과가 있다. 듣는 사람 입장에서는 자기-발전적 유머, 적당히 자기-파괴적 또는 친화적 유머를 구사하는 사람에게 최대한 동일시하기 때문에 소통을 증진시킨다.

더구나 유머 공유는 중요한 의사를 주고받을 때에도 정직하고 거리낌 없는 소통을 촉진한다. 또한 유머는 Dwyer(1991)가 사회학적 관점에서 주장한 것처럼 조직의 긴장 및 숨은 역동성을 반영한다. Holmes와 Marra(2002b)처럼, Dwyer도 파괴적 유머와 보상적 유머를 구분하였다. 노동자는 경영진의 무능력 또는 열악한 근무조건을 놀리는 유머를 사용하지만, 경영자는 명령조의 내용을 각색하거나, 구별 및 지도를 목적으로 유머를 사용한다. 조직의 유형은 긍정적 유머 및 부정적 유머를 사용하는 정도에 영향을 미친다. 정부 및 비영리 조직은 사기업 조직에 비해 덜 경쟁적이고 더 지지적인 유머를 보인다(Holmes & Marra, 2002a). Martin(2007)은 조직별로 유머를 분석하는 것은 유머가 조직문화의 중요한 요소로 인정받고 있으므로(Clouse & Spurgeon, 1995) 조직협응력을 평가하는 유용한 방법이라고 하였다. 좀 더 정확하게 말하면, 유머는 조직 진단 및 변화 정도 평가의 도구가 된다(Kahn, 1989). 작업장에서 유머의 역할을 검토하면서, Martin(2007)은 효과적인 유머의 사용은 협상 및 조정에 중요한 기술이 된다고 했다. 유머와 갈등 간에 밀접한 관계가 있으므로 아직 완전히 연구되지는 않았다.

요약하면, 다음의 Romero와 Cruthirds(2006)의 도식처럼 유머는 조직의 가치지향('중요한 것을 찾고') 및 행동규범('지금 어떻게 일이 진행되고')을 소통하는 중요한 도구이기 때문에, 경영진이 회사문화로 정착시켜야 할 요소이다(Newstrom, 2002). 예를 들어, 회사 구성원의 적절 또는 부적절한 행동을 파악하는 데 유머러스한 이야기를 보면 판단에 도움이 된다. 더구나 유머는 농담 및 이야기를 듣는 노동자들에게 모욕을 주는 것이 아니기 때문에, 기업 가치 및 규준을 전달하는 완벽한 도구이다. 그러므로 경영자나 노동자는 친화적 및 (적당히) 공격적 유머를 사용하고, 기업문화를 전달하고 강화할 수 있을 것이다. [그림 5-3]은 조직에서 유머의 선택 및 평가를 요약한 조직 유머 모델이다(Romero & Cruthirds, 2006).

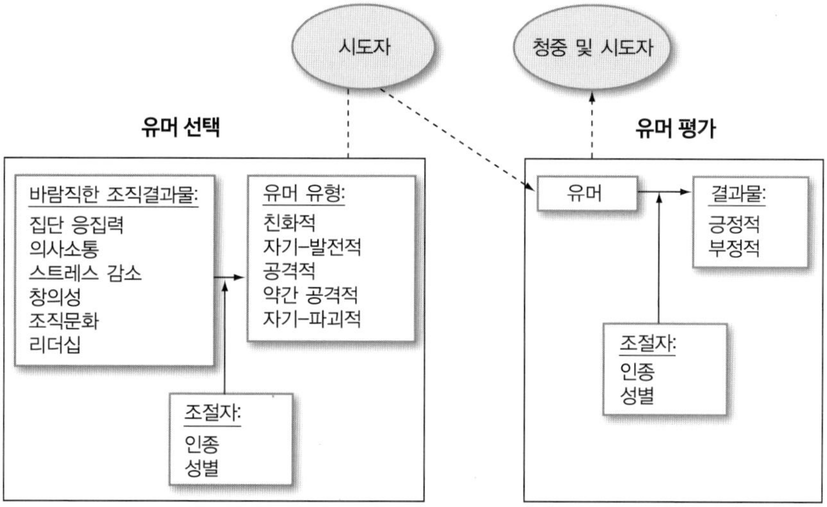

[그림 5-3] Romero와 Cruthirds(2006)의 조직 유머 모델
(Academy of Management Perspectives로부터 인용 허가를 받음)

광의의 경기장에서 유머 사용(거시 수준)

유머는 부서 또는 회사의 개인뿐 아니라 광범위한 영역(사회문화)에서도 사용된다. 거시 수준에서 유머의 평가와 사용에 영향을 끼치는 두 가지 중요한 요인은 인종과 성별이다.

연구들을 보면, 문화 또는 **인종**에 따라 다른 유머 형태를 사용하고 다양한 방식으로 유머구사를 평가한다고 했다(Alden & Hoyer, 1993). 조직 내에서 인종 관련 유머는 부정적 감정 및 갈등을 일으킬 위험이 있다(Clouse & Spurgeon, 1995). 조직 차원에서, 유머는 대규모 집단에서도 (서열적) 차이를 강조하기 위해서 사용된다. 사회지배이론(Pratto, Sidanius, & Levin, 2006; Sidanius & Pratto, 1999)은 인간사회는 매우 보편적으로 서열적 힘의 구조를 구성하고 있다고 제안했다. 힘의 차이는 하위집단을 구별 짓고 유리한 입장을 취하게 만든다. 공격적 유머는 이런 차이를 강화하거나 도식하는 도구이다. 회사에서 한 가지 중요한 메시지는 유머의 내용이나 유형을 선택하기 전에 노동자의 인종분포를 먼저 고려해야 하고, 인종 관련 유머는 반드시 피해야 한다는 것이다. 예를 들어, 만일 경영자가 권력의 사회적 거리를 느끼는 노동자 집단을 대할 때에는 자기-파괴적 유머를 피해야만 한다. 왜냐하면 사회에서 권력을 가진 사람은 높은 가치감을 느끼고 있으며 권력거리를 지속시키고, 심지어 증대시키려고 하기 때문이다(Hofstede, 1984).

성별과 관련해서 보면, 여성은 연대감을 구축하기 위한 목적으로 친화적 유머를 자주 사용하지만 남성은 자기-발전적 혹은 공격적 유머를 사용해서 유사성을 강조하고 또 심어 주려고 한다(Hay, 2000). 인종 관련 농담처럼 회사에서 성적 유머는 피해야 한다. 왜냐하면 이런 유머를 듣는 사람들은 즐거워하지도 않고, 부정적 감정을 경험하기 때문이다(Hemmasi et al., 1994). 실증적 연구를 보면, 여성은 성적 농담을 남성보다 더 모욕적이라고 느끼고(Smeltzer & Leap, 1988), 남성은 여성보다 성적 유머를 더 선호한다(Brodzinsky et al., 1981).

평가 및 중재

만일 유머가 성공적이고도 철저하게 연구되려면 노동자, 경영자, 조직 차원에서 유머감각을 신뢰롭고 또 타당하게 평가해야 한다. 유머 평가에 대한 가장 최근의 검토로는 1990년 말에 진행된 자료가 있다(Ruch, 1998). 현장에서 유머 평가를 시행한 적은 거의 없는데, 오직 회사 차원 동료 평가 질문지(Company-wide Peer Rating Questionnaire)가 있다(Bizi, Keinan, & Beit-Hallahmi, 1988, in Ruch, 1998). 또한 Doosje(2010)가 설명한 직무 대처 유머 질문지도 있다. 조직 차원에서 Kahn(1989)이 개발한 조직의 유머진단 도구가 있다. 유머 유형 질문지(Humor Styles Questionnaire: HSQ)는 다음에 설명하겠지만 4가지 유머 유형에 대해 구성타당도 및 예언타당도를 확보하여서, 직무수행 및 개인 웰빙에 이로운 효과와 해로운 효과를 알아볼 수 있고 개인 차원 두 가지 및 사회 차원 두 가지 유형도 높은 신뢰도와 타당도를 확보하였다(Martin et al., 2003).

대부분의 중재프로그램은 스트레스를 겪고 있는(이차 중재) 노동자 또는 스트레스로 인해서 질병이 유발된(삼차 중재; Kompier & Kristensen, 2000) 노동자의 치료에 초점을 두고 있다. 하지만 많은 서적이 출간되었지만 건강한 노동자를 대상으로 정신건강 문제를 예방하기 위한 프로그램(일차 중재)은 부족한 실정이다. 보통 중재프로그램은 개인에게 초점을 두고 있으며(Blumenfeld & Alpern, 1994; McGhee, 1999; Morreall, 1997; Weinstein, 1997), 프로그램의 목적은 개인의 유머감각을 증진시켜 주는 것이며, 유머 훈련재료들도 있다(Tamblyn & Weiss, 2000). 치료 및 코칭의 방향은 자극적인 치료이며, 개인 문제를 가진 노동자를 돕는 유머러스한 기법을 활용한다(Farrelly & Lynch, 1987; Hollander & Wijnberg, 2002).

'즐거운' 기업문화를 조성하기 위해, 유머 검사지를 사용하여 부서 또는 조직에 알맞는 유머 유형을 보이는 노동자를 선발하기도 하고, 이런 목적으로 유머 유형 검사지(Martin et al., 2003)를 사용한다. 더구나 조직문화를 지속시키기 위해서는 유머러스한 노동자만 유머를 구사하게 해서는 안 된다. 조직의 유머는 다양한 형태로, 즉 재미난 만화를 구성원들에게 보여 주면서 스트레스 수준을 낮추거나 회의 분위기를 조성하기도 한다.

중재를 적용해 본 연구가 부족해서 아쉽다(Kompier et al., 1998). 실증연구가 부족하지만 유머 중재의 긍정적 효과가 입증되고 있다. 예를 들면, Zweyer, Velker와 Ruch(2004)는 재미난 영상을 보는 것이 괴로움을 잘 이겨 내게 한다고 밝혔다. 더구나, Szabo(2003)는 심리적 공포에 대해서 유머가 긍정적인 영향을 미침을 밝혔다. Cann, Calhaun과 Nance(2000)의 연구는 유머가 스트레스의 발생 또는 경험을 예방하거나 치료하는 역할을 한다고 했다. 그러나 유머가 스트레스를 낮추거나 예방하고, 정신적 회복력을 증가시키는 정확한 기제(심리-생리학/인지)인지는 아직 밝히지 못했다.

논의 및 결론

이 장에서 노동자, 경영자, 조직의 유머 사용을 기술하고, 설명하고, 예측하기 위해서 다양하고도 광범위한 이론과 경험적 증거를 살펴보았다. 다음에서는 핵심 사항을 정리하고 논의해 보겠다. 이는 미래의 연구대상이 될 것이고, 산업현장에 유머의 유용성을 확산시킬 것이다.

1 논의

지금까지 조직에서 유머에 대해 전문적이고도 학문적인 관심사를 규명한 연구들을 정리하였다. 유머가 조직의 목표 달성에 결정적이지는 않지만, 긍정심리와 연관되고 조직을 긍정적이고도 성공적으로 이끌기 위해서 객관적이고 전문적인 관심을 증가시키기 때문에 매우 중요하다. 유머는 분명히 노동자가 일상의 일과 스트레스 상황을 성공적으로 대처하는 방식을 제공하는 성격강점으로 자리 잡았다. 개인 및 조직의 유머는 중요한 자산이고, 조직의 수행력 및 경쟁력까지 재고해 준다. 이런 현상은 확장 및 구축 이론(Fredrickson et al., 2008)으로 설명되는데, 즉 사람의 마음가짐은 명상, 가능하다면 유머 같은 긍정적 경험에서 야기되는 긍정적 감정에 의해서 확장된다고 예측하고 있다.

이 점은 작업장에서 유머는 노동자 및 조직 모두에게 잠재적으로 유용하다는 것이다. 그러나 조직에서 유머를 규정하는 단계가 필요하다. 이를 위해 조직의 유머에 대한 통상적인 정의, 즉 '직무 상황에서 공유하는 가벼운 부조화이면서, 의도적으로 개인, 집단, 조직에게 즐거움을 주는 것'으로 규정한다. 이런 정의는 조직에서 유머를 몇 가지 수준(미시, 중간, 거시)으로 나누게 해 준다. 이는 계란 모델에서 규정한 수준 및 상호작용 양상과 동일한 것이다.

개인은 미시 수준이고, 유머러스한 특성과 행동의 원천이 된다. 감정조절 기능으로서 유머를 개념화하게 되면 유머는 4가지 유형, 즉 개인 및 사회, 긍정 또는 부정으로 구분된다(Martin et al., 2003). 유머 유형은 성격으로 자리 잡게 되어 개인의 소진, 웰빙, 우울, 자존감 정도에 서로 다른 영향을 끼치게 된다.

조직 집단보다 친구 집단에서 유머가 많이 생성되기는 하지만 조직에서도 유머가 일상적이다. 유머가 사회적 거리감을 줄이는 기능도 하지만, 오히려 멀어지게 하는 기능도 함을 살펴보았다. 유머는 집단 내에서 수평적으로 작용하고, 수직적으로(경영자–노동자 관계) 작용하기도 한다. 사기업 조직에서의 유머와 비영리 및 이윤을 추구하지 않는 조직에서 유머의 사용은 다소 다르다. 마지막으로, 유머러스한 표현은 조직 진단과 변화의 수단이 될 수 있으며, 이 점은 Kahn(1989)이 잘 설명하고 있다. 개인 및 조직의 유머 구사과정에 몇 가지 요소를 결합시킨 명료한 모델은 Romero와 Cruthirds(2006)가 제시하였다.

2 결론 및 미래 연구 주제

조직 상황에서 유머의 이점 및 단점에 관해 몇 가지 통찰을 얻었지만 직무상 유머에 대한 연구는 이제 시작점에 있다(Edmondson & McManus, 2007). 그러므로 장차 실증연구를 이끌어 갈 포괄적인 이론 틀이 필요하다. Romero와 Cuthirds(2006)가 제안한 모델이 부서에서 유머의 선택과 평가를 연구하도록 자극하고 있다. 그러나 유머의 역동성 및 다양한 조직에서 유머의 효과 등은 이 모델로 설명이 안 된다. 그러므로 유머의 이러한 측면에 관심이 있는 연구자들은 조직의 유머에서 계란 모델을 살펴보기를 권한다. 이 모델은 연구를 수행하는 수준 간에 분명한 차이점을 보이지만, 수준들 간에 상호작용도 가능할 것이다. 이런 상호작용은 아직 연구 주제가 된 적이 없다. 장차 연구는 이러한 상호작용에 초점을 두어서, 양적(Martin et al., 2003) 및 질적 연구방법(Holmes & Marra, 2002a, b)으로 밝혀야 할 것이다.

'출발점'이 결정되면 개인 수준, 팀 수준, 조직의 결과물 등에서 유머의 사용과 연관성을 밝히기 위해서 타당하고도 신뢰로운 측정도구가 필요하다. 노동자의 특성적 유머 유형을 가늠한 유머 유형 검사지(Martin et al., 2003)를 앞에서 언급했지만, 실제 유머행동(Doosje, 2010; 유머행동을 평정하기 위한 도구의 예)과 조직 유머(Kahn, 1989) 검사지가 필요하다. 셋째, 유머 유형, 유머행동 및 결과물 간에 드러난 연관성 및 측정 검사지에 대한 외적 타당도를 다양한 직무여건에서 보증해야 한다. 그래야만 전문 직종, 산업, 문화에 따른 유머 사용의 이점과 단점을 개인, 팀, 조직 수준에서 확실히 검사할 수 있을 것이다. 마지막으로, 중재방법으로 유머가 중요하다. 타인의 행동을 변화시키기 위해서 노동자 및 경영자들이 유머를 사용하지만, 통제집단과 비교해서 중재 효과를 알아보거나 체계적인 중재는 못하고 있다. 예를 들어, 개인 수준의 자극(또는 도전) 치료과정에서 개인을 치유하기 위한 유머의 효과를 알고 있으나(Farrelly & Lynch, 1987), 조직 차원에서 밝혀진 것은 별로 없다. 어떻게 유머중재 효과를 연구하고 검증할까? 이런 종류의 의문이 조직에서 인간의 잠재적 자원으로서 유머의 효능을 발견하고 활용하게끔 해 줄 것이다.

참고문헌

Alden, D. L., & Hoyer, W. D. (1993). An investigation of cognitive factors related to humorousness in television advertising. *Journal of Advertising, 22*(2), 29–37.

Aspinwall, L. G., & Staudinger, U. M. (Eds.) (2003). *A psychology of human strengths: Fundamental questions and future directions for a positive psychology.* Washington, DC: APA Books.

Avey, J. B., Luthans, F., & Youssef, C. M. (2010). The additive value of positive psychological capital in predicting work attitudes and behaviors. *Journal of Management, 36*, 430–452.

Bakas, A. (2007). *Megatrends van grimlach tot ironie.* Schiedam (NL): Scriptum.

Bizi, S., Keinan, G., & Beit-Hallahmi, B. (1988). Humor and coping with stress: A test under real-life conditions. *Personality and Individual Differences, 9*(6), 951–956.

Blumenfeld, E., & Alpern, L. (1994). *Humor at work: The guaranteed, bottom-line, low-cost, high-efficiency guide to success through humor.* Atlanta, GE: Peachtree Publishers.

Brodzinsky, D. M., Barnet, K., & Aiello, J. R. (1981). Sex of subject and gender identity as factors in humor appreciation. *Sex Roles, 7*, 561–573.

Buijzen, M., & Valkenburg, P. M. (2004). Developing a typology of humor in audiovisual media. *Media Psychology, 6,* 147–167.

Byrne, D. (1971). *The Attraction Paradigm*. New York: Academic Press.

Cann, A., Calhoun, L. G., & Nance, J. T. (2000). Exposure to humor before and after an unpleasant stimulus. *Humor: International Journal of Humor Research, 13*(2), 177–191.

Carr, A. (2004) *Positive psychology. The science of happiness and human strengths*. London: Brunner-Routledge.

Clore, G. L., & Byrne, D. (1974). The reinforcement affect model of attraction. In T. L. Huston (Ed.), *Foundations of interpersonal attraction* (pp. 143–170). New York: Academic Press.

Clouse, R. W., & Spurgeon, K. L. (1995). Corporate analysis of humor. *Psychology: A Journal of Human Behavior, 32*(3–4), 1–24.

Collins, N. L., & Miller, L. C. (1994). Self-disclosure and liking: A meta-analytic review. *Psychological Bulletin, 116*(3), 457–475.

Collinson, D. L. (1988). Engineering humour: Masculinity, joking, and conflict in shop-floor relations. *Organization Studies, 9*, 181–199.

Compton, W. C. (2005). *Introduction to positive psychology*. Belmonth: Wadsworth.

Cooper, C. (2005). Just joking around? Employee humor expression as an ingratiatory behavior. *Academy of Management Review, 30*(4), 765–776.

Cooper, C. (2008). Elucidating the bonds of workplace humor: A relational process model. *Human Relations, 61*(8), 1087–1115.

Coser, R. L. (1959). Some social functions of laughter: A study of humor in a hospital setting. *Human Relations, 12*, 171–182.

Decker, W. H. (1987). Managerial humor and subordinate satisfaction. *Social Behavior and Personality, 15*, 225–232.

Decker, W. H., & Rotondo, D. M. (2001). Relationships among gender, type of humor, and perceived leader effectiveness. *Journal of Managerial Issues, 13*, 450–465.

Doosje, S. (2010). *Sense of humor at work: Assessment and associations with health*. Utrecht: UU Universiteit Utrecht.

Duncan, W., Smeltzer, L., & Leap, T. (1990). Humor and work: Applications of joking behavior to management. *Journal of Management, 16*, 255–278.

Dwyer, T. (1991). Humor, power, and change in organizations. *Human Relations, 44*(1), 1–19.

Edmondson, A. C., & McManus, S. E. (2007). Methodological fit in management field research. *Academy of Management Review, 32*(4), 1155–1179.

Farrelly, F., & Lynch, M. (1987). Humor in provocative therapy. In W. F. Fry & W. A. Salameh (Eds.), *Handbook of humor and psychotherapy* (pp. 81–106). Florida: Professional Resource Exchange Incorporated.

Francis, L. E. (1994). Laughter, the best mediation: Humor as emotion managament in interaction. *Symbolic Interaction, 17*(2), 147–163.

Frecknall, P. (1994). Good humor: A qualitative study of the uses of humor in everyday life. *Psychology: A Journal of Human Behavior, 31*(1), 12–21.

Fredrickson, B. L. (1998). What good are positive emotions? *Review of General Psychology, 2,* 300–319.

Fredrickson, B. L. (2001). The role of positive emotions in positive psychology: The broadenand-build theory of positive emotions. *American Psychologist, 56*, 218–226.

Fredrickson, B. L., Cohn, M. A., Coffey, K. A., Pek, J., & Finkel, S. M. (2008). Open hearts build lives: Positive emotions, induced through loving-kindness meditation, build consequential personal resources. *Journal of Personality and Social Psychology, 95*, 1045–1062.

Freud, S. (1928). Humour. *International Journal of Psycho-Analysis, 9*(1), 1–6.

Gervais, M., & Wilson, D. S. (2005). The evolution and functions of laughter and humor: A synthetic approach. *Quarterly Review of Biology, 80*(4), 395–430.

Giacalone, R. A., Jurkiewicz, C., & Dunn, C. (2005). *Positive psychology in business ethics and corporate responsibility.* Greenwich, CT: Information Age Publishing.

Greatbatch, D., & Clark, T. (2002). Laughing with the gurus. *Business Strategy Review, 13*(3), 10–18.

Gross, J. J. (2001). Emotion regulation in adulthood: Timing is everything. *Current Directions in Psychological Science, 10*(6), 214–219.

Hay, J. (2000). Functions of humor in the conversations of men and women. *Journal of Pragmatics, 32*, 709–742.

Hemmasi, M., Graf, L. A., & Russ, G. S. (1994). Gender related jokes in the work place:

Sexual humor or sexual harassment? *Journal of Applied Social Psychology, 24*(12), 1114–1128.

Hobbes, T. (1840). *Human nature, in the English works of Thomas Hobbes of Malmesbury, Volume IV*, Ed. William Molesworth. London: Bohn.

Hofstede, G. (1984). *Culture's consequences: International differences in work-related values*. Beverly Hills, CA: Sage Publications.

Hollander, J., & Wijnberg, J. (2002). *Provocatief coachen. Handboek voor de uitdagende stijl van helpen*. Antwerpen: Kosmos-Z & K Uitgevers.

Holmes, J. (2000). Politeness, power and provocation: How humour functions in the workplace. *Discourse Studies, 2*(2), 159–185. doi: 10.1177/1461445600002002002.

Holmes, J., & Marra, M. (2002a). Having a laugh at work: How humor contributes to workplace culture. *Journal of Pragmatics, 34*(12), 1683–1710.

Holmes, J., & Marra, M. (2002b). Over the edge? Subversive humor between colleagues and friends. *Humor, 15*(1), 65–87.

Hugelshofer, D. S., Kwon, P., Reff, R. C., & Olson, M. L. (2006). Humour's role in the relation between attributional style and dysphoria. *European Journal of Personality, 20*(4), 325–336. doi: 10.1002/per.586.

Kahn, W. A. (1989). Toward a sense of organizational humor: Implications for organizational diagnosis and change. *Journal of Applied Behavioral Science, 25*(1), 45–63.

Kets de Vries, M. (1990). The organizational fool: Balancing a leader's hubris. *Human Relations, 43*(8), 751–770.

Kompier, M., & Kristensen, T. (2000). Organizational work stress interventions in a theoretical, methodological and practical context. In J. Dunham (Ed.), *Stress in the workplace: Past, present and future* (pp. 164–190). London: Whurr Publishers Limited.

Kompier, M. A. J., Geurts, S. A. E., Grundemann, R. W. M., Vink, P., & Smulders, P. G. W. (1998). Cases in stress prevention: The success of a participative and stepwise approach. *Stress Medicine, 14*, 155–168.

Kuiper, N. A., & McHale, N. (2009). Humor styles as mediators between self-evaluative standards and psychological well-being. *Journal of Psychology, 143*(4), 359–376.

Kuiper, N. A., Grimshaw, M., Leite, C., & Kirsh, G. (2004). Humor is not always the best medicine: Specific components of sense of humor and psychological well-being. *Humor: International Journal of Humor Research, 17,* 1351–1368.

Locke, K. (1996). Afunny thing happened! The management of consumer emotions in service encounters. *Organization Science, 7*(1), 40–59.

Lundberg, C. C. (1969). Person-focused joking: Pattern and function. *Human Organization, 28*(1), 22–28.

Luthans, F., & Youssef, C. M. (2007). Emerging positive organizational behavior. *Journal of Management, 33,* 321–349.

Luthans, F., Avey, J. B., Avolio, B. J., Norman, S. M., & Combs, G. M. (2006). Psychological capital development: Toward a micro-intervention. *Journal of Organizational Behavior, 27,* 387–393.

Marinkovic, K., Baldwin, S., Courtney, M. G., Witzel, T., Dale, A. M., & Halgren, E. (2011). Right hemisphere has the last laugh: Neural dynamics of joke appreciation. *Cognitive, Affective & Behavioral Neuroscience, 11*(1), 113–130.

Martin, R. A. (2007). *The psychology of humor: An integrative approach.* Amsterdam: Elsevier.

Martin, R. A., Puhlik-Doris, P., Larsen, G., Gray, J., & Weir, K. (2003). Individual differences in uses of humor and their relation to psychological well-being: Development of the humor styles questionnaire. *Journal of Research in Personality, 37*(1), 48–75.

Martineau, W. H. (1972). A model of the social functions of humor. In J. Goldstein & P. McGhee (Eds.), *The psychology of humor* (pp. 101–125). New York: Academic Press.

McGhee, P. E. (1999). *Health, healing and the amuse system: Humor as survival training.* Dubuque, IA: Kendall/Hunt.

Morreall, J. (1997). *Humor works.* Amherst, MA: HRD Press, Inc.

Nelson, D., & Cooper, C. (2007). *Positive organizational behavior: Accentuating the positive.* Thousand Oaks, CA: Sage Publications.

Newstrom, J. W. (2002). Making work fun: An important role for managers. *SAM Advanced Management Journal, 67*(1), 4–8, 21.

Peterson, C. (2006). *A primer in positive psychology.* New York: Oxford University Press.

Peterson, C., & Seligman, M. E. P. (2004). *Character strengths and virtues: A classification and handbook*. New York: Oxford University Press/Washington, DC: American Psychological Association.

Plester, B., & Orams, M. (2008). Send in the clowns: The role of the joker in three New Zealand IT companies. *Humor, 21–23*, 253–281. doi: 10.1515/HUMOR.2008.013.

Pratto, F., Sidanius, J., & Levin, S. (2006). Social dominance theory and the dynamics of intergroup relations: taking stock and looking forward. *European Review of Social Psychology, 17*, 271–320.

Priest, R. F., & Swain, J. E. (2002). Humor and its implications for leadership effectiveness. *Humor: International Journal of Humor Research, 15*(2), 169–189.

Radcliffe-Brown, A. R. (1952) *Structure and function in primitive society: Essays and addresses*. Glencoe, IL: Free Press.

Robinson, D. T., & Smith-Lovin, L. (2001). Getting a laugh: Gender, status, and humor in task discussions. *Social Forces, 80*(1), 123–158.

Romero, E. J., & Cruthirds, K. W. (2006). The use of humor in the workplace. *Academy of Management Perspectives, 20*, 58–69.

Ruch, W. (1998). Appendix: Humor measurement tools. In W. Ruch (Ed.), *The sense of humor: Explorations of a personality characteristic* (pp. 405–412). Berlin, New York: Mouton de Gruyter.

Sherif, M. (1977). *Intergroup conflict and cooperation*. Norman, OK: University Book Exchange.

Sidanius, J., & Pratto, F. (1999). *Social dominance: An intergroup theory of social hierarchy and oppression*. New York: Cambridge University Press.

Smeltzer, L. R., & Leap, T. L. (1988). An analysis of individual reactions to potentially offensive jokes in work settings. *Human Relations, 41*(4), 295–304.

Smith, C. M., & Powell, L. (1988). The use of disparaging humor by group leaders. *The Southern Speech Communication Journal, 53*, 279–292.

Snyder, C. R., & Lopez, S. (Eds.) (2002). *Handbook of positive psychology*. New York: Oxford University Press.

Sternthal, B., & Craig, C. S. (1973). Humor in advertising. *Journal of Marketing, 37*(4), 12–18.

Szabo, A. (2003). The acute effects of humor and exercise on mood and anxiety. *Journal of Leisure Research, 35*(2), 152–162.

Talbot, L. A. (2000). Burnout and humor usage among community college nursing faculty members. *Community College Journal of Research & Practice, 24*(5), 359–373. doi: 10.1080/106689200263962.

Talbot, L. A., & Lumden, D. B. (2000). On the association between humor and burnout. *Humor: International Journal of Humor Research, 13*(4), 419–428.

Tamblyn, D., & Weiss, S. (2000). *The big book of humorous training games.* New York: McGraw-Hill.

Terrion, J. L., & Ashforth, B. E. (2002). From I to 'we': The role of putdown humor and identity in the development of a temporary group. *Human Relations, 55*(1), 55–88.

Thorson, J. A., & Powell, F. C. (1993). Sense of humor and dimensions of personality. *Journal of Clinical Psychology, 49*(6), 799–809.

Tümkaya, S. (2007). Burnout and humor relationship among university lecturers. *Humor: International Journal of Humor Research, 20*(1), 73–92.

Vinton, K. L. (1989). Humor in the workplace: It is more than telling jokes. *Small Group Behavior, 20*(2), 151–166.

Weinberger, M. G., & Gulas, C. S. (1992). The impact of humor in advertising: A review. *Journal of Advertising, 21*(4), 35–59.

Weinstein, M. (1997). *Managing to have fun*. New York: Simon and Schuster.

Wyer, R. S. (2004). *Social comprehension and judgment: The role of situation models, narratives, and implicit theories*. Mahwah, NJ: Erlbaum.

Yip, J. A., & Martin, R. A. (2006). Sense of humor, emotional intelligence, and social competence. *Journal of Research in Personality, 40*, 1202–1208.

Zweyer, K., Velker, B., & Ruch, W. (2004). Do cheerfulness, exhilaration, and humor production moderate pain tolerance? A FACS study. *Humor: International Journal of Humor Research, 17*(1–2), 85–119.

6장

모욕적인 감독의 예측

M. Sandy Hershcovis
매니토바 대학교(University of Manitoba, 캐나다)

Alannah E. Rafferty
뉴사우스 웨일즈 대학교(University of New South Wales, 오스트레일리아)

모욕적인 감독(abusive supervision)은 “신체접촉은 없으나, 적대적 언어 또는 비언어적 행동을 지속적으로 드러내는 것”(Tepper, 2000, p. 178)으로서, 부정적인 태도, 행동, 건강문제의 범위까지 영향을 미친다. 이는 노동자의 태도에 영향을 미치는데, Tepper(2000)는 모욕적인 감독은 불공정함을 느끼는 것으로 이것은 직무만족, 생활만족, 조직헌신, 일-가정 및 가정-일 간의 더 큰 갈등, 이직 생각 등과 관련된다고 하였다. 결과물을 보면, 모욕적 감독은 조직 및 감독자 모두 경영 목표를 벗어나게 하고(Mitchell & Ambrose, 2007; Tepper et al., 2009), 조직시민행동의 실천을 감소시키고(Rafferty & Restubog, 출간 예정), 업무 실적도 낮춘다(Harris, Kacmar, & Zivnuska, 2007). 또한 모욕적 감독은 노동자 웰빙에도 영향을 준다. 예를 들면, Rafferty, Restubog와 Jimmiesion(2010)은 모욕적인 감독은 심리적인 고통을 주어서 당한 사람의 수면까지 방해한다고 했다. 메타분석 연구에서 다양한 직무현장의 학대(감독관, 동료, 공공기관 감독자) 중 모욕적 감독이 가장 나쁜 결과물을 보였다(Hershcovis & Barling, 2010).

앞에서 나열한 중요한 부정적 결과물에도 불구하고, 모욕적인 감독의 선행인자를 규명한 연구는 거의 없다(Wang, Sinclair, & Deese, 2010). 모욕적인 감독의 전형적인 문화는 ‘가해자(왕따 조성자)’ 특성을 보이는 것인데, 호통치듯 지시하거나, 노동자에게 고함지르기, 나쁜 의도로 행동하기 등이다. 이런 모습의 예들이 방송 인기 프로그램, 즉 〈The Apprentice(견습생)〉(미국 NBC 방송에서 2004년부터 방영함), 〈X-Factor(X-요소)〉(영국 ITV 네트워크에서 2004년부터 방영함), 〈Hell's Kitchen(지옥의 주방)〉(미국 Fox 방송에서 2005년부터 방영함)의 각 프로그램에서 성공한 사업가 Donald Trump, 음악 감독자 Simon Cowell, 주방장 Gordon Ramsay가 출연해서 각 사업 영역에서 성공을 소망하는 젊은이들에게 갑질하는 내용을 주제로 하고 있다. 그러나 모욕적인 감독자, 즉 자기 책임을 잘못 행사하는 감독자의 입장을 너무 단순화하였다. 이 방영물은 대인 간 공격성은 상호관계에서 유발되고, 관계의 본질은 사람들 간 상호작용(모욕을 당했다고 호소하는 사람들) 방식에 영향을 끼친다는 사실을 간과하고 있다(Hershcovis & Barling, 2007). 더구나 가해 성향을 가진 모욕적인 감독자들은 인간행동이 성격특성 및 맥락, 상황들의 집합으로 발생한다는 연구들을 무시한다(Ilies, Scott, & Judge, 2006; Padilla, Hogan, & Kaiser, 2007; Skarlicki, Folger, & Tesluk, 1999; Wang et al., 2010). 여기서 감독자가 모욕적인 행동을 드러내는 원인이 되는 잠재적 요인들을 살펴보려 한다. 모욕적인 감독 및 공격성을 연구한 문헌들을 살펴보고서, 모욕적인 감독의 상호작용 모델을 제시하려고 한다. Tepper, Moss와 Duffy(2011) 및 Tepper(2007)의 연구에 의하면, 모욕적인 감독은 상황 또는 대상들(즉, 부하직원)의 촉발 요인으로 시작되어 이것이 가해자의 성격특성 및 부하직원의 기질과 행동을 악화시키거나 중화시키게 된다. 이 장은 모욕적인 감독에 관한 연구를 다음 주제로 나누어서 살펴본다. ① 상호작용 관점에서 가해자-대상 직원 관계(감독자-하급직원)를 살펴보고, ② 모욕을 불러일으키는 하급직원의 성격특성 및 행동을 살펴보고, ③ 모욕적인 감독을 설명하는 과정 모델을 제안한다([그림 6-1]).

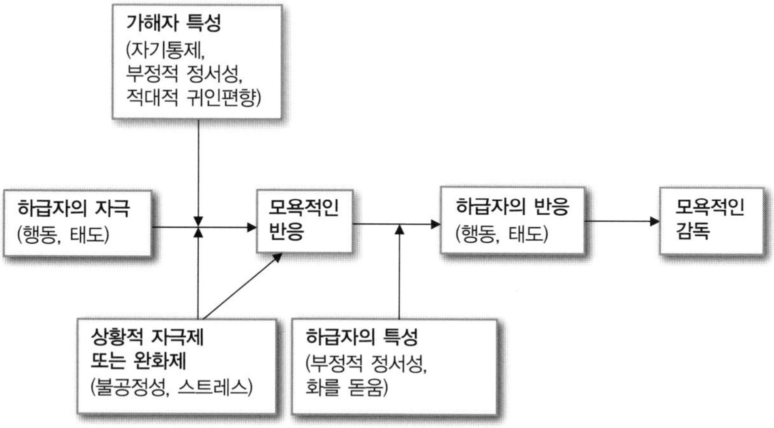

[그림 6-1] 모욕적인 감독의 과정 모델

첫째, 작업장의 공격성 및 모욕적인 감독과 연관된 몇 가지 핵심 문제를 설명할 것이다. 다음에 모욕적인 감독의 선행요인을 연구한 문헌을 살펴보고, 마지막으로 모욕적인 감독을 포함해서 공격적인 상호작용에 대한 사회 상호작용적 관점을 알아보고, 학대 피해자들이 자기 자신의 학대를 촉발하는 것들을 제안하겠다. 여기서 모욕적인 감독을 은밀히 자극하는 직원의 특징 및 행동을 살펴보겠다. 다음에 가해자와 피해자 관계뿐만 아니라, 모욕적인 감독을 보이는 가해자의 특징을 알아본다. 마지막으로, 가해자-피해자 관계가 모욕적인 감독으로 귀결되는 정도를 악화시키거나 또는 중화시키는 조직의 특성들을 규명하려고 한다.

정의 문제 및 개념 중복: 모욕적 감독 대 작업장 공격성

최근에 몇몇 학자는 다양한 직무상 학대 형태들 간에 개념적인 중복이 있음을 비판하고 논의하였다(Aquino & Thau, 2009; Tepper & Henle, 2011; Hershcovis, 2011). 여기서 모욕적인 감독에 대한 연구와 함께 광범위한 작업장 공격성을 규명한 연구를 정리해 보겠다. 포괄적인 용어로 '작업장 공격성'이란 단어를 사용하는데, 이것은 다양한 직무현장의 학대 행위, 즉 가해자, 무례함, 사회적 훼

방, 희생자 같은 용어를 지칭한다. 모욕적인 감독은 작업장 공격성의 형태이지만, 여기서는 두 가지 형태로 학대를 구분한다. 모욕적인 감독은 하급자를 대상으로 구체적인 파괴적 리더십을 의미한다. 구체적으로 분명한 근원, 즉 감독자의 학대를 의미하고, 작업장 공격성은 덜 분명한 근원(즉, 작업장에 누구나)이 보이는 학대를 의미하는 것이다. 여기서 작업장 공격성은 조직 혹은 그 구성원에게 가해진 부정적 행동을 의미하고, 피해 대상자들은 회피하려는 동기를 가진다(Neuman & Baron, 2005). 여기서는 대인 간 공격성에만 초점을 둘 것이고, 조직 차원이 아니라 개인을 향한 공격성만을 살펴본다. 또 여기서는 '대상'이라는 용어와 '희생자'라는 용어를 번갈아 사용한다. 여러 형태의 학대와 개념적 중복문제들 간에 구분을 더욱 폭넓게 분석하고 논의하기 위해서, 리뷰 문헌을 먼저 살펴보겠다.

모욕적인 감독을 예측하기

다양한 작업장에서 공격성을 보이므로 메타분석은 작업장에서 발생하는 두 가지 형태, 즉 상황적 및 개인적 인자의 학대 예측치에 초점을 두었다(Berry, Ones, & Sackett, 2007; Bowling & Beehr, 2006; Hershcovis et al., 2007). 상황적 인자로는 조직(즉, 불공정), 직무(즉, 작업 과부하), 또는 역할(즉, 역할 모호성) 등이 작업장에서 공격성을 촉발한다. 개인적 인자로는 몇몇 연구가 부하직원의 특성(즉, 부정적 정서성, 지능, 신경증)을 규명했지만(Aquino, 2002; Kim & Glomb, 2010; Milam, Spitzmueller, & Penney, 2009), 메타분석 연구는 가해자의 성격특성(즉, 화를 돋움, 적대적 귀인편향)에 초점을 두고 있다. 모욕적인 감독의 예측 인자를 연구한 결과는 작업장 공격성 연구를 촉발했다(Aryee, Chen, Sun, & Debrah, 2007; Tepper, Duffy, Henle, & Lambert, 2006). 그러나 이런 연구들은 가해자와 피해자 간 관계를 고려하면서 모욕적인 감독의 선행인자를 폭넓게 규명하려는 노력을 자극하였다.

모욕적인 감독의 선행인자

모욕적인 감독의 선행인자를 연구한 소수의 문헌이 있다. 문헌을 검토하면서 Tepper(2007)는 이런 주제를 규명한 3가지 연구를 비교하였다(Aryee, Chen, Sun, & Debrah, 2007; Hoobler & Brass, 2006; Tepper, Duffy, Henle, & Lambert, 2006). 검토 후에 이 연구는 5년 전에 출간되었는데, 이 주제에 대한 3개의 추가 연구를 찾아냈다(Kiazard et al., 2010; Rafferty, Restubog, & Jimmieson, 2010; Tepper, Moss, & Duffy, 2011). 작업장 공격성 연구와 비슷하게, 선행요인을 두 가지로 구분한 6개 연구가 진행되었다. 두 가지는 상황적 지각(가해자-지각된 불공정성) 및 가해자의 개인특성(즉, 적대적 귀인편향, 마키아벨리즘)이다. Tepper, Moss와 Duffy(2011)는 개인이 희생자가 되도록 자극을 유발하는 피해자의 역할을 연구하였다. 모욕적인 감독의 선행인자를 알아본 초기 연구에서 Tepper 등(2006)은 피해자의 촉발요인—어떤 사람은 모욕대상자가 될 위험성이 더 높다는 생각—이 모욕적 감독을 불러일으키는 역할을 하는지를 조사하였다. 미국 방위군과 지휘관급을 대상으로, Tepper 등(2006)은 감독자의 우울증은 감독자 조치의 불공정성과 하급자의 부당함 호소 간의 연관성에 기여하는데, 하급자가 높은 수준의 부정적 정서를 갖고 있을 때 우울을 더 심하게 겪는다는 것을 발견했다.

이들의 연구는 상황적 중요성(즉, 불공정성을 지각함)을 부각시켰고, 작업장 공격성 연구를 메타분석한 결과와 비슷하고(Bowling & Beehr, 2006; Hershcovis et al., 2007), 높은 부정적 정서를 가진 하급자는 모욕적 감독을 받을 위험성도 높아진다는 점을 밝혔다. 그러나 Tepper 등(2006)의 연구에서, 피해자의 역할에 대한 결론은 부정적 정서특성을 가진 하급자는 감독자의 행동을 더 예민하게 지각할 가능성도 지적하였다. 즉, 부정적 정서성이 높은 하급자는 실제로 공격성을 자주 경험했다기보다는, 긍정적 정서성을 가진 하급자보다 공격행동을 더 잘 느끼고 기억하는 경향이 있다. 그러므로 피해자의 역할에 대한 결론은 좀 더 연구되어야 한다.

Tepper 등(2006)의 연구 후에, 후속 연구들은 가해자 및 상황적 특성에 초점을 두었다. Hoobler와 Brass(2006)는 모욕적 감독은 공격성을 치환한 것이라는 생각을 탐구했는데, 치환이란 1차 목표물(이 경우에는 조직)에서 2차 목표물(하급자)로 부정적 행동의 방향을 변경한 것이다(Marcus-Newhall, Pederson, Carlson, & Miller, 2000). 구체적으로, Hoobler와 Brass(2006)는 하급자가 보고한 모욕적 감독의 선행지표로 상황(심리적인 계약 위반) 및 개인(감독자의 적대적 귀인편향)의 영향을 규명했다. 심리적 계약이란 '몇 가지 약속이 맺어졌고, 계약기간 및 조건은 양자, 즉 경영자 및 노동자가 인정하고 있다는 믿음'으로 정의한다(Robinson & Rousseau, 1994, p. 246). 심리적 계약 위반은 한쪽이 다른 쪽이 약속한 의무사항을 수행하지 않았다고 지각할 때 발생한다(Robinson & Rousseau, 1994). 적대적 귀인편향은 타인에게 비난을 투사하는 성향을 의미한다. MBA 과정 학생을 대상으로 행한 Hoobler와 Brass의 연구는 조직(회사)이 감독자의 기대에 부합되지 않고 또 감독자가 적대적 귀인편향을 하는 편이라고 보고할 때, 하급자는 모욕적 감독을 심하게 하고, 그들 가족 또한 나쁜 집안 분위기를 호소하였다.

앞의 연구와 비슷하게, Aryee, Chen, Sun과 Debrah(2007)는 모욕적인 감독의 선행인자를 연구할 때 가해자의 특성 및 상황 둘 다를 고려하였다. Aryee 등은 두 가지 선행인자를 찾았는데, 감독자의 상호 간 불공정성 경험 및 권위주의적 리더십 유형, 즉 지배성이 높아서 하급자를 통제하고 무조건적인 복종을 요구한다. 중국 통신회사를 연구하면서, Aryee 등은 상호 간 불공정성 경험은 권위주의적 리더십 스타일이 높은 감독자가 모욕적인 감독을 하게끔 만든다고 하였다. Aryee 등(2007)은 상호 간의 불공정성은 모욕적인 감독을 촉발하는 필요조건이지 충분조건은 아니라고 하였다.

비슷하게 Rafferty, Restubog와 Jimmieson(2010)은 불공정성을 모욕적인 감독의 선행인자라고 보았고, 이런 발견들을 설명하기 위해 치환된 공격성 이론을 제시하였다. 이 연구는 하급자가 보이는 모욕적 공격성의 두 가지 선행인자, 즉 분배 불공정성과 상호 간의 불공정성을 찾아냈다. 다양한 직종의 필리핀인을 연구하면서, 감독자의 심리적 고통은 선행인자와 모욕적인 감독의 실행 간에 조절자 역할을 한다고 밝혔다. 모욕적인 감독과 상호 공정성 간의 연관성은 심리적 고통을 크게 느끼는 감독자의 경우에 더 높았다.

앞의 4개 연구는 모욕적인 감독을 예측하는 상황적 특성과 가해자의 특성에 초점을 두었다. 하급자의 역할을 분명하게 설명하기 위해 Kiazad 등(2010)은 호주와 필리핀에서 수행된 두 가지 현장연구를 통해서 리더 및 하급자 특성을 규명하였다. 이 연구가설은 마키아벨리적 감독자는 본질적으로 권위주의적 리더십 유형을 채택하기 때문에 모욕적으로 비춰진다는 것이다. 또한 이들은 하급자의 특성—조직에 기반한 노동자의 자존감(Organizational-Based Self-Esteem: OBSE), 즉 조직의 일원으로서 개인의 자리매김 정도가 중요한 역할을 한다고 밝혔다(Gardner & Pierce, 1998). 권위주의적 리더십은 마키아벨리즘과 모욕적인 감독 간에 연관성을 조절한다. 또한 노동자의 조직에 기반한 자존감이 권위주의적 리더십과 모욕 간 연관성을 매개하는데, 조직 자존감이 낮은 노동자는 권위주의적 리더십 행동을 모욕적으로 해석하기 더 쉽다. 그러나 Tepper 등(2006)과 비슷하게, Kiazad 등의 결과는 하급자의 특성에 따라 일반적인 것도 더 공격적이라고 지각하게 됨을 밝혔다. 하지만 하급자의 특성이 실제로 공격을 촉발하는지는 아직 불확실하다.

공격성 촉발요인으로 하급자의 역할을 직접적으로 알아보기 위해, Tepper, Moss와 Duffy(2011)는 왜 리더가 특정 하급자를 괴롭히는지 이해하기 위해서 도덕적 배제[1] 문헌을 연구하였다. 특히 연구자들은 리더의 공정한 대접을 받지 못하는 도덕적으로 배제된 노동자의 3가지 특징을 확인했으며, 이것이 모욕적인 감독을 불러일으킨다고 보았다. 3가지 특징은 리더와 하급자 간에 심층적 이질성 및 리더와 하급자 간 갈등의 관계적인 요인 두 가지와 하급자의 특성/행동–하급자의 낮은 수행능력이었다. Tepper 등은 심층적 이질성은 관계를 악화시키고, 이것이 모욕적 감독으로 연결된다고 하였다. 하급자의 낮은 수행력은 관계 갈등과 모욕적 감독의 촉발 간 연관성을 조절하는 역할을 한다.

1) 역자 주: 도덕적 배제(moral exclusion)란 우월집단에 속한 사람들이 다른 집단의 사람보다 더 우월하다고 간주하는 심리적 과정으로, 다른 집단의 사람들은 인권이나 보호 등이 필요 없는 가치 없는 사람으로 생각한다.

7개 건강보험회사를 연구하면서 Tepper 등은 리더와 하급자 간 심층적 이질성이 관계갈등을 불러일으킨다는 사실을 규명했고, 이것이 하급자의 수행능력을 낮추고 모욕적 감독을 크게 유발한다는 모델을 지지하였다. 또한 관계갈등은 심층적 이질성과 모욕적 감독 간 연관성을 중재하지만, 리더가 하급자를 낮은 수행자로 간주할 때만 연관성이 나타났다. Tepper 등의 연구는 하급자의 특성 또는 행동이 학대를 더 크게 촉발하고, 모욕적인 감독을 재촉하기도 한다고 밝혔다. 이 문제는 다음 사회적 상호작용주의 관점에서 살펴보겠다.

모욕적인 감독: 사회적 상호작용주의 관점

앞에서 살펴보았듯이, 모욕적인 감독의 선행요인 연구는 다양한 사업장의 공격성 연구로 이어졌고, 가해자의 역할 및 상황요인을 일차 선행요인으로 주목하였다. 모욕적인 감독(좀 더 일반적으로 공격성)은 양자 모두에게 책임이 있는 관계 속에서 발생한다고 볼 때, 학대 유발자로서 하급자의 역할을 간과하는 것이 흥미롭다. 하급자의 역할에 관심을 덜 기울인 두 가지 이유로 보이는 ① 모욕적인 감독을 어떻게 규정하는지의 문제와 ② 피해자를 비방하는 데 대한 두려움이 잠재적 요인이 된다.

첫째, 모욕적인 감독은 양자 간 갈등 때문이라고 간주하지 않는다. 오히려 상급자(즉, 공격자 혹은 가해자)가 수동적인 부하직원(즉, 하급자 혹은 희생자)에 대한 일방적 행동으로, 하급자 혹은 희생자의 관점에서 개념화하였다. 행동의 모든 책임이 가해자에 있다는 것을 전제로 하므로, 연구자들이 하급자의 행동이 모욕적인 리더십을 불러일으켰는지의 여부를 규명하려는 연구를 하지 않은 것은 당연하다. 대신에 연구자들은 상급자가 하급자에게 공격적으로 행동하게 만든 원인이 상황 및 가해자의 특성에 있음을 주목해 왔다. 그러나 이러한 일방적인 관점은 모욕적인 감독을 너무 단순화한다. 본질적으로 감독자–하급자 관계는 일방적이지 않다. 양자는 상호작용하고 또 상호 영향을 미친다. 상호 영향을 주고

받는 상황에서 하급자의 역할을 간과하는 것은 모욕적인 감독이 일어나는 관계 맥락을 무시한 것이다.

둘째, 모욕적인 감독에서 하급자의 역할을 고려하지 않은 잠재적 이유는 이러한 연구는 암묵적으로 피해자가 부분적으로 모욕을 받을 만한 비난, 즉 모욕적인 감독을 당연시하거나 하급자를 희생자로 만드는 신호가 될 수 있기 때문이다. Tepper 등(2006)은 "하급자 특성에 대한 연구를 옹호하면서, 모욕적인 감독에 대해 하급자를 비난하는 것이 아니라 오히려 모욕을 촉발하는 위험요인을 규명하는 시도가 될 것이다."라고 주장했다(p. 117). 하급자 역할에 대한 연구가 중요하다는 Tepper 등의 주장에는 일리가 있다. 그러나 모욕적인 감독의 행위에 관한 초점을 일방향이 아니라 양자 간 상호작용의 결과라고 간주함으로써, 가해자에게 행동의 책임이 있으며 하급자도 그렇다는 방식으로 주장하게 되면 하급자의 역할에 더 자극적인 자세를 취하게 된다. 즉, 어떤 경우에 모욕적인 감독의 책임이 상급자와 하급자 모두에게 있다는 점을 의미한다. 이런 관점을 설명하기 위해서 무례함에 관한 문헌을 살펴본다.

작업장 무례함(낮은 수준의 작업장 공격성)에 대한 개념으로, Anderson과 Pearson(1999)은 무례함은 양자 간에 강압적(혹은 공격적) 상호작용을 증대시키는 역동적 상호교환이라는 사회적 상호작용주의적 관점을 취하였다. 즉, 공격성 및 모욕적인 감독 연구에 초점을 맞춘 단일적 · 횡단적 · 일방적 관점을 갖기보다 공격성을 양자 간에 진행 중인 상호작용 과정으로 간주한다. Anderson과 Pearson은 무례함의 사슬이 생각 없는 행동같이 단순한 일에서 시작된다고 언급하였다. 생각 없는 행동(서로 '안녕'이라는 인사 없이 지나가거나, '미안합니다' 또는 '감사합니다'라는 말을 생략하는 것)은 보복 반응을 유발하고, 이것이 부정적 상호작용을 증대시킨다.

아무 생각 없이 행동하게 되면, 이는 상대방으로 하여금 기분 나쁘게 대응하도록 유발할 수 있다. 이는 최초의 원인 제공자가 자신이 애초에 상대방을 자극했다는 걸 모른 채 과민 반응하게 만들어 상황을 악화시키고, 이는 최초의 '희생자', 즉 의도치 않게 무시당한 사람이 (처음 원인 제공자에게 소리를 지르거나 혹은 모욕을 줌으로써) 명백한 가해자로 만드는 결과를 낳게 된다. 이렇듯 무례함이 무례함을 낳는 단순한 예를 통해, 자신이 스스로에게 부당한 대접을 받게 만드는 원인 제공자가 될 수도 있다는 사실을 알 수 있다. 무례함의 이런 단순 사슬은 하급자가 스스로 학대를 불러일으키는 원인 제공자로 취급받기 쉽다는 점을 보여 주었다. 다음에서 하급자가 어떻게 모욕적인 감독을 불러일으키는지를 더 자세히 알아보자.

하급자의 촉진요인

이제부터 공격적(즉, 무례한) 사건을 역동적 상호교환 관점으로 간주하는 공격성에 관한 사회적 상호작용주의 관점을 살펴보겠다. 가해자 및 모욕적 감독의 희생자 모두 모욕적인 상호교환에 책임이 있다는 것이다. 범죄학 및 작업장 공격성에 관한 연구는 희생자가 비의도적 혹은 의도적으로 자기 학대를 유발한다는 결과도 있다. 즉, 스스로 희생자 위험에 처할 수 있는 무의식적 행동을 보이게 되고, 또는 부정적 반응을 불러일으키는 매너를 보일 수도 있다(Curtis, 1974; Sparks, Genn, & Dodd, 1977). Sparks 등(1977)은 여러 상황에서 반복적으로 희생자가 되는 사람들이 있는 점을 밝히면서, 심지어 항상 희생자가 되는 사람들도 있었다고 하였다.

만일 모욕적인 감독을 하급자의 자극에 대한 상급자의 반응이므로 상호작용이라고 간주한다면, 하급자의 어떤 특성이 상급자로 하여금 의식 혹은 무의식적으로 공격적인 반응을 보이게 하는가를 밝혀야 한다. 이런 질문에 답하기 위해, 먼저 모욕적인 감독의 결과물에 관한 연구를 되짚어 보겠다. 모욕적인 감독의 몇 가지 결과물(Tepper, 2007; 심도 있는 연구물)은 하급자의 업무태도(Tepper, 2000), 즉 낮은 직무만족과 조직헌신을 들 수 있다. 저항적 행동, 즉 상급자의 요구를 따르지 않는 것(Tepper, Duffy, & Shaw, 2001), 염려되는 음주(Bamberger & Bacharach, 2006), 이탈행동(Mitchell & Ambrose, 2007) 같은 것도 있다. 마지막으로, 적극적인 업무자세, 즉 조직시민행동(Aryee et al., 2007: Rafferty & Restubog, 출간 예정) 및 수행력(Harri, Kacmar, & Zivnuska, 2007)은 잘 보이지 않는다.

이런 모든 결과물이 행동을 악화시킬 수 있음을 주목해야 한다. 예를 들어, 상급자는 부정적인 업무태도, 지시 따르지 않기, 음주 문제를 보이는 하급자, 즉 Tepper, Moss와 Duffy(2011)가 지적한 낮은 업무수행자를 향해서 모욕 주기 또는 실망을 보일 수 있다. 이전에 종단적 연구물이 있었지만(Tepper, 2000; Tepper, Duffy, & Shaw, 2001) 모욕적인 감독의 결과물을 밝힌 대부분 연구는 횡단적인 연구방법을 사용하였다. 더구나 2채널 종단연구를 살펴보면, 연구 결과물의 모든 결론은 2회에 걸쳐서 연구 시작 시기에 모욕적인 감독이 종결시점에 측정한 결과물을 앞선다는 것이다. 이러한 역동적인 상호작용 및 모욕적인 감독의 영향을 보면, 모욕을 유발하는 요인은 하급자의 부정적 태도, 저항행동 등이 분명하다. 이에 노동자가 모욕적인 감독의 희생물이 되는 요인들을 살펴볼 필요가 있다. 두 가지 큰 유목으로 나눈다면, 하급자 특성 및 하급자 태도/행동이 될 것이다.

1 하급자 특성

작업장 공격성에 관한 연구는 하급자가 스스로 모욕을 재촉하는가를 연구했는데, 순응적이거나(즉, 주장이 없고 지나치게 화해적인) 혹은 위압적인(즉, 개인 의견을 강제한다거나 주변을 통제하려는) 노동자는 작업장에서 희생자가 될 가능성이 높음을 밝혔다(Aquino & Byron, 2002). 유사하게 Milam, Spitzmueller와 Penny(2009)는 무뚝뚝하고 신경증적인 하급자는 무례함 때문에 희생자가 될 가능성이 높아진다고 했다. 이런 발견들은 공격행동의 대상자는 스스로 학대를 재촉하고, 나아가 모욕적인 감독의 대상으로 연결될 가능성이 있음을 시사한다.

작업환경에서 상급자는 하급자들이 긍정적이고 생산적인 직무수행에 기여하거나 증대시키는 특성을 보여 주기를 기대한다. 공격성 연구 문헌에서 밝힌 촉발요인을 살펴본 것처럼, 모욕적인 감독을 촉발하는 하급자의 특성은 상급자를 짜증 나게 하는 성향(지배적, 부정적, 신경증적) 또는 작업 생산성을 방해하는 성향(수동적, 비주장적)을 들 수 있다. Wang, Sinclair와 Deese(2010)는 상급자가 하급자들이 충성심이 없고, 비우호적이고, 무능력하다고 지각하게 될 때 모욕적인 감독을 할 가능성이 더 높아진다고 했다. 실제로 Olweus(1978)는 이런 하급자들은 함께 일하기 어렵기 때문에 '도발적인 희생자'라고 명명하였다. 그러므로 작업 분위기 또는 생산성에 부정적으로 작용하는 특성을 가진 하급자는 모욕적인 감독을 받게 될 고위험군이 된다. 앞에서 언급했듯이, 어떤 노동자들은 자신이 지속적인 희생자라고 하는데, 다음에서 이런 노동자들을 살펴보겠다.

자기-확신(self-verification) 이론에 대한 연구는 일부 하급자들이 적극적으로 상급자를 자극하여 지속적인 희생자가 된다는 통찰을 제시하였다. 이 이론은 개인은 자기-관점이 긍정적이든 부정적이든지 간에 자신을 확증하려는 목표를 갖고 있고(Swann & Read, 1981) 또 자기-관점을 지지하는 환경을 조성한다고 주장했다(Swann, Rentfrow, & Guinn, 2002). 사회심리학 및 현장의 많은 연구는 이런 발견을 지지하고 있다(Hixon & Swann, 1993; Swann, Chang-Schneider, & Angulo, 2007; Wiesenfeld, Swann, Brockner, & Bartel, 2007). 예를 들어, Swann, Wenzlaff와 Tasfarodi(1992)는 부정적 자기-관점은 자신을 부정적으로 평가하는 사람들과 상호작용하기를 좋아하는 반면에, 긍정적 자기-관점은 자신을 긍정적으로 평가하는 사람들과 상호작용하기를 좋아한다고 하였다. 작업현장 연구에서 자존감이 높은 노동자는 공정하게 대우받을 때 더 높은 조직헌신을 보이지만, 낮은 자존감을 가진 노동자는 자신이 공정하게 대우받는지와 무관하게 동일하게 직무를 수행한다(Wiesenfeld, Swann, Brockner, & Bartel, 2007).

이 연구는 낮은 자존감을 가진, 즉 부정적 자기-관점은 모욕적인 감독을 적극적으로 자극할 수 있음을 시사한다. 가설과 일치되게, Bozeman, Hershcovis와 Bowling(2011)은 낮은 자존감을 가진 노동자는 상대적으로 모욕적 감독자를 더 좋아하고, 덜 회피한다는 점을 규명했다. 나아가 자존감이 낮은 노동자는 직장을 그만두는 비율이 낮고, 감독자를 향해 이탈행동을 더 많이 보여 주면서 모욕적인 감독자를 더 적대시한다. 이런 발견은 왜 어떤 노동자는 지속적인 희생자가 되는지를 설명해 준다. 업무현장에서 스스로 자기-견해를 확인하기 위해 자존감이 낮은 노동자는 감독자를 당황시키거나 실망시키는 부정적 행동(즉, 이탈, 저조한 업무수행, 저항) 범주를 보인다. 이러한 악화행동은 노동자의 부정적 행동을 바로잡기 위한 일환으로 감독자가 공격적 방식으로 반응하도록 유도한다. 그러나 감독자의 모욕적 행동은 노동자 스스로 행동을 확정시키고, 앞서 언급한 사회적 상호작용주의 사이클과 비슷한 반복행동을 일으킨다.

그러나 하급자가 유발한 모든 모욕적인 감독이 낮은 자존감을 가진 사람과 작용하게 된다고 제안하지는 않겠다. 노동자 역시 자신이 자각하지 못하고 감독자를 짜증스럽게 하고 악화시키는 특성을 가질 수 있다. 예를 들어, 특성 불안(Spielberger, 1991), 부정적 정서성(Watson & Clark, 1984), 혹은 신경증(Costa & McCrae, 1992)이 높은 노동자들은 이런 특성 때문에 부정적 감정을 경험하거나 혹은 여러 상황에 부정적으로 대응하는 경향이 있어서 부정적 근무환경을 만들게 된다. Bolger와 Zuckerman(1995)은 신경증이 노출 혹은 반응 모델뿐만 아니라, 스트레스에 대해 개인반응에 영향을 미치는 몇 가지 특이한 과정을 규명했다. 즉, 신경증이 높은 사람은 낮은 사람보다 부정적 사건이 더 많이 발생(노출모델)했다고 보고하고, 또 더 강하게 반응(즉, 부정적 사건에 더 높은 반응성을 보임)하게 된다. 그래서 이런 부정적 특성이 높은 사람은 할당된 과업 또는 스트레스 상황에 부정적 감정을 보이게 되며, 이것이 반복됨으로써 감독자가 부정적 반응을 보이게 된다. 사회 상호작용주의 모델에서 언급했듯이 이런 상호작용은 지속적으로 모욕적인 감독을 순환시킨다.

2 하급자 행동

의식적 혹은 무의식적으로 모욕적인 감독을 촉발하는 자존감 수준 및 부정적 특성 같은 도발적인 성격 외에도 하급자는 상급자의 부정적 시각을 초래할 도발적인 행동을 보일 수도 있다. 앞서 본 것처럼, Tepper, Moss와 Duffy(2011)는 업무능력이 낮은 하급자는 모욕적인 감독을 받게 될 가능성이 더 높다고 했다. 이와 비슷하게 생산성 저하 혹은 이탈행동은 조직을 해치거나 해치려고 하는 행위로 정의되기도 하고(Spector et al., 2006), 또는 작업장 규범을 위반하고 조직의 발전을 위협하는 것으로(Robinson & Bennett, 1995) 감독자의 부정적 반응을 촉발할 수 있다. 이런 부정적 행동은 조직의 업무수행을 방해하고, 이로 인해 감독자에게 흠집을 내게 된다. 그러므로 업무를 이탈하는 노동자는 감독자의 눈에 벗어나서 공격성을 자극하게 되며, 그에 따라 감독자의 공격적 반응을 일으키게 될 것이다. 공격적 고리가 작용되는 경우에 이러한 상호작용은 공격적인 감독을 불쾌하게 여기는 노동자가 저항하거나 또는 업무 생산성을 떨어뜨리도록 행동할 때 지속성을 갖게 된다.

노동자는 비생산적인 행동과 비슷한 비적극적인 행동을 하게 된다. 예를 들어, 감독자는 최선을 다하지 않거나 업무에 대해 불평을 자주 늘어놓는 노동자를 게으르다고 간주한다. 이런 행동은 팀의 생산성을 낮추기 때문에 팀장은 이런 하급자를 대할 때 적극적으로 업무를 방해하는 사람과 비슷한 방식으로 대할 것이다. Rafferty와 Restubog(출간 예정)는 하급자는 감독자의 학대에 대한 대응방식으로 철수 행동을 한다고 밝혔다. 하급자가 직속 상급자로부터 제대로 대접받지 못할 때 자율성 및 통제력을 회복하려고 노력하고, 자발적인 시민행동을 억제하면서 사회적 상호관계를 회복하려고 한다. 특히 하급자는 친사회적 침묵(즉, 업무와 연관된 아이디어, 정보, 조직에 도움이 되는 의견 등을 숨기기; Van Dyne, Ang, & Botero, 2003) 및 친사회적 발언행동(상황을 발전시키기 위해서 변화를 제안하는 행동; LePine & Van Dyne, 2001)을 하지 않으려고 한다. 전반적으로 이 연구는 노동자는 감독자로부터 부당하게 대우받는다고 느낄 때, 감독자의 부정적 행동을 부추기지 않으려고 '숨는' 행동(즉, 침묵)을 취하게 된다는 점을 밝혔다. 그러나 일부 노동자는 더욱 뚜렷이 친사회적 발언행동을 감소시킨다는 점도 규명하였다.

이 연구는 노동자는 모욕적인 대접에 반응할 때 다양한 행동을 선택적으로 드러낸다는 최초의 증거를 제시하였다. 어떤 노동자는 다가올 모욕을 피하기 위해서 개인 반응을 숨기지만, 어떤 노동자는 더욱 드러내면서 감독자를 자극하고 지속적인 모욕을 초래하기도 한다. 모욕적인 감독에 대해 수동적인 행동을 취하는 노동자 특성의 한 요인이 자존감 및 부정적 성향 같은 하급자의 성격이다. 이런 주제는 후속 연구가 필요하다.

악화시키는 요인: 가해자 특성 및 상황적 요인

희생자가 스스로 모욕을 불러일으키는 원인이 아님을 주목하는 것도 중요하다. 모욕적인 감독은 공격행동의 형태이고 중요한 사람 혹은 가해자의 행동은 의도적인 것이다. 감독자에게는 하급자의 부추기는 특성 혹은 행동에 공격적인 반응을 삼가야 할 지도력을 요구한다. 감독자는 하급자의 잘못된 행동을 발전적 · 건설적 · 훈육적 방식으로 적절하게 다루어야 한다. 그럼에도 불구하고 업무로 바쁘게 돌아가는 상호작용 과정에서 감독자는 노동자 혹은 작업환경을 위협하는 상황에 공격적으로 반응할 수도 있다. 특히 감독자가 공격적인 반응 성향이 있을 경우 가능성이 높아질 것이다. 또 모욕적인 행동은 앞서 언급한 직무 관련 요인(즉, 역할 스트레스) 혹은 상황(즉, 불공정성)에 따라 악화될 수도 있다.

모욕적인 감독의 선행요인과 모욕적인 감독자에 대한 하급자 보고 간에 중간 요소들에 대한 연구가 많이 진행되었다(Aryee et al., 2007; Hoobler & Brass, 2006; Rafferty, Restubog, & Jimmieson, 2010; Tepper, 2000; Tepper et al., 2006). 권위주의적 리더십 유형(Aryee et al., 2007), 감독자의 심리적 어려움(Rafferty, Restubog, & Jimmieson, 2010), 그리고 부정적 정서성(Tepper et al., 2006) 등이 핵심적인 중간 요소로 밝혀졌다.

똑같은 입장에서 노동자의 부정적 정서성, 화를 돋움, 신경증 성향 등이 모욕을 초래하여 상황에 부정적으로 반응하게 하는 이러한 성향들은 감독자가 모욕적인 감독을 하는 데 영향을 끼친다. 감독자의 경우에는 이것이 적대적 귀인 편향 혹은 타인의 행동을 적대적으로 해석하는 습관이 된다(Tedeschi & Felson, 1994). 이런 특성들 중 어느 것에 특히 예민한 감독자는 하급자의 촉발행동에 모욕적으로 반응하기 쉽다. 왜냐하면 이런 특성들로 인해 감독자는 하급자의 촉발행동을 부정적으로 해석하고 악의가 있는 것으로 보아서 적대적 귀인편향으로 간주할 것이기 때문이다.

더구나 앞서 본 것처럼, 이런 성격특성을 가진 감독자는 상황적 특성 같은 기타 요인에도 모욕적인 행동을 보이게 된다. 상황적 요인은 하급자들이 부정적으로 반응하게 되고, 감독자의 좌절 및 불안을 하급자에게 발산한 경우도 있다. 예를 들어, Hoobler와 Brass(2006)는 감독자의 적대적 귀인편향은 심리적 계약 위반에 대한 감독자의 경험과 모욕적인 감독 간에 관계를 조절한다고 했다. 감독자가 높은 수준의 심리적 계약 위반을 하고 또 높은 수준의 적대적 귀인편향을 보일 때, 하급자는 높은 수준의 모욕을 느낀다. 그러나 적대적 귀인편향이 낮을 때, 모욕적인 감독의 정도는 잘 변하지 않았다. 이와 유사하게, Rafferty, Restubog와 Jimmieson(2010)는 감독자의 심리적 어려움이 감독자의 불공정성 경험 및 모욕적인 감독의 표출 사이에 조절자 요인임을 밝혔다. 필리핀에서 진행된 연구는 불공정한 상호작용이 있는 경우에 감독자의 심리적 어려움이 크든 작든 간에 감독자는 모욕적인 감독을 드러내었다. 그러나 심리적 어려움이 더 크다고 보고한 감독자의 경우에는 모욕적 감독의 강도도 더 강한 편이었다. 또한 Aryee 등(2007)은 불공정한 상호작용을 경험한 감독자의 경우 자신이 권위주의적 리더십 성향이 높을 때에만 모욕적인 감독을 드러낸다고 하였다. Aryee 등은 권위주의적 성향이 높은 리더는 자기감정을 통제할 수 없음에도 통제에 대한 잠재된 욕구가 있으며, 이런 사람들은 불공정성 같은 작업장 스트레스를 목격할 때 모욕적 감독을 드러낸다고 하였다.

실제 응용

이 장에서 살펴본 연구들로부터 몇 가지 함의점을 살펴본다. 첫째, 어떤 특성이나 행동이 모욕적인 감독의 고위험군 대상이 되는지를 규명한 연구는 예방조치에 도움을 준다. 모욕적인 감독에 대한 연구는 상급자를 위한 적합한 교육프로그램을 제공해 주는 것과 같은 차원에서, 노동자도 개인의 상호작용 유형 및 행동이 모욕적인 반응을 유발할 수 있음을 알아차리게 하는 것이 중요하다. 이런 연구가 감독자의 과도한 행동을 해결할 수는 없지만 예방적인 교육을 통해 개인의 잠재적 역할을 이해하는 것이 학대 촉발인자의 행동 유형에 대한 노동자의 자각을 높여 줄 것이고, 이것이 모욕적인 감독의 행동을 예방하게 해 줄 것이다.

둘째, 연구자들이 하급자 입장에서 중요한 촉발요인을 규명했기 때문에, 이것도 감독자를 위한 훈련내용으로 활용될 수 있다. 대부분의 기업은 상급자 훈련프로그램을 제공하고 있고, 주로 하급자와 효과적으로 소통하는 방법과 대인관계 기술들을 중요시하고 있다. 또한 상급자가 스스로 좌절을 느끼는 핵심요인 및 잠재적으로 모욕적으로 지시하게 될 요인을 교육한다. 예를 들어, Tepper, Moss와 Duffy(2011)는 노동자 수행력이 모욕적인 감독의 예측인자라고 하였다. 따라서 기업은 생산성이 낮은 하급자를 효과적으로 다루는 능력 있는 감독자를 양성하는 것이 중요하고, 이런 노동자를 다루는 기술들을 함양토록 해야 한다. 모욕적인 감독을 촉발하는 하급자의 행동 및 특성 유형을 잘 조정하도록 상급자를 훈련시키는 프로그램은 공격성 표출을 낮추게 할 것이다.

셋째, 이런 연구는 모욕적인 감독에 대한 더 효과적인 반응 방법을 보여 줄 것이다. 지금까지는 모욕적인 감독이 발생했을 때 어떻게 대응해야 할지에 대한 연구는 없다. 그러나 모욕적인 감독 및 기타 공격 형태에 대한 기업 연구는 상급자가 하급자에게 어떻게 공격성을 보이는지 초점을 두고서 감독자의 행동을 교정하도록 시도해 왔다(Hershcovis & Barling, 2006). 오늘날 연구는 양자 관계를 폭넓게 살펴보고 있어서 상급자 및 하급자가 갖고 있는 요인들을 규명한다. 이런 연구방향은 '희생자를 비난'하는 논쟁으로 진전될 위험도 있음을 유념해야 한다. 그러나 모욕적인 감독이 상호교환 과정에서 발생하므로, 여러 갈등해결 방안과 함께 양자 모두 자신의 역할을 숙고하고 또 관계를 복원시키려는 노력을 해야 한다.

결론 및 미래연구

이 장에서 과거와 달리 하급자들도 모욕적인 감독을 초래하는 중요한 역할을 한다고 제안하였다. 예외도 있지만(Tepper, 2007; Tepper et al., 2006; Tepper, Moss, & Duffy, 2011), 연구는 모욕적인 감독을 가해자–희생자 관계의 세부적 내용을 간과하고서 하급자에 대한 상급자의 나쁜 행동으로 간주하고 있다. 모욕적인 감독이 하급자의 촉발행동(즉, 하급자의 성격, 태도, 행동 등)에 대한 반응 혹은 기타 조직 내 스트레스(즉, 불공정성)에 대한 반응이기도 하다는 점을 지적하고 있다. 모욕적인 감독을 지속적인 적대적 행동으로 정의하기 때문에 학대를 지속시키는 하급자의 역할이 있음을 암시한다. 그러므로 가해자와 희생자 간 지속관계를 살펴보려는 상호주의적 접근을 취하는 것이 더 완전한 해결방안을 가진다.

모욕적인 감독을 부추기는 하급자의 역할을 조사하는 것은 방법론적으로 쉽지 않다. 한 가지 방법은 일기(기록)연구를 통해서 모욕적인 감독에 대한 하급자의 태도, 행동, 지각을 평가해 보는 것이다. 그러나 이 방법은 하급자가 느끼는 지각만을 보여 주므로 조직요인, 즉 불공정성 및 모욕적인 행동을 드러내는 가해자 특성을 설명하지는 못한다. 또 다른 방법은 가해자(성격특성 및 조직 환경에 대한 지각), 하급자 특성 및 행동, 모욕적인 감독에 대한 지각 등을 평가하는 3파장(측면) 종단연구를 하는 것이다. 이 연구의 문제는 비용 및 이런 연구표집을 얻기가 매우 어렵다는 점이다. 그러나 상급자와 하급자 양자를 짝지은 종단연구는 양자 간 역동적 상호관계를 가장 잘 평가할 수 있고, 모욕적인 감독의 촉발인자와 결과를 이해하는 데 좋다. 상호주의적 입장에서 연구를 진행하는 데는 몇 가지 어려움이 있지만, 이런 접근법은 기업에서 모욕적인 감독을 이해하는 데 가치 있는 정보를 취합할 수 있을 것이다. 특히 모욕적인 상하관계에서 더 많은 요인을 이해할수록 양자 간에 부정적인 상호작용을 효과적으로 중재하는 더 많은 유용한 정보를 얻을 것이다.

참고문헌

Andersson, L. M., & Pearson, C. M. (1999). Tit for tat? The spiralling effect of incivility in the workplace. *Academy of Management Review, 24*, 452–471.

Aquino, K. (2002). Dominating interpersonal behavior and perceived victimization in groups: Evidence for a curvilinear relationship. *Journal of Management, 28*, 69–87.

Aquino, K., & Byron, K. (2002). Dominating interpersonal behavior and perceived victimization in groups: Evidence for a curvilinear relationship. *Journal of Management, 28*, 69–87.

Aquino, K., & Thau, S. (2009). Workplace victimization: Aggression from the target's perspective. *Annual Review of Psychology, 60*, 717–741.

Aryee, S., Chen, Z. X., Sun, L., & Debrah, Y. A. (2007). Antecedents and outcomes of abusive supervision: A test of a trickle down model. *Journal of Applied Psychology, 92,* 191–201.

Bamberger, P. A., & Bacharach, S. B. (2006). Abusive supervision and subordinate problem drinking: Taking resistance, stress and subordinate personality into account. *Human Relations, 60*, 1873–1888.

Berry, C. M., Ones, D. S., & Sackett, P. R. (2007). Interpersonal deviance, organizational deviance, and their common correlates: A review and meta-analysis. *Journal of Applied Psychology, 92*, 410–424.

Bolger, N., & Zuckerman, A. (1995). A framework for studying personality in the stress process. *Journal of Personality and Social Psychology, 69*, 890–902.

Bowling, N. A., & Beehr, T. A. (2006). Workplace harassment from the victim's perspective: A theoretical model and meta-analysis. *Journal of Applied Psychology, 91*, 998–1012.

Bozeman, J., Hershcovis, M. S., & Bowling, N. A. (2011). *The moderating role of self-esteem on the abusive supervision-outcome relationship*. Chicago, IL: Society of Industrial and Organizational Psychology.

Costa, P. T., Jr., & McCrae, R. R. (1992). *Revised NEO Personality Inventory (NEO-PI-R) and NEO Five-Factor Inventory (NEO-FFI) manual.* Odessa, FL: Psychological Assessment Resources.

Curtis, L. A. (1974). Victim precipitation and violent crimes. *Social Problems, 21*, 594–605.

Douglas, S. C., & Martinko, M. J., (2001). Exploring the role of individual differences in the prediction of workplace aggression. *Journal of Applied Psychology, 86*, 547–559.

Gardner, D. G., & Pierce, J. L. (1998). Self-esteem and self-efficacy within the organizational context. *Group and Organization Management, 23*, 48–70.

Harris, K. J., Kacmar, K. M., & Zivnuska, S. (2007). An investigation of abusive supervision as a predictor of performance and the meaning of work as a moderator of the relationship. *Leadership Quarterly, 18*, 252–263.

Hershcovis, M. S. (2011). Incivility, social undermining, bullying··· Oh My! A call to reconcile constructs within workplace aggression research. *Journal of Organizational Behavior, 32,* 499–519.

Hershcovis, M. S., & Barling, J. (2006). Preventing workplace violence. In E. K. Kelloway, J. Barling, & J. Hurrell (Eds.), *Handbook of workplace violence* (pp. 607–632). Thousand Oaks, CA: Sage Publications.

Hershcovis, M. S., & Barling, J. (2007). Towards a relational model of workplace aggression. In J. Langan-Fox, C. L. Cooper, & R. Klimoski (Eds.), *Dysfunctional workplace: Management challenges and symptoms* (pp. 268–284). Cheltenham, UK: Edward Elgar Publishing Ltd.

Hershcovis, M. S., & Barling, J. (2010). Towards a multi-foci approach to workplace aggression: A meta-analytic review of outcomes from different perpetrators. *Journal of Organizational Behavior, 31*, 24–44.

Hershcovis, M. S., Turner, N., Barling, J., Arnold, A. A., Dupre, K. E., Inness, M., LeBlanc, M. M., & Sivanathan, N. (2007). Predicting workplace aggression: A meta-analysis. *Journal of Applied Psychology, 91*(6), 1–11.

Hixon, J. G., & Swann, W. B., Jr (1993). When does introspection bear fruit? Self-reflection, self-insight, and interpersonal choices. *Journal of Personality and Social Psychology, 64*, 35–43.

Hoobler, J., & Brass, D. (2006). Abusive supervision and family undermining as displaced aggression. *Journal of Applied Psychology, 91*, 1125–1133.

Ilies, R., Scott, B. A., & Judge, T. A. (2006). The interactive effects of personal traits and experienced states on intraindividual patterns of citizenship behavior. *Academy of Management Journal, 49*, 561–575.

Kiazad, K., Restubog, S. L. D., Zagenczyk, T. K., Kiewitz, C., & Tang, R. L. (2010). In pursuit of power: The role of authoritarian leadership in the relationship between supervisors' Machiavellianism and subordinates' perceptions of abusive supervisory behavior. *Journal of Research in Personality, 44,* 512–519.

Kim, E., & Glomb, T. M. (2010). Get smarty pants: Cognitive ability, personality, and victimization. *Journal of Applied Psychology, 95*, 899–901.

LePine, J. A., & Van Dyne, L. (2001). Voice and cooperative behavior as contrasting forms of contextual performance: Evidence of differential relationships with Big Five personality characteristics and cognitive ability. *Journal of Applied Psychology, 86*, 326–336.

Marcus-Newhall, A., Pedersen, W. C., Carlson, M., & Miller, N. (2000). Displaced aggression is alive and well: A meta-analytic review. *Journal of Personality and Social Psychology, 78*, 670–689.

Milam, A. C., Spitzmueller, C., & Penney, L. M. (2009). Investigating individual differences among targets of workplace incivility. *Journal of Occupational Health Psychology, 14,* 58–69.

Mitchell, M. S., & Ambrose, M. L. (2007). Abusive supervision and workplace deviance and the moderating effects of negative reciprocity beliefs. *Journal of Applied Psychology, 92*, 1159–1168.

Neuman, J. H., & Baron, R. A. (2005). Aggression in the workplace: A social psychological perspective. In S. Fox & P. E. Spector (Eds.), *Counterproductive work behavior: Investigations of actors and targets* (pp. 13–40). Washington, DC: American Psychological Association.

Olweus, D. (1978). *Aggression in schools: Bullies and whipping boys*. Washington, DC: Hemisphere.

Padilla, A., Hogan, R., & Kaiser, R. B. (2007). The toxic triangle: Destructive leaders, susceptible followers, and conducive environments. *The Leadership Quarterly*, 176–194.

Rafferty, A. E., & Restubog, S. L. D.(출간 예정). *The influence of abusive supervisors on followers' organizational citizenship behaviours: The hidden costs of abusive supervision*. British Journal of Management.

Rafferty, A., Restubog, S. L., & Jimmieson, N. (2010). Losing sleep: Examining the cascading effects of supervisors' experience of injustice on subordinates' psychological health. *Work & Stress, 24*, 36–55.

Robinson, S. L., & Bennett, R. J. (1995). A typology of deviant workplace behaviors: A multidimensional scaling study. *Academy of Management Journal, 38*, 555–572.

Robinson, S. L., & Rousseau, D. M. (1994). Violating the psychological contract: Not the exception but the norm. *Journal of Organizational Behavior, 15,* 245–259.

Skarlicki, D. P., Folger, R., & Tesluk, P. (1999). Personality as a moderator in the relationship between fairness and retaliation. *Academy of Management Journal, 42*, 100–108.

Sparks, R. F., Genn, H. G., & Dodd, D. J. (1977). *Surveying victims: A study of the measurement of criminal victimization, perceptions of crime, and attitudes to criminal justice.* New York: John Wiley & Sons Ltd.

Spector, P. E., Fox, S., Penney, L. M., Bruusema, K., Goh, A., & Kessler, S. (2006). The dimensionality of counterproductivity: Are all counterproductive behaviors created equal? *Journal of Vocational Behavior, 68*, 446–460.

Spielberger, C. D. (1991). *State-trait anger expression inventory: STAXI professional manual.* Florida: Psychological Assessment Resources.

Swann, W. B., Jr., Chang-Schneider, C., & Angulo, S. (2007). Self-verification in relationships as an adaptive process. In J. Wood, A. Tesser, & J. Holmes (Eds.), *Self and Relationships*. New York: Psychology Press.

Swann, W. B., Jr., & Read, S. J. (1981). Self-verification processes: How we sustain our selfconceptions. *Journal of Experimental Social Psychology, 17*, 351–372.

Swann, W. B., Jr., Rentfrow, P. J., & Guinn, J. (2002). Self-verification: The search for coherence. In M. Leary & J. Tagney (Eds.), *Handbook of Self and Identity*. New York: Guilford Press.

Swann, W. B., Jr., Wenzlaff, R. M., & Tasfarodi, R. W. (1992). Depression and the search for negative evaluations: More evidence of the role of self-verification strivings. *Journal of Abnormal Psychology, 101*, 314–317.

Tedeschi, J. T., & Felson, R. B. (1994). *Violence, aggression, and coercive actions.* Washington, DC: American Psychological Association.

Tepper, B. J. (2000) Consequences of abusive supervision. *Academy of Management Journal, 43,* 178–190.

Tepper, B. J. (2007). Abusive supervision in work organizations: Review, synthesis, and directions for future research. *Journal of Management, 33*, 261–289.

Tepper, B. J., Carr, J. C., Breaux, D. M., Geider, S., Hu, C., & Hua, W. (2009). Abusive supervision, intentions to quit, and employees' workplace deviance: A power/dependence analysis. *Organizational Behavior and Human Decision Process, 109*, 156–167.

Tepper, B. J., Duffy, M. K., & Shaw, J. D. (2001). Personality moderators of the relationships between abusive supervision and subordinates' resistance. *Journal of Applied Psychology, 86*, 974–983.

Tepper, B. J., Duffy, M. K., Henle, C. A., & Lambert, L. S. (2006). Procedural injustice, victim precipitation, and abusive supervision. *Personnel Psychology, 59*, 101–123.

Tepper, B. J., & Henle, C. A. (2011). A case for recognizing distinctions among constructs that capture interpersonal mistreatment in work organizations. *Journal of Organizational Behavior, 32*, 487–498.

Tepper, B. J., Moss, S. E., & Duffy, M. K. (2011). Predictors of abusive supervision: Supervisor perceptions of deep-level dissimilarity, relationship conflict, and subordinate performance. *Academy of Management Journal, 54*, 279–294.

Van Dyne, L., Ang, S., & Botero, I. C. (2003). Conceptualizing employee silence and employee voice as multidimensional constructs. *Journal of Management Studies, 40*, 1359–1392.

Wang, M., Sinclair, R. R., & Deese, M. N. (2010). Understanding the causes of destructive leadership: A dual process model. In T. Hansbrough & B. Schyns (Eds.), *When leadership goes wrong: Destructive leadership, mistakes and ethical failures* (pp. 73–97). Charlotte, NC: Information Age Publishing.

Watson, D., & Clark, L. A. (1984). Negative affectivity: The disposition to experience negative aversive emotional states. *Psychological Bulletin, 96*, 465–490.

Wiesenfeld, B. M., Swann, W. B. Jr., Brockner, J., & Bartel, C. (2007). Is more fairness always preferred? Self esteem moderates reactions to procedural justice. *Academy of Management Journal, 50*, 1235–1253.

7장

고령 노동력을 위한 직무설계: 직업건강을 위한 기회

Donald M. Truxillo
포틀랜드 주립대학교(Portland State University, 미국)

David M. Cadiz
오리건 간호사재단(Oregon Nurses Foundation)

Jennifer R. Rineer
포틀랜드 주립대학교(Portland State University, 미국)

2018년이 되면 미국 노동력의 약 25%가 55세 이상의 고령 노동자가 된다(Tossi, 2009). 2050년에는 유럽의 고령 노동자(55~64세)가 60%에 육박할 것이다(Carone & Costello, 2006). 중년에서 노년 성인의 기대수명과 삶의 질이 높아짐에 따라, 이제 노동자들은 이전보다 더 장기간 일을 할 수 있게 되었다. 게다가 최근에는 경제 여건이 악화되어 일을 더 오래 해야 하는 형편에 이르렀고, 유럽과 북미의 많은 나라에서는 퇴직연령이 점차 높아지는 추세에 있다.

이에 지금은 하나의 작업장에서 다양한 연령의 사람들이 함께 일을 하게 되었고, 동기(예, Kanfer & Ackerman, 2004), 직무수행(Ng & Feldman, 2008), 그리고 직무태도(Ng & Feldman, 2010)와 같은 이슈에 관한 연구자들의 관심은 자연스럽게 연령으로 향하게 되었다. 그러나 생애 단계별로 직무를 어떻게 설계하여야 이들이 직업적으로 성공할 수 있는지에 관한 경험적인 연구는 미흡한 실정이다. 우리는 이제야 서로 다른 삶의 단계를 살아가는 노동자들의 만족감, 건강, 그리고 웰빙을 고취하는 직무설계를 배우기 시작하였다.

이번 장에서는 연령의 관점으로 직무설계를 바라보면서 노동자의 직무태도,

웰빙, 그리고 건강을 강화할 방안이 무엇인지를 고민하여 보고자 한다([그림 7-1] 참고). 우선은 직무설계이론 및 직무설계가 성과에 미치는 영향을 간략히 개관할 것이다. 그런 다음에는 이론적이고 개념적인 몇 가지 접근을 살펴보기로 한다. 이 접근들은 모두 연령과 작업 간의 인터페이스, 연령과 성과 간의 관계, 그리고 연령과 직무특성의 결합 효과를 설명할 때에 자주 이용되곤 하였다. 특히 통용되는 문헌에 등장하는 전형적인 직업-관련 건강 결과물과 함께 기타의 다른 결과물(예, 직무수행)도 동시에 개관할 것임을 주목하기 바란다. 그 이유는 이러한 다른 결과물도 웰빙과 안전, 그리고 건강과 관련이 있을 수 있기 때문이다. 이어서 전생애(lifespan)이론과 직무설계를 통합하여, 연령과 직무특성의 상호작용이 성과에 미치는 영향, 즉 고령 노동자와 젊은 노동자가 직무특성에 다르게 반응하는 방식을 보여 주고자 한다. 그리고 나서 연구와 적용에 필요한 몇 가지를 제안하는 것으로 결론을 맺는다.

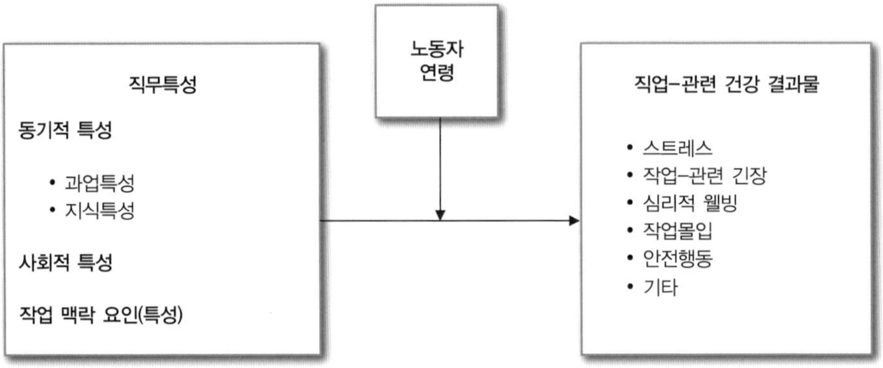

[그림 7-1] 직무특성과 직업-관련 건강 결과물 간의 관계에서 연령의 조절자적 역할

노동자의 직무설계와 결과물

Morgeson과 Humphrey는 직무설계를 다음과 같이 정의하였다.

> 직무와 역할을 규정할 때에 그것의 요소, 내용, 구조, 환경을 검토하고 고안하고 변형하는 일이다. 흔한 말로, 그 작업을 누가 하는지, 그 작업의 결과가 무엇인지, 다양한 작업 요소가 서로 어떤 관계에 있는지, 그리고 직무와 역할에 관한 규정이 그보다 폭넓은 과업이나, 사회적 · 물리적 · 조직적 맥락과 어떻게 상호작용하는지에 관한 것이다(Morgeson & Humphrey, 2008, p. 47).

직무설계에 관한 대부분의 주요 이론은 직무의 동기적인 양상을 강조한다(직무설계의 변천사를 종합적으로 이해하기 위해서는 Grant, Fried, & Juillerat, 2010 참고). 이 중에서도 Hackman과 Oldham(1976)의 직무특성 모델은 가장 영향력이 있는 모델 중에 하나이다. 이 모델은 자율성, 기술 다양성, 과업 정체성, 과업 중요성, 그리고 직무 피드백에 초점을 맞추고 있다. 이 5개의 특성이 결정적인 심리 상태(예, 결과에 대한 책임감)에 영향을 미치고, 이를 통하여 동기, 수행의 질, 직무/성장 만족, 결근, 그리고 이직과 같은 결과물이 산출된다. Hackman과 Oldham의 모델이 제안되었던 비슷한 시기에 Karasek(1979)의 직무 요구–통제(Job Demands-Control: JD-C) 모델도 등장하였다. 이 모델은 요구 수준이 높고 통제 권한(결정 허용 범위)이 좁을 때에 노동자의 긴장이 상승하면서 직무만족이 떨어진다고 주장한다. 반대로, 직무의 통제 범위가 넓어지면 직무요구가 신체와 정신건강에 미치는 나쁜 영향은 완화된다. 뿐만 아니라, 요구 수준이 높을 때에 발생하는 긴장이 사회적 지지(Karasek & Theorell, 1990)와 직무자원(성장과 성취를 촉진하는 특성)으로 상쇄된다는 주장도 이론화되었다. 대부분의 연구는 이러한 모델(이론)들의 주요 예상을 지지하여 주었다. 즉, 직무요구가 높을수록, 통제권이 낮을수록, 그리고 자원이 적을수록 긴장이 높아진다는 예상을 뒷받침하였다(Hausser, Mojzisch, Niesel, & Schulz-Hardt, 2010).

현재 연구에 이용되는 가장 포괄적인 직무설계 척도는 Morgeson과 Humphrey(2006)가 고안한 척도이다. 이 직무설계 설문지(Work Design Questionnaire: WDQ; Morgeson & Humphrey, 2006)가 개발될 당시에 21개의 직무특성이 추출되었으며, 이 특성들은 과업특성, 지식특성, 사회적 특성, 그리고 맥락적 특성으로 구분되는 4개의 범주로 나뉘었다. 과업특성(예, 자율성, 과업 중요성)과 지식특성(예, 기술 다양성, 전문성)은 동기적 특성으로 분류된다. 사회적 특성에는 상호 의존성과 사회적 지지와 같은 요인이 있으며, 맥락적 특성에는 인간공학(ergonomics)과 작업 조건과 같은 요인이 있다. Morgeson과 Humphrey는 WDQ의 타당도를 검증하여 동기적 특성과 만족감이 정적으로 관련이 있음을 확인하였다. 더불어 훈련이나 보상과 관련된 요구는 지식특성과 정적인 관계를 보였고, 사회적 지지는 동기적 특성을 능가하여 점증적으로 만족도를 잘 예측하였다. 우리는 WDQ가 규정하는 범주로 고령 노동력의 직무설계를 다루어 보고자 한다. 여기에는 3가지 이유가 있다. 첫째는 WDQ가 다른 모델들보다 더 다양한 직무특성을 포괄하기 때문이다. 둘째는 WDQ가 구체적인 과업 척도와 일반적인 속성 척도를 모두 포함하기 때문이다. 그리고 셋째는 WDQ가 직무만이 아니라 직무와 환경 사이의 관계도 고려하기 때문이다. 최근 259개의 연구에 대한 Humphrey, Nahrgang과 Morgeson(2007)의 메타분석에서는 동기적, 사회적, 그리고 맥락적 특성이 주관적인 수행, 이직 의도, 직무만족, 조직몰입, 역할지각, 그리고 스트레스가 포함된 19개의 태도와 행동 변량을 평균 43% 설명하였던 것으로 나타났다.

한편, 노동자의 직무특성과 결과물 사이에는 조절변인이 존재하는 것으로 보인다. 아직까지 이를 알아본 연구는 거의 없으며(Grant, Fried, & Juillerat, 2010), 이 둘의 관계에서 연령과 같은 개인차의 중요성을 입증하는 연구들이 이제 시작되었다(예, Zacher et al., 2010).

작업에서 연령을 이해하기 위한 이론적 접근

노화가 작업장에서의 직무태도, 스트레스, 건강, 그리고 웰빙에 미치는 영향은 전생애 발달의 관점으로 설명이 가능하다. 전생애 발달이론은 수명의 전 기간에 걸쳐 정형화된 변화가 관찰되고, 그러한 변화가 획득, 유지, 변형, 소모(attrition)를 포함하는 다양한 적응과정과 관련이 있다는 생각에 기초한다(Baltes, Staudinger, & Lindenberger, 1999). 다음의 접근들은 서로 보완적인 관계에 있으며, 연령과 직무설계 간의 상호작용을 설명할 때에도 유용하다.

1 보상 수반 선택적 최적화(Baltes & Baltes, 1990)

보상 수반 선택적 최적화(selective optimization with compensation: SOC)는 전생애이론의 하나이며, 노화의 전 과정 동안 사람들이 자신의 자원을 수요에 맞추는 3가지의 전략을 보여 준다(Baltes & Baltes, 1990). 첫째, **선택**은 목표와 결과를 결정하는 일과 관련이 있다. 주어진 작업 영역에서 최상의 수행을 유지하는 데에 필요한 자원이 자신에게 부족하다고 느끼면, 사람들은 자신의 자원과 현재의 요구를 성공적으로 매치하기 위해 특정의 목표와 결과를 **선택**하게 된다. 둘째, 특정 목표와 결과가 결정되면 작업 수행을 **최적화**하는 방향으로 그들의 노력과 자원을 할당한다. 셋째, 고령으로 인하여 감퇴된 수행을 상쇄하고자 일정 수준의 수행을 유지하기 위한 **보상** 전략을 탐색한다. 이 이론은 연령-관련 변화에 적응하기 위해서 사람들이 어떻게 자원을 할당하는지를 선택, 최적화, 그리고 (좋지 않은 점을 완화해 주는) 보상의 과정으로 설명하고 있다. 예컨대, 노동자들은 신체적으로 쇠약해지는 상황에 놓이게 되는데(Baltes & Baltes, 1990), 이때 누군가가 신체 활동이 많은 자리에 있다고 생각하여 보자. 이러한 변화에 적응하기 위해서 3가지 전략 가운데에 무엇이든지 사용될 수 있다. 이를테면, 그 직무 안에서도 신체 활동이 덜한 어떤 일에 전문화가 되도록 집중하는 **선택**을 할 수도 있으며, 선택한 과업을 수행하기 위해서 자신의 능력을 **최적화**하는 일에 시간을 들일 수도 있다. 혹은 신체적인 긴장을 완화하는 기술(예, 장비)의 도움으로 저하된 체력을 보상할 수도 있다.

2 사회정서적 선택이론(Carstensen, Isaacowitz, & Charles, 1999)

사회정서적 선택이론(socioemotional selectivity theory: SES)은 사회적 목표를 선택하고 추구할 때에 시간을 어떻게 지각하느냐가 매우 중요하다고 주장한다(Carstesen, Isaacowitz, & Charles, 1999). 이 이론에는 두 종류의 사회적 목표가 있다. 하나는 지식 습득과 관련이 있고, 다른 하나는 정서조절과 관련이 있다. 시간을 무제한적인 대상으로 지각할 때에는 지식-관련 목표가 일차적이라는 것이 이 이론의 기본 입장이다. 반면, 시간을 제한적인 대상으로 지각할 때에는(고령 노동자) 현재-지향적인 관점을 더 취하게 되어 정서적인 목표가 일차적이게 된다. 따라서 작업에 필요한 지식을 얻기에 유리한 직무특성은 젊은 노동자에게 더 매력적이고, 의미 있는 사회적 상호작용에 도움이 되는 직무특성은 고령 노동자에게 더 매력적이다. Ng와 Feldman(2010)은 연령과 대부분의 직무태도가 정적인 관계를 보인다는 메타분석의 결과를 SES이론(Carstensen, Isaacowitz, & Charles, 1999)으로 해석하였다. 첫째, 젊은 사람은 아직 시간과 기회가 남아 있다고 쉽게 생각할 수 있지만, 고령자는 그들의 미래 선택지에서 어느 정도의 한계를 느낄 수 있다. 따라서 고령자는 지식을 습득하는 일보다는 대인 활동을 벌이는 데에 더 집중을 한다. 둘째, 고령자는 동일 조건의 젊은 사람보다 긍정적인 경험을 더 많이 할 가능성이 높다. 그 이유는 시간을 제한적인 것으로 보기 때문에 부정적인 감정에 머무를 공산이 젊은 사람보다 작기 때문이다.

3 Kanfer와 Ackerman(2004)의 전생애 작업 동기 체제

Kanfer와 Ackerman(2004)은 살아갈 동안에 일어나는 작업동기의 변화를 이해하고자 연령을 중심으로 하는 하나의 틀로서 전생애 작업 동기 체제(lifespan work motivation framework)를 제안하였다. 이에 의하면 작업동기에 영향을 주는 발달(변화) 패턴이 4가지가 있다. 첫째, **손실**은 유동성 지능(예, 작업기억, 추상적 추론, 주의)과 같은 몇 가지 능력이 연령과 부적인 관계에 있음을 뜻한다. 둘째, **성장**은 경험 지식과 같은 기타의 다른 자원이 연령과 정적인 관계를 이루는 것을 말한다. 셋째, **재조직**은 성인기에 걸쳐 나타나는 비능력 특성(nonability traits)의 조직적 · 구조적인 변화와 그 특성들의 우선순위가 재정립되는 변화를 일컫는다. 넷째, **교환**은—작업동기에 영향을 주는 성격의 변화(Roberts, Wood, & Viechtbauer, 2006)와 같이—사는 동안에 일어나는 각종 성향의 변화를 의미한다. 이는 직무특성이 동일하더라도 그 특성이 요구하는 기술과 능력에 따라 고령 노동자와 젊은 노동자의 동기부여가 달라질 수 있음을 함의하여 준다. 연령과 작업동기에 관한 이들의 견해는 최근 몇몇의 메타분석을 통하여 지지를 얻었다(Kooij et al., 2011). 즉, 연령은 내적 동기와는 정적인 상관을 보이지만, 성장동기와 외적 동기와는 부적인 상관을 보인다.

노동자의 연령의 효과

연구에 의하면 일반적으로 고령 노동자의 직무태도가 더 긍정적이다. 최근 Ng와 Feldman(2010)은 연령과 직무태도 간의 관계를 메타분석으로 확인하였다. 그 결과, 35개 직무태도 대부분이 연령과 우호적인 양상을 보였다. 예를 들어—비록 몇 개에서는 효과의 크기가 크지 않았으나—연령은 직무만족, 조직몰입, 그리고 지각된 통제감과 정적인 관계를 보였으며, 역할 과부하, 정서적 소진, 그리고 직무요구와는 부적인 관계를 보였다. Ng와 Feldman은 SES이론(Carstensen, Isaacowitz, & Charles, 1999)으로 그들의 결과를 해석하였다. 즉, 고령자는 지식 습득보다 대인 활동에 더 집중하며, 그들이 동일 조건의 젊은이보다 긍정적인 경험을 하기가 더 쉬운 것은 그들이 시간을 제한적인 것으로 받아들이기 때문이라고 하였다. 고령자가 보이는 긍정적인 감정은 발달심리학 연구

(Sullivan, Mikels, & Carstensen, 2010)의 결과와도 일치하며, 실제로는 건강이 좋지 않지만 연령이 높아지면서 웰빙과 삶의 만족이 나아진다는 보고(예, Diener & Suh, 1997)와도 일치한다. 고령자가 신경증이 덜하다는 주장(Roberts, Wood, & Viechtbauer, 2006)도 이러한 현상을 설명하여 준다.

연령과 직무특성 간의 상호작용

최근의 개관 연구를 보면 직무특성의 효과는 개인차(Grant, 2008)에 의해서도 조절되고, 경력과 같은 시간-관련 변인(Fried et al., 2007)으로도 조절된다. 이에 관한 경험적인 연구는 그리 많지가 않다. Zacher, Frese와 동료들은 직무 복잡성에 관한 일련의 연구를 통하여 미래에 예상되는 기회에 대한 연령의 부정적인 영향을 직무 복잡성이 어떻게 조절하는지를 알아보았다. 미래의 기회는 잠재적으로 중요한 동기적인 결과물이자 수행과 관련된 결과물이기도 하다. Zacher와 Frese(2009)는 연령과 직무특성의 상호작용이 미래의 작업 전망에 미치는 영향을 조사하여, 연령과 지각된 작업 기회가 부적인 관계를 보이지만 직무 복잡성과 직무통제가 더 높아지면 그 효과가 감소하는 것을 관찰하였다. Zacher 등(2010)과 Zacher와 Frese(2011)의 연구에서도 지각된 기회에 대한 연령의 부적인 효과가 직무 복잡성으로 감소하였다. Zacher 등에 따르면 고-복잡성 직무는 고령 노동자의 작업에 관한 지식과 경험의 활용도를 높이지만, 저-복잡성 직무는 고령 노동자가 꺼리는 신체적인 부담을 가중시킨다. 더욱이 고령 노동자의 융통성과 통제권을 더 높이게 되면 이들의 직무기술을 최대한 이끌어 낼 수도 있다. 이러한 해석은 SOC이론에도 잘 부합한다. 어떤 면에서 이는 잡 크래프팅의 하나일 수 있다. Schultz, Wang, Crimmins와 Fisher(2010)는 고령 노동자와 젊은 노동자가 직무요구에 다르게 반응하는 것을 직무 요구-통제 모델로 비교하여, 둘 사이에 통제권을 다르게 부여하면 이러한 반응의 차이를 완충할 수 있다고 하였다. 끝으로, 종단연구를 수행한 de Lange 등(2010)은 연령에 따라 직무

통제의 범위가 달라진다고 하였으며, 중년 노동자의 학습-관련 행동이 증가하는 이유는 그들의 통제 권한이 더 높아졌기 때문이라고 하였다.

Ng과 Feldman(2010)의 메타분석은 연령과 직무태도 사이에 조절변인이 있을 가능성을 보여 주었다. 이들은 직무특성의 하나인 직무 복잡성의 조절 효과를 조사하여, 저-복잡성 직무에서 연령과 직무관여 사이의 관계가 더 정적임을 확인하였다. 직무 복잡성은 이미 Ng와 Feldman(2008)의 메타분석에서 연령과 직무수행의 관계를 조절하는 것으로 밝혀진 바가 있다. 예컨대, 저-복잡성 직무에서는 연령과 조직시민행동(Organizational Citizenship Behavior: OCB) 사이의 관계가 더 정적이다.

직무특성과 연령의 통합

우리는 지금 Morgeson 등(Morgeson & Humphrey, 2006; Humphrey et al., 2007)이 제안한 틀로 고령 노동자의 직무설계를 들여다보고 있다. 우리는 이들의 모델이 기존의 모델들(예, Campion & McClelland, 1991; Hackman & Oldham, 1976; Karasek et al., 1998)을 포괄하는 가장 종합적인 모델이라고 생각한다. 이 모델은 동기적 속성, 사회적 속성, 그리고 맥락적 속성이라는 3가지의 범주로 구성되어 있다. 메타분석의 결과는 이 세 차원이 수행, 역할지각, 태도, 그리고 웰빙을 포함하여 노동자가 경험하는 다양한 범주의 결과들과 연결되어 있음을 보여 준다(Humphrey et al., 2007; Morgeson & Humphrey, 2008). 또한 이 모델은 직무 자체뿐만 아니라 직무와 환경 사이의 연결도 가정한다. 직무특성의 질을 높이면—연령과 무관하게—모든 노동자의 다양한 결과물이 개선된다는 대목도 중요하지만(Humphrey et al., 2007), 서로 다른 연령에 대한 직무설계의 효과를 이해하는 데에도 이 모델이 훌륭한 발판이 될 수 있다.

1 과업특성

Morgeson과 Humphrey(2006)는 "작업 자체를 완수하는 방식, 그리고 특정 직무와 연합된 과업의 범위와 속성에 관한 것"(p. 1323)으로 과업특성을 정의하였다. 또한 과업특성을 동기적 특성의 하나로 간주하였다. 예외가 없지는 않으나, 일반적으로 양질의 과업특성은 고령 노동자에게 유리하게 작용할 것이다. 여기서 우리는 연령과 매우 관련이 있는 자율성, 과업 다양성, 그리고 과업 중요성을 특히 더 주목할 것이다.

1) 자율성

과업특성 중에는 자율성 연구가 가장 많이 이루어졌다(Morgeson & Humphrey, 2006). Karasek(1979)의 JD-C(직무 요구-통제) 모델을 보면 자율성은 통제권과 강하게 연결되어 있다. 따라서 스트레스라는 결과를 예언할 때에는 이 연결을 꼭 고려하여야 한다. Morgeson과 Humphrey도 작업계획, 의사결정, 그리고 작업방법과 관련지어 자율성을 상세히 설명하였다. 고령 노동자는 동일 조건의 젊은 노동자보다 작업에 필요한 새로운 지식과 기술을 확보하는 일에 더 소홀한 편이다(Carstensen et al., 1999). 하지만 이들이 가진 더 많은 경험과 더 높은 결정성 지능을 생각하면 사실상 고령 노동자들도 독립적으로 작업을 잘 수행할 수가 있다(Kanfer & Ackerman, 2004). 그러므로 자율성의 긍정적인 효과는 더 많은 지시가 필요한 젊은 노동자보다 고령 노동자에게 더 클 것이 예상된다.

2) 과업 다양성

과업 다양성은 직무가 요구하는 과업이 얼마나 광범위한지를 말하며, 개념적으로는 직무확대와 비슷한 의미를 지닌다(Morgeson & Humphrey, 2006). 아마도 대부분의 노동자는 최소한의 다양성을 바랄지도 모르겠다. 또 직무기술을 배울 기회를 가진 젊은 노동자들은 과업 다양성에 큰 가치를 부여할 수도 있다(Carstensen, Isaacowitz, & Charles, 1999). 반면에 과업 다양성이 주는 이득이 고령 노동자에게는 그리 많지 않을 수 있다. 오히려 고령 노동자들은 다음에 설명할 기술 다양성과는 달리, 과업이 다양하다는 것을 일을 더 많이 해야 하는 신호로 해석할 수 있다. 과업 다양성과 직무만족/직무몰입 간에 보이는 정적인 관계가 고령 노동자보다 젊은 노동자에게서 더 강하다는 사실이 이를 뒷받침하여 준다(Zaniboni et al., 2011). 요컨대, 과업 다양성이 경력 초기의 노동자에게는 큰 이득일지 모르나 고령 노동자에게는 이것이 실제로는 그다지 매력적이지 못할 수 있다.

3) 과업 중요성

과업 중요성은 어떤 직무가 타인의 일과 삶에 미치는 영향력의 정도를 말한다. 또한 과업에서 경험하는 의미성의 정도를 반영하기도 한다(Hackman & Oldham, 1975). 이 특성은 직무만족(Humphrey, Nahrgang, & Morgeson, 2007)뿐만 아니라 직무수행(Grant, 2008)과도 관련이 있다. 특히 이 특성이 경력 중후반의 노동자에게도 매력적일 수 있다는 것이 우리의 생각이다. 왜냐하면 이들이 직무기술(Carstensen, Isaacowitz, & Charles, 1999)을 익히거나 승진(Kanfer & Ackerman, 2004)을 하는 것보다 작업에서 경험하는 성장과 의미를 더 중요하게 여기기 때문이다. 젊은 세대가 내적 보상보다는 외적 보상에 더 집중한다는 최근의 결과를 보면(Twenge et al., 2010), 과업 중요성의 긍정적인 효과는 고령 노동자에게 더 클 것이 예상된다.

4) 과업 정체성

과업 정체성은 어떤 한 직무가 작업 전체를 완료하는 데에 관여하는 정도를 일컫는다(Morgeson & Humphrey, 2006). 과업 정체성은 노동자가 직무에 더 많은 흥미를 느끼도록 설계되어야 한다. 과업 정체성이 높을수록 직무만족이 높아지고(Morgeson & Humphrey, 2006), 스트레스와 소진(탈진)은 줄어든다(Humphrey, Nahrgang, & Morgeson, 2007). 과업 정체성이 고령 노동자에게 더 중요할지 젊은 노동자에게 더 중요할지를 설명할 수 있는 노화이론은 아직까지 존재하지 않는다. 어쩌면 양쪽 모두에게 중요할지도 모른다.

5) 직무 피드백

직무 피드백은 직무 자체로부터 수행의 효과에 관한 정보가 주어지는 정도를 말한다(Hackman & Oldham, 1976; Morgeson & Humphrey, 2006). 이 피드백은 직무만족의 증가와 관련이 있을 뿐만 아니라, 불안과 스트레스, 소진(탈진)이 감소하는 것과도 관련이 있다(Humphrey, Nahrgang, & Morgeson, 2007). 모든 노동자에게 직무 피드백이 중요한 일이겠으나, 아마도 경력이 짧으면서 직무기술을 익히기 위해 지식을 확장하고자 하는 젊은 노동자에게 더 중요해 보인다(Carstensen, Isaacowitz, & Charles, 1999; Kanfer & Ackerman, 2004).

2 지식특성

지식특성은 과업특성과 함께 동기적 특성으로 분류되며(Morgeson & Humphrey, 2006), 노동자에게 필요한 지식, 기술, 그리고 능력을 포괄한다. 지식특성은 노동자의 일에 따라 달라진다. 지식특성이 긍정적인 작업태도나 작업행동과는 연관이 있겠지만, 이 특성과 연합된 인지적인 요구는 웰빙에 부정적일 수 있다(Humphrey, Nahrgang, & Morgeson, 2007). 연령이 높아지면 인지 기능이 떨어지게 마련이다. 따라서 인지적인 요구가 많은 직무에서는 고령 노동자들이 곤란에 빠지기가 쉬우며, 이로 인한 부정적인 결과가 예상된다. 그러나 앞에서 보았듯이, 비록 고령자들이 자신의 유동성 지능이 저하되는 경험을 자주 하기는 하지만 결정성 지능이 나아지는 경험도 이들에게는 흔한 일이다. 따라서 Morgeson과 Humphrey가 말하는 지식특성은 그것이 유동성 지능을 요구하느냐 결정성 지능을 요구하느냐에 따라 연령과 상호작용하는 방식이 달라지기가 쉽다.

1) 직무 복잡성

직무 복잡성은 직무 수행이 여러 방면에 걸쳐 있는 정도와 그것의 어려움의 정도를 의미한다(Humphrey, Nahrgang, & Morgeson, 2007; Morgeson & Humphrey, 2006). 복잡한 작업은 고급 기술을 많이 필요로 하며, 보통은 긍정적인 동기적 결과를 산출한다. Avolio, Waldman과 McDaniel(1990)은 직무가 아주 복잡할 때에는 고령 노동자의 축적된 경험이 유리하게 작용한다고 하였다. 나아가 이들은 직무가 복잡하지 않을 때에는 지루함이 고령 노동자의 수행을 급격히 떨어뜨린다고 하였다. 비슷하게, Zacher 등의 일련의 연구들은 고령 노동자가 직무가 매우 복잡할 때에 축적된 경험 지식과 같은 연령의 이점을 잘 활용한다는 사실을 보여 주었다. 특히 직무 복잡성은 업무에서 지각되는 기회와 연령 사이의 관계를 조절하는 것으로 보인다. 왜냐하면 지각된 기회와 연령이 일반적으로는 부적인 관계를 이루지만, 직무 복잡성이 높을 때에는 이러한 관계가 약화되기 때문이다(Zacher & Frese, 2009, 2011; Zacher et al., 2010). 그러나 직무 복잡성의 조절효과에 관한 Ng과 Feldman(2010)의 결과에서는 연령과 직무관여 사이의 정적인 관계가 고-복잡성 직무에서 조금은 약화되기도 하였다. 연령과 OCB(조직시민행동) 사이의 관계에서도 마찬가지였다(Ng & Feldman, 2008). 요컨대, 직무 복잡성이 경험 지식의 활용(결정성 지능)을 요구할 때에는 이것이 고령 노동자에게 더 큰 이득이 되지만, 반대로 유동성 지능을 요구하는 직무 복잡성은 젊은 노동자에게 더 긍정적으로 작용할 것이다.

2) 정보처리

정보처리는 어떤 직무가 자료와 정보의 처리를 요구하는 정도를 뜻한다(Morgeson & Humphrey, 2006). 보통 정보처리는 직무만족과 정적인 관계를 이루지만(Humphrey, Nahrgang, & Morgeson, 2007) 유동성 지능을 필요로 한다. 따라서 고령 노동자에게는 이것이 불리한 일일 수 있다. 정보처리 부담은 긴장을 높인다. 따라서 젊은 노동자에게도 그렇겠지만, 고령 노동자 또한 정보처리가 많은 직무를 원활히 수행하기가 쉽지는 않을 것이다. 그렇기 때문에 이들이 정보처리에 한계를 느끼게 되면 이것이 스트레스가 될 것이고(Griffiths, 2000), 덩달아 자기효능감은 떨어지게 될 것이다. 그러나 이것이 모든 고령 노동자에게 해당되는 일은 아니다. 시간상의 제약이 거의 없을 때에 특히 그러하다. Morgeson과 Humphrey(2006)는 정보처리량이 많은 일을 제대로 수행하기 위해서는 많은 지식이 필요하고, 보통은 연령과 함께 지식이 증가한다는 사실을 주목하였다. 따라서 이미 습득한 지식을 활용하는 정보처리가 요구될 때에는 고령 노동자가 젊은 노동자보다 더 성공적으로 직무를 수행할 수도 있다. 동시에 고령 노동자의 스트레스와 이직 의도가 줄어드는 것과 같은 다른 긍정적인 결과들도 기대된다. 이는 고령 노동자가 자신의 기능을 일정하게 유지하기 위해 보상 전략(이 경우에는 유동성 지능 대신 지식을 활용하는 것)을 활용할 수 있다는 SOC이론에도 잘 부합한다(Baltes & Baltes, 1990).

3) 문제 해결

문제 해결은 어떤 직무가 독특한 아이디어나 해결책을 요구하는 정도를 말하며, 직무에 대한 능동적인 인지적 처리를 반영한다(Morgeson & Humphrey, 2006). 상당량의 문제를 해결해야 하는 직무는 노동자의 역량을 입증하고 강화하는 기회가 되기도 한다(Deci & Ryan, 2000). Morgeson과 Humphrey는 문제해결과 창의성이 개념적으로 관련이 있다고 하였다. 연령과 직무수행에 관한 Ng와 Feldman(2008)의 메타분석의 결과를 보면 연령과 창의성의 관계는 유의미하지 않다. 하지만 연령이 높아지면 기억을 회상하는 능력과 작업기억 능력이 저하된다(Park, 2000). 이 두 능력은 문제 해결에서 매우 중요한 역할을 하는 것으로 알려져 있다(Hansson, Robson, & Limas, 2001). 따라서 어떤 종류의 문제 해결에서는 젊은 노동자보다 고령 노동자의 수행이 더 떨어질 수도 있다. 능동적인 인지적 처리(유동성 지능)를 필요로 하는 직무는 고령 노동자의 스트레스를 높이고 이들의 직무만족을 저하시킬 수 있다. 그렇기는 하나, 작업 경험(결정성 지능)을 활용하여 문제를 해결하는 고령 노동자의 경우 더 성공적인 결과가 예상된다.

4) 기술 다양성

기술 다양성은 어떤 직무가 작업을 완료할 때까지 다양한 기술을 필요로 하는 정도를 의미한다. 작업에 대한 흥미와 몰입은 노동자의 은퇴 의도(계획)를 예측하는 중요한 변인이다. 기술 다양성을 높이면 흥미와 몰입을 키우는 데에 도움이 될 수 있다. 따라서 다양한 기술을 활용할 기회는 고령 노동자가 작업 몰입을 유지하는 데에 도움이 될 것이다. 앞에서 보았던 과업 다양성이 젊은 노동자에게 더 매력적이었다면, 기술 다양성은 축적된 기술을 활용할 수 있는 한 고령 노동자에게 더 유리할 수 있다. 이러한 예상은 고령 노동자에게 자신의 기술을 활용하고 공유할 기회를 제공하라는 Zacher와 Frese(2011)의 권고와도 무관치 않다. 우리는 고령 노동자에게도 비슷하게 이득이 돌아가는 **전문화**(어떤 직무가 전문적인 과업과 전문적인 지식/기술을 필요로 하는 정도; Morgeson & Humphrey, 2006)를 기대한다. 이것이 가능한 이유는 시간을 투자하여 얻어 내는 지식과 기술의 깊이를 반영하는 것이 전문화이기 때문이다.

3 사회적 특성

사회적(관계적) 특성이 다른 직무특성만큼 주목을 받기 시작한 것은 비교적 최근의 일이다(Humphrey, Nahrgang, & Morgeson, 2007). 작업에서 사회적 특성을 과거보다 더 강조하기 시작한 것은 팀-위주의 조직 구조를 선호하는 추세와 관련이 있다(Grant & Parker, 2009; Humphrey et al., 2007). 팀-위주의 조직에서는 대인 상호작용을 강조한다. 실제로 어떤 한 메타분석은 과업특성만으로는 설명할 수 없는 태도와 웰빙의 잔여변량을 사회적 특성이 보충 설명하는 것을 보여주었다(Humphrey, Nahrgang, & Morgeson, 2007). Morgeson과 Humphrey(2006)는 사회적 지지, 상호 의존성, 조직 외부와의 상호작용, 그리고 타인 피드백이라는 네 종류의 사회적 특성을 제안하였다.

1) 사회적 지지

사회적 지지는 어떤 직무가 다른 사람의 조언과 도움을 받을 기회를 제공하는 수준을 말한다(Morgeson & Humphrey, 2006). 친구를 사귈 기회나 동료나 슈퍼바이저의 지원을 받을 기회가 대표적인 예이다. 사회적 지지가 작업의 결과가 부정적일 때에 발생하는 부작용을 완충한다는 주장이 있다(Karasek et al., 1998). 어떤 메타분석은 과부하, 스트레스, 그리고 소진과 같은 변인에 대한 사회적 지지의 완충 효과, 그리고 직무태도에 대한 사회적 지지의 긍정적인 효과를 보여주었다(Humphrey, Nahrgang, & Morgeson, 2007). 흥미롭게도, 보통은 제공을 하는 사회적 지지와 제공을 받는 사회적 지지를 구분하지는 않는다. 아마도 전자는 고령 노동자에게서 더 두드러지고 또 그들이 더 선호할 것으로 보인다. 연령이 높아짐에 따라 젊은 노동자보다는 고령 노동자가 사회적 지지에 더 높은 가치를 부여할 것이다. 왜냐하면 고령 노동자들이 사회적인 관계를 유지하는 것과 같은 정서-관련 목표에 더 많이 집중할 것이기 때문이다. SES이론에 따르면 사람들은 연령이 높아짐에 따라 정서적인 목표에 더 높은 우선순위를 부여하며(Carstensen, Isaacowitz, & Charles, 1999), 사회적 지지를 제공할 기회는 살면서 커지는 생성 욕구를 잠재적으로 충족시킨다(Kanfer & Ackerman, 2004). 그에 비하여 사회적으로 지지를 얻는 일은 연령과는 무관하게 힘든 상황에 대처하는 하나의 긍정적인 방편으로 보아야 할 것이다.

2) 상호 의존성

상호 의존성은 누구의 직무가 다른 사람의 직무와 어떻게 연결되는지를 보여 주는 다면적인 구성개념이다(Morgeson & Humphrey, 2006; Saavedra, Earley, & VanDyne, 1993). 동시에 어떤 한 직무가 다른 사람의 작업에 의존하는 정도를 말하기도 하고, 반대로 주변 직무들이 특정 핵심 직무에 의존하는 정도를 말하기도 한다. 이 두 방식의 상호 의존성은 방향성에서 차이를 보이며(즉, 영향을 받느냐 주느냐의 차이; Kiggundu, 1981), Morgeson과 Humphrey(2006)가 WDQ

를 고안할 때에도 심리측정학적으로 확인된 바가 있다. 하지만 Humphrey, Nahrgang과 Morgeson(2007)의 메타분석을 보면, 일반적으로 연구자들은 단일의 구성개념으로 상호 의존성을 다루어 왔다. 상호 의존성은 직무만족, 동료와 슈퍼바이저에 대한 만족, 그리고 조직몰입을 포함하는 다양한 태도 변인과 정적인 관계에 있다(Humphrey, Nahrgang, & Morgeson, 2007). 더 복잡하고 더 동기가 부여된 직무일수록 상호 의존성의 가치는 높아진다. 왜냐하면 동료들과 상호작용이 잘 이루어져야지만 이러한 직무를 완수할 수 있기 때문이다(Kiggundu, 1983). 상호 의존성은 작업에 관한 경험과 지식을 동료들에게 전수할 보다 많은 기회를 제공하여 준다. 이것은 고령 노동자에게 흥미로운 일이다. 그 이유는 결정성 지능을 활용하여 그들의 생성 동기를 실현할 수 있기 때문이다. 게다가 상호작용의 증대가 고령 노동자에게 더 매력적일 수 있는 이유는 이로써 자신의 직무가 좀 더 관계적인 모습으로 바뀌고, 주변과 정서적으로 더 친밀하여지고, 그리고 SES이론의 말대로 사회적 소속감이 강화될 수 있기 때문이다(Carstensen, Isaacowitz, & Charles, 1999). 하지만 상호작용이 지식을 쌓는 데에 도움이 된다면 젊은 노동자들도 상호작용의 증가를 반길 수 있다는 것도 SES는 예언한다.

3) 조직 외부와의 상호작용

조직 외부와의 상호작용은 특정 직무가 외부 사람들과의 상호작용을 필요로 하는 정도를 말한다(Morgeson & Humphrey, 2006). 자신이 속한 조직을 넘어 더 넓은 사회적인 맥락을 반영한다는 점에서 이 특성은 앞에서 보았던 사회적 특성들과는 차이가 있다. 이 특성은 다른 사회적 특성들보다 연구자들의 주목을 덜 받았다. 따라서 이 특성에 대하여 알려진 바는 상대적으로 많지가 않다. 사실 조직 외부와의 상호작용과 직무만족 사이의 관계를 조사한 Humphrey, Nahrgang과 Morgeson(2007)의 메타분석에서는 이 둘의 관계성이 매우 약한 것으로 드러났다(r=0.05). 서로 다른 연령의 노동자들이 조직 외부와의 상호작용에 어떻게 반응할지에 관한 이론적인 논거는 SES이론에서 찾을 수 있다. 젊은 노동자의 시간에 대한 관점은 더 미래지향적이다. 따라서 이들에게는 사회적인 관계를 통하여 지식을 추구하는 일이 우선적으로 더 중요할 수 있다(Carstensen, Isaacowitz, & Charles, 1999). 외적인 상호작용이 많아지면 사회적 접촉이 늘어난다. 이는 관계를 확장하여 정보를 수집하고 싶은 젊은 노동자의 욕구에 잘 부합한다. 반면, 고령 노동자는 관계가 광범위하게 확장되는 것을 좋아하지 않는다. 대신에 이들은 이미 확립된 관계를 더 강화하는 일에 집중을 한다. Zaniboni 등(2011)의 결과가 이를 뒷받침하는데, 젊은 노동자에게서는 외적 상호작용과 만족감/몰입 간의 관계가 정적이었으나, 고령 노동자에게서는 그렇지 못하였다. 이렇게 보면, 젊은 노동자에게서는 조직 외부와의 상호작용과 작업자 성과 간에 정적인 상관이 예상되고, 고령 노동자에게서는 이 둘이 아무런 상관을 보이지 않거나 혹은 부적인 상관이 예상된다.

4) 타인 피드백

타인 피드백은 수행에 관한 정보를 다른 사람들이 제공하여 주는 정도를 뜻한다(Morgeson & Humphrey, 2006). 이 피드백은 Hackman과 Oldham(1975)이 말한 직무 피드백과는 차이가 있다. 타인 피드백과 직무 피드백은 그다지 큰 상관을 보이지 않는다(Morgeson & Humphrey, 2006). Humphrey 등은 타인 피드백이 직무만족과 웰빙에 긍정적이라고 하였다(스트레스와 소진이 덜한 것으로 나타났다). 젊은 노동자에게 타인 피드백은 매력적으로 보일 수 있다. 왜냐하면 다른 사람들의 피드백이 자신의 성장과 발전에 도움이 된다고 생각할 수 있기 때문이다. 이 피드백은 고령 노동자에게도 이득이다. 즉, 손실을 보전/방지할 목적으로 최적화 및 보상 전략을 사용할 때에(Baltes & Baltes, 1990), 타인의 피드백이 적응의 성공 여부를 가리는 지표가 될 수 있다(Ebner, Freund, & Baltes, 2006). 따라서 타인 피드백은 모든 경력 단계를 통틀어 똑같이 중요한 특성으로 작용하리라고 본다.

4 작업 맥락요인

마지막으로 소개할 직무특성은 작업 맥락과 연관이 있다(Morgeson & Humphrey, 2006). 대부분은 물리적인 특성이다. **인간공학**은 직무가 적합한 움직임과 자세를 허용하는 정도를 의미한다. **신체적 요구**는 신체의 노력이나 활동을 요구하는 정도를 뜻한다. **작업 조건**은 온도가 적절하고, 안전상 위험이 적고, 그리고 소음이 과하지 않은 것과 같은 쾌적한 물리적인 환경과 관련이 있다. **장비 사용**은 다양한 종류의 장비를 필요로 하는 정도를 일컫는다. 작업 맥락이 열악하면 어떤 노동자이든지 좋은 성과를 이루어 내기가 힘들다. 하지만 연령이 높아지면서 신체 기능이 떨어질 것을 생각하면(예, Avolio & Waldman, 1994; Shephard, 1999), 고령 노동자가 열악한 환경을 극복하기가 더 어려울 것이다. 이로 인하여 고령 노동자의 직무만족과 웰빙이 떨어지고 동시에 이들의 스트레스가 높아질 것이 예상된다.

향후 연구

앞으로 많은 연구가 필요하다. 첫째는 이전 절에서도 보았듯이 연령이 직무특성의 효과를 조절하는 방식을 이해하여야 한다. 이것의 곡선적 효과를 검증하는 일도 흥미로운 일이다. 예를 들어, 비록 젊은 노동자가 다양한 과업을 선호할지는 몰라도 과업이 추가되어 직무가 지나치게 복잡해지고 그로 인하여 과부하가 생기면 어느 지점부터는 한계효용이 체감하는 일이 일어날 수 있다. 또한, 과업, 핵심기술, 그리고 역량을 중심으로 지금보다 더 객관적인 직무척도를 확보하여야 하는 이슈도 여전히 남아 있다. 달리 말하면, 단순히 노동자들이 보고하는 직무특성에만 의존할 수는 없다는 말이다. 예컨대, O*NET의 분류와 설명을 따라 직무의 특성을 이해할 수도 있다. 이는 고령 노동자를 유인/유지할 수 있는 직무 설계를 개발하는 데에 도움이 될 것이다. 마찬가지로, 연령대에 맞게 직무를 설계할 때에도 다양한 분야(예, 산업공학, 인간요인)를 융합하면 좋은 아이디어가 떠오를 수 있다.

주관적 연령을 측정하듯이(예, Barak, 1987), 생활연령(실제 연령)이 아닌 기타의 연령 변인이 직무특성과 연령 사이의 상호작용을 이해하는 역할을 할 수 있다. 게다가 최근에는 노동자의 실제 경험을 알고자 하는 요구들이 있다. 이를 위해서는 노동자들이 자신의 연령, 남은 재직 기간, 그리고 건강 상태를 어떻게 지각하는지와 같은 이슈들을 통합하는 작업이 필요하다(Weiss & Rupp, 2011).

연령과 직무설계 간의 상호작용을 이해할 때에는 산업규범, 주변 동료들에 의해 생긴 고정관념, 그리고 노동자 자신에 의해 생긴 고정관념과 같은 맥락요인도 함께 고려하여야 한다. 예컨대, 고령 노동자가 자신이 어떤 직무에 부합하는지를 지각(판단)할 때에 직무-연령 고정관념(예, Perry, Kulik, & Bourhis, 1996)이 영향을 줄 수 있다. 동시에 조직의 다양성 문화(예, McKay, Avery, & Morris, 2008), 특히 다양한 연령 문화(Cadiz, 2010)도 직무 적합성에 대한 자가판단에 영향을 줄 수 있다. 특정 연령 집단 안에도 상당한 변산성이 존재할 것인데, 이때에는 예컨대 직무 유형과 같은 변인의 영향을 생각해 볼 수 있겠다. 개인차는 직무설계 문헌에서 오랜 역사를 지니고 있다(예, 성장 욕구 강도; Hackman & Oldham, 1975). 최근 Zacher와 Frese(2011)는 개인차의 효과를 분명하게 보여 준 바가 있다. 그들은 고-복잡성 직무와 저-복잡성 직무를 수행하는 고령 노동자들의 개인차를 조사하였다. 그 결과, 양쪽 직무에서 SOC 전략을 더 잘 사용하는 사람들이 그 전략에 익숙하지 않으면서 저-복잡성 직무를 수행하는 사람들보다 기회에 더 집중한다는 사실을 발견하였다. 이러한 결과는 연령과 다른 개인차가 결합할 때에 직무특성에 대한 노동자의 반응이 어떻게 달라질지에 대한 궁금증을 자아낸다. 이를테면, 고령 노동자가 자신에게 맞도록 직무를 조정할 때에 적극적인 성격이 도움이 된다는 주장도 있다(예, Grant, Fried, & Juillerat, 2010). 끝으로, 연령과 직무특성이 결합할 때에, 웰빙, 스트레스, 그리고 안전과 같은 전통적인 OHP 결과물에서 어떤 변화가 생기는지도 추가적으로 검토해 보아야 한다. 단, 직무특성과 웰빙 사이의 관계는 확립된 것으로 보인다(Humphrey, Nahrgang,

& Morgeson, 2007). 지금까지 연령과 직무특성이 결합하여 생길 수 있는 직업건강과 관련된 다양한 결과를 개관하여 보았다.

실용적 제안

고령 노동력의 직무설계에 관한 실용적인 몇 가지 제안을 하고자 한다. 어떤 직무설계 특성들은 연령과는 상관없이 모든 노동자에게 도움이 된다. 하지만 몇몇 특성들은 모든 노동자에게 긍정적인 효과를 가져다주지만 고령 노동자에게 더 호소적이고 이로울 수 있다. 노동자가 가진 현재의 자원(즉, 신체적 · 인지적 · 정서적 자원)과 특정 직무의 요구가 매치가 되도록 하는 일이 직무설계의 궁극적인 목표가 되어야 한다.

신체 긴장(예, 무거운 물건 들기, 불량한 조명 상태)을 완화시키는 조치는 고령 노동자에게 더 큰 이득을 주는 확실한 방안이다. 그러나 이것은 모든 노동자에게 해당되는 일이기도 하다. 고령 노동자에게 더 긍정적인 결과를 얻어 내기 위해서는 직무확대(과업 수의 증가)보다는 직무 충실화(더 도전적이고 충족적인)를 꾀하는 편이 더 낫다. 다양한 기술을 활용할 기회를 확대하여도 작업에 몰입한다는 느낌을 주어 고령 노동자에게는 도움이 된다. 잡 크래프팅, 즉 자신의 일을 주도적으로 의미 있게 바꾸는 것을 허용하면, 이것이 고령 노동자에게는 그들의 축적된 지식과 기술들을 활용할 기회가 된다. 축적된 지식을 동료들과 공유하는 것처럼, 의미 있는 상호작용이 활발한 새로운 직무를 창출하려는 노력도 고령 노동자에게는 환영할 만한 일이다. 예를 들어, 공식적인 작업장 멘토링 프로그램이 한 가지 방법일 수 있다. 또한 고령 노동력의 교대근무 일정을 짤 때에는 근무시간대의 길이, 교대가 일어나는 시간, 그리고 연속 교대 횟수 모두를 참작하여야 한다. 예컨대, 고령 노동자는 야간 근무와 연속 야간 근무를 볼 때에 부상을 입기가 더 쉽다(Folkard, 2008).

이미 주요 기업들은 고령 노동자의 직무를 다시 설계하기 시작하였다. 그 대표적인 예가 BMW이다(Loch, Sting, Bauer, & Mauerman, 2010). BMW는 제조 인력의 고령화가 상당하다는 사실을 인식하였고, 또 숙련 노동자의 고용을 그대로 유지해야 할 책무도 있고 하여, 변화에 대응하는 차원에서 변경된 수정안을 생산시설에 적용하는 노력을 전개하였다. BMW는 평균 연령 47세의 고령 노동자를 투입하는 시험 생산라인을 구축한 다음 무엇을 개선하여야 하는지를 노동자들에게 물었다. 그 결과로 신체의 긴장과 오류를 줄이는 것을 중심으로 총 70가지의 변화를 이끌어 낼 수 있었다. 그 예로 컴퓨터 화면을 보다 읽기 쉬운(즉, 더 큰 활자) 화면으로 교체하는 일, 인체공학적인 등받이를 설치하는 일, 그리고 몇몇 단순한 과업은 로봇이 수행하도록 하는 방안들이 제기되었다. 이러한 변화로 생산성이 7% 상승하고, 결근이 줄어들고, 그리고 불량률이 0으로 떨어지는 결과를 얻을 수 있었다.

결론

대체적으로 지금까지 '하나의 크기가 모든 것에 맞다'는 명제를 가지고 직무설계에 접근하여 왔다. 하지만 전생애 발달 접근과 점증하는 경험 연구들의 주장은 이와는 다르다. 노동력이 고령화되는 시대에는 전생애에 부응하는 직무를 개발하는 조직이 경쟁 우위에 올라설 것이다. 왜냐하면 노동자의 보유율과 태도뿐 아니라 이들의 건강과 웰빙도 더불어 나아질 것이기 때문이다.

참고문헌

Avolio, B. J., Waldman, D. A., & McDaniel, M. A. (1990). Age and work performance in nonmanagerial jobs: The effects of experience and occupational type. *Academy of Management Journal, 33*, 407–422.

*이 장은 부분적으로 국립산업안전보건연구원(National Institute for Occupational Safety and Health: NIOSH)의 직업건강심리학 대학원생 훈련 프로그램의 지원으로 작성되었다(#5T010H008435).

Avolio, B. J., & Waldman, D. (1994). Variations in cognitive, perceptual, and psychomotor abilities across the working life span: Examining the effects of race, sex, experience, education, and occupational type. *Psychology and Aging, 9*, 430–432.

Baltes, P. B., & Baltes, M. M. (1990). Psychological perspectives on successful aging: The model of selective optimization with compensation. In P. B. Baltes & M. M. Baltes (Eds.), *Successful aging: Perspectives from the behavioral sciences* (pp. 1–34). New York: Cambridge University Press.

Baltes, P. B., Staudinger, U. M., & Lindenberger, U. (1999). Lifespan psychology: Theory and application to intellectual functioning. *Annual Review of Psychology, 50*, 471–507.

Barak, B. (1987). Cognitive age: A new multidimensional approach to measuring age identity. *International Journal of Aging and Human Development, 25*, 109–127.

Cadiz, D. M. (2010). *The Effects of Ageism Climates and Core Self-Evaluations on Nurses' Turnover Intentions, Organizational Commitment, and Work Engagement.* Unpublished doctoral dissertation, Portland State University, Portland, OR.

Campion, M. A., & McClelland, C. L. (1991). Interdisciplinary examination of the costs and benefits of enlarged jobs: A job design quasi-experiment. *Journal of Applied Psychology, 76*, 186–198.

Carone, G., & Costello, D. (2006). Can Europe afford to grow old? *Finance and Development, 43*, 1–9.

Carstensen, L. L., Isaacowitz, D. M., & Charles, S. T. (1999). Taking time seriously: A heory of socioemotional selectivity. *American Psychologist, 54*, 165–181.

Deci, E. L., & Ryan, R. M. (2000). The "what" and "why" of goal pursuits: Human needs and the self-determination of behavior. *Psychological Inquiry, 11*, 227–268.

de Lange, A. H., Taris, T. W., Jansen, P., Kompier, M. A. J., Houtman, I. L. D., & Bongers, P. M. (2010). On the relationships among work characteristics and learning-related behavior: Does age matter? *Journal of Organizational Behavior, 31*, 925–950.

Diener, E., & Suh, M. E. (1997). Subjective well-being and age: An international analysis. *Annual Review of Gerontology and Geriatrics, 17*, 304–324.

Ebner, N. C., Freund, A. M., & Baltes, P. B. (2006). Developmental changes in personal goal orientation form young to late adulthood: From striving for gains to maintenance and prevention of losses. *Psychology and Aging, 21*, 664–678.

Folkard, S. (2008). Shift work, safety, and aging. *Chronobiology International, 25*, 183–198.

Fried, Y., Grant, A. M., Levi, A. S., Hadani, M., & Slowik, A. H. (2007). Job design in temporal context: A career dynamics perspective. *Journal of Organizational Behavior, 28*, 911–927.

Grant, A. M. (2008). The significance of task significance: Job performance effects, relational mechanisms, and boundary conditions. *Journal of Applied Psychology, 93*, 108–124.

Grant, A. M., Fried, Y., & Juillerat, T. (2010). Work matters: Job design in classic and contemporary perspectives. In S. Zedeck (Ed.), *APA handbook of industrial and organizational psychology, 1* (pp. 417–453). Washington, DC: American Psychological Association.

Grant, A. M., & Parker, S. K. (2009). Redesigning work design theories: The rise of relational and proactive perspectives. *Academy of Management Annals, 3,* 317–375.

Griffiths, A. (2000). Designing and managing healthy work for older workers. *Occupational Medicine, 50*, 473–477.

Hackman, J. R., & Oldham, G. R. (1975). Development of the Job Diagnostic Survey. *Journal of Applied Psychology, 60,* 159–170.

Hackman, J. R., & Oldham, G. R. (1976). Motivation through the design of work: Test of a theory. *Organizational Behavior and Human Performance, 16*, 250–279.

Hansson, R. O., Robson, S. M., & Limas, M. J. (2001). Stress and coping among older workers. *Work, 17,* 247–256.

Hausser, J. A., Mojzisch, A., Niesel, M., & Schulz-Hardt, S. (2010). Ten years on: A review of recent research on the Job Demand Control (-Support) model and psychological wellbeing. *Work & Stress, 24*, 1–35.

Humphrey, S. E., Nahrgang, J. D., & Morgeson, F. P. (2007). Integrating motivational, social, and contextual work design features: A meta-analytic summary and theoretical extension of the work design literature. *Journal of Applied Psychology, 92*, 1332–1356.

Kanfer, R., & Ackerman, P. L. (2004). Aging, work motivation, and adult development.

Academy of Management Review, 29, 440–458.

Karasek, R. A. (1979). Job demands, job decision latitude, and mental strain: Implications for job redesign. *Administrative Science Quarterly, 24,* 285–308.

Karasek, R., Brisson, C., Kawakami, N., Houtman, I., Bongers, P., & Amick, B. (1998). The Job Content Questionnaire (JCQ): An instrument for internationally comparative assessments of psychosocial job characteristics. *Journal of Occupational Health Psychology, 3*, 322–355.

Karasek, R. A., & Theorell, T. (1990). *Healthy work: Stress, productivity, and the reconstruction of working life.* New York: Basic Books.

Kiggundu, M. N. (1981). Task interdependence and the theory of job design. *Academy of Management Review, 6*, 499–508.

Kiggundu, M. N. (1983). Task interdependence and job design: Test of a theory. *Organizational Behavior and Human Performance, 31*, 145–172.

Kooij, D. T. A., de Lange, A. H., Jansen, P. G. W., Kanfer, R., & Dikkers, J. S. E. (2011). Age and work-related motives: The results of a meta-analysis. *Journal of Organizational Behavior, 32*, 197–225.

Loch, C. H., Sting, F. J., Bauer, N., & Mauermann, H. (2010). How BMW is defusing the demographic time bomb. *Harvard Business Review, 88*, 99–102.

McKay, P. F., Avery, D. R., & Morris, M. A. (2008). Mean racial-ethnic differences in employee sales performance: The moderating role of diversity climate. *Personnel Psychology, 61*, 349–374.

Morgeson, F. P., & Humphrey, S. E. (2006). The Work Design Questionnaire (WDQ): Developing and validating a comprehensive measure for assessing job design and the nature of work. *Journal of Applied Psychology, 91*, 1321–1399.

Morgeson, F. P., & Humphrey, S. E. (2008). Job and team design: Toward a more integrative conceptualization of work design. In J. Martocchio (Ed.), *Research in personnel and human resource management* (Vol. 27) (pp. 39–92). Bingley, UK: Emerald Group Publishing Limited.

Ng, T., & Feldman, D. C. (2008). The relationship of age to ten dimensions of job performance. *Journal of Applied Psychology, 93*, 392–423.

Ng, T., & Feldman, D. C. (2010). The relationships of age with job attitudes: A meta-analysis. *Personnel Psychology, 63*, 677–718.

Park, D. C. (2000). The basic mechanisms accounting for age-related decline in cognitive function. In D. C. Park & N. Schwarz (Eds.), *Cognitive aging: A primer* (pp. 3–21). Philadelphia: Psychology Press.

Perry, E. L., Kulik, C. T., & Bourhis, A. C. (1996). Moderating effects of personal and contextual factors in age discrimination. *Journal of Applied Psychology, 81*, 628–647.

Roberts, B. W., Wood, K. E., & Viechtbauer, W. (2006). Patterns of mean-level change in personality traits across the life course: A meta-analysis of longitudinal studies. *Psychological Bulletin, 132*, 1–25.

Saavedra, R., Earley, P. C., & Van Dyne, L. (1993). Complex interdependence in taskperforming groups. *Journal of Applied Psychology, 78*, 61–72.

Schultz, K. S., Wang, M., Crimmins, E. M., & Fisher, G. G. (2010). Age differences in the demand-control model of work stress: An examination of data from 15 European countries. *Journal of Applied Gerontology, 29*, 21–47.

Shephard, R. (1999). Age and physical work capacity. *Experimental Aging Research, 25*, 331–343.

Sullivan, S. J., Mikels, J. A., & Carstensen, L. L. (2010). You never lose the ages you've been: Affective perspective taking in older adults. *Psychology and Aging, 25*, 229–234.

Tossi, M. (2009). Labor force projections to 2018: Older workers staying more active. *Monthly Labor Review, 132*, 30–51.

Twenge, J. M., Campbell, S. M., Hoffman, B. J., & Lance, C. E. (2010). Generational differences in work values: Leisure and extrinsic values increasing, social and intrinsic values decreasing. *Journal of Management, 36*, 1117–1142.

Weiss, H. M., & Rupp, D. E. (2011). Experiencing work: An essay on a person-centric work psychology. *Industrial and Organizational Psychology, 4*, 83–97.

Zacher, H., & Frese, M. (2009). Remaining time and opportunities at work: Relationships between age, work characteristics, and occupational future time perspective. *Psychology and Aging, 24*, 487–493.

Zacher, H., & Frese, M. (2011). Maintaining a focus on opportunities at work: The interplay between age, job complexity, and the use of selection, optimization, and compensation strategies. *Journal of Organizational Behavior, 32*, 291–318.

Zacher, H., Heusner, S., Schmitz, M., Zwierzanska, M., & Frese, M. (2010). Focus on opportunities as a mediator of the relationships between age, job complexity, and work performance. *Journal of Vocational Behavior, 76*, 374–386.

Zaniboni, S., Truxillo, D. M., Fraccaroli, F., McCune, E. A., & Bertolino, M. (2011). Age moderates the effects of WDQfactors on job attitudes. In K. James and G. Burlacu (Chairs), *Age and Career Development in a Changing World of Work*. Paper presented at the 2011 SIOP Conference, Chicago, IL.

8장

긍정적 조직건강으로의 움직임: 조직건강 발전 연구모델에 대한 제안과 도전

Georg F. Bauer와 Gregor J. Jenny
취리히 대학교(Zürich University, 스위스)

머리말

두 가지 상호 보완적 추세가 조직건강심리학과 다양한 관련 학문에서 관찰된다. 지난 수십 년 동안, 위험요인의 탐색, 스트레스와 장애를 포함한 조직건강의 부정적 측면에 대한 (과)강조는 자원, 웰빙, 그리고 동기에 초점을 맞춘 조직건강의 긍정적 측면을 향한 움직임으로 인해 균형을 이루어 왔다. 이러한 추세는 개인에서부터 조직건강 개입과 평가 연구에 초점을 맞춘 사회구조와 같은 전체 조직으로의 증가된 움직임으로 인해 유지되어 왔다.

긍정적 그리고 조직적인 관점은 조직건강 개입과 건강 쟁점들의 평가를 위해 포괄적이고 차별화된 이론을 요구한다. 긍정적 조직 행동과 긍정적 조직 학문의 개념이 부분적으로 나타났으나, 보다 광범위한 조직건강(OH)의 개념은 여전히 불분명하고 다양하다. 게다가 이 개념들은 OH 연구와 활용 연계를 위한 어떤 공통 기반도 수립되지 않았다.

여기서 우리는 향후 연구가 고려해야 할 중요 쟁점들을 확인하고, OH 문헌의 구조적 평가를 제공한다. 이 평가를 기반으로, 우리는 OH 개입에 의해 형성되고 개선될 수 있는 하나의 '자연스러운' 과정으로서의 '조직건강 개발(OHD)' 개념을 소개하고, 관련 환경 내에서 사회구조로의 조직을 묘사하는 OHD 모델을 제시한다. 이 모델은 연구자, 실무자, 그리고 조직을 위한 공통 집단-행동 이론으로 사용될 수 있다. 결국 보다 차별화된 OHD 연구모델이 소개된다. 마지막 부분에서는 조직건강 개입의 분석, 계획, 실행, 그리고 평가를 위한 활용에 대해서 설명한다.

긍정적 조직건강을 향한 움직임

1 직업 및 조직 건강에 대한 긍정적 관점

비록 지난 수십 년 동안 온전히 스트레스 원인과 장애의 발생에 대한 관심이 지속적으로 증가해 온 것처럼 보이지만, 직장에서의 심리사회적 요인들에 대한 대부분의 연구들이 '스트레스 연구'라는 이름으로 출간되어 왔다(예, Cousins et al., 2004; Kahn & Byosiere, 1992). 스트레스 연구는 점차 직무요구(스트레스 원인)와 직무자원 모두를 고려한다(Bakker & Demerouti, 2007; Cotton & Hart, 2003; Karasek, 1979; Siegrist, 1996). 이러한 발전은 장애를 초월하여 일 그리고 건강과 관련된 긍정적 결과를 동반한다(Cotton & Hart, 2003; Hakanen, Perhoniemi, & Toppinen-Tanner, 2008; Mauno, Kinnunen, & Ruokolainen, 2007).

긍정심리학으로 향하는 일반적인 추세에 발맞추어(Seligman & Csikszentmihalyi, 2000), 이 긍정적 관점은 직업 및 조직 건강 연구 분야, 특히 개인적 · 단기적 · 상태적 결과에서 강조되는 **긍정적 조직 행동**과 조직적 그리고 장기적 결과에서 강조되는 **긍정적 조직 학문**의 동반 개념들하에서 주목을 받고 있다(Bakker & Schaufeli, 2008; Cameron, Dutton, & Quinn, 2003; Luthans, 2002; Nelson & Cooper, 2007).

일부 학자들은 직업 및 조직 건강에 대한 긍정적 관점이 새로운 것이 아니며(예, Wright, 2003) 긍정적 측면을 향한 움직임의 일부분이라는 것을 인정한다(Cameron, Dutton, & Quinn, 2003; Luthans, 2002). Cameron, Dutton과 Quinn(2003)은 특히 긍정심리학, 공동체 심리학, 조직 개발, 긍정적 탐구, 친사회적 그리고 시민적 행동뿐만 아니라 '긍정적 현상에 초점을 맞춘 또 다른 전통들'(p. 7)과 같은 기업의 사회적 책임에 대해서도 언급했다.

비록 직업 및 조직 건강 분야가 분명히 그 핵심에 건강이라는 개념을 가지고 있지만, (공중) 보건 과학 분야 그리고 그중에서도 건강 증진 분야의 긍정적 방향으로의 발전을 거의 인식하지 못하거나 병행하지 못한다. Seligman이 "긍정적 건강이라는 새로운 영역을 제안한다."(Seligman, 2008)고 발표하기 훨씬 전부터, 의료사회학은 사회의 의료화와 병원성 패러다임을 비판해 왔다(Illich, 1975). 그에 따라 1987년에 의료사회학자인 Aaron Antonovsky는 의학 영역에서의 강력한 병원성 관점에 대항하기 위해 건강생성이론이라는 새로운 패러다임을 소개했다(Antonovsky, 1987, 1996). 건강생성이론은 질병뿐만 아니라 긍정적 건강의 발전을 위한 생활의 요구(스트레스 요인)와 자원 모두의 관련성을 강조한다(예, Wright, 2003). 이러한 부분은 직무 요구-자원 모델(Bakker & Demerouti, 2007; Demerouti, Bakker, Nachreiner, & Schaufeli, 2001)과 OH 체계(Cotton & Hart, 2003; Hart & Cooper, 2001)의 기본적 제안에서도 역시 찾아볼 수 있다.

건강생성이론의 과학적 근거가 지난 몇십 년 넘게 광범위하게 개발되어 왔으며(Lindstrom & Erikson, 2010), 그 개념이 앞으로 긍정적 측면으로의 직업 및 조직 건강 연구에 공헌하기 위한 높은 잠재력을 가지고 있지만(Bauer & Jenny, 2007), 아직까지는 이 분야에서 거의 받아들여지지 않고 있다(Inauen, Jenny, & Bauer, 2011; Udris, 2006). **통합성**의 하위 개념만이 직업건강 연구에서 작업장 및 그 너머의 건강을 위한 핵심적 개인 자원으로 주목을 끌고 있다(예, Artinian, 1997; Graser, 2003; MacIntosh, MacLean, & Burns, 2007).

2 조직건강의 포괄적 관점

앞서 제시된 직업건강의 새로운 긍정적 관점과 함께, 전체 조직은 분석과 개입의 한 단위로 인식되고 있다. 주로 개인과 직무라는 전통적 초점을 넘어서 전체 조직으로 향한 확장은 긍정적 관점에 대한 추세로 인해 뒷받침되고 알려진다. 보호요인과 자원을 향한 개인 위험요인들에 대한 전통적인 초점을 넘어서기 위해서는 개인, 사회(집단) 그리고 조직적 수준이 동시에 고려되어야 한다(Bennett, Cook, & Pelletier, 2002; Hofmann & Tetrick, 2003). 나아가 긍정적 (건강)결과에 대한 관심은 개인적 질병을 넘어서 웰빙 평가, 직무수행, 그리고 조직의 전반적 수행에 대한 관계로 이어진다.

'조직건강(OH)'의 일반적 주제하에서, 부분적으로 앞서 제시된 긍정적 움직임에 대한 명시적 연결과 같은 다양한 제안이 만들어져 왔다. 최근 OH 영역은 긍정적 조직 현상의 광범위한 영역에서 관찰되는 것 같이 개념적으로 정의되거나 엄격하게 조사되지 않은 유혹적인 개념을 너무 빨리 받아들이는 사람들의 동일한 어려움에 직면해 있는 것처럼 보인다(Cameron, Dutton, & Quinn, 2003, p. 11).

따라서 이번 장의 목적은 OH의 향후 연구와 적용을 위한 견실한 기초가 되는 OH의 통합적 · 긍정적 방향의 개념화가 고려된 핵심 주제를 확인하는 개념적 문헌의 구조적 검토를 제공해 주는 것이다.

이 검토는 처음 ① OH의 **성과**를 ② OH **결정요인**과 구분하여 구조화할 것이다. 그 후 ③ OH의 **관계**와 **균형**에 대한 기술을 통해 OH의 차원에서 이 구분을 분석한다. 마지막으로 ④ OH 개선을 위한 **개입 전략**을 논의한다.

① 조직건강의 성과

이전에 작성된 OH에 대한 통합적 평가에서, Hofmann과 Tetrick(2003)은 건강의 3가지 구별되는 개념인 의학 모델(질병의 부재), 건강 모델(웰빙, 더 높은 기능 수준, 미래에 대한 긍정적 관점), 그리고 환경적 모델(외부 환경에 의해 요구되는 역할과 과제의 수행 효율성)을 소개했다. 이 관점들을 통해 OH의 16가지 다른 초기 정의들을 분석함으로써, 그들은 두 가지 차원의 '체계화된 조직건강을 위한 통합적 체계'(p. 18)를 개발했다. 첫 번째 차원은 단기 대 장기 건강 결과로 구분된다. 두 번째 차원은 본질적 건강 목표(내적 가치 혹은 목표의 만족)와 비본질적 건강 목표

(외부 이해 관계적 요구를 만족시키기 위해 채택된 목표)로 구분된다. 저자들은 개인, 집단, 그리고 조직과 같은 다른 분석 수준에 적용하기 위해서 OH의 결과로 나온 4가지 범주들의 기술을 유지하고 있다. 이 OH 결과들의 다수준, 다차원적 특성의 강조는 Bennett, Cook과 Pelletier(2002)의 통합적 평가에서 역시 찾아볼 수 있다.

긍정적 조직 행동과 학문에 대한 문헌을 직접적으로 언급하면서, Quick, Macik-Frey와 Cooper(2007)는 각 범주에 대한 구체적 속성의 통합적 목록과 함께 건강의 3가지 상위 범주를 소개했다. 그들은 개인과 조직 수준에 대해 같은 범주를 적용했다. 인생의 목적, 타인과의 유대감, 긍정적 자기 존중, 그리고 숙달을 이끌어 낸다. 이 OH의 인간 기반 개념화는 조직 스스로가 효율성과 성과에 초점이 맞춰진 전통적인 좁은 시야를 넘어서고(예, National Health Service, 2009, p. 3) 사회 목표에 보다 광범위하게 기여할 수 있는 기능을 가지고 있다고 가정한다. 이러한 부분도 정당한 OH 성과인 조직의 유지능력(Hofmann & Tetrick, 2003) 혹은 기업의 사회적 책임(Zweetslot, Leka, & Jain, 2008)을 도입함으로써 이루어진다. 가장 통합적으로, Jaffe(1995)는 기업이 기업환경을 포함한 주주들, 직원들, 납품업자들, 소비자들 그리고 공동체를 통해 더 건강해질 수 있다고 제안했다.

따라서 OH의 향후 개념화는 조직 맥락에서 건강의 다차원적, 다수준 그리고 단기 및 장기 특성을 고려해야만 한다.

② 조직건강의 결정요인

OH의 개념이 개인, 집단, 그리고 조직 수준에 적용될 수 있다는 사실은 각 수준에서 건강의 주요 결정요인을 확인하는 관련 이론 및 많은 경험적 문헌을 통해 증명되었다. 그 결과로, OH에 대한 기술에는 OH의 결정 요소들을 선택적으로 제시해야 한다. 예를 들어, **직무 역할의 명확화, 직무 수요와 자원 간의 균형, 사회적 관계와 자원뿐만 아니라 변화를 다루는 능력**은 통합적 문헌 고찰에 기반해 조직건강(OH; Kerr, McHugh, & McCrory, 2009)과 개인 수준(Bond, Flaxman, &

Loivette, 2006)에서의 핵심 결정요인으로 확인되었다. MacIntosh, MacLean과 Burns(2007)는 통합력을 증진시켜서 최종적인 조직건강을 위해서 직원들의 주관적 정체성과 의미를 가장 우선적으로 다루어야 한다고 주장했다.

다른 예로, Hart와 Cooper(2001)뿐만 아니라 Cotton과 Hart(2003)는 개인 수준에서 OH를 달성하기 위해 '리더십과 경영 관행뿐만 아니라 조직 구조와 과정들(예, 평가 및 인식 과정, 의사결정 유형, 역할의 명확성, 목적 동조 등)…'(Cotton & Hart, 2003, p. 122)과 같이 정의된 조직 풍토를 다루어야 하는 일차적 필요성에 대한 근거를 요약했다. 다른 사람들은 OH가 일차적으로 긍정적 리더십(Luthans, 2002; Peiro & Rodriguez, 2008; Quick, Macik-Frey, & Cooper, 2007) 혹은 긍정적 조직 문화 및 풍토(Shoaf, Genaidy, Karwowski, & Huang, 2004)의 문제라고 제안한다. AMIGO 모델(Peiro, 1999; Peiro & Rodriguez, 2008)은 조직의 굳어져 있는 측면(예, 구조나 기술)과 유연한 측면(예, 풍토 및 운영)뿐만 아니라 핵심 요소들(예, 계획, 전략, 문화)을 구분한다. 조직의 OH와 관련해서, 미국의 국민 건강 서비스(2009)는 문헌들을 통해 OH의 '구성 요소'를 종합하기 위해 상호관계(조직 내 구성 요소들의 균형), 정체성(전체와 부분들 간의 관련성), 자율성(주변 세계에 대한 행동능력), 회복탄력성(주변 세계에 의해 조직이 어떻게 행동되는지)이라는 또 다른 체계를 개발했다.

이러한 다양한 제안은 앞으로의 OH 개념화가 무엇보다 OH의 주요 결정요인을 확인해야 한다는 것을 말해 준다.

③ OH의 관계와 균형–사회구조로서의 조직

OH에 대한 처음 두 부분은 일부 학자들이 OH의 결정요인이나 결과와 같이 명확한 분류가 어려운 이 개념의 주요 측면을 설명하기 위해 OH의 구성요소, 속성, 혹은 양상과 같은 일반적인 용어 사용을 선호한다는 것을 보여 준다. 실제로, 일부 저자들은 개인 노동자와 그들의 조직 간의 상호작용이 일어나는 곳에는 사회적, 상호적 시스템으로서의 조직(Bennett, Cook & Pelletier, 2002; DeJoy & Wilson, 2003; Grawitch, Gottschalk, & Munz, 2006; National Health Service, 2009;

Peiro & Rodriguez, 2008)이 OH 개발을 위한 핵심으로 여겨질 수 있다는 것을 직접적으로 제안했다. 시스템 사고는 자기-참조적 하향 및 상향 구조를 포함해 OH의 주요 요인들 간의 상호 관계 분석에 의한 선형 결정요인-결과 논리의 대체를 의미한다(Fredrickson, 2003).

최근 조직건강 구조(OH-F; Cotton & Hart, 2003; Hart & Cooper, 2001)와 직무요구-자원 모델(Bakker & Demerouti, 2007; Demerouti et al., 2001)이라는 두 가지 병행되는 연구-중심 모델은 차별화된 방법으로 작업환경과 건강 간의 관련성을 개념화하였다. 두 가지 모두 부담을 일으키는 요구와 동기부여를 이끄는 자원이라는 조직의 건강 개발의 두 병행된 축에서 중요한 차이를 둔다. 이 축 외에도, 두 모델은 서로 간의 교차적인 관계 역시 가정한다. 따라서 자원은 요구-긴장 관계를 완화할 수 있는가 하면, 요구는 동기부여 자원의 긍정적 영향을 저해할 수도 있다. 두 모델 모두 이 모든 관계가 개인과 조직자원에 달렸다는 것을 인정한다. 그렇지만, OH-F만이 모델 자체에서 이 자원들을 명시적으로 나타낸다. 마지막으로, 두 모델 모두 조직의 유일한 최종 결과로서 (조직의) 성과를 강조한다.

실제로 Grawitch, Gottschalk와 Munz(2006)는 전체적 건강의 성취를 위한 실천(PATH) 모델을 제안했다. 이 삼각형 모델은 건강한 작업장 실천이 근로자 웰빙과 조직 개선으로 동시에 이어지고, 두 결과가 서로 강화한다는 OH 문헌의 일반적인 사고를 요약한다. 또 다른 OH의 발견적 모델(Hart & Cooper, 2001)은 건강한 작업장 실천을 넘어서 개인과 조직의 특성이 어떻게 직원 복지와 조직성과 모두를 공동 생산해 내는지 보여 준다. 또한 거시적 이론 모델은 정부와 주주들, 고객 및 파트너들과의 상호 관계를 조직 환경의 관련 이해관계자로 소개한다.

개인과 조직 수준에서의 건강 간의 조화로운 상호 이익 개념에 더해, 몇몇 저자는 OH가 항상 단기와 장기, 그리고 내재적(직원 중심), 외재적(기업 혹은 사회 중심) 건강 이득 간 긴장 속에서 운영되고 있다는 점을 강조한다. Bennett, Cook과 Pelletier(2002)는 OH는 조직과 환경 요소들 간의 좋은 적합성을 보장해야 한다고 지적한다. 이 개념 역시 Peiro와 Rodriguez(2008) 혹은 일반적으로 다양한 스트레스 모델에서 찾아볼 수 있다. 그렇지만 조직은 또한 OH 유지에 포함된 핵심 긴장을 인식할 필요가 있다. Hofmann과 Tetrick(2003)은 우리가 확대된 OH의 관점을 채택함에 따라 조직이 근로자의 복지에 대한 책임감을 얼마나 가져야 하는지 혹은 기업의 사회적 책임에 대한 요구를 고려해야 하는지와 같은 가치판단을 이끌어 내 OH의 긴장이 증가한다고 강조했다. 그들은 해결책으로 조직 내적 건강(예, 내적 과정, 장기 학습 및 성장)뿐만 아니라 외부 이해관계자의 요구를 최적화하는 방법에 대해서 설명하는 OH를 위한 전략적 수준 모델(Hofmann & Tetrick, 2003, p. 18)로 균형 성과표(Kaplan & Norton, 1996)를 적용함으로써 경쟁 목표의 최적화를 제안한다. 이 접근법은 MacIntosh, MacLean과 Burns(2007)의 OH가 권력의 문제를 회피한다는 비판에 대한 하나의 해결책으로 고려될 수 있다.

④ OH 개선을 위한 개입 전략

마지막 부분은 목표 개입을 통해 어떻게 OH가 향상될 수 있는가에 대한 질문을 제기한다. OH 문헌들은 다음과 같은 다양한 전략을 제시한다.

- 건강한 작업장 실천: 일과 생활의 균형, 노동자 성장과 발전, 건강과 안전, 인식, 노동자 개입(Grawitch, Gottschalk, & Munz, 2006)
- OH로의 접근: 개인(건강 증진/리더의 중요성), 직업(직업 재설계), 조직(자주적인 집단)(Shoaf et al., 2004)
- 실무자 모델: 건강과 생산성 관리, 행동 위험 관리, 건강한 문화 계획, 건강한 기업, 가치 있는 건강한 기업 실천(Bennett, Cook, & Pelletier, 2002)
- 리더십 개발(Peiro & Rodriguez, 2008; Quick, Macik-Frey, & Cooper, 2007)
- 자기 평가/적응능력 그리고 전체 조직 활력의 성장, 복귀, 그리고 악화의 주기에 대한 인식 유지(Bennett, Cook, & Pelletier, 2002, p. 72)

이런 다양한 전략은 인적 자원 관리 영역에서 발견되는 보편적 접근(적용되는 환경에 관계없이 효과적인 실천), 상황 적응적 접근법(조직 실천의 효율성은 구조나 전략과 같은 다른 조직 요소들과의 일관성에 달려 있음), 형태적 접근법(조직적 관행의 전체적 구조가 개선될 필요가 있음)이라는 3가지 개입 접근법들과 관련될 수 있다(Delery & Doty, 1996; Grawitch, Gottschalk, & Munz, 2006). 나열된 OH 전략들은 보편적 방법(보편적 접근법)으로 적용되거나 각 조직에 맞춰져야 한다(상황 적응적 접근법). 개념적으로 이 접근법이 OH의 복잡성을 해결하는 데 가장 적합한 것으로 보이긴 하지만, 오직 다섯 번째 평가와 적응력 전략만이 형태적 접근법에 완전히 부합한다.

3 형태적 조직건강 개입

긍정적 · 통합적 조직건강을 향한 추세는 조직별 수요와 자원에 대한 철저한 평가가 포함된 개입 접근법으로 이어진다. 그다음으로 조직과 건강문제에 맞추어진 활동뿐만 아니라 그 효율성에 대한 지속적인 평가가 뒤따른다. 포괄적으로, 맞춤형 OH 개입은 일반적으로 문제 해결 주기의 단계를 따르는 것으로 간주된다(Bauer & Jenny, 2007; Bauer & Schmid, 2008; ENWHP, 1997; Leka, Cox, & Zweetslot, 2008; Nielsen, Randall, Holten, & Gonzalez, 2010; Noblet & LaMontagne, 2009). 더욱이 이 문헌은 문제 해결 고리가 조직 구성원들의 좋은 언어적 상호작용과 적극적인 참여를 요구한다는 데 동의한다.

그렇지만 이러한 접근법들은 조직의 자원과 강점을 개발하고 평가하는 것과 관련하여 직무 관련 위험, 요구 또는 스트레스를 지나치게 강조한다. 또한 사전에 정의된 중재의 충실한 이행과 관련된 보편적 접근법(예, Egan, Bambra, Petticrew, & Whitehead, 2009; Murta, Sanderson, & Oldenburg, 2007) 혹은 해당 조직에 문제 해결 주기를 적용시키는 상황 적응적 접근법(예, Nielsen, Randall, Holten, & Gonzalez, 2010)을 따르다.

많은 경우, OH 문제를 해결하기 위해 고안된 참여적 문제 해결 주기는 조직의 지속적 건강 발전의 명확한 개념화 없이 조직에서 건강 지향적인 변화가 어떻게 유도될 수 있는지에 대해서 설명한다. 따라서 OH 개입과 전략적 관리 및 일상적인 조직 관행 간의 긴밀한 연계에 대한 요구가 반복되어 왔다(Bauer & Jenny, 2007; Nielsen, Randall, Holten, & Gonzalez, 2010; Nielsen, Taris, & Cox, 2010). 또한 문제 해결 접근법은 부분적으로 일반적이고 건강 지향적인 조직 개발 분야의 원칙을 발판으로 삼는다(Noblet & LaMontagne, 2009).

앞으로를 위해, 몇몇 발견은 지속적인 건강 지향적 자기 개선을 보장할 수 있게 하는 OH의 형태적 접근법을 우선적으로 따르는 것이 바람직하다고 제안한다. 첫째, 조직과 조직 환경의 불안정성과 복잡성은 우리에게 구별되고 안정적인 직업건강과 안전 시스템을 넘어서는 움직임을 요구한다. 둘째, 이와 같은 불안정성과 복잡성뿐만 아니라 가속화되는 혁신 주기와 증가하는 인지-정서적 요구들을 동반한 서비스와 지식 경제로의 전환은 조직의 심리사회적 요인들을 해결할 필요성을 증가시킨다. 이러한 심리사회적 요인들은 조직 내에서 다양한 지속적 상호작용에 의존하므로 조직 자체에서만 해결할 수 있다. 셋째, 구조이론은 중재하는 행위자가 복잡한 사회 시스템과 같은 조직을 거의 통제하지 못한다는 것을 인정한다. 넷째, 문제 해결 주기 접근법에서 일반적인 것처럼 동시적이고 과도기적 개입 구조들의 발생과 외부 OH 전문 기술에 대한 의존은 OH 개입의 수용과 유지를 방해할 수도 있다.

OH 개입에 대한 형태적 접근법의 평가는 복잡한 OH 개입 평가와 관련하여 반복적으로 재기된 주요 쟁점들을 다루어야만 한다(Cox, Karanika, Griffiths, & Houdmont, 2007; DeJoy et al., 2010; Egan et al., 2009; Nielsen, Randall, & Christensen, 2010; Nielsen et al., 2010; Nielsen, Taris, & Cox , 2010; Semmer, 2010). 따라서 다음과 같은 고려가 필요하다.

- 원하는 결과로 이어지는 변화과정
- 개입의 이행과 효과에 영향을 미치는 (변화하는) 조직 및 보다 큰 환경적 맥락
- 단기 및 장기뿐만 아니라 부작용 및 상호 효과에 대한 개입의 다수준 분석

이론 중심 평가 접근법에 따라, 이러한 쟁점들을 해결하기 위해서는 OH와 관련 개입들의 명확한 모델이 필요하다.

4 조직건강에 대한 결론

앞서 본 것과 같이, 다양한 정의, 차원(결정요인 및 결과), 그리고 관계는 (긍정적) 조직건강의 새로운 영역으로 제안되어 왔다. 또한 검토된 체계 중 어느 것도 OH의 개념화로 발생된 주요 쟁점들을 만족할 만한 통합을 제안하지 못했다. 앞서 검토된 OH 문헌들을 요약하면, 우리는 연구와 실천을 이끄는 OH의 개념화가 다음과 같은 이론적 측면을 고려해야 한다고 결론을 내린다.

- 조직은 조직과 구성원들 간의 여러 상호작용이 이루어지는 사회 시스템이다.
- 여러 상호작용에 대한 분석은 실제적(직무 관련), 사회적(사람 관련) 처리과정을 모두 고려해야 한다.
- 시스템 관점에 따라, 단방향 인과관계를 가정하는 OH의 구성 요소와 결과물 간의 사전에 정의된 구분은 상호 관련성을 동반한 OH의 주요 차원들의 중립적 개념으로 대체되어야 한다.
- OH는 다양한 이해관계를 포함한 조직의 환경에 의존한다.
- OH는 다양한 이해관계자의 관심뿐만 아니라 OH의 다양한 차원 사이의 균형 잡힌 긴장감이 필요하다.
- OH 개입은 조직 체계 자체가 주도하는 조직 변화에 대한 형태적 접근법을 따라야 한다.
- 조직 스스로의 개선과정을 용이하게 하기 위해서 OH는 기존의 논리 모델과 조직의 의사결정자들의 전문용어가 연관되어야 한다.

기업-주도 OH 개입과정 지원은 조직, 실무자, 그리고 연구자 각각이 동등하게 관련될 수 있는 명시적 모델인 공동 집단-행동 이론이 요구된다. 따라서 앞의 이론적 고려사항들을 다루는 것 외에도 OH 모델은 다음과 같은 조건들을 충족해야 한다.

- 실천적인 관점에서 볼 때, 이 모델은 자기-관찰을 위한 마인드 맵과 OH 개선의 자기 주도적 처리를 위해 조직을 이용한다. 동시에, 이 모델은 OH 실무자들이 이 과정을 외부에서 지원할 수 있도록 안내한다.
- 인과관계적 연구 관점에서 볼 때, 이 모델은 주요 차원들이 확인될 개입과 구조적 방법으로 시험될 OH 관련성에 대한 가정에 의해 다루어지는 것을 허용한다.
- 평가연구의 관점에서 볼 때, 모델은 OH의 구조화된 분석과 개입이론, 변화과정, 바람직한 결과물, 그리고 유도된 변화가 일어나는 조직 맥락의 다수준 맵핑을 허용한다.

조직건강 개발: 개념과 모델

1 조직건강 개발의 개념

앞선 문헌 검토로 OH의 개념화에서 충족되어야 할 몇 가지 핵심 이론적 측면을 확인했다. 그렇지만, 즉각적으로 얻어진 OH의 명확한 개념과 모델을 인정하지는 않았다. 따라서 우리는 조직건강 개발(OHD)의 개념을 제안한다. 이는 핵심 생활 영역으로의 조직에 초점을 맞춤으로써 밝혀진 관련 생활환경과의 상호작용이 어떻게 건강을 지속적으로 재생산하는지를 보여 주는 일반적인 건강 개발 모델에 기초한다(Bauer, Davies, & Pelikan, 2006). 게다가 이 개념은 가치(OHD에서는 조직, 조직 구성원과 환경적 건강) 있는 결과를 달성하기 위해 조직적 변화과정을 거칠 수 있다고 가정하는 조직 개발에 기반한다.

OH 영역에서, OH 개발의 개념은 OH가 주로 복잡한 사회구조와 같은 조직 내 다양한 상호작용을 통해서 일어나는 지속적이고, 의도하지 않은 '자연스러운'개발과정이라는 관점을 더한다. 따라서 조직의 이러한 OHD 과정들을 구축하고 향상시키려면 외부로부터의 개입이 가장 효과적일 것으로 기대된다.

종합하자면, 우리는 OHD를 다음과 같이 정의한다. OHD는 개인과 조직 역량의 상호작용에 기반하여, 사회구조로서의 조직 내에서 건강의 목표된 개선과 지속적 재생산이다.

2 일반적 OHD 모델

이 개념화를 발전시키기 위해, 우리는 이 시리즈의 지난번 출간된 버전을 발판으로 삼아 OHD 모델을 개발했다(Bauer & Jenny, 2007).

우리는 건강 개발 모델(Bauer, Davies, & Pelikan, 2006; Bauer & Jenny, 2002)을 조직기능과 그것이 어떻게 향상될 수 있는지를 일반적으로 보여 주는 St. Gallen의 새로운 관리 모델(Ruegg & Sturm, 2005)과 통합했다. 새로운 관리 모델은 구조화 이론(Giddens, 1984), 체계적인 관점(Luhmann, 1984), 그리고 조직 윤리학(Maak & Ulrich, 2007)에 집중한다. OHD 모델은 특히 직원과 조직의 건강 개발과 관련 요소들에 초점을 둔다.

요약하면, OHD 모델은 개인 역량(능력, 동기, 그리고 정체성)과 상호작용하는 조직 역량(구조, 전략, 그리고 문화)이라는 관점에서 조직 체계를 표현한다. 이 상호작용은 실제적 과정(사업, 관리 그리고 지원과정)과 관리자, 직원 그리고 소비자들 간의 사회적 과정을 포함하며, 개인 및 조직 역량 형성에 의해 차례로 영향을 받는다. 이 모델은 조직 구성원들의 관심과 더불어 조직과 균형을 이룰 필요가 있는 이해관계인 소비자, 사회, 금융가 그리고 선택된 구성원들의 사생할, 건강 관련 환경을 고려한다.

또한 이 모델은 기존의 조직과 개인의 역량을 강화하고, 환경을 비롯한 조직 내부의 상호작용을 토대로 향상되는 OHD의 개선을 다룬다. 최종적으로, OHD 모델은 개인의 건강, 지각된 직무의 질, 그리고 OHD에 의해 균형을 이루는 데 특히 중요한 가치를 가지는 '성과'인 지속 가능성을 강조한다. 지속 가능한 성과라는 용어는 조직 내외부의 현재와 미래의 생태적 및 사회적 자원들을 유지하는 지속 가능성에 대한 추가적인 초점을 통해 조직의 경제적 성과에 대한 좁은 개념을 확장시킨다.

이 모델은 조직의 역량이 자기-주도적 최적화 과정을 보장할 수 있다는 것을 의미한다. 동시에, 외부 컨설턴트 및 연구자들이 동등하게 관련될 수 있는 공동 집단-행동 이론을 제공함으로써 그 과정을 지원할 수 있다. 이 모델은 공통 기반 혹은 명백하고 협의된 관련 OH 문제들과 성공적인 변화과정을 위한 마인드 맵을 제공한다.

3 OHD 연구모델

연구 목적으로 일반적 OHD 모델을 더욱 차별화하기 위해서, 우리는 먼저 부정적 결과로 이어지는 **직무요구**의 병렬적 경로와 조직 구조의 긍정적 결과로 이어지는 **직무자원** 간의 구분을 소개한다([그림 8-1]). 앞서 본 것과 같이, 이 구분은 이전에 관련 없던 직무 요구-자원 모델(Bakker & Demerouti, 2007; Demerouti et al., 2001), OH 체계(Cotton & Hart, 2003; Hart & Cooper, 2001) 그리고 건강생성 이론의 개념(Antonovsky, Bauer, Davies, & Pelikan, 2006)이라는 3가지 이론적 제안들을 소개했다. 처음 두 모델이 직무 관련 심리학적 구성개념을 긍정적 혹은 부정적 결과로 제한하는 것에 비해, 우리는 부정적, 긍정적(신체-심리-사회) 건강을 구분하여 건강생성이론의 보다 폭넓은 제안을 따른다. 반면에, 우리는 부정적 그리고 긍정적 건강이 조직의 성과(우리의 경우 지속 가능한)를 공동으로 예측한다는 것을 보여 줌으로써 처음 두 모델을 따른다. 부정적, 긍정적 건강 모두 긍정심리학 영역에서 발견되는 주관적 웰빙의 잠재적 구조에 따라 부정적 그리고 긍정적 건강 모두를 위한 정서적, 기능적 하위 차원으로 더 분류될 수 있다(Keyes, 2007).

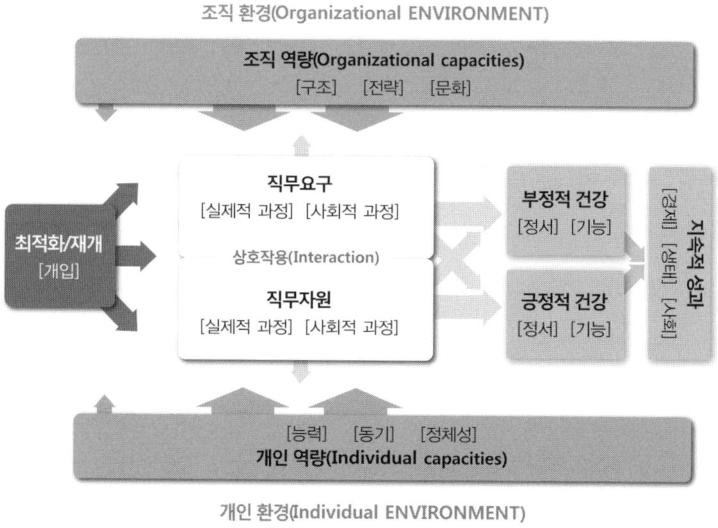

[그림 8-1] OHD 연구모델

이러한 OH의 추가적인 하위 범주들은 요구 대 자원으로 우리의 일반적 OHD 모델의 실제적 그리고 구조적 과정을 구분한다. 또한 다음에 설명된 것처럼 연구 분석에 유용한 바람직한 결과로 이어지는 개입의 묘사로 연결된다. 그렇지만, 여전히 다른 요소들이 건강 지향적 최적화 혹은 재개과정의 구축을 위한 기본 체계를 구성한다는 것을 보여 준다. 전적으로, OHD 연구모델은 개입 연구자들이 다음에 관심을 두어야 한다고 안내한다.

- 구조(역량)와 과정(상호작용)
- 요구와 자원
- 긍정적 그리고 부정적 건강
- 개인적 그리고 조직적 변화
- 진행적, 그리고 의도적, 건강 개발이 포함된 개입

조직건강심리학 영역의 연구자들은 다음 3가지 목적으로 OHD 연구모델을 사용한다. 첫째, 이 모델은 OH의 보다 차별화되고 병인학적인 분석 수행, 고려해야 할 차원들과 연관성의 맵핑과 정당성을 요구하는 것뿐 아니라 분석에서 제외하는 것에도 적용할 수 있다. 둘째, 조직 분석, 개입이론, 그리고 후속과정과 효율성 평가를 맵핑하기 위한 개입과 발전이론을 제공할 수 있다. 셋째, 컨설턴트, 관리자, 직원, 과제 리더 그리고 연구자들이 일반적으로 참여하는 개입 과제의 다양한 이해관계자적 관점에 차별화된 분석을 연결하는 데 도움을 줄 수 있다.

평가연구를 위한 OHD 연구모델의 응용

1 조직 분석과 개입 접근법의 맵핑

시스템 내부 변화로서 OHD의 이해, 기업-주도적 자기-최적화 접근법으로서 건강-지향적 개입의 고려, 조직 분석과 변화를 위한 접근법들은 경계 비평(MIdhley, 2006)과 시스템 사고를 포함한다. 단기적 변화 관리자들인 컨설턴트, 과제 리더 혹은 개입 연구자는 분석과 변화의 단위를 고려한다. 첫째, 그들은 기업, 기업 내 부서, 팀, 기능, 그리고 권력 수준과 같은 구조 내부와 경계를 되돌아본다. 둘째, 그들은 관련성이 있고 합법적일 뿐만 아니라 구조에 비판적인 부분이 분석되도록 핵심 지표를 반영한다. 전문가적인 관점뿐만 아니라 구조적인 관점에서도 필요한 부분은 무엇인가? 그리고 지금까지 보아 온 것은 무엇인가? 셋째, 그들은 변화에 대해서 선형적이거나 인과적인 메커니즘뿐만 아니라 오히려 역동적, 의도적이거나 비의도적인 상호작용, 단기와 장기, 주 효과와 부작용 효과를 반영한다. 반영된 모든 단계는 일반적 혹은 OHD 연구모델의 공통적인 마인드맵을 참조하여 촉진되고 알려진다.

모든 변화 관리자는 자신만의 변화이론과 변화 성취를 위한 도구상자를 가진다. 여기서 이 모델은 해당 프로그램 혹은 과제 구조와 개인적 그리고 조직적 변화를 위한 암묵적, 명시적 개입이론과 접근법들을 맵핑하기 위한 체계로 제공될 수 있다. 변화 관리자들은 기술을 강화하고, 통제력을 향상시키고, 주인 의식을 만드는 것뿐만 아니라 책임을 정의하는 것과 같은 변화의 모든 과정을 통해 OHD를 위한 개인과 조직 역량 구축을 고려해야만 한다. 이러한 방식에서 단계적으로 담론적 자기반성이 성립될 수 있다. 조직은 건강에 관련된 문제들을 보고, 말하고, 행동할 수 있게 된다. OHD에 필요한 역량은 기업마다 다를 수 있으며, 대부분의 경우 오직 변화의 과정 중에만 볼 수 있다.

2 과정 평가

OHD는 변화 과정을 시작하거나 지원하기 위해 전문적 컨설팅을 사용한다. 이것은 실무자들의 과학적 개입과는 많이 다르다. 따라서 자체적 논리를 가진 제3의 구조(컨설팅 시스템)가 기업과 연구자 외에도 고려되어야 한다. 과정 평가는 다중과정, 다중수준 사건, 경영 논리의 자기 조직화, 그리고 다른 컨설턴트 양식과 결합된 개인적인 용무/일에 직면하게 될 것이다. 초기에 작성된 과제 구조는 기업의 구조, 전략, 그리고 문화에 맞게 형성되고 적용된다. 그리고 변화를 위한 대부분의 에너지를 공개하고 기업의 이해관계자들의 묵시적이고 명시적인 필요와 의견을 제공한다(Kuhl, 2002). 진행 중인 사건 중 많은 수는 경영안과 외부 전문가들에 의한 통제와 예측이 제한되는 기업 특성에 의해 조절되는 몇몇 획일화된 접근법을 사용한 과제 컨설팅을 대표한다.

전체 과제 구조와 이 과정의 모든 '단계'를 평가하는 것은 (초기화, 분석, 계획, 관찰 도구로부터의) 변화와 관련이 있다(Inauen, Jenny, & Bauer, 2011 참고). 우리는 변화 과정에서 확립된 성공 요인들이 고려될 것을 제안한다. Gerkhardt와 Frey(2006)는 몇 가지 핵심 요소(다른 것들 중 Kotter, 1996에서 잘 알려진)를 조합하고, 변화과정에서 고려되어야 할 12가지 성공 기준을 제안했다. 이 기준은 철저한 분석 수행, 비전과 목표의 정의, 행동의 필요성에 대한 상호합의의 확립, 지도자 연합 세우기, 적절한 의사소통과 시간 관리 보장, 과정 중 융통성 보장, 자기 최적화를 위한 권한 부여, 그리고 구조와 전략의 통합을 포함한다. 이 기준은 질적 과정 평가(회고적으로), 혹은 진행 중인 변화 과정의 조절과 관찰을 위한 체크리스트를 사용할 수 있다.

이 기준은 또한 자기-최적화를 위한 권한 부여를 통해 OHD를 위한 역량 구축 아이디어를 포함한다. 과제 구조를 구축하고 과제 요소, 추가적 초점들을 조직화하는 동안 시스템의 내부 경계와 경영 보장 그리고 리더 지원에 대한 관점의 교환에 중점을 두어야 한다. 추가적으로 최저비용과 저항으로 최대의 효과를 이끌어낸다는 가설을 바탕으로 한 개입 요소(예를 들면, 스트레스, 관리과정, 리더십 과정, 작업 집단)의 조합을 반영하는 것이 유용하다.

스트레스 관리과정과 같은 단일 과제 요소 평가를 위해, 우리는 개입의 공중보건 영향 평가(Glasgow, Vogt, & Boles, 1999)를 위해 개발된 RE-AIM 기준의 부분적 사용을 제안하는데, 즉 도달(REach, 참여율과 대표성), 채택(Adoption, 부서/기업 참여 및 대표성), 이행(IMplementation, 과정 전달의 지속기간과 질)이다. 여기서 특히 참여율의 정도와 하위 집단들의 선택적 참여(누가, 언제, 어떻게)에 대해 생각해 보는 것이 좋다.

변화과정의 잠재적 성공을 평가하기 위한 이러한 기준들을 확인하는 것 외에도, 과정은 그 자체로 기업 구성원들에게 영향을 준다(예, van den Heuvel, Demerouti, Schaufeli, & Bakker, 2010), 그리고 건강한 변화과정을 위한 추가적인 기준이 제시된다(예, Tvedt, Saksvik, & Nytro, 2009). 마찬가지로, 개인과 조직 수준 모두의 변화에 대한 준비가 변화과정에서 중요한 요소로 논의되었으며(Kotter, 1996; Nielsen, Randall, Holten, & Gonzalez, 2010; Nytro et al., 2000), 변화과정과 그 평가가 체계적으로 설명되어야 한다.

전체적으로 이는 OH에 대한 형태적 접근법에서 과제 구조,[1] 과제 요소, 조직과 개인 간의 상황 적응은 중요한 문제로 남아 있음을 보여 준다. 그렇지만 이 접근법을 따라, 조직과 개인 역량 그리고 그들 간의 상호작용이 궁극적으로 변화와 목적의 체계를 구성한다.

---

1) 과제 구조(project architecture): Konigswieser와 Hillebrand(2007)에 따르면, 이것은 변화 과정의 전반적 구조로 이해된다. 과제 구조는 과정, 작업 집단, 강의, 운영 그룹, 그리고 그들의 조직과 같은 다양한 과제 요소(디자인)로 구성된다. 이 모든 요소에서, 컨설턴트는 다양한 도구와 기술을 사용한다.

3 효과성 평가

OHD 개입의 가장 우선적인 목표는 개인 건강과 조직 수행에 강력하게 영향을 미치는 직무요구와 자원이다. OHD 연구모델이 보여 주듯이, 직무요구와 자원은 조직과 개인 역량 간의 상호작용을 통해서 발달된다. 따라서 개입법과 과제 구조와 요소, 효율성 가설에 따라 다음과 같은 것들을 목표로 할 수 있다.

- **개인 역량**: 능력의 변화(예, 대처 기술), 동기(예, 변화에 대한 개인적 준비), 혹은 정체성(예, 건강과 장애에 대한 이미지)
- **조직 역량**: 구조의 변화(예, 기간시설, 작업 조직화), 전략(예, 변화에 대한 조직적 준비), 혹은 문화(예, 근로자 지향성)
- **상호작용 수준(과정)**: 실제적 및 사회적 과정의 변화, 조작 가능한 직무요구(예, 시간 압박), 직무자원(예, 사회적 지원, 감사), (자기-)최적화 과정의 변화(예, 건강 관련 문제에 대한 참여 행동과 담론)

OHD 연구모델에서 나타나 있듯이, 역량의 변화는 습득한 기술을 강화하는 상호작용을 가능하게 하는 조직 구조가 요구된다. 마찬가지로, 예를 들면 공정한 행동과 감사하는 행동과 같은 상호작용 변화를 연습하기 위해서는 개인적 동기 및 행동 변화에 지지적인 조직문화가 필요하다. 이 모델은 또한 직무요구와 자원의 조직적 구조의 변화 효과가 가설화될 수도 있음을 나타낸다. 그러나 이러한 영향은 비-선형적이거나 예측 불가능할 수도 있다. 전반적으로, 효율성 평가는 변화과정의 각 단계가 효율성에 어떻게 기여하는지와 자기-최적화를 위한 역량 구축을 고려해야 한다. 더욱이 일반적 OHD 모델은 개인적 그리고 조직적 역량, 건강, 직무의 질, 그리고 지속적 성과의 평행적 결과를 이끄는 실제적, 사회적 과정을 통해 상호작용에서 개인과 조직의 역량을 보여 주지만, OHD 연구모델은 지속 가능한 수행의 최종 결과물을 위한 개입의 보다 선행적인 사고를 나타낸다. 이는 인과적 관계와 같은 프로그램 논리나 개입이론 지도, 중재자, 조정자와 양방향 관계를 포함시키고, 특히 구조방정식 모델을 통해 보다 차별화된 효과성 분석이 가능하게 한다.

조직건강의 향후 연구에 대한 논의

우리가 제시한 OHD의 개념과 모델은 OH에 대한 이전의 사고를 통합하고 발전시키는 데 도움이 될 수 있다. 외부 개입에 의해 활용되고 지원될 수 있는, '자연스럽게' 지속되고 자기 주도적인 조직의 건강 개발을 설명한다. 추론에 의해 개발된 일반적 OHD 모델은 OH 문헌에서 얻은 요구사항들에 부합한다. 게다가 OHD의 지속적인 향상을 위해 조직과 그 구성원들의 역량을 개발하는 것을 목표로 하는 형태적 접근법을 강조한다.

이 모델은 상황 적응적 접근법에 따라 파생된 개인적 개선 활동과 함께 전체적 문제 해결 주기뿐만 아니라 향후 개선을 위한 역량 개발까지 평가받게 될 OH의 개입을 구성하는 것이 무엇인지에 대한 문제를 다룬다. 이 마지막 요점은 개인과 조직 역량 구축의 개입이론 개발을 위한 향후 개입 연구에 도전한다.

OHD의 연구모델은 관련 결과물의 종합적 정의를 제공하고, JD-R 관계의 보충 중재자로서 조직의 역량을 더하고, 일반적으로 타당성이 인정된 개인 자원이 명시된 개인 역량의 범주를 제공한다. 또한 조직과 그 구성원 모두에게 영향을 미치는 조직과 개인적 환경을 소개한다. 마지막으로, 개입은 개인, 조직, 이들 간의 상호작용, 그리고 최종적인 건강과 수행 결과물에 잠재적으로 영향을 미치게 된다.

앞에서 논의된 바와 같이, 이 OHD 연구모델은 OHD 개입의 연구 과제의 모든 단계에서 유용할 것으로 기대된다. 이미 8개의 기업과 5,000명의 직원으로 구성된 스위스의 대규모 OH 개입 연구에 적용되었다. 이 연구의 결과는 가까운 장래에 발표될 것이다.

참고문헌

Antonovsky, A. (1987). *Unraveling the mystery of health.* San Francisco, CA: Jossey-Bass.

Antonovsky, A. (1996). The salutogenic model as a theory to guide health promotion. *Health Promot. Int., 11*(1), 11–18. doi: 10.1093/heapro/11.1.11.

Artinian, B. M. (1997). Situational sense of coherence: Development and measurement of the construct. In B. M. Artinian & M. M. Conger (Eds.), *The intersystem model: Integrating theory and practice*. Thousand Oaks, CA: Sage.

Bakker, A. B., & Demerouti, E. (2007). The Job Demands-Resources model: State of the art. *Journal of Managerial Psychology, 22,* 309–328.

Bakker, A. B., & Schaufeli, W. B. (2008). Positive organizational behavior: Engaged employees in flourishing organizations. *Journal of Organizational Behavior, 29*(2), 147–154. doi: 10.1002/job.515.

Bauer, G. F., Davies, J. K., & Pelikan, J. (2006). The EUHPID Health Development Model for the classification of public health indicators. *Health Promotion International, 21*(2), 153–159. doi: 10.1093/heapro/dak002.

Bauer, G. F., & Jenny, G. J. (2007). Development, implementation and dissemination of Occupational Health Management (OHM): Putting salutogenesis into practice. In S. McIntyre & J. Houdmont (Eds.), *Occupational health psychology. European perspectives on research, education and practice* (Vol. 2) (pp. 219–250). Castelo da Maia: ISMAI.

Bauer, G. F., & Schmid, M. (2008). *KMU-Vital: Ein webbasiertes Programm zur betrieblichen Gesundheitsförderung.* Zürich: vdf.

Bennett, J. B., Cook, R. F., & Pelletier, K. R. (2002). Toward an integrated framework for comprehensive organizational wellness: Concepts, practices, and research in workplace health promotion. In J. C. Quick & L. E. Tetrick (Eds.), *Handbook of occupational health psychology*. Washington, DC: American Psychological Association.

Bond, F. W., Flaxman, P. E., & Loivette, S. (2006). *A business case for the management standards for stress.* Sudbury: HSE Books.

Cameron, K. S., Dutton, J., & Quinn, R. E. (2003). *Positive organizational scholarship.* San Francisco: Berrett-Koehler.

Cotton, P., & Hart, P. M. (2003). Occupational wellbeing and performance: A review of organisational health research. *Australian Psychologist, 38*(2), 118–127.

Cousins, R., MacKay, C., Clarke, S., Kelly, C., Kelly, P., & McCaig, R. (2004). 'Management Standards' work-related stress in the UK: Practical development. *Work & Stress, 18*, 113–136. doi: 10.1080/02678370410001734322.

Cox, T., Karanika, M., Griffiths, A., & Houdmont, J. (2007). Evaluating organizational-level work stress interventions: Beyond traditional methods. *Work & Stress, 21*(4), 348–362.

DeJoy, D. M., & Wilson, M. G. (2003). Organizational health promotion: Bbroadening the horizon of workplace health promotion. *American Journal of Health Promotion, 17*(5), 337–341.

DeJoy, D. M., Wilson, M. G., Vandenberg, R. J., McGrath-Higgins, A. L., & Griffin-Blake, C. S. (2010). Assessing the impact of healthy work organization intervention. *Journal of Occupational & Organizational Psychology, 83*(1), 139–165.

Delery, J. E., & Doty, D. H. (1996). Modes of theorizing in strategic human resource management: Tests of universalistic, contingency, and configurational performance predictions. *The Academy of Management Journal, 39*(4), 802–835.

Demerouti, E., Bakker, A. B., Nachreiner, F., & Schaufeli, W. B. (2001). The job demands resources model of burnout. *Journal of Applied Psychology, 86*(3), 499–512. doi: 10.1037/ 0021–9010.86.3.499.

Egan, M., Bambra, C., Petticrew, M., & Whitehead, M. (2009). Reviewing evidence on complex social interventions: Appraising implementation in systematic reviews of the health effects of organisational-level workplace interventions. *Journal of Epidemiology and Community Health.* doi: 10.1136/jech.2007.071233.

ENWHP(1997). *The Luxembourg Declaration on Workplace Health Promotion in the European Union*. Luxembourg: European Network for Workplace Health Promotion.

Fredrickson, B. L. (2003). Positive emotions and upward spirals in organizations. In K. S. Cameron, J. E. Dutton, & R. E. Quinn (Eds.), *Positive organizational scholarship: Foundations of a new discipline* (pp. 163–175). San Francisco, CA: Berrett Koehler.

Gerkhardt, M., & Frey, D. (2006). Erfolgsfaktoren und psychologische Hintergründe in Veränderungsprozessen: Entwicklung eines integrativen psychologischen Modells. *OrganisationsEntwicklung, 25*(4), 48–59.

Giddens, A. (1984). *Die Konstitution der Gesellschaft.* Grundzüge einer Theorie der Strukturierung. Frankfurt: Campus.

Glasgow, R. E., Vogt, T. M., & Boles, S. M. (1999). Evaluating the public health impact of health promotion interventions: The RE-AIM framework. *American Journal of Public Health, 89*(9), 1322–1327. doi: 10.2105/ajph.89.9.1322.

Gräser, S. (2003). *Hochschule und Gesundheit: Salutogenese am Arbeitsplatz Universität.* Lengerich: Pabst.

Grawitch, M. J., Gottschalk, M., & Munz, D. C. (2006). The path to a healthy workplace: A critical review linking healthy workplace practices, employee well-being, and organizational improvements. *Consulting Psychology Journal: Practice and Research, 58*(3), 129–147. doi: 10.1037/1065–9293.58.3.129.

Hakanen, J. J., Perhoniemi, R., & Toppinen-Tanner, S. (2008). Positive gain spirals at work: From job resources to work engagement, personal initiative and work-unit innovativeness. *Journal of Vocational Behavior, 73*(1), 78–91. doi: 10.1016/j.jvb.2008.01.003].

Hart, P. M., & Cooper, C. L. (2001). Occupational stress: Toward a more integrated framework. In D. S. N. Anderson, H. K. S. Ones, & C. Viswesvaran (Eds.), *Handbook of industrial, work and organizational psychology* (Vol. 2). London: Sage.

Hoffmann, S., Müller, F., Jenny, G. J., & Bauer, G. F. (2010). *Organizational Health Capacity: The Role of Capacity Building in the Organizational Health Development Process.* Paper presented at the EA-OHP Conference 2010, March 28–30, Rome.

Hofmann, D. A., & Tetrick, L. E. (2003). The etiology of the concept of health: Implications for "organizing" individual and organizational health. In D. A. Hofmann & L. E. Tetrick (Eds.), *Health and safety in organizations: A multilevel perspective* (pp. 1–26). San Francisco, CA: Jossey-Bass.

Illich, I. (1975). *The medical nemesis: The expropriation of health.* Toronto: McClelland and Stewart.

Inauen, A., Jenny, G. J., & Bauer, G. F. (2011). Design principles for data– and change-oriented organisational analysis in workplace and other setting-based health promotion. *Health Promotion International.* doi: 10.1093/heapro/dar030.

Jaffe, D. T. (1995). The healthy company: Research paradigms for personal and organizational health. In S. L. Sauter & L. R. Murphy (Eds.), *Organizational risk factors for job stress* (pp. 13–40). Washington, DC: American Psychological Association.

Jenny, G. J., Inauen, A., Brauchli, R., Füllemann, D., Müller, F., & Bauer, G. F. (2011). *Projekt SWiNG – Schlussbericht der Evaluation.* Zürich: Division Public and Organizational Health, Institut für Sozial– und Präventivmedizin, Universität Zürich & Zentrum für Organisations– und Arbeitswissenschaften, ETH Zürich. Available at: http://www .gesundheitsfoerderung.ch/swing/

Kahn, R. L., & Byosiere, M. (1992). Stress in organizations. In M. D. Dunnette & L. M. Hough (Eds.), *Handbook of industrial and organizational psychology* (2nd edn., Vol. 3) (pp. 571–650). Palo Alto, CA: Consulting Psychologists Press.

Kaplan, R. S., & Norton, D. P. (1996). Using the balanced scorecard as a strategic management system. *Harvard Business Review, 74*(1), 75–85.

Karasek, R. A. (1979). Job demands, job decision latitude, and mental strain: Implications for job redesign. *Administrative Science Quarterly, 24*(2), 285–308.

Kerr, R., McHugh, M., & McCrory, M. (2009). HSE Management Standards and stress-related work outcomes. *Occupational Medicine, 59*(8), 574–579. doi: 10.1093/occmed/kqp146.

Keyes, C. L. M. (2007). Promoting and protecting mental health as flourishing: A complementary strategy for improving national mental health. *American Psychologist, 62*(2), 95–108. doi: 10.1037/0003–066x.62.2.95.

Königswieser, R., & Hillebrand, M. (2007) *Einf ührung in die systemische Organisationsberatung* [Systemic Consultancy in Organisations] Heidelberg: Carl-Auer.

Kotter, J. P. (1996). *Leading change.* Boston: Harvard Business Press.

Kühl, S. (2002). Sisyphus im Management. *Die verzweifelte Suche nach der optimalen Organisationsstruktur.* Weinheim: John Wiley & Sons Ltd.

Leka, S., Cox, T., & Zweetslot, G. (2008). The European Framework for Psychosocial Risk Management (PRIMA-EF) In I. S. Leka & T. Cox (Eds.), *The European Framework for Psychosocial Risk Management: PRIMA-EF.* I-WHO Publications.

Lindström, B., & Erikkson, M. (2010). *The Hitchhiker's Guide to Salutogenesis.* Helsinki: Folkhalsan Research Centre, Health Promotion Research and the UIHPE Global

Working Group on Salutogenesis.

Luhmann, N. (1984). *Soziale Systeme. Grundlegung einer allgemeinen Theorie.* Frankfurt: Suhrkamp.

Luthans, F. (2002). The need for and meaning of positive organizational behavior. *Journal of Organizational Behavior, 23*(6), 695–706.

Maak, T., & Ulrich, P. (2007). Integre Unternehmensführung. *Ethisches Orientierungswissen für die Wirtschaftspraxis.* Stuttgart: Schäffer-Poeschel.

MacIntosh, R., MacLean, D., & Burns, H. (2007). Health in organization: Towards a processbased view. *Journal of Management Studies, 44*(2), 206–221. doi: 10.1111/j.1467– 6486.2007.00685.x.

Mauno, S., Kinnunen, U., & Ruokolainen, M. (2007). Job demands and resources as antecedents of work engagement: A longitudinal study. *Journal of Vocational Behavior, 70*(1), 149–171. doi: 10.1016/j.jvb.2006.09.002.

Midgley, G. (2006). Systemic intervention for public health. American Journal of Public Health, 96(3), 466–472. doi: 10.2105/AJPH.2005.067660.

Murta, S. G., Sanderson, K., & Oldenburg, B. (2007). Process evaluation in occupational stress management programs: A systematic review. *American Journal of Health Promotion, 21*(4), 248–254.

National Health Service (2009). *Organisational Health: A New Perspective on Performance Improvement?* Coventry House, University of Warwick Campus: NHS Institute for Innovation and Improvement.

Nelson, D., & Cooper, C. L. (2007). *Positive organizational behavior.* Thousand Oaks, CA: Sage Publications.

Nielsen, K., Randall, R., & Christensen, K. B. (2010). Developing new ways of evaluating organizational-level interventions. In J. Houdmont & S. Leka (Eds.), *Contemporary occupational health psychology.* Chichester: Wiley-Blackwell.

Nielsen, K., Randall, R., Holten, A.-L., & Gonzalez, E. R. (2010). Conducting organizational– level occupational health interventions: What works? *Work & Stress, 24*(3), 234–259.

Nielsen, K., Taris, T. W., & Cox, T. (2010). The future of organizational interventions: Addressing the challenges of today's organizations. *Work & Stress, 24*(3), 219–233.

Noblet, A., & LaMontagne, A. (2009). The challenges of developing, implementing and evaluating interventions. In S. Cartwright & C. Cooper (Eds.), *The Oxford handbook of organizational well-being*. Oxford: Oxford University Press.

Nytro, K., Saksvik, P., Mikkelsen, A., Bohle, P., & Quinlan, M. (2000). An appraisal of key factors in the implementation of occupational stress interventions. *Work & Stress, 14*(3), 213–225.

Peiro, J. M. (1999). Assessment of psychosocial risks and prevention strategies: The amigo model as the basis of the prevenlab/psicosocial methodology. *Psychology in Spain, 15*(2), 267–314.

Peiro, J. M., & Rodriguez, I. (2008). Work stress, leadership and organizational health. *Papeles del Psicologo, 29*(1), 68–82.

Quick, J. C., Macik-Frey, M., & Cooper, C. L. (2007). Managerial dimensions of organizational health: The healthy leader at work. *Journal of Management Studies, 44*(2), 189–205.

Rüegg-Stürm, J. (2005). The New St. Gallen Management Model. *Basic Categories of an Approach to Integrated Management*. Basingstoke: Palgrave Macmillan.

Seligman, M. E. P. (2008). Positive health. *Applied Psychology, 57*, 3–18. doi: 10.1111/j.1464- 0597.2008.00351.x.

Seligman, M. E. P., & Csikszentmihalyi, M. (2000). Positive psychology: An introduction. *American Psychologist, 55*(1), 5–14.

Semmer, N. K. (2010). Job stress interventions and organization of work. In J. C. Quick & L. E. Tetrick (Eds.), *Handbook of Occupational Health Psychology*. Washington, DC: American Psychological Association.

Shoaf, C., Genaidy, A., Karwowski, W., & Huang, S. H. (2004). Improving performance and quality of working life: A model for organizational health assessment in emerging enterprises. *Human Factors and Ergonomics in Manufacturing & Service Industries, 14*(1), 81–95. doi: 10.1002/hfm.10053.

Siegrist, J. (1996). Adverse health effects of high-effort/low-reward conditions. *Journal of Occupational Health Psychology, 1*(1), 27–41.

Tvedt, S. D., Saksvik, P. O., & Nytro, K. (2009). Does change process healthiness reduce the negative effects of organizational change on the psychosocial work environment? *Work & Stress, 23*(1), 80–98.

Udris, I. (2006). Salutogenese in der Arbeit – ein Paradigmenwechsel?

Wirtschaftspsychologie, 8, 4–13.

van den Heuvel, M., Demerouti, E., Schaufeli, W. B., & Bakker, A. B. (2010). Personal resources and work engagement in the face of change. In J. Houdmont & S. Leka (Eds.), *Contemporary occupational health psychology*. Chichester: Wiley-Blackwell.

Wright, T. A. (2003). Positive organizational behavior: An idea whose time has truly come. *Journal of Organizational Behavior, 24*(4), 437–442. doi: 10.1002/job.197.

Zweetslot, G., Leka, S., & Jain, A. (2008). Corporate social responsibility and psychosocial risk management. In S. Leka & T. Cox (Eds.), *The European framework for psychosocial risk management: PRIMA-EF*. I-WHO Publications.

9장

긍정심리학의 새로운 방향: 건강한 작업장

Clive Fullagar
캔자스 주립대학교(Kansas State University, 미국)

E. Kevin Kelloway
세인트메리 대학교(St. Mary's University, 캐나다)

우리는 보통 노동을 삶의 긍정적인 요소로 받아들인다. 우리의 부모 세대와 우리의 사회는 노동 현장에 일찍 참여하는 것에 가치를 부여한다(Furnham & Thomas, 1984; Phillips & Sandstrom, 1990 참고). 왜냐하면 청년들의 경제활동을 경제적 사회화의 수단으로 인식하고(Kelloway & Barling, 1999), 이로써 책임감, 성숙, 그리고 자금 관리와 같은 바람직한 개인의 특질을 개발할 수 있다고 보기 때문이다(Goodnow, 1988). 한편, 성인 세대로 한정하면, 현재 우리는 산업혁명 시기를 아울러 실업의 부정적인 결과(예, Dorling, 2009)를 보고하는 문헌이 급증하는 시기에 놓여 있다(Burnett, 1994).

우리는 고용의 가치와 중요성을 인정한다. 그러나 정작 직업건강심리학은 직무스트레스와 같은 고용의 해로운 특성을 강조하고 있다(예, Kelloway & Day, 2005). 실제로, 유력한 'Work in America'(1972)의 보고서, 혹은 작업 관련 사망의 원인 중에 하나가 직업 스트레스라는 주장(Sauter, Murphy, & Hurrell, 1990)을 보면—사실은 더 많은 긍정적인 결과들이 있음에도 불구하고—작업의 부정적인 면들이 강조되고 있다.

물론 이것이 직업건강심리학에 국한된 일만은 아니다. Seligman(1999)은 넓게 보면 긍정심리학 운동이 알려지기 시작하면서 현대심리학이 정신병리학에 대부분 집중하게 되었다고 말한다. Luthans(2002a)도 이와 유사한 일이 조직행동에도 있음을 인정하고 긍정조직행동(Positive Organizational Behavior: POB)을 집필하였다. 그에 따르면 긍정조직행동은 "측정과 개발과 효과적인 관리를 통하여 작업 수행이 개선되는 긍정 지향의 인적자원과 심리적 역량에 관한 연구와 적용"으로 정의된다(Luthans, 2002a; p. 57). Nelson과 Cooper(2007)는 조직행동의 면모를 변화시킬 한 분야로 보다 넓게 '긍정조직학'(Cameron, Dutton, & Quinn, 2003)을 바라보았다.

직업건강심리학을 이해하면서 이러한 국면의 영향을 생각하여 보자. 이것이 이번 장의 핵심이다. 구체적으로 말하면, 조직에 속한 개인의 웰빙을 이해할 때에 직업건강심리학 연구가 어떤 역할을 하여야 하는지를 생각하여 보자는 말이다. 이를 위해서 특별히 엄선한 '긍정'학 분야를 개관하고자 한다.

긍정조직학

긍정조직학 학설이 하나만이 아니므로 여기에서 이 분야에 관한 하나의 포괄적인 관점을 제공하기는 어렵다. 따라서 직업건강을 이해하는 데에 영향을 줄 법한 것으로 밝혀진 3가지 구성개념에 집중하고자 한다. 첫째는 심리적 자산, 둘째는 몰입감, 그리고 셋째는 긍정성이다. 이 세 개념은 긍정조직학 운동으로 생긴 '새로운' 구성개념이며, 많은 연구문헌으로부터 지지를 받아 왔다.

1 심리적 자산

갈수록 어려운 경제 환경에서 경쟁 우위를 점하기 위해서는 인적자원에 관한 새로운 접근방식이 필요하다는 공감대가 있다. 이를 바탕으로 긍정조직행동(POB)이 성장하기 시작하였다(Luthans, 2002a). 긍정심리운동(Seligman, 1999; Seligman & Csikszentmihalyi, 2000)의 발달과 함께, POB에서도 스트레스 완화,

변화에 대한 저항, 잘못된 작업장 행동과 같이 전통적이고 반응적이며 부정적인 주제보다는 노동자의 강점과 같이 스스로가 상황을 주도하는 주제를 더 강조한다(Luthans, 2002a, b).

POB의 본체는 심리적 자산(Psychological Capital: PsyCap)이라고 하는 고차 구성개념이며, 심리적 자산은 효능감, 낙관성, 소망, 그리고 탄력성으로 이루어진다(Luthans, Avolio, Avey, & Norman, 2007). Luthans, Youssef와 Avolio(2007)에 따르면 PsyCap은 다음과 같은 특징을 가진다.

> ① 도전적인 과제에 맞서 꾸준히 노력하면 그 과제를 완수할 수 있다는 확신을 가지는 것(자기효능감), ② 현재와 미래의 성공을 긍정하는 것(낙관성), ③ 목표를 보고 참고 견디며, 필요하다면 성공을 위해서 목표 달성 경로를 수정하는 것(소망), 그리고 ④ 문젯거리와 역경으로 괴롭더라도 성공을 위해서 견디고, 다시 회복하고, 그리고 뛰어넘는 것(탄력성) (p. 3).

개념적으로나(Luthans, Youssef, & Avolio, 2007) 경험적으로도(Luthans, Avolio, Avey, & Norman, 2007), PsyCap이 단일의 복합적 고차 구성개념이라는 몇 가지 증거가 있다. 따라서 자기효능감, 낙관성, 소망, 탄력성 하나하나가 직무수행과 직무만족을 예측하는 것보다는 모든 성분이 집합된 전체 PsyCap의 예측력이 더 높다(Avey, Nimnicht, & Pigeon, 2010; Luthans, Avolio, Avey, & Norman, 2007; Luthans, Avolio, Walumbwa, & Li, 2005).

개인의 번영을 도모하는 긍정심리를 발판으로 PsyCap이 성장할 수 있었다. 그러나 정작 PsyCap과 개인의 웰빙 사이의 관계를 다루는 연구는 상대적으로 그리 많지가 않다(Culbertson, Fullagar, & Mills, 2010). 그나마 있는 대부분도 PsyCap을 구성하는 개별 성분의 효과만을 단독으로 검증하였다[Carver et al., 2005(낙관성); Ferris, Sinclair, & Kline, 2005(탄력성); Meier, Semmer, Elfering, & Jacobshagen, 2008(자기 효능감); Snyder, Lehman, Kluck, & Monsson, 2006(소망) 참고]. 더구나 직업건강과 건강심리학 연구자들은 최근에 와서야 작업장에서의

PsyCap과 웰빙 사이의 관계를 이해하기 시작하였다.

PsyCap은 다양한 개념의 웰빙들과 관련이 있는 것으로 알려져 있다. 예를 들어, Avey, Luthans, Smith와 Palmer(2010)는 패널설계를 사용하여 PsyCap이 3주 후에 드러나는 정신건강과 긍정적인 감정 성향 모두를 예측할 수 있음을 확인하였다. Culbertson, Fullagar와 Mills(2010)는 일상 일기법으로 PsyCap과 쾌락적 웰빙(hedonic well-being; 일상에서 경험하는 긍정적인 기분과 높은 삶의 만족감) 간의 관계가 2주 동안 지속되는 것을 관찰하였다. 또한 이 둘의 관계는 자기실현적 웰빙(eudaimonic well-being), 즉 어떤 한 인지/행동적 수준에서 일어나는 최적의 긍정적 심적 작용에 의해 조절되기도 한다(Ryff, 1989; Ryff & Singer, 1998; Waterman, 2008). 끝으로 PsyCap은 스트레스 상황을 더 긍정적으로 해석하도록 하여, 예컨대 외상에 노출되기 쉬운 전투병들이 더 효과적으로 대처하도록 돕는다(Schaubroek, Riolli, Peng, & Spain, 2011).

PsyCap과 웰빙의 관계를 설명하는 3가지의 이론적인 틀이 있다. 첫째는 자원보존(Conservation Of Resources: COR)이론(Hobfoll, 1989), 둘째는 인지평가이론(cognitive appraisal theory; Lazarus, 1991), 그리고 셋째는 확장–형성 이론(broaden-and-build theory; Fredrickson, 2001)이다. COR이론에 따르면 개인은 자신에게 가장 중요하거나 가치가 있는 목표를 달성하기 위해서 다양한 자원을 확보하고 유지하는 일에 적극적이다(Hobfoll, 2002). 이러한 자원에는 물질적인 대상(예, 주택, 돈), 조건(예, 친밀한 애착, 결혼 유무), 에너지(예, 시간, 지식), 그리고 개인적 특성(예, 자존감)이 포함된다. 자원이 모아지면 스트레스를 견딜 수 있을 뿐 아니라 수준 높은 웰빙을 강화하고 달성할 수 있게 된다(Lyubomirsky, King, & Diener, 2005). COR은 PsyCap과 웰빙 사이의 관계를 설명하는 하나의 이론적인 기제를 제공한다. 왜냐하면, PsyCap의 4가지 성분(자기효능감, 소망, 낙관성, 탄력성)이 스트레스에 대응하고 심리적인 웰빙을 높이는 자원이 될 수 있기 때문이다(Avey, Luthans, Smith, & Palmer, 2010; Culbertson, Fullagar, & Mills, 2010).

PsyCap과 웰빙의 관계를 설명하는 두 번째 이론은 인지평가이론(Lazarus, 1991)이다. 이 이론은 스트레스에 더 회복력(탄력성)이 있는 사람이 환경을 덜 고통스러운 것으로 해석하면서 자신의 성장 기회에 더 집중한다고 주장한다. 연구에 의하면 PsyCap 점수가 높은 전투병들이 외상 사건을 더 긍정적으로 평가하는 경향을 보이며, 이들은 스트레스 환경을 도전과 성장, 그리고 학습의 장으로 더 쉽게 지각한다(Schaubroeck, Riolli, Peng, & Spain, 2011). 더 나아가 이러한 평가가 PsyCap과 신체/심리적 웰빙 사이의 관계를 조절하는 것으로 나타났다. 극도의 스트레스 상황에서는, ① 낙관적으로 설명하고, ② 작업환경에서 자신을 효과적인 존재로 인식하고, ③ 희망적으로 미래를 상상하며, 그리고 ④ 비극적인 생각을 하지 않는 사람들이 더 효과적으로 대처할 가능성이 높다.

PsyCap과 건강 사이의 관계를 이해하기 위한 세 번째 틀은 Frederickson (2001)의 '확장–형성' 이론이다. PsyCap은 긍정적인 기분과 꾸준히 관련이 있었다(Culbertson, Fullagar, & Mills, 2010). 이 이론은 이러한 긍정적인 감정 상태가 긍정의 소용돌이를 일으켜 더 긍정적인 경험, 사고, 그리고 느낌을 제공하고, 이것이 사람의 기능과 웰빙을 최적화한다는 주장이다. 긍정성의 개념은 이후에 자세히 설명하기로 한다.

POB의 주춧돌인 PsyCap은 Luthans(2002a, b)가 규정한 POB의 기준을 모두 만족시킨다. PsyCap의 4가지 성분 모두는 어떤 상태에 준하는 특성들이다. 이것은 곧 개입이 있으면 변화가 가능하다는 의미이기도 하다(Luthans et al., 2006; Luthans, Avey, Avolio, & Peterson, 2010). 결과적으로 이러한 변화는 웰빙을 실현할 수 있다는 점에서 실용적이며, 이로써 인적 자산이 최적화되면 이것이 조직의 성과와 경쟁 우위에 미치는 영향은 상당할 것이다. 최근에는 PsyCap 개입 프로그램을 상대적으로 빠르게 개발/실행할 수 있으며, 이 프로그램이 개인의 업무수행에 미치는 영향이 크다는 증거들이 보고되고 있다(Luthans et al., 2006; Luthans, Avey, & Patera, 2008; Luthans, Avey, Avolio, & Peterson, 2010). 단기간 '극소의' 개입만으로도 즉각적인 성과를 얻을 수 있다는 증거도 없지는 않으나, 실제로 이러한 개입이 직업 웰빙에 영향을 주는지, 그리고 그 효과가 지속적인지의 여부는 아직까지 밝혀지지 않았다. PsyCap을 개발하면 유해한 작업장에서 탄력성(회복력)이 더 증진되고, 자기효능감이 높아지고, 노동자들이 미래를 더 낙관하게 되고, 그리고 스트레스가 많은 작업에 더 효과적으로 대처하게 될 것이다.

2 몰입감

1965년에 Mihaly Csikszentmihalyi는 '몰입감'이라는 구성개념을 제안하였고, 이를 바탕으로 창의적인 노력의 유동성 과정을 설명하였다(Csikszentmihalyi, 1965). 그 후 그는 이러한 최적의 경험 상태(몰입감)를 "사람들이 완전히 몰두하여 행동할 때에 느끼는 총체적인 감각"으로 정의하였다(Csikszentmihalyi, 1975, p, 36). 원래 Csikszentmihalyi는 예술가들이 유형의 외적 보상이 따르지 않는 활동에 많은 시간을 할애하는 이유를 알고 싶었다. 그는 많은 개인들이 오로지 내적인 이유와 업무에서 오는 즐거움으로 활동을 한다는 사실을 발견하였다. 이것은 외적인 보상으로만 행동이 동기화된다는 심리학의 지배적인 생각과는 달랐다(Csikszentmihalyi, 1988). 당시에 다른 연구자들은 내적으로 동기화되는 행동을 실험실에서 유도하고 그것의 전건과 후건을 결정하는 일에 관심을 가지고 있었다(예, deCharms, 1972; Deci, 1972). 반면, Csikszentmihalyi(1975)는 자연 상태에서 일어나는 내적 동기의 주관적인 경험이 어떠한지를 알고 싶었다. 그는 화가, 외과 의사, 암벽 등반가, 체스 선수, 그리고 무용수 등의 많은 사람을 관찰하고 면담하여 몰입감이라는 현상이 모든 영역에서 상당히 유사하게 나타난다는 사실을 발견하였다. 질적연구과 양적연구 모두에서 몰입감이 6개의 주관적인 핵심 요소로 구성되어 있음이 드러났다(Csikszentmihalyi, 1990, 1993; Jackson, 1996; Jackson & Marsh, 1996; Nakamura & Csikszentmihalyi, 2009). 6개의 요소는 ① 수행 중인 활동에 대한 치열하고 초점화된 집중, ② 활동 자체에서 오는 즐겁고도 만족스러운 느낌, ③ 행위와 자각(의식)을 통합하여 자발적(자동적)으로 활동에 관여하는 과정, ④ 수행 중인 일에 대한 자연스러운 통제감, ⑤ 자의식(self-consciousness)의 상실, 즉 자신을 위한, 혹은 자신에 대한 관심의 부재, 그리고 ⑥ 시간에 대한 왜곡된 지각이다. 몰입감이라는 주관적인 현상은 여가를 즐길 때, 운동을 할 때, 그리고 작업을 할 때에도 변함없이 나타난다.

몰입감 이론에 의하면 몰입감을 경험하기 위한 3가지의 전제 조건이 있는데, 이들은 모두 과업과 관련이 있다. 첫째, 특정 활동에 대한 지각된 도전(요구)의 높이와 그 활동을 수행하는 개인의 지각된 기술의 높이가 일치하여야 한다. 어쩌면 이것이 가장 중요한 전제 조건일 수 있다(Csikszentmihalyi, 1990, 1997). 도전과 기술이 균형을 이루어야 하며, 또 이 둘의 수준이 적당히 높아야 한다(Massimini & Carli, 1988). 최적 경험과 도전과 기술의 불균형은 상극이다. 도전 수준이 기술 수준을 훨씬 넘어서면 개인은 불안을 경험하기 쉽고, 과업 수행자의 기술이 매우 우수하여도 도전 수준이 낮으면 수행은 지루해지기 쉽다. 문제를 계획적으로 해결해야 하는 과업과 같이, 다양한 기술을 필요로 하는 도전적인 과업이 몰입감과 관련이 있다는 사실이 밝혀졌다(Bryce & Haworth, 2002; Nielsen & Cleal, 2010). 단, 과업-관련 요인과 성향적 요인이 도전/기술 균형과 몰입감 간의 관계를 조절한다는 증거도 있다. 예를 들어, 몇몇 연구에 의하면 고-기술/저-도전의 여가 활동(Fullagar, Knight, & Sovern, 2009)을 스스로 즐기거나, 과업이 개인에게 중요한 것으로 지각(Engeser & Rheinberg, 2008)될 때에도 몰입감이 일어날 수 있다. 또한, 성취욕구(Eisenberger et al., 2005)와 과업에 인내심을 갖고 집중을 유지하는 능력(Keller & Bless, 2008)이 몰입감과 도전/기술 균형 간의 관계를 조절한다는 증거도 있다.

둘째, 과업은 본질적으로 목표-지향적이어야 한다. 이것은 목표-설정 이론의 한 가지 기본 전제, 즉 행동은 목표-지향적인데, 특히나 분명하고 가까이에 있는 목표로부터 영향을 받는다는 전제에서 비롯되었다(Csikszentmihalyi, Abuhamdeh, & Nakamura, 2005; Latham & Locke, 1991; Locke, Shaw, Saari, & Latham, 1981). 몰입감 이론과 목표-설정 이론은 목표가 도전적이고 구체적이어야 몰입과 수준 높은 수행이 가능하다고 말한다. 그러나 목표가 가지는 목적에 있어서는 두 이론 간에 이견이 있다. 몰입감 이론은 과업 자체에 주의를 집중하는 일(목적)에 목표가 도움이 된다는 입장이다(Csikszentmihalyi & Nakamura, 2010). 하지만 목표-설정 이론은 사람들로 하여금 최선의 노력을 기울이도록 하는 것이 목표의 목적이라고 말한다. 또 Csikszentmihalyi(1992)는 과업의 내적인 특성으로 목표를 추론하여야 한다고 하였다. 반면에 목표-설정 이론은 목표가 외부에서 주어지고 그것이 성과의 기준이라고 주장한다(Erez, Earley, & Hulin, 1985). 목표-설정이 수행에는 도움이 되지만 이것이 몰입감 경험을 손상시킨다는 일부의 주장도 있다(Knight, Fullagar, & Waples, 2011). 과잉정당화 효과로 이러한 갈등을 가장 잘 설명할 수 있다(Deci, 1972), 다시 말하면, 외부에서 주어지는 목표가 과업을 수행하는 개인의 내적인 동기를 감소시킬 수 있다는 말이다. 과잉정당화 효과에 대한 두 가지의 설명이 있다. 하나는 자기-지각 이론이다. 이 이론은 외적인 목표가 주어짐으로써 과업에서 경험할 수 있는 내적인 즐거움에서 외적인 유인책으로 주의가 전이된다고 말한다(Aronson, Wilson, & Akert, 2007). 다른 하나는 인지평가이론이다. 이 이론은 외부에서 목표가 주어지면 개인의 자율감과 통제감이 손상되어 몰입감 경험이 방해를 받는다고 주장한다(Enzle & Ross, 1978).

셋째, 과업이 구조(조직)화되어 있어서 과업의 이행 상태가 수행자에게 전달되는 피드백이 있어야 한다(Csikszentmihalyi, 1990, 1997). 내적 동기를 유지하고 몰입감을 촉진하기 위해서는 피드백이 따라야 한다(Csikszentmihalyi, 1975). 그러나 피드백이 몰입감에 효과적이기 위해서는 자신의 기술이 과업의 성공을 좌우한다는 인식이 필요하다(Thomas & Mathieu, 1994). 몰입감 연구에 등장하는 대부분의 과업은 피드백이 자연스럽게 따라오는 과업들이다(예, 암벽 등반, 음악 공연, 그림, 체스, 운동 혹은 스포츠 활동). 인지적으로 도전적이고, 피드백이 있고, 그리고 재검토를 필요로 하는 평가 업무들 또한 몰입감을 고취시킨다(Nielsen & Cleal, 2010). 그러나 피드백을 여러 방식으로 조작한 연구는 아직까지 보고되지 않았다.

몰입감을 일으키는 작업 조건의 이론적인 틀이 직무특성 모델(Hackman & Oldham, 1975, 1980)일 수 있다는 몇 가지 징후가 있다. Demerouti(2006)는 자율성, 기술 다양성, 과업 중요성, 과업 정체성, 피드백이 우수한 과업에 동기가 부여되면 몰입감을 경험하기가 쉽다고 하였다. 특히 기술 다양성(몇몇 개의 기술과 재능의 활용)과 자율성(작업의 과정과 목표를 통제할 권한과 재량)이 몰입감을 유도하는 데에 중요하다는 사실이 밝혀졌다(Fullagar & Kelloway, 2009). 이때 자율성의 효과는 몰입감이 자발성과 연합된다는 이전의 연구를 지지하여 준다(Csikszentmihalyi & LeFevre, 1989; Fave & Massimini, 1988). 이와 함께 몇몇의 다른 조직 직무자원, 말하자면 사회적 지지, 혁신, 목표 지향성, 전문성 개발, 관리자 지도, 그리고 수행 피드백이 몰입감에 미치는 영향도 관찰되었다(Mäkikangas, Bakker, Aunola, & Demerouti, 2010; Salanova, Bakker, & Lloren, 2006).

몰입감은 내적 동기의 상태이자 최적의 기능(작용)을 고양시키는 것으로 묘사된다. Nakamura와 Csikszentmihalyi(2009)가 말하였듯이, 몰입감은 "경험적인 보상이 분명하기 때문에 어떤 활동의 지속과 복귀를 돕는다. 따라서 일정한 시간이 지나면 기술이 성장하는 결과로 이어지기가 쉽다"(p. 199). 학교 장면에서는 몰입감을 경험하는 학생들에게서 학문적인 관심에 더 전념하고, 더 끈질기게 연구하고, 그리고 수행이 더 나은 모습이 관찰된다(Carli, Delle Fave, & Massimini, 1988; Nakamura, 1988). 직장에서는 작업에서의 최적 경험이 작업 만족(Bryce & Haworth, 2002), 내적인 과업 홍미, 그리고 자발적이고 참여적인 역할-외 행동(Eisenberger et al., 2005)과 연결된다. 또한 Demerouti(2006)는 몰입감이 역할-내 수행과 역할-외 수행 모두와 연관된다고 하였다. 동시에 이러한 관계들은 성취욕구(Eisenberger et al., 2005)나 성실성(Demerouti, 2006)과 같은 성향적 요인에 의해서도 조절된다. 더구나 교사의 몰입감이 학생들의 참여(Basom & Frase, 2004)와 몰입감(Bakker, 2005)에 영향을 줄 수 있다는 것은 몰입감이 가진 전염성을 반영하여 준다.

몰입감은 긍정적인 웰빙의 하나로 꾸준히 개념화되었다(Henry, 2004). 그러므로 직업건강심리학과 같이 노동자의 건강을 추구하는 분야에서는 몰입감을 중요한 구성개념으로 다루어야만 한다(Tetrick & Quick, 2003). 작업 중에 경험하는 몰입감은 기쁨, 흥분, 행복, 그리고 자부심과 같은 긍정적인 정서들과 연합된다(Bloch, 2002; Eisenberger et al., 2005; Fullagar & Kelloway, 2009). 아마도 몰입감의 가장 일정한 효과는 긍정적인 감정과 주관적인 웰빙에 있을 것이다(Bryce

& Haworth, 2002; Clarke & Haworth, 1994; Fave & Massimini, 1988; Seongyeul, 1988). 종단 및 실험연구에 의하면 긍정적인 정서는 성공적인 행동을 예측하게 하고, 행복과 연결되는 자원과 특성을 개발하는 데에도 결정적인 역할을 한다(Lyubomirsky, King, & Diener, 2005). 다음 절에서는 긍정적 감정과 연합된 몇몇의 기제와 이 기제들이 직업건강에 미치는 영향을 살펴보기로 한다.

3 긍정성

긍정적인 정서에 관한 Fredrickson의 확장-형성 이론(Fredrickson, 1998, 2001)은 개인의 자원을 개발하는 일과 PsyCap이나 몰입감과 같은 긍정적인 감정 사이의 관계를 설명하는 이론적인 틀을 제공한다. 웰빙과 성공을 장기적으로 유지하기 위해서는 개인의 자원을 개발하는 일이 중요하다. 확장-형성 이론에 따르면 긍정적인 정서에는 두 가지의 적응적 기능이 있다. 첫째는 자각, 인지적인 사고과정, 그리고 행위 목록을 확장하는 기능이고, 둘째는 심리적 · 신체적 웰빙을 장기적으로 이끄는 기술과 자원을 형성하는 기능이다(Fredrickson, 1998). 이처럼 긍정적 정서는 부정적 정서와 비교하여 매우 다른 적응적인 기능을 가진다. 부정적 정서는 진화를 거친 자동적 반응이며, 투쟁 혹은 도피 반응과 관련된 특유의 행위를 점화시킨다. 또 부정적 정서는 우리의 사고-행위 목록을 제한하기도 한다. 이렇게 하여 특정의 진화적 적응 행동에 우리를 집중시킨다. 반면, 긍정적 정서는 특정이 아닌 종합적인 사고-행위를 점화시키고, 놀이나 여가 활동과 같은 위협적이지 않은 상황과 결부된다. 더불어 긍정적 정서는 개인의 인지적/지각적 마인드셋(mindset)을 확장시키고, 오래 유지되는 자원을 개발(형성)하도록 돕는다(Cohn et al., 2009). 이러한 자원은 성공과 건강, 그리고 장수와 관련이 있다.

확장-형성 이론의 기본 원리를 지지하는 경험적인 증거가 많이 있다. 긍정적 정서가 개인의 사고-행위 목록을 일시적으로 확장시킨다는 생각은 많은 실험으로부터 지지를 받아 왔다. Isen 등(Isen, 2000 참고)은 긍정적인 감정이 더 효율적이고(Isen, Rosenzweig, & Young, 1991), 창의적이고(Isen, Daubman, & Nowicki, 1987), 융통적이고(Isen & Daubman, 1984), 혁신적(Isen, Johnson, Mertz, & Robinson, 1985)인 생각을 이끌어 내는 방식을 체계적으로 입증하였다. 전역–국지 시각처리과제를 이용한 연구에서는 부정적인 정서 상태에서 지각적 주의가 국지적인 특질에 편향되는 경향이 관찰되었으며, 재미와 만족과 같은 긍정적 정서에서는 더 전역적인 모습으로 주의의 범위가 확장되는 현상이 나타났다(Fredrickson & Branigan, 2005; Gasper & Clore, 2002). 심지어 긍정적인 정서 상태에서는 얼굴재인에서 나타나는 자기–인종 편향이 제거되기도 하였다(Johnson & Fredrickson, 2005).

긍정적 정서가 개인의 자원을 형성시킨다는 확장–형성 이론의 두 번째 가설도 과학적으로 상당한 지지를 얻고 있다. 긍정적 정서는 신체적인 기술과 건강(Danner, Snowdon, & Friesen, 2001), 지적인 자원(Panksepp, 1998), 그리고 낙관성과 탄력성과 같은 심리적 자원(Algoe & Fredrickson, 2011; Fredrickson, Tugade, Waugh, & Larkin, 2003)과 정적인 상관을 보인다. 더 나아가 긍정적 정서의 효과는 지속적으로 유지되는 것 같다. 왜냐하면 불리한 상황을 극복하고 대처능력을 높여야 할 시점에, 과거 긍정적인 경험으로부터 비축한 자원들이 예비 역량의 역할을 할 수 있기 때문이다(Algoe & Fredrickson, 2011).

부정적인 정서적 각성의 부작용에 대응(Fredrickson & Levenson, 1998)하고, 심리적인 건강과 주관적인 웰빙(Fredrickson, 1998; Fredrickson et al., 2008)을 꾀할 때에 긍정적인 정서의 일정한 역할이 있다는 사실이 어쩌면 이번 장의 핵심일지도 모르겠다. 예컨대, 공포 영화를 본 다음에 슬프거나 중립적인 정서를 유도할 때보다 긍정적인 정서를 유도하면 심혈관 반응이 더 빨리 회복된다(Fredrickson & Levenson, 1998). 긍정적 정서의 이러한 효과는 실험실에서뿐 아니라 현장에서도 관찰된다. Fredrickson 등(2008)은 직장에 다니는 성인들을 명상 수련 실험집단과 대기 명단 통제집단에 무선적으로 할당하였다. 명상 수련 집단은 매일 자애명상을 훈련받았다. 자애명상은 사랑, 만족감, 동정과 같은 특정의 긍정적 정서를 유도하여 준다. 7주가 지나고 보니, 명상 수련 참가자들의 일상에서 경험하는 긍정적 정서가 증가하였다. 그에 따라 사회적 지지, 삶의 목적, 마음챙김(mindfulness), 질병 증세가 호전되는 것과 같은 다양한 개인의 자원들도 함께 증가하였다. 또한 명상집단에서는 삶에 대한 만족이 나아지고 우울 증상이 감소하는 더 장기적인 효력도 관찰되었다(Fredrickson et al., 2008). 이전의 어떤 한 현장연구에서는 자애명상으로 생긴 긍정적인 정서가 만성 요통 환자의 통증과 심리적 디스트레스(distress)를 완화시키기도 하였다(Carson et al., 2005). 나아가 스스로 만들어 낸 긍정적인 정서가 역경에 더 탄력적으로 반응하도록 한다는 증거도 있다(Tugade & Fredrickson, 2004). 긍정적인 정서를 일상적으로 경험하면 장기적인 탄력성이 개발(형성)되고 삶의 만족(Cohn et al., 2009)과 전반적인 웰빙(Cohn & Fredrickson, 2010)의 바탕이 마련된다.

긍정적 정서를 경험하는 빈도와 기간을 늘리면 신체와 정신 모두가 건강에 이롭다. 긍정적 정서와 부정적 정서의 비율을 3:1로 오랫동안 유지하면 정신건강이 인상적으로 좋아진다는 몇몇 증거(Fredrickson & Losada, 2005)가 있다. 하지만 긍정성 비율이 극단적으로 높아도 문제가 발생할 수 있다. Fredrickson과 Losada(2005)는 부정적 정서도 중요한 역할을 한다고 하였다. 부정적 정서는 위협에 대처하려는 동기를 불러일으킨다. 때로 어떤 맥락에서는 부정적인 정서가 적절한 반응일 수 있다. 따라서 부정적 정서는 반드시 제거해야 하는 대상이 아니다(Algoe & Fredrickson, 2011). 긍정적 정서에 관한 Fredrickson과 동료들의 연구는 '쾌락의 쳇바퀴'(Brickman, Coates, & Janoff-Bulman, 1978), 즉 사람들에게는 정서 조절점이 있기 때문에, 부정적이거나 긍정적인 사건에 뒤따르는 행복감의 변화가 단지 일시적일 뿐이라는 생각을 반박하였다(Fredrickson et al., 2008). 다시 말해, 스스로 긍정적인 정서를 규칙적으로 유도하면 긍정적 정서의 효과가 지속적으로 유지되고, 이로써 개인의 자원과 웰빙도 형성될 수 있다는 것이 이들의 주장이다.

직업건강 연구를 통하여 개인의 자원과 직무를 강조하는 몇 가지 이론적인 틀이 개발되었다. 예컨대, 자원보존(COR)이론(Hobfoll, 1989)은 자원이 동기에서 중심적인 역할을 하며, 개인은 자원을 확보, 유지, 그리고 보호하는 일에 노력을 기울인다고 주장한다. 비슷하게, 직무 요구-자원(Job Demand-Resource: JD-R) 모델(Bakker, Demerouti, de Boer, & Schaufeli, 2003; Demerouti, Bakker, Nachreiner, & Schaufeli, 2001)은 작업 목표를 달성하고, 스트레스와 연합된 직무요구를 줄이고, 그리고 개인의 성장과 개발을 자극하기 위해서는 신체적, 사회적, 심리적, 그리고/또는 조직적인 직무자원이 중요하다고 규정한다(Bakker, Demerouti, & Euwema, 2005). 횡단연구를 통하여 피드백, 자율성, 사회적 지원, 관리자의 지도, 그리고 전문성을 개발할 기회와 같은 직무자원이 작업몰입과 같은 긍정적인 경험과 연결된다는 사실이 밝혀졌다(Hakanen, Bakker, & Schaufeli, 2006; Xanthopoulou, Bakker, Demerouti, & Schaufeli, 2007). 작업몰입감 연구들은 최적의 긍정적인 작업 경험을 하고 싶다면 도전과 기술의 균형, 목표의 명확성, 피드백, 지각된 의미성, 자율성과 같은 직무자원이 중요하다고 하였다(Demerouti, 2006; Fullagar & Kelloway, 2009; Nielsen & Cleal, 2010). 몰입감이 긍정적 정서를 유도한다는 것이 종단연구에서 드러났으며(Fullagar & Kelloway, 2009), Fredrickson 등은 개인이 일관적이고 규칙적으로 긍정성을 경험하면 긍정적인 방향으로 꾸준히 번영할 수 있음을 보여 주었다. 긍정적인 정서를 유도하는 정서적 탄력성도 작업에 내재된 스트레스를 견디게 하고 개인의 성장을 촉진시킨다(Algoe & Fredrickson, 2011). Fredrickson(2008)은 **긍정조직**을 전문으로 다루는『긍정심리학저널(Journal of Positive Psychology)』의 최근 특별호 사설에서, 어떻게 하면 조직이 환경을 조성하여 각자가 긍정의 심리를 개발하고 그들의 수행이 최적이 되도록 할 수 있는지를 논의하였다. 향후의 조직연구에서는 조직이 개인과 집단의 번영에 도움이 될 방안을 고민하여야 한다. Fredrickson(2008)은 "조직 안에서 일어나는 긍정적 의미, 긍정적 정서와 긍정적 관계의 미시적인 변화가 전체 시스템에 잔물결을 일으켜 집단 단위의 거시적인 효과를 기대할 수 있다."(p. 1)고 하였다.

긍정 직업건강심리학의 연구과제

긍정의 관점을 옹호하면서, 직업건강심리학의 오랜 주제들(예, 조직 스트레스원이 개인의 웰빙에 미치는 효과)을 포기하자는 말이 아니다. 긍정적 접근은 그 자체가 하나의 연구대상이기도 하지만, 이 접근이 조직 스트레스원에 대한 우리의 이해를 보완하여 줄 수도 있다.

긍정적 구성개념의 보완적인 역할을 고려하면, 조직행동의 맥락을 더 깊이 이해해야 한다는 Johns(2006)의 요구는 타당해 보인다. 연구자들은 보통 하나 이상의 직업 스트레스원에 관심을 두고는 있지만, 조직이라는 맥락에 서 있는 개인은 사실상 긍정적인 경험과 부정적인 경험 모두에 노출되어 그 속에서 매우 다양한 스트레스원을 경험하게 된다. 따라서 Frederickson의 긍정성 연구에서 생각해 보면, 어떤 한 스트레스원의 절대적인 출현 빈도보다는 어쩌면 상대적인 출현 빈도가 개인의 웰빙에 미치는 영향이 더 클지도 모른다.

개인의 웰빙을 개선할 때에 길항적인 개입이 필요하다는 Kelloway, Day와 Hurrell(2008)의 주장을 떠올려 보자. 그리고 긍정성에 집중하는 길항적인 개입의 효과를 주목하여 보자. 확인된 자료에 의하면 이러한 개입은 심리적인 자산을 성공적으로 증식시킨다. Frederickson이 제안하였듯이 개인의 웰빙을 키우는 간편한 개입은 긍정성(또는 적어도 긍정적인 경험)을 키우는 일이다. 우리가 주목하는 것은 개입 연구를 통하여 엄격하게 이론을 검증하는 과학적인 가치와 더불어, 스트레스를 완화하는 기존의 개입보다 긍정 행동을 강화하는 개입이 조직에 더 가치가 있고 더 잘 수용될 수 있다는 것이다. 이러한 의미에서 건강한 작업장을 만드는 일에는 긍정을 지향하는 개입이 더 적합하여 보인다(예, Kelloway & Day, 2005).

결론

긍정심리학 운동(Seligman, 1999)이 시작되자 긍정조직학 연구가 활발해졌다. 이번 장에서 우리는 긍정학 운동과 함께하는 3가지의 구성개념을 개관하였다. 그리고 이 구성개념들이 직업건강심리학에 전달하는 직접적인 함의가 무엇인지를 알아보았다. 구체적으로는 심리적 자산, 몰입감, 그리고 긍정성을 다루었다. 현재의 이론과 연구는 이 세 영역 하나하나가 개인의 웰빙과 직접 연결되어 있음을 보여 준다. 따라서 이 세 구성개념은 직업건강심리학의 범주에 분명히 포함되어야 할 것이다. 또한 이 개념들은 작업장에서의 개인의 웰빙에 관한 우리의 이해를 확장시켜 줄 것이다.

참고문헌

Algoe, S. B., & Fredrickson, B. L. (2011). Emotional fitness and the movement of affective science from lab to field. *American Psychologist, 66*, 35–42.

Aronson, E., Wilson, T. D., & Akert, R. M. (2007). *Social psychology* (6th edn.). Upper Saddle River, NJ: Pearson Education.

Avey, J. B., Luthans, F., Smith, R. B., & Palmer, N. F. (2010). Impact of positive psychological capital over time. *Journal of Occupational Health Psychology, 15*, 17–28.

Avey, J. B., Nimnicht, J. L., & Pigeon, N. G. (2010). Two field studies examining the association between positive psychological capital and employee performance. *Leadership and Organizational Development Journal, 31*, 384–401.

Bakker, A. B. (2005). Flow among music teachers and their students: The crossover of peak experiences. *Journal of Vocational Behavior, 72*, 400–414.

Bakker, A. B., Demerouti, E., de Boer, E., & Shaufeli, W. B. (2003). Job demands and job resources as predictors of absence duration and frequency. *Journal of Vocational Behavior, 62*, 341–356.

Bakker, A. B., Demerouti, E.,& Euwema, M. C. (2005). Job resources buffer the impact of job demands on burnout. *Journal of Occupational Health Psychology, 10*, 170–

180.

Basom, M. R., & Frase, L. (2004). Creating optimal work environments: Exploring teacher flow experiences. *Mentoring and Tutoring, 12*, 241–258.

Bloch, C. (2002). Moods and the quality of life. *Journal of Happiness Studies, 3*, 101–128.

Brickman, P., Coates, D., & Janoff-Bulman, R. (1978). Lottery winners and accident victims: Is happiness relative? *Journal of Personality and Social Psychology, 36*, 917–927.

Bryce, J., & Haworth, J. (2002). Wellbeing and flow in a sample of male and female office workers. *Leisure Studies, 23*, 249–263.

Burnett, J. (1994). *Idle hands: The experience of unemployment, 1790–1990*. New York: Routledge.

Cameron, K. S., Dutton, J. E., & Quinn, R. E. (2003). Foundations of positive organizational scholarship. In K. S. Cameron, J. E. Dutton, & R. E. Quinn (Eds.), *Positive organizational scholarshi* (pp. 3–13). San Francisco, CA: Berrett-Koehler Publishers.

Carli, M., Delle Fave, A., & Massimini, F. (1988). The quality of experience in the flow channels: Comparison of Italian and U.S. students. In M. Csikszentmihalyi & I. S. Csikszentmihalyi (Eds.), *Optimal experience: Psychological studies of flow in consciousness* (pp. 288–306). New York: Cambridge University Press.

Carson, J. W., Keefe, F. J., Lynch, T. R., Carson, K. M., Goli, V., Fras, A. M., & Thorpe, S. R. (2005). Loving-kindness meditation for chronic low back pain: Results from a pilot trial. *Journal of Holistic Nursing, 23*, 287–304.

Carver, C. S., Smith, R. G., Antoni, M. H., Petronis, V. M., Weiss, S., & Derhagopian, R. P. (2005). Optimistic personality and psychosocial well-being during treatment predict psychosocial well-being among long-term survivors of breast cancer. *Health Psychology, 24*, 508–516.

Clarke, S. G., & Haworth, J. T. (1994). "Flow" experience in the daily lives of sixth-form college students. *British Journal of Psychology, 85*, 511–523.

Cohn, M. A., & Fredrickson, B. L. (2010). In search of durable psychology interventions: Predictors and consequences of long-term positive behavior change. *Journal of Positive Psychology, 5*, 355–366.

Cohn, M. A., Fredrickson, B. L., Brown, S. L., Mikels, J. A., & Conway, A. M. (2009). Happiness unpacked: Positive emotions increase life satisfaction by building resilience. *Emotion, 9*, 361–368.

Csikszentmihalyi, M. (1965). *Artistic problems and their solution: An exploration of creativity in the arts.* Unpublished PhD dissertation, University of Chicago.

Csikszentmihalyi, M. (1975). *Beyond freedom and anxiety.* San Francisco, CA: Jossey–Bass.

Csikszenmihalyi, M. (1988). Introduction. In M. Csikszentmihalyi & I. S. Csikszentmihalyi (Eds.), *Optimal experience: Psychological studies of flow in Consciousness* (pp. 3–14). New York: Cambridge University Press.

Csikszentmihalyi, M. (1990). *Flow: The psychology of optimal experience.* New York: Harper & Row.

Csikszentmihalyi, M. (1992). A response to Kimiecik & Stein and Jackson papers. *Journal of Applied Sport Psychology, 4*, 181–183.

Csikszentmihalyi, M. (1993). *The evolving self.* New York: Harper & Row.

Csikszentmihalyi, M. (1997). *Finding flow: The psychology of engagement with everyday life.* New York: Basic Books.

Csikszentmihalyi, M., Abuhamdeh, S., & Nakamura, J. (2005). Flow. In A. J. Elliot & C. S. Dweck (Eds.), *Handbook of competence and motivation* (pp. 598–608). New York: Guilford Publications.

Csikszentmihalyi, M., & LeFevre, J. (1989). Optimal experience in work and leisure. *Journal of Personality and Social Psychology, 56*, 815–822.

Csikszentmihalyi, M., & Nakamura, J. (2010). Effortless attention in everyday life: A systematic phenomenology. In B. Bruya (Ed.), *Effortless attention: A new perspective in the cognitive science of attention and action* (pp. 179–190). Cambridge, MA: MIT Press.

Culbertson, S. S., Fullagar, C. J., & Mills, M. J. (2010). Feeling good and doing great: The relationship between psychological capital and well-being. *Journal of Occupational Health Psychology, 15*, 421–433.

Danner, D. D., Snowdon, D. A., & Friesen, W. V. (2001). Positive emotions in early life and longevity: Findings from the nun study. *Journal of Personality and Social Psychology, 80*, 804–813.

deCharms, R. (1976). *Enhancing motivation: Change in the classroom*. New York: Irvington.

Deci, E. L. (1972). Intrinsic motivation, extrinsic reinforcement, and inequity. *Journal of Personality and Social Psychology, 22*, 113–120.

Demerouti, E. (2006). Job characteristics, flow, and performance: The moderating role of conscientiousness. *Journal of Occupational Health Psychology, 11*, 266–280.

Demerouti, E., Bakker, A. B., Nachreiner, F., & Shaufeli, W. B. (2001). The job demandsresources model of burnout. *Journal of Applied Psychology, 86*, 499–512.

Dorling, D. (2009). Unemployment and health. *British Medical Journal, 338*:b829.

Eisenberger, R., Jones, J. R., Stinglhamber, F., Shanock, L., & Randall, A. T. (2005). Flow experiences at work: For high need achievers alone? *Journal of Organizational Behavior, 26*, 755–775.

Engeser, S., & Rheinberg, F. (2008). Flow performance and moderators of challenge-skill balance. *Motivation & Emotion, 32*, 158–172.

Enzle, M. E., & Ross, J. M. (1978). Increasing and decreasing intrinsic interest with contingent rewards: A test of cognitive evaluation theory. *Journal of Experimental Social Psychology, 14,* 588–597.

Erez, M., Earley, P. C., & Hulin, C. L. (1985). The impact of participation on goal acceptance and performance: A two-step model. *Academy of Management Journal, 28*, 50–66.

Fave, A. D., & Massimini, F. (1988). Modernization and the changing contexts of flow in work and leisure. In M. Csikszentmihalyi & I. S. Csikszentmihalyi (Eds.), *Optimal experience: Psychological studies of flow in consciousness* (pp. 193–213). New York: Cambridge University Press.

Ferris, P. A., Sinclair, C., & Kline, T. J. (2005). It takes two to tango: Personal and organizational resilience as predictors of strain and cardiovascular disease risk in a work sample. *Journal of Occupational Health Psychology, 10*, 225–238.

Fredrickson, B. L. (1998). What good are positive emotions? *Review of General Psychology, 2*, 300–319.

Fredrickson, B. L. (2001). The role of positive emotions in positive psychology: The broadenand-build theory of positive emotions. *American Psychologist, 56*, 218–226.

Fredrickson, B. L. (2008). Unpacking positive organizing: Organizations as sites of individual and group flourishing. *Journal of Positive Psychology, 3*, 1–3.

Fredrickson, B. L., & Branigan, C. (2005). Positive emotions broaden the scope of attention and thought-action repertoires. *Cognition and Emotion, 19*, 313–332.

Fredrickson, B. L., Cohn, M. A., Coffey, K. A., Pek, J., & Finkel, S. M. (2008). Open hearts build lives: Positive emotions, induced through loving-kindness meditation, build consequential personal resources. *Journal of Personality and Social Psychology, 95*, 1045–1062.

Fredrickson, B. L., & Levenson, R. W. (1998). Positive emotions speed recovery from the cardivioscular sequelae of negative emotions. *Cognition and Emotion, 12*, 191–220.

Fredrickson, B. L., & Losada, M. F. (2005). Positive affect and the complex dynamics of human flourishing. *American Psychologist, 60*, 678–686.

Fredrickson, B. L., Tugade, M. M., Waugh, C. E., & Larkin, G. (2003). What good are positive emotions in crises? A prospective study of resilience and emotions following the terrorist attacks on the United States on September 11th, 2001. *Journal of Personality and Social Psychology, 84*, 365–376.

Fullagar, C., & Kelloway, E. K. (2009). "Flow" at work: An experience sampling approach. *Journal of Occupational and Organizational Psychology, 81*, 595–615.

Fullagar, C., Knight, P. K., & Sovern, H. (2009). *Flow and Performance Anxiety.* Paper presented at the 24th Annual Conference of the Society for Industrial and Organizational Psychology. New Orleans, April 2–4, 2009.

Furnham, A. & Thomas, P. (1984). Adult's perception of the economic socialization of children. *Journal of Adolescence, 7*, 217–231.

Gasper, K., & Clore, G. (2002). Attending to the big picture: Mood and global versus local processing of visual information. *Psychological Science, 13*, 34–40.

Goodnow, J. J. (1988). Children's household work: Its nature and functions. *Psychological Bulletin, 103*, 5–26.

Hackman, J. R., & Oldham, G. R. (1975). Development of the Job Diagnostic Survey. *Journal of Applied Psychology, 60*, 159–170.

Hackman, J. R., & Oldham, G. R. (1980). *Work redesign.* Reading, MA: Addison-Wesley Publishing Company.

Hakanen, J. J., Bakker, A. B., & Schaufeli, W. B. (2006). Burnout and work engagement among teachers. *Journal of School Psychology, 43*, 495–513.

Henry, J. (2004). Positive and creative organization. In P. A. Linley & S. Joseph (Eds.), *Positive psychology in practice* (pp. 269–285). Hoboken, NJ: John Wiley & Sons Inc.

Hobfoll, S. E. (1989). Conservation of resources: A new attempt at conceptualizing stress. *American Psychologist, 44*, 513–524.

Hobfoll, S. E. (2002). Social and psychological resources and adaptation. *Review of General Psychology, 6*, 307–324.

Isen, A. M. (2000). Positive affect and decision making. In M. Lewis & J. M. Haviland-Jones (Eds.), *Handbook of emotions* (2nd edn.) (pp. 417–435). New York: Guilford Press.

Isen, A. M., & Daubman, K. A. (1984). The influence of affect on categorization. *Journal of Personality and Social Psychology, 47*, 1206–1217.

Isen, A. M., Daubman, K. A., & Nowicki, G. P. (1987). Positive affect facilitates creative problem solving. *Journal of Personality and Social Psychology, 52*, 1122–1131.

Isen, A. M., Johnson, M. M. S., Mertz, E., & Robinson, G. F. (1985). The influence of positive affect on the unusualness of word associations. *Journal of Personality and Social Psychology, 48*, 1413–1426.

Isen, A. M., Rosenzweig, A. S., & Young, M. J. (1991). The influence of positive affect on clinical problem solving. *Medical Decision Making, 11*, 221–227.

Jackson, S. A. (1996). Toward a conceptual understanding of the flow experience in elite athletes. *Research Quarterly for Exercise and Sport, 67*(1), 76–90.

Jackson, S. A., & Marsh, H. W. (1996). Development and validation of a scale to measure optimal experience: The flow state scale. *Journal of Sport & Exercise Psychology, 18*, 17–35.

Johns, G. (2006). The essential impact of context on organizational behavior. *Academy of Management Review, 31*, 386–408.

Johnson, K. J., & Fredrickson, B. L. (2005). "We all look the same to me": Positive emotions eliminates the own-race bias in face recognition. *Psychological Science, 16*, 875–881.

Keller, J., & Bless, H. (2008). Flow and regulatory compatibility: An experimental approach to the flow model of intrinsic motivation. *Personality and Social Psychology Bulletin, 34*, 196–209.

Kelloway, E. K., & Barling, J. (1999). When children work: Implications for youth, society and organizations. *International Journal of Management Reviews, 1*(2), 159–170.

Kelloway, E. K., & Day, A. L. (2005). Building healthy organizations: What we know so far. *Canadian Journal of Behavioural Science, 37*, 223–236.

Kelloway, E. K., Day, A., & Hurrell, J. J. (2008). Workplace interventions for occupational stress. In M. Sverke, J. Hellegren, & K. Naswall (Eds.), *The individual in the changing working life*. Cambridge: Cambridge University Press.

Knight, P. A., Fullagar, C., & Waples, C. J. (2011). *Creating flow to reduce stress.* Paper presented at the 2011 Work, Stress, and Health Conference, Orlando, Florida, May 19–22, 2011.

Latham, G. P., & Locke, E. A. (1991). Self-regulation through goal-setting. *Organizational Behavior and Human Decision Processes, 50*, 212–247.

Lazarus, R. S. (1991). *Emotion and adaptation*. New York: Oxford University Press.

Luthans, F. (2002a). Positive organizational behavior: Developing and managing psychological strengths. *Academy of Management Executive, 16*(1), 57–72.

Luthans, F. (2002b). The need for and meaning of positive organizational behavior. *Journal of Organizational Behavior, 23*, 695–706.

Luthans, F., Avey, J. B., Avolio, B. J., Norman, S. M., & Combs, G. J. (2006). Psychological capital development: Toward a micro-intervention. *Journal of Organizational Behavior, 27*, 387–393.

Luthans, F., Avey, J. B., Avolio, B. J., & Peterson, S. J. (2010). The development and resulting performance impact of positive capital. *Human Resource Development Quarterly, 21*(1), 41–67.

Luthans, F., Avey, J. B., & Patera, J. L. (2008). Experimental analysis of a Web-based intervention to develop positive psychological capital. *Academy of Management Learning and Education, 7*, 209–221.

Luthans, F., Avolio, B. J., Avey, J. B., & Norman, S. M. (2007). Positive psychological capital: Measurement and relationship with performance and satisfaction. *Personnel Psychology, 60*, 541–572.

Luthans, F., Avolio, B. J., Walumbwa, F. O., & Li, W. (2005). The psychological capital of Chinese workers: Exploring the relationship with performance. *Management and Organization Review, 1*, 247–269.

Luthans, F., Youssef, C. M., & Avolio, B. J. (2007). *Psychological capital: Developing the human competitive edge*. New York: Oxford University Press.

Lyubomirsky, S., King, L., & Diener, E. (2005). The benefits of frequent positive affect: Does happiness lead to success? *Psychological Bulletin, 131*, 803–855.

Mäkikangas, A., Bakker, A. B., Aunola, K. & Demerouti, E. (2010). Job resources and flow at work: Modelling the relationship via latent growth curve and mixture model methodology. *Journal of Occupational and Organizational Psychology, 83*, 795–814.

Massimini, F., & Carli, M. (1988). The systematic assessment of flow in daily life. In M. Csikszentmihalyi & I. Csikszentmihalyi (Eds.), *Optimal experience: Psychological studies of flow in consciousness* (pp. 266–287). New York: Cambridge University Press.

Meier, L. L., Semmer, N. K., Elfering, A., & Jacobshagen, N. (2008). The double meaning of control: Three-way interactions between internal resources, job control, and stressors at work. *Journal of Occupational Health Psychology, 13*, 244–258.

Nakamura, J. (1988). Optimal experience and the use of talent. In M. Csikszentmihalyi & I. S. Csikszentmihalyi (Eds.), *Optimal experience: Psychological studies of flow in consciousness* (pp. 319–326). New York: Cambridge University Press.

Nakamura, J., & Csikszentmihalyi, M. (2009). Flow theory and research. In C. R. Snyder & S. J. Lopez (Eds.), *The Oxford handbook of positive psychology* (2nd edn.) (pp. 195–206). New York: Oxford University Press.

Nelson, D. & Cooper, C. L. (2007). *Positive organizational behavior*. Thousand Oaks, CA: Sage Publications.

Nielsen, K., & Cleal, B. (2010). Predicting flow at work: Investigating the activities and job characteristics that predict flow states at work. *Journal of Occupational Health Psychology, 15*, 180–190.

Panksepp, J. (1998). Attention deficit hyperactivity disorders, psychostimulants, and intolerance of childhood playfulness: A tragedy in the making? *Current Directions in Psychological Science, 7*, 91–98.

Phillips, S., & Sandstrom, K. L. (1990). Parental attitudes toward youth work. *Youth and Society, 22*, 160–183.

Ryff, C. D. (1989). Happiness is everything, or is it? Explorations on the meaning of psychological well-being. *Journal of Personality and Social Psychology, 57*, 1069–1081.

Ryff, C. D., & Singer, B. (1998). The contours of positive human health. *Psychological Inquiry, 9*, 1–28.

Salanova, M., Bakker, A. B., & Lloren, S. (2006). Flow at work: Evidence for an upward spiral of personal and organizational resources. *Journal of Happiness Studies, 7*, 1–22.

Sauter, S. L., Murphy, L. R., & Hurrell, J. J. (1990). Prevention of work-related psychological disorders: A national strategy proposed by the National Institute for Occupational Safety and Health (NIOSH). *American Psychologist, 45*, 1146–1158.

Schaubroek, J. M., Riolli, L. T., Peng, A. C., & Spain, E. S. (2011). Resilience to traumatic exposure among soldiers deployed in combat. *Journal of Occupational Health Psychology, 16*, 18–37.

Seligman, M. (1999). The president's address. *American Psychologist, 54*, 559–562.

Seligman, M., & Csikszentmihalyi, M. (2000). Positive psychology. *American Psychologist, 55*, 5–14.

Seongyeul, H. (1988). The relationship between life satisfaction and flow in elderly Korean immigrants. In M. Csikszentmihalyi & I. S. Csikszentmihalyi (Eds.), *Optimal experience: Psychological studies of flow in consciousness* (pp. 138–149). New York: Cambridge University Press.

Snyder, C. R., Lehman, K. A., Kluck, B., & Monsson, Y. (2006). Hope for rehabilitation and vice versa. *Rehabilitation Psychology, 51*, 89–112.

Tetrick, L. E., & Quick, J. C. (2003). Prevention at work: Public health in occupational settings. In J. C. Quick & L. E. Tetrick (Eds.), *Handbook of occupational health psychology* (pp. 3–17). Washington, DC: American Psychological Association.

Thomas, K. M., & Mathieu, J. E. (1994). Role of causal attributions in dynamic self-regulation and goal processes. *Journal of Applied Psychology, 76*, 812–818.

Tugade, M. M., & Fredrickson, B. L. (2004). Resilient individuals use positive emotions to bounce back from negative emotional experiences. *Journal of Personality and*

Social Psychology, 86, 320–333.

Waterman, A. S. (2008). Reconsidering happiness: A eudaimonist's perspective. *Journal of Positive Psychology, 3*, 234–252.

Work in America (1972). *Report of a special task force to the secretary of health, education, and welfare*. Department of Health, Education, and Welfare, Washington, DC: Special Task Force on Work in America.

Xanthopoulou, D., Bakker, A. B., Demerouti, E., & Schaufeli, W. B. (2007). The role of personal resources in the job demands-resources model. *International Journal of Stress Management, 14*, 121–141.

10장

ESENER 결과와 유럽의 심리사회적 위험 관리

William Cockburn, Malgorzata Milczarek, Xabier Irastorza와 Eusebio Rial González
유럽산업안전보건청(European Agency for Safety and Health at Work, EU-OSHA)

머리말

새로운 위험에 대한 유럽인 기업조사(The European Survey of Enterprises on New and Emerging Risks, 이하 ESENER)는 사업장의 안전보건에 대한 정보 차이를 줄이는 것이 목표이다. 노동자를 대상으로 하는 조사 보고 시스템을 통해 일과 연관되는 사고 및 불건강에 대한 자료가 여러 해 동안 누적되었으나, 정작 현장의 위험 관리에 대해서는 알려진 것이 많이 없다. 특히 사업장의 경쟁력을 유지하고 보유한 자원을 보다 효율적으로 이용해야 할 때, 안전보건에 대한 이해를 높이는 것은 매우 중요하며 이러한 기업환경은 예방에 대한 태도 및 자원의 이용가능성에 영향을 미칠 수 있다.

이러한 맥락에서 ESENER는 사업장에서 안전보건 관련 위험요인이 어떻게 관리되고 있는지, 행동을 취하는 데 있어 주요 추진 동력 및 장애물, 그리고 필요한 지원은 무엇인지 등에 대해서 관리자 대표 및 노동자 대표가 바라보는 관점을 찾고자 하는 것이다. 이 조사는 다양한 범위의 사업장 위험요인을 비롯하여, 특히 심리사회적 위험을 중심으로 기존 위험과 관련되는 광범위한 우려와 실질적 어려움을 반영하고 있다.

ESENER는 정부와 사회적 파트너의 지원을 통해 개발되었으며, 유럽 전역의 사업장들이 안전과 보건을 보다 효율적으로 다룰 수 있도록 돕고 새로운 정책에 대한 계획 및 실행에 있어 국가 수준의 비교 가능한 정보를 정책입안자에게 제공하는 것을 목표로 하고 있다. ESENER는 경영 사례뿐만 아니라, 사업장 안전보건 관리가 노동자와 어떻게 관련되는지, 그리고 사업장의 성공적인 예방 조치 실행과 관련되는 중요한 요소가 무엇인지를 탐색한다. 또한 별도의 인터뷰를 통해서 안전보건 분야의 대표자를 대상으로 법적 의무가 유럽 내의 사업장에서 어떻게 실행되고 있는지에 대해서도 조사한다. 여기의 모든 결과에는 경영 관련 문항에 대한 가중치가 적용되었다.

조사 방법론

2009년 봄에 농림수산(NACE[1] A), 개인 가구(NACE T), 치외법권 조직(NACE U)을 제외한 모든 경제활동에 대한 산업분류에 걸쳐서 10인 이상의 노동자가 있는 민간기업 및 공공기관을 대상으로 인터뷰가 수행되었다. 31개 국가를 대상으로 조사가 실시되었으며, 세부적으로는 27개의 유럽회원국, 2개의 후보 국가(크로아티아와 터키), 그리고 2개의 유럽자유무역연합(EFTA)[2] 국가(노르웨이와 스위스)가 포함되었다.

총 28,649명의 관리자와 7,226명의 안전보건 대표자가 조사에 참여했다. 각 나라마다 약 350개소에서 1,500개소의 기업을 조사하였으며, 안전보건 대표자에게 시행된 인터뷰의 숫자와 비율은 나라별로 다양했다.

현장조사는 TNS 인프라테스트(TNS Infratest)[3]의 사회연구(Sozialforschung) 파트에 의해 시행되었으며, 현지 언어가 가능한 면담자가 컴퓨터에 기반한 전화

1) 역자 주: NACE: 프랑스어에 기원을 두고 있으며 유럽공동체의 경제적 활동에 대한 통계 분류(Statistical classification of economic activities in European Communities)

2) 역자 주: EFTA: European Free Trade Association

3) 역자 주: 독일 뮌헨에 위치한 리서치 회사

인터뷰를 이용하였다. 표본은 무작위 표본 설계에 따라 추출되었으며 이후 가중치로 수정되었다. 국가 간의 비교 가능한 양질의 표본을 구성하기 위한 노력이 시도되었으며 삶과 근로 조건 개선 관련 업무를 담당하는 유럽재단(European Foundation: Eurofound)과의 협업을 통해 진행되었다.

관리자 대표와 노동자 대표를 대상으로 하는 두 종류의 설문지가 조사설계 전문가, 산업안전보건 전문가(특히, 심리사회적 위험 전문가), 그리고 유럽산업안전보건청 전문가와 함께 개발되었다. 또한 유럽산업안전보건청의 이사회로 구성된 제3의 자문집단이 이해관계자와 관련되는 특정한 관심 질문을 확인하는 데 중요한 역할을 했다.

ESENER의 방법론에 대한 자세한 정보는 홈페이지(www.esener.eu)에서 찾아볼 수 있으며 ESENER에 대한 자료는 영국 에섹스(Essex) 대학의 자료 보관소(UK DATA Archive: UKDA)에서 이용이 가능하다(http://www.esds.ac.uk/findingData/snDescription.asp?sn=6446&key=esener).

심리사회적 위험 관리의 전반적인 결과

사회는 새로운 기술, 변화하는 경제, 그리고 사회적 상황의 영향력 아래에서 진화하고 있으며, 그에 따라 작업장, 작업 실행, 그리고 생산과정도 지속적으로 변하고 있다. 새로운 작업 상황은 건강과 안전에 관한 새로운 위험과 도전을 야기시키며 그중의 하나는 심리사회적 위험에 대한 중요성이 성장하고 있다는 것이다. 이는 심리적인 또는 신체적인 위해성을 야기할 수 있는 일에 대한 관리와 계획적 측면, 그리고 사회적이고 조직적 맥락에 대한 잠재적 측면으로 정의될 수 있다(Cox & Griffiths, 2005). 특히 일과 연관되는 스트레스, 폭력, 희롱은 직업건강과 안전에 관련되는 중요한 과제 중 하나로 인식되고 있다. 이 문제가 가지는 심각성과 그에 따르는 인간의 고통, EU의 경제적 비용, 그리고 '새롭게 나타난' 그러나 상대적으로 눈에 보이지 않는 위험을 다루는 것에 대한 또 다른 어려움 등이 이러한 위험에 대한 관심을 증가시키고 있다(Eurofound, 2007; EU-OSHA, 2007).

관련되는 근거에 의하면 심리사회적 위험은 다른 작업장 위험요인과 같은 동일한 접근방법을 통해 최우선으로 예방될 필요가 있으나, 여전히 대부분의 기업은 심리사회적 위험을 현장에서 관리하는 데 어려움을 가지고 있다. 기업이 이러한 위험을 현장에서 어떻게 다루고 있는지 확인하기 위해 ESENER는 유럽 작업장의 통상적인 산업안전보건 관리 체계 내에서 심리사회적 위험이 어떻게 다루어지고 있는지에 대해 조사했다.

[그림 10-1]에서 볼 수 있듯이, 사고, 근골격계 질환, 일과 관련되는 스트레스는 EU 내 27개의 기업에서 약 80%의 주요한 또는 약간의 관심거리인 것으로 나타났다. 위험물질, 소음, 진동은 관심의 수준이 상대적으로 낮았으며, 폭력 또는 폭력에 대한 위협, 괴롭힘 또는 희롱은 가장 낮은 관심 수준으로 나타났다. 어떠한 경우에서든 조사에 응답한 5명의 관리자 가운데 1명이 이러한 요인을 주요 관심사로 고려하고 있다는 점은 심리사회적 위험에 대한 중요성이 증가하고 있음을 반영하는 것이다.

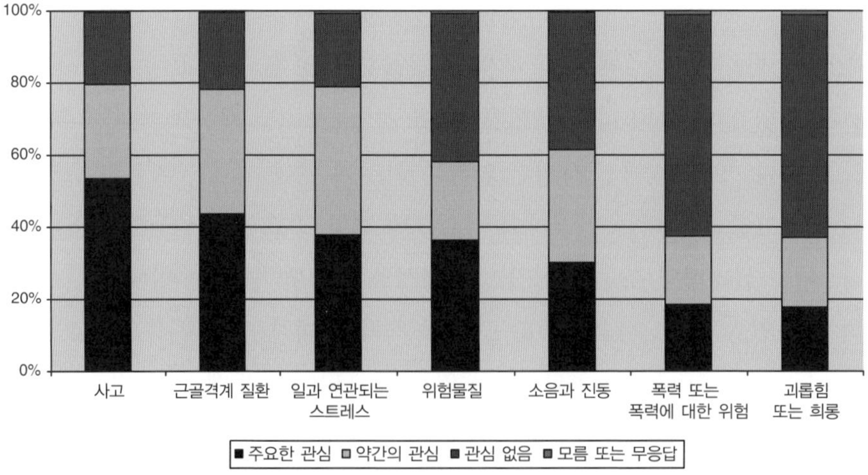

[그림 10-1] 산업안전보건 이슈들(% 모든 기업, EU-27)

1 심리사회적 위험에 대한 관심

상대적으로 작은 수준이라 하더라도 심리사회적 위험에 대한 관심은 기업이 성장함에 따라 지속적으로 증가하고 있는데, 특히 '주요한 관심'의 수준이 높은 경우에는 더욱 그러하다. 흥미로운 것은 소규모 기업은 어떠한 위험요인에 관심이 있는지에 대한 보고를 제대로 할 것 같지 않다는 점이다. 이는 소규모 기업에게는 드러나는 위험이 거의 없다는 것인지 아니면 단순히 이러한 위험을 제대로 인지하지 못하고 있는 것인지에 대한 질문을 야기한다.

국가별로는 포르투갈, 노르웨이, 터키, 루마니아는 다른 국가들과 비교해서 앞의 3가지 종류의 위험요인에 대한 관심 수준이 높았다. 일반적으로 국가들 사이의 다양한 변인과 함께 다른 두 종류의 위험요인과 비교하면 직무스트레스에 대한 관심이 가장 높았다. 이것은 스웨덴, 핀란드, 그리고 덴마크에서는 낮은 수준의 '주요한 관심'을 나타내고 있으나 이들 국가가 안전보건과 관련되는 서비스 가운데 심리학자에 의한 서비스를 가장 많이 이용하는 국가라는 점에서 흥미롭다.

업종에 따라 분석을 하면 교육 분야와 공공행정 분야에서는 심리사회적 위험과 관련되는 모든 요인이 건강과 사회적인 일에 있어 가장 큰 관심거리였다. 이것은 다른 국가 및 국제적 차원의 조사, 그리고 과학적인 문헌에서도 유사하다. 사회와 개인 서비스 분야, 전기가스와 상수도 공급 분야와 같은 다른 산업분류에서는 직무스트레스에 대한 관심 수준에 비해 폭력, 괴롭힘과 희롱에 대한 관심 수준이 높은 것으로 나타났다. 이러한 차이는 폭력에 있어서 호텔 및 음식 분야에서도 동일하다.

ESENER는 관리자들에게 심리사회적 위험에 기여하는 10가지 가능한 원인 중 어떠한 것이 자신의 기업에서 관심거리인지에 대해 질문했다. 그 결과, 시간압박, 고객 또는 환자들과 발생하는 어려움에 대한 것이 가장 흔한 것으로 나타났다([그림 10-2]).

시간압박은 부동산 분야, 스칸디나비안 국가들(스웨덴이 가장 높음), 그리고 기업 규모가 클수록 가장 자주 보고되었으나 이탈리아, 헝가리, 그리고 라트비아에서는 가장 낮은 것으로 나타났다. 체코의 기업에서 가장 흔하였으나 스웨덴과 핀란드에서도 장시간 또는 불규칙 근무시간이 높은 것으로 나타났다. 또한 체코와 포르투갈의 기업에서는 심리사회적 위험의 원인으로 직무 불안정이 가장 흔하게 언급되는 것으로 나타났으며 그다음이 아일랜드였다. 이러한 결과는 조사가 이루어진 시기에 이 나라들의 경제 위기에 따른 충격이 원인일 수도 있다.

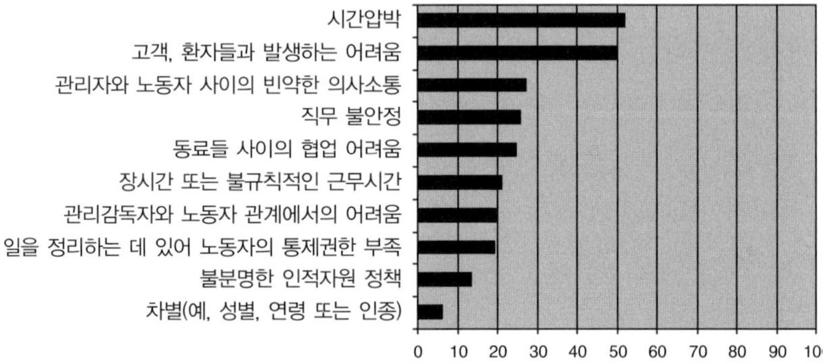

[그림 10-2] 심리사회적 위험에 기여하는 요소에 대한 관리자들의 관심거리들 (% 모든 기업, EU-27)

2 심리사회적 위험을 다루기 위한 절차와 방법

기업들이 어떻게 심리사회적 위험을 관리하는지에 대해서 ESENER는 직무스트레스, 괴롭힘 또는 희롱, 직무 관련 폭력 등을 다루는 **절차**가 있는지 또는 특정한 심리사회적 위험을 통제하기 위한 **방법**이 있는지에 대한 자료를 수집했다.

이러한 절차가 시스템에 기반하여 위험을 다루는 방법 또는 '공식적인' 것으로 보일 수 있으나 사업장에서 시도되는 개인적 수준의 방법은 '즉흥적'이거나 또는 자연적으로 반응하는 것일 수도 있다. 규모가 큰 기업일수록 적극적이고 시스템에 기반한 위험 관리 접근방법을 이용할 것 같고, 규모가 작은 기업일수록 후자의 방법에 의존할 것이라는 기대가 합리적일 것이다. 선행연구는 규모가 작은 기업에서 공식적인 절차가 흔하지 않을 것이라는 가정을 지지하고 있다(예,

Bradshaw, Fishwick, Curran, & Eskin, 2001).

예상할 수 있듯이 절차의 존재 여부에 대해서는 규모가 큰 기업에서 자주 그리고 지속적으로 보고되고 있다. 괴롭힘 또는 희롱에 대한 절차가 가장 흔하며, 규모가 큰 기업들 사이에서는 50%에 달한다. 규모가 작은 기업에서는 이 비율이 약 30% 정도로 낮은 것으로 나타났다([그림 10-3]).

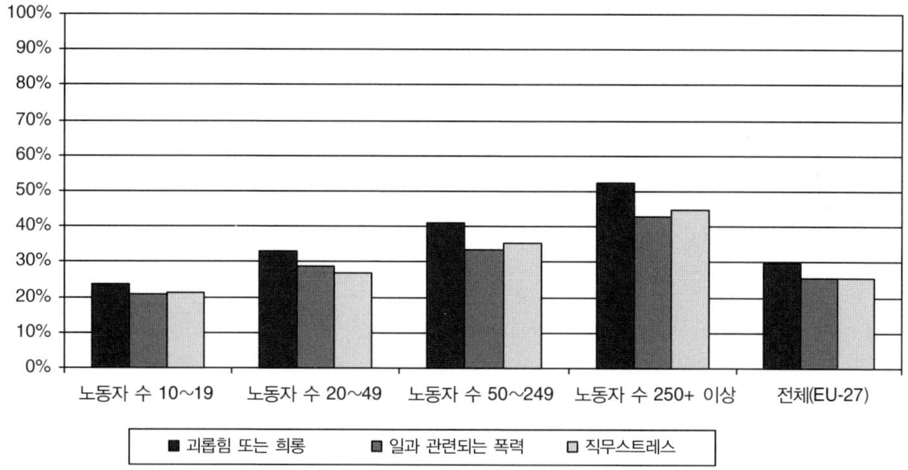

[그림 10-3] 기업 규모에 따른 직무스트레스, 괴롭힘과 희롱, 그리고 일과 관련된 폭력을 다루는 절차들(% 모든 기업, EU-27)

이러한 공식적인 절차가 일부 몇몇 국가에서 나타났으나 벨기에, 스칸디나비안 국가들, 영국, 그리고 아일랜드에서 가장 높은 빈도로 보고되었다([그림 10-4]). 영국의 경우에는 스트레스 관리에 대한 구조화된 가이드라인의 소개에 따른 인식 증가가 관련 있을 수도 있다[예, 직무스트레스에 대한 관리기준(Management Standards for Work-related Stress); Mackay, 2004]. 흥미롭게도 체코와 포르투갈의 기업에서는 개인과 연관되는 심리사회적 위험요인이 가장 흔한 것으로 나타났으나 이러한 요인에 대한 예방 절차와 관련해서는 그 수준이 평균 이하인 것으로 나타났다.

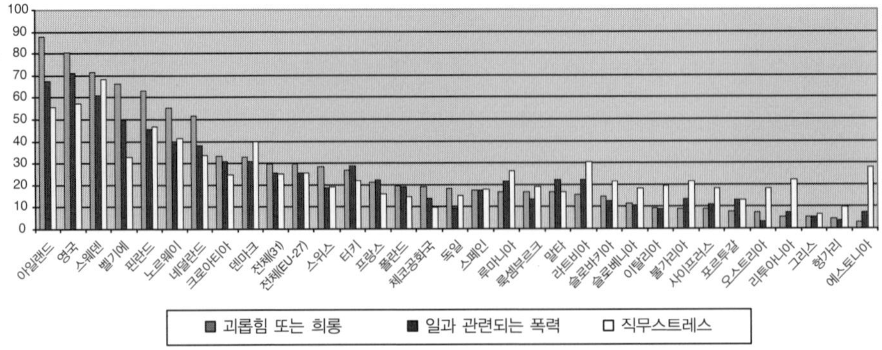

[그림 10-4] 국가에 따른 심리사회적 위험들을 다루는 절차들(% 모든 기업, EU-27)

업종에 따라 구분해 보면, 심리사회적 위험에 대한 관심과 관련되는 절차들은 보건사회복지 분야, 교육 분야, 그리고 금융중개 분야에서 빈도가 높았다. 이러한 결과는 특정한 몇몇 업종의 직무 특징과 관련이 있을 수 있으며 몇몇 특정 나라에서 심리사회적 위험을 다루는 것에 관한 인식과 관습 수준과도 연관이 있을 수 있다. 심리사회적 위험에 대한 관심이 공공행정 분야에서도 높은 반면에 관련되는 절차는 거의 보고되지 않는다는 점도 주목할 만하다.

과거 3년 동안 심리사회적 위험을 다루기 위해 이용된 방법과 관련해서는 조직 또는 개인적인 수준에서 심리사회적 위험을 설명할 수 있는 중재방안 선행연구에 기반해서 몇 가지 유형들이 조사되었다(예, EU-OSHA, 2000). 조사된 6가지의 방법 중에서 훈련의 제공이 가장 흔한 것으로 나타났다([그림 10-5]).

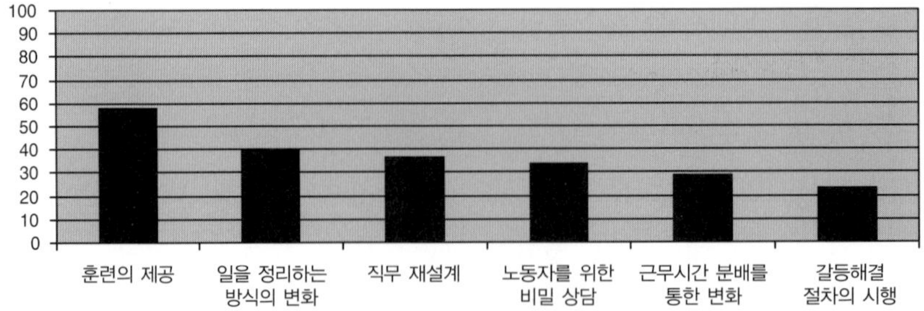

[그림 10-5] 심리사회적 위험들을 다루기 위한 방법들(% 모든 기업, EU-27)

아마도 규모가 작은 기업에서는 방법의 상대적인 '간편함'이 반영될 수도 있다. 이러한 기업 규모의 차이가 유의미하지는 않으나 모든 유형의 방법은 기업 규모가 증가할수록 다양하게 이용되고 있었다.

국가별로는 핀란드, 루마니아, 그리고 터키에서 심리사회적 위험을 관리하기 위한 방법이 가장 다양한 것으로 보고되었으며, 크로아티아, 슬로베니아, 헝가리, 그리스에서는 상대적으로 다양하지 않은 것으로 나타났다. 방법에 있어서 핀란드의 이용 정도가 높고 헝가리와 그리스의 이용 정도가 낮다는 점은 심리사회적 위험 관리에 대한 절차와도 유사한 결과이나, 각 국가에 있어서 절차와 방법의 수준이 어떻게 다른지에 대해서도 주목할 필요가 있다. 포르투갈은 심리사회적 이슈에 관한 관심 수준이 높았으며, 이는 심리사회적 위험 관리 방법의 평균적인 이용 정도보다 더 높은 것으로 나타났다.

보건사회복지 분야에서는 대부분의 방법이 이용되고 있었다. 심리사회적 위험에 대한 인식 수준이 높은 것으로 나타났으며 심리사회적 위험도 높은 수준인 것으로 나타났다. 제조업 분야에서는 이용되는 방법이 거의 없는 것으로 나타났다.

3 추진요인과 장애요인

기업이 안전보건과 심리사회적 위험을 왜 관리하려고 하는지 또는 이것이 왜 실패하는지에 대한 원인은 법과 규정의 적용, 합리성, 사업 수익이나 비용에 대한 이해, 가치와 기준에 대한 방향 등과 같은 다양한 요인에 의해 조절된다. 그리고 여기에는 인식과 우선순위에 대한 수준, 경영 몰입과 노동자의 관여와 같이 최우선시되는 또 다른 요인이 있으며, 이것이 안전보건과 심리사회적 위험 관리의 중요한 추진요인이기도 하다.

1) 추진요인

안전보건을 관리하도록 또는 심리사회적 위험을 다루도록 기업을 자극하는 가장 중요한 요인은 법적 의무의 실행과 관련되는 사례들이다. 그 다음으로 중요한 추진 요인에 해당하는 노동자 또는 노동자 대표자의 요청과 같은 요인에서는 그 수준이 상당히 낮은 것으로 나타났으며,[4] 이는 다른 요인들에서도 비슷하다([그림 10-6]).

기업의 관심으로 언급되기도 하며 조직건강과도 관련되는 방법으로 알려진 결근율은 단지 11%의 사업장에서만 심리사회적 위험을 설명하는 주요 요인으로 보고되었다. 그러나 일반적인 안전보건 관리와 관련해서는 조치를 취하는 원인으로 57%의 회사에서 '직원 유지와 결근 관리'를 보고하였으며 이것이 더욱 강력한 추진요인인 것으로 나타났다.

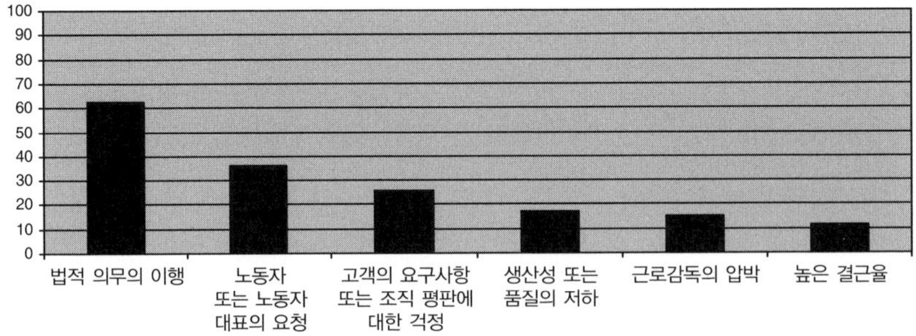

[그림 10-6] 심리사회적 위험을 다루는 이유(% 심리사회적 위험을 다루기 위한 절차와 방법을 가지고 있다고 보고한 기업들, EU-27)

추진요인으로 보고된 법적 의무의 이행에 대해서는 스페인(85%)에서부터 그리스(30%)까지 각 국가 사이의 수준이 다양한 것으로 나타났다. 이러한 요인을 자주 이용하는 또 다른 국가에 벨기에와 아일랜드가 포함되었으나 그리스, 슬로바키아, 사이프러스에서는 빈도가 낮은 것으로 나타났다.

노동자 또는 노동자 대표자의 요청과 같은 두 번째 순위의 추진요인과 관련해서는 핀란드, 스웨덴, 덴마크에서 가장 높은 수준이었으며 이탈리아, 슬로바키

4) 법적 의무의 실행과 다른 추진요인 사이에 있어서 발생율의 차이는 일반적인 산업안전보건 관리와 관련되는 요인에 비해 뚜렷하다. 그러나 심리사회적 위험에 대한 추진요인에 대한 질문이 방법 또는 절차를 시도한 노동자들에게만 주어졌기 때문에 두 개의 집단을 직접적으로 비교하기는 어렵다는 점을 염두에 둘 필요가 있다.

아, 크로아티아에서는 가장 낮은 수준이었다. 즉, 이러한 차이는 아마도 노동자 또는 노동자 대표자의 요청에 대한 기업의 개방성과 관련이 있을 수 있다. 좀 더 밀접한 원인으로는 '의견일치'에 초점을 두는 스칸디나비안 국가들의 고용관계 문화일 수도 있다(예, Hyde et al., 2006).

업종별로는 노동자 또는 노동자 대표자의 요구가 보건사회복지 분야에서 심리사회적 요인을 설명하는 가장 흔한 추진요인이었으며 건설 분야에서는 그 수준이 가장 낮았다. 호텔과 음식업종 분야에 종사하는 응답자로부터 언급된 추진요인은 생산성 감소인 것으로 나타났다.

노동자 요구는 민간 분야보다 공공 분야에서 심리사회적 위험 관리의 추진요인으로 더욱 많이 보고되었으며 이것은 규모가 큰 기업에서도 마찬가지였다. 공공 분야와 규모가 큰 기업에서 노동자 대표의 비율이 더 높다는 점과도 연관이 있을 수 있다.

2) 장애요인

관리자 대표의 42%는 다른 안전보건 이슈보다 심리사회적 위험을 다루는 것이 더 어렵다고 응답하였다. 이러한 의견은 규모가 큰 기업에서 더 많았으며([그림 10-7]), 규모가 작은 기업의 문화가 이러한 주제를 더 쉽게 다룰 수 있다거나 또는 규모가 큰 기업은 어려움에 대한 인식이 더 높을 수도 있다는 점을 제안한다.

심리사회적 위험을 다루기 어렵게 만드는 가장 중요한 요인은 '주제의 민감성' '인식 부족' '자원의 부족', 그리고 '훈련 부족'인 것으로 나타났다(〈표 10-1〉). '주제의 민감성'은 규모가 큰 기업에서 좀 더 많이 나타났는데 이는 '조직 내 문화'와도 연관되는 문제이기 때문이다. 주제의 민감성은 일반적인 안전보건 위험 관리의 장애요인에서는 가장 중요하지 않은 것으로 나타났는데, 이러한 결과와 대조적이라는 점도 흥미롭다.

'주제의 민감성'은 터키와 덴마크에서 장애요인으로 주로 보고되었다. 오스트리아, 헝가리와 슬로바키아에서는 그 수준이 상대적으로 낮았으나 '인식의 부족'은 터키, 에스토니아, 그리고 영국에서 높은 것으로 나타났다. '자원의 부족'은

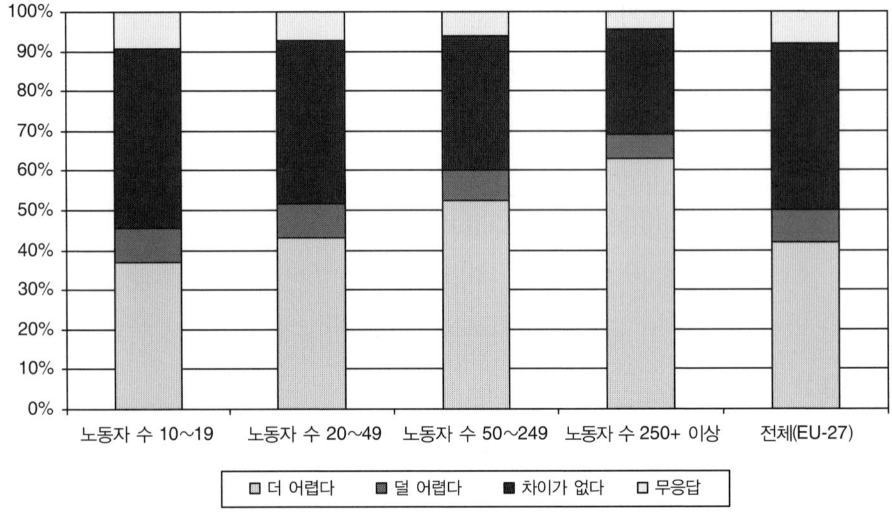

[그림 10-7] 기업 규모에 따른 안전보건 이슈들과 비교해서 심리사회적 위험을 다루는 것의 어려운 정도(% 모든 사업장, EU-27)

〈표 10-1〉 심리사회적 위험을 다루는 것을 어렵게 만드는 요인(% 모든 기업, EU-27)

요인	% (EU-27의 사업장)
주제의 민감성	53%
인식의 부족	50%
시간, 노동자 또는 비용과 같은 자원의 부족	49%
훈련 또는 전문지식의 부족	49%
기술적 지원이나 지침의 부족	33%
조직 내 문화	30%

* 기본 표본: 다른 안전과 보건 문제와 비교해서 심리사회적 위험을 다루는 것이 더 어렵다고 응답한 기업들

터키, 포르투갈, 그리고 리투아니아에서 주로 높았으며, 네덜란드, 오스트리아, 그리고 이탈리아에서는 그 반대였다.

업종에 따라서는 '자원 부족'은 금융 중개 분야(41%)보다 교육 분야(61%)에서 심리사회적 위험의 중요한 장애요인으로 나타났다. 대조적으로 금융 중개 분야의 응답자 가운데 61%가 '인식의 부족'을 장애요인으로 언급했으며 보건사회복지 분야 응답자는 단지 40%만이 장애요인으로 보고했다. '훈련 또는 전문지식의 부족'과 관련해서, 금융 중개 분야 응답자의 65%가 장애요인으로 언급하였으며 보건사회복지 분야에서는 39%가 장애요인으로 보고하였다.

평균적으로 EU 27개 국가의 기업 가운데 38%가 심리사회적 위험을 다루기 위해서 외부 자원의 정보 또는 지원을 이용한 것으로 나타났다. 규모가 큰 기업은 규모가 작은 기업보다 좀 더 적극적이었다. 국가별로는 스페인, 스웨덴, 그리고 슬로베니아와 비교해서 오스트리아, 에스토니아, 그리스의 기업들이 외부 자원의 의존 수준이 낮았다([그림 10-8]). 업종과 관련해서는 보건사회복지 분야는 제조 분야와 건설 분야와 반대로 외부자원의 정보 또는 지원의 이용 수준이 높은 것으로 나타났다.

외부의 정보 또는 지원을 이용한 기업 가운데 35%는 이와 관련한 추가적인 지원이 필요할 것이라고 응답하였다. 이는 키프러스, 라트비아 및 포르투갈에서 가장 높았으며, 오스트리아, 네덜란드 및 스위스에서는 가장 낮았다. 업종에 따르면 추가적인 지원에 대한 필요성이 교육 분야와 공공행정 분야에서 가장 높았다.

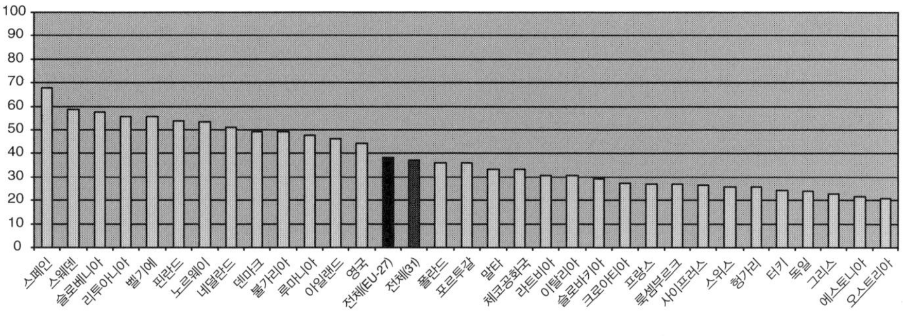

[그림 10-8] 국가별로 심리사회적 위험을 다루기 위한 외부 자원의 정보 또는 지원에 대한 이용(%, 모든 사업장)

외부 정보 또는 지원을 이용하지 않는 기업 중에서도 경영 대표자의 43%는 이러한 형태의 정보가 자신의 사업장에 도움이 될 것이라고 보고하였다. 업종에 따라 분석해 보면, 공공행정 분야, 보건사회복지 분야, 그리고 교육 분야에서 가장 높은 비중을 차지하고 있는 반면, 국가별로는 포르투갈, 터키, 루마니아에서 가장 높은 것으로 나타났다. 추가적인 정보 또는 지원은 심리사회적 위험을 위험성 평가에 어떻게 포함시킬 것인지, 그리고 폭력, 희롱, 또는 스트레스와 같은 특정한 문제를 어떻게 다룰 것인지 등에 대한 예방 방법을 어떻게 계획하고 실행하는지와 관련해서 유용하게 이용될 수 있다.

4 노동자 참여

노동자의 참여는 산업안전보건 관리에 있어서 법적 의무사항이자 중요한 성공요인이다. ESENER는 이에 대한 추가적인 근거 제공뿐 아니라 심리사회적 위험 관리의 맥락에서도 그 중요성을 강조하고 있다. 효과적인 노동자 참여를 위한 사회적 파트너의 핵심 역할이 직무스트레스(European Framework Agreements on Work-Related Stress, 2004)와 사업장 희롱과 폭력(Harassment and Violence at Work, 2007)에 대한 유럽 기본협약을 통해서 커다란 진전이 있었다(European Social Dialogue, 2004, 2007).

일과 산업 관계에 대한 유럽의 관련 담화에 따라서 ESENER 질문지에서는 직장협의회 대표, 그리고(또는) 노동조합 대표, 또는 특정한 건강과 안전 분야의 대표(안전보건위원회 또는 안전보건 대표)를 통해서 노동자의 **비공식적인/직접적인** 참여와 **공식적인** 참여가 구분되었다. 참여의 범위와 규제되는 정도에 따라 두 유형이 다르기 때문에 이러한 구분은 적절하다고 보인다. 비공식적인 또는 '직접적인' 참여는 규모나 업종에 관계없이 모든 형태의 기업에서 발생할 수 있다. 반면에 공식적이거나 제도적인 참여는 국가의 법적인 틀과 사회적 전통에 따라 공식적인 기구의 설립을 요구한다. 논리적으로 이것은 기업의 규모와도 밀접한 관련이 있다. 사회적 대화의 의미에서 공식적인 참여와 비공식적인 참여의 수준이 높다는 것은 심리사회적 위험 관리와 일반적인 산업안전보건 관리의 수준을 모두 포함하는 양질의 일을 가리키는 지표이기도 하다.

공식적인 참여와 관련해서 [그림 10-9]는 직장 협의회 또는 인정된 노동조합의 대표가 심리사회적 위험 관리와 긍정적 관련성이 있다는 근거를 보여 준다. 이 조사에 이용된 모든 심리사회적 위험 관리에 대한 척도는 작업장에 노동자 대표가 있는 경우에 적용될 수 있는 가능성이 더 크다. 특히 일과 관련된 스트레스, 괴롭힘 또는 희롱, 또는 일과 관련되는 폭력을 다루는 절차를 개발하는 데 있어 큰 차이를 보이며, 정보 및 상담 활동에 있어서도 그 차이가 크다.

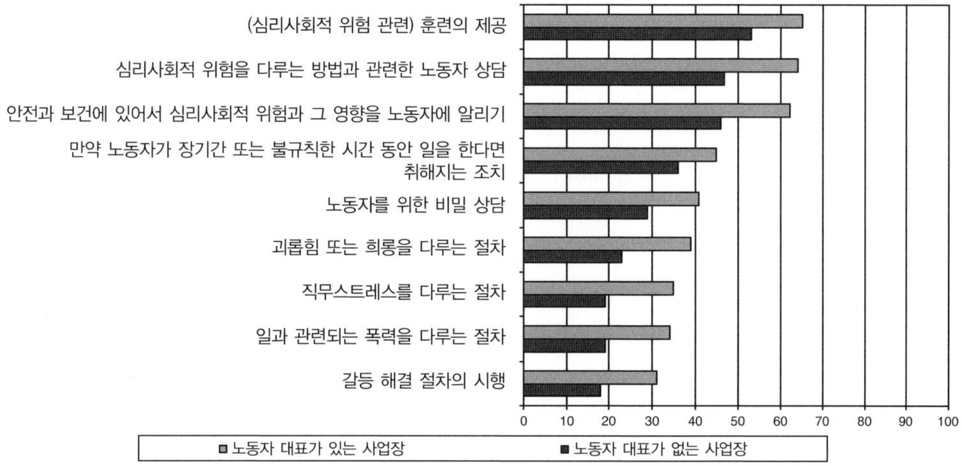

[그림 10-9] 공식적인 노동자 대표의 존재에 따른 심리사회적 위험 관리 방법
(% 심리사회적 위험을 다루는 방법이 있는 모든 사업장, EU-27)

심리사회적 위험의 민감한 특성 때문에 성공적인 방법은 기업의 모든 부분에 있어서 높은 수준의 협업을 요구한다. 예를 들면, 작업장 사고, 위험한 물질과 같은 전통적인 위험과 연관되는 문제보다 심리사회적 위험과 연관되는 문제를 제기하는 데에는 더 큰 장벽이 있다. 기업에서는 어떤 문제가 있는 경우에 심리사회적 위험 관리를 위해서 노동자의 직접적인 참여와 함께 비밀 상담을 위한 제도적 창구를 이용 가능하도록 하는 것이 전통적인 위험 관리보다 더 중요할 수 있다.

비공식적인 참여 또는 직접적인 참여에 초점을 두고 있는 경영진에 대한 질문들은 다음의 내용을 묻고 있으며 모든 질문이 심리사회적 위험에 대한 특정 분야와 연관이 있다. "당신은…"

- 노동자에게 심리사회적 위험에 관해 그리고 안전보건에 있어서 심리사회적 위험의 영향에 대해 알려 주는가?
- 심리사회적 위험이 있는 경우에 누구에게 알려야 하는지를 노동자에게 알려 주는가?
- 심리사회적 위험을 다루기 위한 방법과 관련해서 노동자와 상담을 하는가?
- 그 방법의 실행과 평가에 노동자가 적극적으로 참여하도록 격려하는가?

응답자의 53%만이 노동자에게 심리사회적 위험과 그 영향에 대해 알렸다고 보고했다. 69%의 더 많은 응답자는 심리사회적 문제가 발생할 경우에 누구를 만나야 하는지에 대해서 보고했다. 규모가 큰 기업의 응답자와 루마니아, 폴란드, 스페인의 응답자는 빈도의 수준이 더 높았다. 업종별로는 심리사회적 위험과 안전보건의 영향에 대해 노동자에게 알리는 것은 광산 분야와 보건사회복지 분야에서 주로 보고되었다. 일과 연관되는 심리사회적 문제를 누구에게 이야기해야 할지에 대한 정보는 보건사회복지 분야와 교육 분야에서 가장 빈번하게 제공되고 있다.

하나 이상의 방법이 이용되고 있는 사업장[5] 가운데 54%의 관리자는 심리사회적 위험을 다루는 방법과 관련해서 노동자와 상담을 했다고 보고했으며, 67%는 이러한 방법의 실행에 적극적으로 참여하도록 노동자들에게 권장했다는 내용을 보고했다. 역시 이러한 내용은 보건사회복지 분야에서 주로 보고되었다. 노동자가 상담을 받아 왔다는 보고를 한 기업의 비율은 기업 규모에 따라 증가하고 있

5) 이러한 기업은 심리사회적 위험을 다루기 위한 방법이 시도되었는지에 대한 질문만을 받았다. 즉, 심리사회적 위험을 다루기 위한 절차들, 만약 노동자들이 장시간 또는 불규칙적인 시간에 일을 할 때 취해진 행동, 심리사회적 위험과 안전보건에 있어서 그 영향에 대해 노동자에게 알렸는지, 또는 일과 연관된 심리사회적 문제가 발생했을 때 누구에게 알려야 하는지 등에 대한 것이 예이다.

지만 상당히 완만한 수준이다. 즉, 10~19명 규모의 기업에서는 52% 수준이나 더 큰 규모의 기업에서는 69% 수준까지 증가한다. 심리사회적 위험을 다루기 위해 이용되는 방법의 수준과 비교해 볼 때, 특히 예방적 방법의 성공을 위해서는 노동자 참여가 단순한 상담 이상의 수준으로 필수적인 문제이지만 그 수치는 상당히 낮은 것으로 나타났다.

노동자와의 협업에 대해 정의하고 실행되는 이러한 방법이 효과적인지 그렇지 않은지를 평가하는 것은 어렵다. 특히 심리사회적 위험을 둘러싼 문제의 민감성 관점에서는 전화 설문을 통해서 수집할 수 없는 객관적 결과와 방법이 필요할 것이다. 그러므로 ESENER는 관리자에게 기업에 적용된 방법의 성공 여부에 대한 개인적 평가에 대해 질문하고 답변의 주관적인 특성을 고려하여 추가 분석을 실시하였다([그림 10-10]).

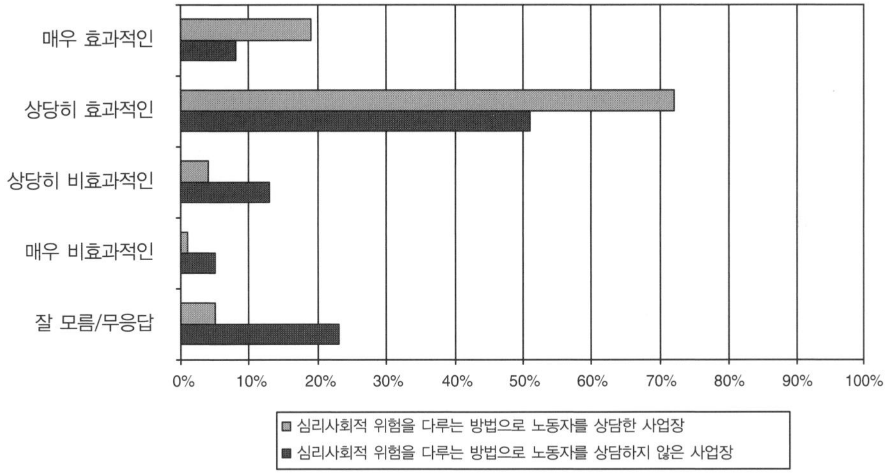

[그림 10-10] 공식적인 노동자 대표의 존재에 따른 심리사회적 위험 관리를 위해 취해진 방법의 효과성(관리자 부분에 대한 평가, % 심리사회적 위험을 다루는 절차와 방법이 있다고 보고한 기업들, EU-27)

당연히 대다수의 관리자는 일반적으로 효과적인 방법을 고려한다. EU 국가 중 14%의 관리자는 이러한 방법이 '매우 효과적'이라고 했으며, 62%는 '상당히 효과적'이라고 응답했다. 일부는 취해진 방법에 대해 만족하지 않았으며 '상당히 비효과적(8%)' 또는 심지어 '매우 비효과적(2%)'이라고 분류했다. 방법의 선택에 있어서 노동자가 참여한 사업장에 대한 평가와 그렇지 않은 사업장에 대한 평가를 비교했을 때, 노동자의 관여와 방법의 효과성은 긍정적 상관관계가 있었다. 전반적으로 방법의 준비에 노동자가 관여한 기업의 관리자 대다수는(91%) 방법이 매우 또는 상당히 효과적인 것으로 생각했다. 그러나 노동자 참여가 없는 기업의 관리자는 그 비율이 59%로 상대적으로 낮았다.[6)]

2차 분석을 통한 추가 연구

유럽산업안전보건청은 긍정적 심리사회적 위험 관리와 연관되는 요인들을 확인하기 위해서 ESENER를 통해 수집된 데이터 분석을 통한 후속 연구를 의뢰했으며, 주요 주제는 심리사회적 위험을 효과적으로 관리하기 위한 추진요인과 장애요인, 효과적인 노동자 참여와 연관되는 성공 요소 등이었다. 연구기관인 RAND Europe, 카디프 대학교, 그리고 노팅엄 대학교, 이탈리아 산재보험공사(INAIL), 네덜란드 국립응용과학연구소(TNO), 그리고 핀란드 산업보건연구원(FIOH)[7)]으로 구성된 컨소시엄에 의해 수행된 연구의 주요 결과들을 여기에 정리했다. 이 내용은 2012년 4월에 EU-OSHA에 의해 출간될 것으로 예상된다.

1 심리사회적 위험의 효율적 관리와 관련되는 요인

심리사회적 위험을 관리하기 위한 위험 관리 패러다임을 제안하는 많은 문헌

---

6) 방법에 대해 노동자들과 상담하지 않은 관리자들 중에서 많은 이가 그 효과성에 대해서는 대답하지 않았거나 또는 대답하기를 원하지 않았을 수 있다. 그러나 유효한 응답을 한 응답자로 분석을 제한하더라도 효과성은 상담을 시도한 기업의 관리자에게는 분명히 긍정적인 것으로 평가된다.

7) 이탈리아 산재보험공사(Istituto Nazionale Infortuni sul Lavoro: INAIL), 네덜란드 국립응용과학연구소(The Netherlands Organisation for Applied Scientific Research: TNO), 핀란드 산업보건연구원(Finnish Institute of Occupational Health: FIOH)

이 있다(EU-OSHA, 2000, 2010). 이것의 적용에는 어려움이 있을 수 있으나, 이런 접근이 특정한 기업 중재방법 또는 스트레스 조사 도구보다 효과적일 수 있다. 이것이 기업에서 심리사회적 위험을 다루기 위한 체계적이고, 근거에 기반한, 그리고 문제 해결적인 전략이기 때문이다. 이러한 측면에서 위험 관리 패러다임의 사용은 영국 산업안전보건청(Health and Safety Executive, 1998), 프랑스 산업안전보건연구원(Institut National de Recherche et de Securite: INRS, 2004)과 같은 유럽의 몇몇 기관, 그리고 유럽연합 집행위원회(European Commission, 1996)와 국제노동기구(International Labour Organization, 2001)와 같은 국제기구에 의해 추진되어 왔다.

심리사회적 위험 관리를 위한 다양한 모델이 제안되어 왔는데(Leka & Cox, 2010) 문제의 본질에 따라 모델들이 설명하고자 하는 것, 위험 감소를 위해 사용된 초점, 그리고 중재방안의 성격이 서로 다르다. 또한 이러한 모델은 유해요인(hazards)에 대한 확인 및 관련 위험에 대한 평가와 같은 공통된 특징을 가지고 있는데, 중재방안의 효과성에 대한 평가를 모니터링하고 합리적으로 실행 가능한 중재방안을 계획하고 실행, 위험에 대한 재평가, 그리고 정보에 대한 고찰 및 노동자들에 대한 훈련 요구가 포함된다. 위험 관리에 대한 일반적인 모델의 중요 요소에 기반해서 심리사회적 위험 관리에서도 ① 초기 분석, ② 운영집단의 구성, ③ 위험성 평가, ④ 환류, ⑤ 중재방안 및 위험 감소, 그리고 ⑥ 평가의 단계가 포함된다.

ESENER 자료 분석의 첫 번째 단계에서 이러한 개념적인 모델은 통계 분석에 포함된 관련 질문을 확인하는 데 이용되었다. 이것은 두 가지 단계로 구성되었다. 효과적인 관리 차원의 목록을 만들기 위해서 심리사회적 위험 관리와 관련되는 요인 간의 관계를 이해하는 것과 이미 개발된 목록을 가지고 있는 사업장 특성 간의 관련성을 이해하는 것이다. 심리사회적 위험 관리를 위해 ESENER의 특정한 질문에 포함된 정보는 심리사회적 위험 관리 범위의 단일 지표로 일반화되어 이용되었고 이후 이러한 지표는 기업을 특징짓기 위해서 이용되었다.

요인분석에서는 ESENER 질문에서 심리사회적 위험 관리의 범위를 의미하는 다음 6가지 내용이 하나의 요인으로 구성된다는 것을 확인했다.

1. 당신은 어떠한 안전보건 서비스를 이용하는가? 당신은 심리학자를 이용하는가?
2. 당신의 기업은 직무스트레스, 괴롭힘, 그리고 희롱, 일과 연관되는 폭력을 다룰 수 있는 절차를 가지고 있는가?
3. 지난 3년 동안, 당신의 기업은 심리사회적 위험을 다루기 위한 훈련을 노동자에게 제공했는가?
4. 당신은 심리사회적 위험과 안전보건에서의 영향을 노동자에게 알려 주는가?
5. 심리사회적 문제가 있는 경우에 누구에게 연락해야 하는지에 대해 알려 주었는가?
6. 기업에서 심리사회적 위험을 어떻게 다루어야 하는지에 대해 전문가와 같은 외부 자원의 정보 또는 지원을 이용한 적이 있는가?

모든 요인은 서로 간에 관련이 있었으며 관리의 한 측면에서 실행에 대해 보고한 기업은 다른 측면을 함께 보고하는 경향이 있었다. 이것은 심리사회적 위험 관리 체계의 개념으로 적합하다는 것을 의미한다.

결과적으로 심리사회적 관리의 종합 점수는 심리사회적 위험 관리에 대한 단일 지표로서 다루어질 수 있었다. 6점은 최댓값이며 기업이 심리사회적 위험 관리의 모든 가능한 측면을 확인했다는 점을 의미하며, 0점은 최솟값이며 어떠한 측면도 보고하지 않았다는 것을 의미한다. [그림 10-11]은 심리사회적 관리의 종합 점수를 나타낸 것이다.

이 분석은 유럽 기업의 1/3이 심리사회적 위험을 위한 관리 시스템에서 적어도 4가지 측면을 실행하고 있다는 것을 보고했으며, 전체의 약 3%만이 6가지 모두를 실행하고 있음을 의미하는 결과이다. 약 12%의 기업은 어떠한 측면의 실행도 보고하지 않았다. 심리사회적 위험 영향에 대한 훈련과 정보의 제공, 그리고 문제가 발생한 경우를 대비한 연락처의 제공 등은 심리사회적 위험 관리에서 가장

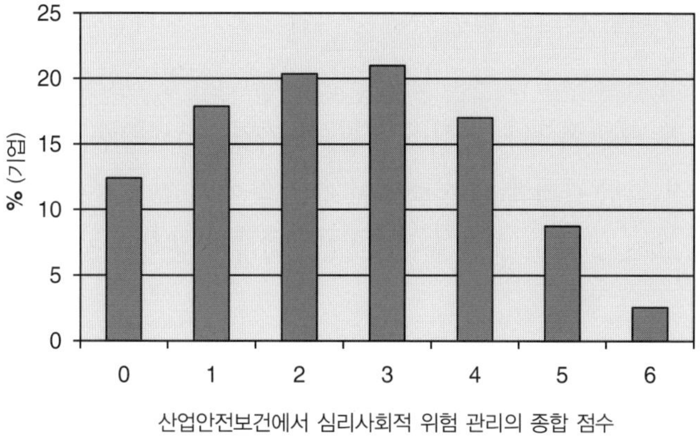

[그림 10-11] 심리사회적 위험 관리의 종합 점수(92%의 샘플에 대한 가중치가 부여된 결과 N=3,079,307)

출처: RAND Europe 추정자료.

일반적인 방법이다. 이러한 방법이 53~68%의 기업에서 실행되고 있었다. 반면, 심리사회적 위험을 다루기 위한 절차의 준비, 이러한 위험을 해결하기 위한 외부 정보의 이용, 그리고 특히 심리학자와 같은 전문가의 도움을 받는 것과 같은 방법은 여전히 일반적이지 않았으며 단지 16~37%의 기업에서만 보고가 되었다.

◆ 다변량 분석의 주요 결과

심리사회적 위험 관리의 개념적 모델에 대한 다변량 분석에서는 다음과 같은 내용이 언급되었다.

- 국가별 경제, 문화, 그리고 규제 상황이 가장 큰 영향을 미친다. 모든 조건이 그대로라면 남유럽과 동유럽에서 선택된 국가는 심리사회적 위험을 관리하는 방법이 더 적은 것으로 나타났다. 그리스, 사이프러스, 프랑스, 에스토니아에서는 두 가지 혹은 그 이하인 것으로 나타났다. 스웨덴, 핀란드와 같은 북유럽 국가는 4가지 측면 이상의 더 높은 수준으로 나타났다.

- 심리사회적 위험 관리의 많은 측면은 기업 규모가 증가할수록 함께 증가했다. 가장 규모가 작은 기업은 약 2가지 내외의 심리사회적 위험 관리 측면을 가지고 있는 것으로 보고했으나, 가장 규모가 큰 기업은 3~4가지 측면을 보고했다.
- 심리사회적 위험 관리에 대한 측면이 제조 분야와 건설 분야에서 2~3가지로 가장 낮았으며, 그리고 교육 분야, 보건사회복지 분야는 3~4가지로 가장 높았다.

심리사회적 위험 관리와 규모가 큰 기업의 일부분에서는 다소 약한 관계성이 나타났으나, 이는 심리사회적 위험에 대해 보다 나아진 관리 측면과도 연관이 있다. 기업의 연령, 성별, 그리고 출신과 같은 노동력 구성의 인구통계학적인 특징은 심리사회적 위험 관리에서 가장 영향력이 적은 요인들이었으나 외국인 노동자가 소수인 기업은 외국인 노동자가 아예 없거나 또는 높은 비율인 기업에 비해서 심리사회적 위험 관리가 상대적으로 나은 수준이었다. 기업의 연령 구성은 심리사회적 위험 관리의 중요한 결정요인이 아닌 것으로 나타났다.

2 효과적인 심리사회적 위험 관리를 위한 추진요인과 장애요인

유럽산업안전보건청은 심리사회적 위험 관리의 추진요인과 장애요인을 확인하기 위해 이 연구를 의뢰했다. 보다 효율적인 방식으로 기업을 지원하려는 공공기관, 사회적 파트너, 현장실무자에게 이러한 정보는 필수적이다. 선행연구에서 추진요인 또는 장애요인이 될 수 있는 몇 가지 요인을 확인했다. 그리고 이러한 요인과 관련되는 ESENER 질문이 데이터 분석을 위한 개념적 모델에서 함께 다루어졌다. [그림 10-12]는 통계분석의 주요 단계를 나타내는 연구의 개념적 모델을 보여 준다.

심리사회적 위험 관리의 **추진요인**과 관련 있는 질문에는 법적 의무, 노동자의 요청, 높은 결근율, 생산성과 결과의 저하, 고객의 요구 또는 조직의 평판, 그리고 근로감독관의 압박이 포함되었다. 장애요인과 관련 있는 질문에는 자원 이용 가능성, 인식 부족, 훈련 또는 전문지식 부족, 기술적 지원 또는 지침의 부족, 조직 문화, 주제의 민감성이 포함되었다.

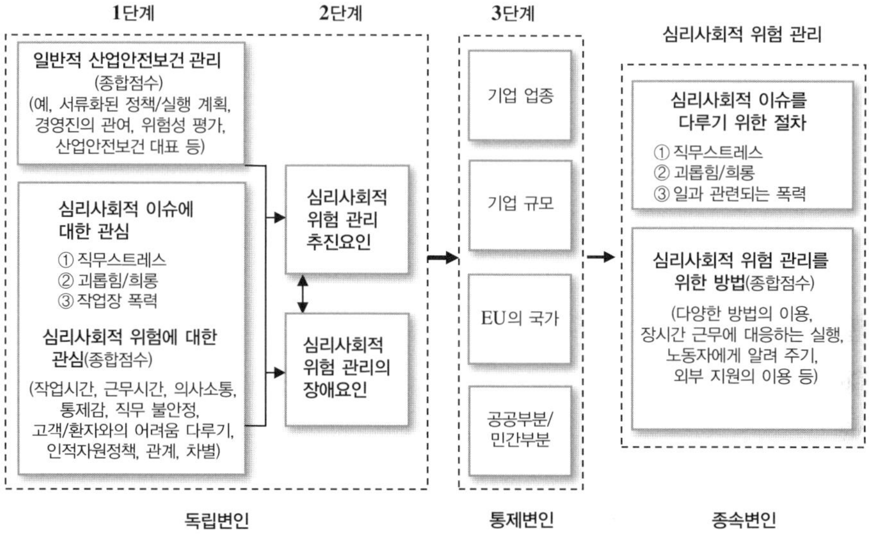

[그림 10-12] 유럽 사업장의 심리사회적 위험 관리를 위한 추진요인과 장애요인의 영향에 대한 분석 모델(Leka et al., 2011)

구성된 척도의 신뢰도는 .75에서 .80이었으며 높은 내적 일관성을 나타내었다. 문항과 척도 모두는 추가 분석을 위해 구분되었고, 로지스틱 회귀분석을 이용하여 다변량분석을 실시하였다.

분석 결과는 심리사회적 위험 관리와 연구에서 '추진요인' 또는 '장애요인'으로 기술된 요인 간의 관계를 확인하였으나 인과관계가 아닌 관련성을 가지고 있는 수준이라는 점을 강조하는 것이 중요하다.

1) 심리사회적 위험 관리의 핵심 추진요인

일반적으로 직무스트레스, 희롱, 폭력에 대한 우려뿐만 아니라 산업안전보건 관리에서 좋은 실행은 기업 규모와 모든 업종, 그리고 국가별 사례에서 심리사회적 문제를 다루기 위한 절차와 방법의 강력한 추진요인으로 나타났다. 직무스트레스, 괴롭힘과 희롱, 폭력과 같은 문제에 대한 관심이 공공 분야에서는 추진요인으로 나타났다.

노동자의 요구와 결근율도 추진요인으로 확인되었다. 괴롭힘과 희롱에 대한 노동자의 요청은 결근율과 법적 의무보다는 약한 추진요인이었으나 반면에 직무스트레스에 대해서는 강력한 추진요인이라는 점도 흥미롭다. 그 원인으로는 직무스트레스가 더 많은 노동자들에게 영향을 미칠 수 있다는 경향성 때문일 수도 있으나, 희롱의 민감한 특징과 이것에 대한 보고를 꺼리는 것과도 관련이 있을 수 있다. 법적 의무의 이행은 또한 EU-27의 전체 사업장 70% 이상에서 일과 관련되는 폭력을 다루는 절차를 가지고 있는 것에 대한 추진요인으로 보고되었다. 이러한 결과는 일과 관련된 폭력에 대한 광범위한 법적사항을 반영하는 것이며, 특히 제3자와 대부분의 EU 국가에서 존재하는 성희롱을 예방하기 위한 명백한 법적 의무사항과도 연관이 있다. 그러나 법적 의무의 이행이 직무스트레스의 경우에는 훨씬 낮은 것으로 나타났다.

생산성 감소, 결근율, 고객 요구 또는 평판에 대한 관심과 연관되는 추진요인으로 보고된 것과 같이, 즉흥적인 방법을 위한 사례들이 더 강력한 영향력을 가지고 있다는 점도 흥미롭다. 이러한 사례는 규모가 작은 기업일수록 중요한 추진요인으로 나타났다.

2) 심리사회적 위험 관리의 핵심 장애요인

기술적 지원과 지침의 부족은 응답자들이 직무스트레스, 괴롭힘 또는 희롱, 폭력을 다루기 위한 절차와 심리사회적 위험을 다루기 위한 방법을 이행하는 데 있어 주요한 장애요인이 될 수 있다고 지적되었다. 이것은 모든 규모의 기업과 대다수의 업종에서 그러하였으며 직무스트레스, 괴롭힘 또는 희롱, 폭력에 대한 절차를 갖는 것에 대한 자원 부족이 함께 나타났다. 심리사회적 위험에 대한 주제의 민감성은 심리사회적 위험 관리 절차 또는 방법을 실행하는 기업에서 특히 중요한 문제로 나타났다.

전반적으로 교육 분야와 공공행정 분야는 기술적 지원과 지침의 부족, 자원의 부족을 장애요인으로 보고했다. 자원의 부족은 또한 보건사회복지 분야에서도 장애요인이었다. 광산, 제조, 교육 분야의 기업은 전문지식의 부족을 보고했다. 인식 부족은 광산, 제조 그리고 운송 분야에서 가장 흔하게 나타난 장애요인이었으나 호텔 및 음식 분야에서는 가장 낮게 나타났다. 차이점은 공공 분야와 민간 분야 업종에 있는 기업 사이에서도 나타났다. 자원과 기술적 지원, 지침에 대한 부족이 공공 분야에서 가장 흔하게 보고된 장애요인이었으나 인식 부족은 민간 분야에서 가장 흔하게 보고되었다.

3 심리사회적 위험 관리에 이용된 방법

결과들이 분명하게 의미하는 것은 심리사회적 위험 관리를 위해 기업에서 실행된 방법의 대부분이 조직 규모에 따라서 다르다는 점이다. 즉, 규모가 큰 65%의 기업에 비해 45%의 규모가 작은 기업이 5가지 또는 그 이상의 방법을 이용하는 것으로 나타났다. 선행연구에서도 알 수 있듯이 방법의 이용은 보건사회복지 분야에서 74%로 가장 높았으며, 가장 높은 관심 또한 이 분야에서 보고되었다. 건설 분야는 61%의 기업에서 가장 낮은 수준이 보고되어 심리사회적 위험 관리 수준이 가장 낮은 것으로 나타났다.

4 심리사회적 위험 관리에 대한 요구와 지원

ESENER의 결과는 사업장의 44%가 심리사회적 위험을 어떻게 다룰 것인지에 대해서 외부 자원으로부터의 정보 또는 지원을 이용한다는 것을 보여 준다. 물론 사업장의 38%는 어떻게 예방적인 수단을 계획하고 실행할 것인지, 심리사회적 위험성 평가를 어떻게 수행할 것인지, 그리고 폭력, 희롱 또는 스트레스는 어떻게 다룰 것인지에 대한 세 가지 주요 영역에서 추가적인 정보 또는 지원이 필요하다고 보고했다. 사실 이러한 3가지 핵심 영역은 외부 자원으로부터 정보 또는 지원을 이용하지 않은 기업에서도 보고되었다. 예방적 방법을 어떻게 계획하고 실행할지에 대한 정보 또는 자원에 대한 요구는 광산 분야의 기업에서 가장 흔하게 보고된 요구사항이다. 심리사회적 위험 관리에 대한 정보 또는 지원에 대한 요구는 금융 중개 분야에서 가장 자주 보고되었다. 반면, 어떻게 폭력, 희롱, 또는 스트레스를 다룰지에 대한 정보 또는 지원에 대한 요구는 교육 분야의 기업에서 가장 자주 보고되었다.

5 효과적인 노동자 참여와 관련되는 성공요인

앞에서 언급했듯이 긍정적인 사회적 대화와 노동 조직의 밀접한 참여 없이 효과적인 예방은 지속될 수 없으므로 심리사회적 위험에 있어서 노동자의 참여는 특히나 중요하다.

ESENER 자료 분석은 직장협의회 또는 노동조합과 같은 일반적인 노동자 대표 또는 안전보건 분야의 대표나 안전보건위원회와 같은 전문가 대표의 존재가 보다 효율적인 심리사회적 위험 관리와 연관이 있다는 것을 보여 준다. 그리고 일반적인 노동자 대표와 전문가 대표 모두를 형성하고 있을 때 이런 효과는 더욱 강력해진다. 안전보건 관리에 대한 경영진의 공약 또한 심리사회적 위험의 효율적 관리와 유의미한 관련이 있으나 이러한 관련성이 두 가지 형태의 노동자 대표 모두와 관련이 있을 때 특히 유의미하다. 즉, 모든 형태의 노동자 대표가 있으며 경영진의 공약이 있는 기업은 노동자 대표와 경영진 공약이 적은 사업장 기업에 비해 4배 이상 높은 관련성이 있다는 결과에 의해서도 확인되었다.

ESENER는 또한 노동자들이 심리사회적 위험을 다루기 위한 방법과 관련한 상담을 받았는지, 심리사회적 위험 관리 방법에 대한 실행과 평가에 있어서 적극 참여하기를 격려받았는지에 대해서도 묻는다. 이러한 노동자 참여는 다양한 현장 조직, 소규모 인력을 가진 기업, 공공 분야의 기업, 그리고 특히 젊은 인력이 있는 기업에서는 더 많은 것으로 나타났다. 그리고 노동자의 참여를 보고한 기업에서는 높은 수준의 안전보건에 대한 경영진 공약을 가지고 있는 기업보다 두 배 정도 더 높은 것으로 나타났다. 이러한 기업들은 전통적인 위험과 심리사회적인 위험 모두를 중요한 관심사로 인식하고 있을 가능성이 높으며, 안전보건 문제를 해결하기 위해서 경제적인 성과와 고객 또는 조직에 대한 명성에 대한 요구뿐 아니라 노동자 또는 노동자 대표자, 그리고 직원 보유 또는 부재에 대한 관리를 요청할 수 있는 가능성이 더 높다. 이러한 기업은 적어도 한 가지 형태의 노동자 대표가 있을 가능성도 높으며 두 가지 형태의 노동자 대표 모두를 운영할 가능성도 두 배가 넘는다. 흥미로운 점은 컨설팅을 통한 노동자 관여가 규모가 큰 기업에서 좀 더 일반적이라는 점이다. 반면, 적극적 참여의 격려에 의해 노동자가 관여하는 것은 규모가 작은 기업에서 좀 더 일반적이었다. 또한 컨설팅을 통한 노동자 관여가 일반적인 노동자 대표가 있는 기업에서 일반적이었으나 적극적인 참여를 통한 노동자 관여는 전문적 노동자 대표가 있는 기업에서 좀 더 일반적이었다. 일반적으로 심리사회적 위험 관리에 있어서 노동자의 참여와 연관되는 많은 요인이 있으며 기업의 조건에 따라서 서로 다르게 연관될 수도 있다는 점을 제안한다. 즉, 노동자의 관여는 안전보건이 우선이며 노동자 대표와 직원 유지가 최우선으로 다루어지는 기업에서 일반적이라는 선행연구와 (Walters, Kirby, & Daly, 2001; Walters et al., 2005) 일치하는 결과이다.

추가적인 분석에서는 안전보건에 대한 높은 수준의 경영진 공약과의 관련성이 분명했으며 높은 공약과 노동자 관여, 이 둘의 조합이 효과적인 심리사회적 위험 관리와도 밀접하게 관련이 있음을 보여 주었다. 또한 다른 요인을 통제한 후에도 안전보건에 대한 경영진 공약 수준이 높고 모든 형태의 노동자 관여가 있는 기업의 응답자는 안전보건에 대한 경영진 공약 수준이 낮고 노동자 관여가 없는 기업의 노동자에 비해서 심리사회적 위험 관리가 효과적이라고 보고한 것이 8배 이상 높은 것으로 나타났다.

결론

ESENER의 목표는 산업안전보건, 특히 심리사회적 위험이 어떻게 유럽 전역에서 관리되고 있는지에 대한 통찰을 제공하는 것이다. 이 조사는 31개 국가를 대상으로 공공 분야와 민간 분야 모두에 대해 비교 가능한 정보를 제공한다. 그리고 이 자료를 통해 서로 다른 업종과 서로 다른 국가 간의 인식을 높이기 위해 각각에 맞는 전략이 필요하다는 점과 사업장 특성에 따라 정보와 지원에 대한 요구가 상당히 다를 수 있다는 점이 확인된다. 심리사회적 위험 관리에 있어서 노동자의 공식적인 그리고 비공식적인 형태의 참여에 대한 ESENER의 결과는 노동자 관여가 성과가 있으며 더 다양한 방법의 적용뿐 아니라 개선된 효과성을 가져올 수 있다는 것을 보여 준다. 이처럼 ESENER는 행동을 위한 우선순위를 확인할 수 있도록 도와준다. 또한 기업의 44%가 심리사회적 위험을 어떻게 다룰 것인지에 대해 외부 자원으로부터의 정보 또는 지원을 사용하고 있다는 것이 그 근거가 될 수 있다. 이러한 사업장들 가운데 38%는 예방적인 수단들을 어떻게 계획하고 실행할 것인지, 심리사회적 위험성 평가를 어떻게 시행할 것인지, 그리고 폭력, 희롱, 또는 스트레스를 어떻게 다룰 것인지에 대한 3가지 핵심 영역에 대한 추가적인 정보 또는 지원이 필요하다는 점을 보고했다.

이 조사와 그에 따른 후속 연구는 부족한 자원을 어떻게 효율적으로 이용하여 유럽 전역의 기업이 '새로운' 심리사회적 위험을 관리할 것인지에 대해서 정책입안자가 근거에 기반한 결정을 할 수 있도록 정책적으로 도울 수 있을 것이다. 예를 들면, 이러한 자료는 이미 일부 회원 국가에서 국가적인 수준의 신속한 조치를 촉구했으며, 2014~2015년에 걸친 범유럽 캠페인이 '심리사회적 위험에 대한 실질적인 해결책'에 초점을 둘 수 있도록 유럽산업안전보건청 이사회의 주요한 근거가 되었다.

유럽산업안전보건청은 어떻게 기업이 노동자의 건강과 웰빙을 효과적으로 보호할 수 있도록 도울 수 있는지를 이해하기 위해서 ESENER 자료를 지속적으로 연구할 것이며 ESENER의 실질적인 목표에 부합하기 위해서 심리사회적 위험의 효율적 관리에 대한 지식을 향상시키기 위해서 관련되는 이해관계자들이 전체 데이터를 영국 에섹스(Essex) 대학 자료보관소에서 이용할 수 있도록 권장할 것이다.

참고문헌

Bradshaw, L. M., Fishwick, D., Curran, A. D., & Eskin, F. (2001). Provision and perception of occupational health in small and medium-sized enterprises in Sheffield, *United Kingdom. Occupational Medicine, 51*(1), 39–44.

Cox, T., & Griffiths, A. (2005). The nature and measurement of work-related stress: Theory and practice. In J. R. Wilson & N. Corlett (Eds.), *Evaluation of human work* (3rd edn). London: CRS Press.

Eurofound (European Foundation for the Improvement of Living and Working, Conditions). (2007). *The Fourth Working Conditions Survey.* Available at: http://www.eurofound.europa.eu/surveys/ewcs/2005/index.htm

European, Commission. (1996). *Guidance on Risk Assessment at Work. Office for Official Publications of the European Communities, Luxembourg.* Available at: http://osha.europa.eu/en/topics/riskassessment/guidance.pdf

EU-OSHA – European Agency for Safety and Health at, Work. (2000). *Research on Workrelated Stress.* Office for Official Publications of the European Communities, Luxembourg. Available at: http://osha.europa.eu/en/publications/reports/203

EU-OSHA – European Agency for Safety and Health at, Work. (2007). *Expert Forecast on Emerging Psychosocial Risks Related to Occupational Safety and Health.* Office for Official Publications of the European Communities, Luxembourg. Available at: http://osha. europa.eu/en/publications/reports/7807118

EU-OSHA – European Agency for Safety and Health at, Work. (2010). *European Survey of Enterprises on New and Emerging Risks: Managing Safety and Health at Work.* Office for Official Publications of the European Communities, Luxembourg. Available at: http://osha.europa.eu/en/publications/reports/esener1_osh_management

European Social, Dialogue. (2004). *Framework Agreement on work-related stress.* Available at: http://ec.europa.eu/employment_social/dsw/public/actRetrieveText.do?id¼8765

European Social, Dialogue. (2007). *Framework Agreement on Harassment and Violence at Work.* Available at: http://www.erc-online.eu/content/default.asp?PageName¼OpenFile&DocID¼18774

Health and Safety, Executive. (1998). *Managing Health and Safety – Five Steps to*

Success. Sudbury, UK: Health and Safety Executive. Available at: http://www.hse.gov.uk/pubns/indg275.pdf

Hyde, M., Jappinen, P., Theorell, T., & Oxenstierna, G. (2006). Workplace conflict resolution and the health of employees in the Swedish and Finnish units of an industrial company. *Social Science & Medicine, 63*, 2218–2227.

Institut National de Recherche et de, Securite. (2004). *De l'evaluation des risques au management de la sante et de la securite au travail.* Paris: INRS.

International Labour, Organization. (2001). *Meeting of Experts on ILO Guidelines on Occupational Safety and Health Management Systems: Final Report.* Geneva: International Labour Organization.

Leka, S., & Cox, T. (2010). Psychosocial risk management at the workplace level. In S. Leka & J. Houdmont (Eds.), *Occupational health psychology.* Chichester: Wiley-Blackwell.

Leka, S., Cox, T., Hassard, J., Jain, A., Makrinov, N., Ertel, M., Hallsten, L., Iavicoli, S., Kortum, E., Lindstrom, K., & Zwetsloot, G. (2008). *Towards the Development of a Psychosocial Risk Management Framework.* SALTSA Report, Nottingham: I-WHO Publications.

Leka, S., Jain, A., Iavicoli, S., Mirabile, M., Buresti, G., Gagliardi, D., Houtman, I., Roozeboom, M. B., Vartia, M., & Pakhin, K. (2011). *Management of psychosocial risks in European enterprises: An exploration of drivers, barriers and needs on the basis of ESENER survey findings.* Draft report prepared for the European Agency for Health and Safety at Work.

Mackay, C. J. (2004). "Management Standards" and work-related stress in the UK: Policy background and science. *Work & Stress, 18*(2), 91–112.

Walters, D. R., Kirby, P., & Daly, F. (2001). *The Impact of Trade Union Education and Training in Health and Safety on the Workplace Activity of Health and Safety Representatives CRR 321/2001.* Sudbury: HSE Books.

Walters, D. R., Nichols, T., Connor, J., Tasiran, A. C., & Cam, S. (2005). *The role and effectiveness of safety representatives in influencing workplace health and safety.* HSE Research Report 363.

11장

공중 보건 관점: 직업건강심리학자와 건강/안전 전문가에게 유용한가

Birgit A. Greiner
코크 대학교(University College Cork, 아일랜드)

배경

저자는 이 장을 수년간 공중 보건 대학에서 교육과 연구를 해 온 직업건강심리학자와 역학자의 관점에서 쓴다. 나는 업무에서 공중 보건, 역학, 직업건강심리학, 그리고 건강과 안전 연구를 포함한 다양한 학문을 이용한다. 그럼에도 불구하고 공중 보건에 대한 나의 지향점은 근본적인 방법에서 업무와 건강 문제에 대한 관점을 형성했다.

이 장의 핵심은 지난 수십 년간 광범위한 연구를 거쳐 온 신체 및 정신 건강의 심리사회적 작업 조건의 영향이라는 주요 쟁점에 대한 것이다. 산업안전심리학, 공중 보건, 역학, 그리고 건강과 안전을 포함하는 여러 분야가 이 영역의 연구와 실천에 중요한 공헌을 했다. 예를 들어, 구조적 검토는 직무스트레스와 심장 질환(Hemingway & Marmot, 1999; Kivimaki et al., 2006), 심리사회적 직무 특성과 근골격계 손상과 장애(Hoogendoorn et al., 2000), 임시적 직무와 정신건강(Virtanen et al., 2005) 간의 연관성을 강조했다. 그리고 장시간 근무의 안전에 대한 영향과 건강을 강조했다(Sparks, Cooper, Fried, & Shirom, 1997). 직업과 건강 문제에 공중 보건 지향성을 적용하는 것은 공중 보건 학문과 직업건강심리학 및 직업건강과 안전의 관련성에 대한 많은 질문을 발생시킨다.

이 학문들 간의 상호작용에 대한 내 관심사는, 국제 학회에서 직업 스트레스에 대한 토론에 참석하는 동안 저명한 나의 대학 동료가 제기한 수수께끼 같은 질문에 의해서 더욱 촉발되었다. 내 동료는 다음과 같이 질문했다. "작업장에서 스트레스 원인을 줄이기 위해 잘 설계된 수많은 개입이 개발되었는데, 실제로 스트레스가 많은 작업 조건의 감소를 본 적이 있는가? 직업건강심리학자와 건강 및 안전 전문가로서 직무가 끝났으므로 우리는 곧 떠나야 하는가?" 다행히도(혹은 불행하게도?) 유럽 인구 통계가 지난 5년간 심리사회적 작업 조건의 명백한 개선이 나타나지 않았다는 것을 보여 주는 것으로 보아(European Foundation for the Improvement of Living and Working Conditions, 2010) 이것은 사실이 아니다. 일반적으로 직업건강심리학자와 건강 및 안전 전문가들은 가장 큰 영향을 받는 노동자들의 작업 조건을 개선시키기 위한 노력으로 그들 기업의 개인 혹은 집단을 대상으로 한다. 그렇지만 공중 보건 영역의 전체 인구 수준에서, 개인적 접근을 통해서 얻어진 성공은 불분명하거나 다른 방식으로 나타날 수도 있다.

이 장에서는 공중 보건 연구 및 개입을 지도하는 주요 가치관을 대략적으로 설명하기 위해 일반적 공중 보건 관점과 특정 직업과 건강 문제에 대한 응용을 구분 지어 기술하고자 한다. 또한 공중 보건 관점이 직업건강심리학과 건강 및 안전 실천과 연구에 어떻게 정보를 제공할 수 있는지에 대해서도 논의할 것이다.

뛰어난 공중 보건 관점이란 무엇인가

일반적으로 이해할 때, **공중 보건**은 때때로 예방접종, 선별 프로그램, 감염 통제, 그리고 건강 감독과 같은 사람들에게 정부 부처가 일반적으로 제공하는 서비스와 연합된다. 여기서 '공중 보건'이라는 용어는 Acheson의 보고서(HMSO, 1988)에 발표된 널리 인용되는 정의를 반영하여 광범위하게 사용되는 것으로, 그 정의는 "…사회, 조직, 공공과 민간, 공동체와 개인의 체계화된 노력과 정보에 입각한 선택을 통해 질병 예방, 삶의 연장과 건강 증진의 과학이자 예술" (p. 23)이다. 또 다르게 유용한 정의는 훨씬 더 간결하게 기술한다. "공중 보건은 사람들이 건강해질 수 있는 조건을 보장하기 위해 지역, 주, 국가 그리고 국제적 자원을 동원하고 참여시키는 과정이다"(Detels & Breslow, 2004, p. 3). 두 가지 정의 모두 건강관리 서비스 혹은 정부 부처로 인해 수행되는 기능에 국한되지 않는 공중 보건의 분야 간 지향성을 반영하며, 사회 전반에 걸쳐 다양한 분야의 협력이 요구된다. 공중 보건 활동은 이제 건강한 도시와 지역사회, 담배/흡연 통제 노력과 다른 직업건강 문제들, 그리고 수많은 기타 협력관계에서 정치인 및 정책입안자들과 함께 보다 건강한 식품의 제공에 있어 식품산업과 협업 설계에서 도시 설계자들과 지방 당국(관리)과 같은 다양한 기능을 가진 주요 주체들을 포함한다. 공중 보건은 따라서 대중의 건강과 복지를 보호하고 증진시키는 데 초점을 맞춘 과학적 학문과 사회운동('예술')처럼 보일 수 있다.

상자 11-1 Mckinlay(1979)에 의해 인용된 Zola(1970)의 상류-하류 비유

"너도 알다시피, 때때로 나는 이렇게 느낀다. 나는 빠르게 흐르는 강가에 서 있고 물에 빠진 사람의 울부짖는 소리를 듣는다. 그래서 나는 강으로 뛰어들었고, 내 팔로 그 사람을 감싸고 뭍으로 끌어당겨 인공호흡을 실시했다. 그리고 그 사람이 숨을 쉬기 시작했을 때 또 다른 도움을 구하는 소리가 들렸다. 그래서 나는 도와주기 위해 강으로 돌아가 그 사람을 끌어내고 인공호흡을 실시했다. 그리고 또 다른 도움을 구하는 소리가 들렸다. 이 과정이 계속 반복되었다. 너도 알다시피, 나는 강으로 뛰어들어 사람들을 뭍으로 당기고 인공호흡을 하느라 매우 바빠서 도대체 누가 그들을 밀어내고 있는지 볼 시간이 없었다."

공중 보건 개입은 두 가지 개념이 특히 중요하다. 첫째, 병의 치료보다 건강의 증진과 장애의 예방을 강조한다. 둘째, 공중 보건의 목적은 사회 모든 영역의 공동 노력을 통해 성취되어야 한다. 따라서 공중 보건 개입은 작은 수준(소규모)의 개입으로 해결되지 않고 대중적 노력이 요구된다는 문제에 몰두한다(Verweij &

Dawson, 2007).

Zola의 의료/건강관리에 대한 강 비유는 현재 의료/건강관리의 하류 접근법을 사용하고 있는 것과 비교해서 공중 보건의 예방적 혹은 **상류** 접근법을 설명할 때 자주 인용된다(〈상자 11-1〉). 그는 강가에서 사람들을 구하기 바쁜 하류에 서 있는 의사가 상류로 이동할 수 없었기 때문에 사람들이 왜 강에 빠지는지를 알 수 없었다고 설명한다.

물론 사회적으로는 치료적 하류와 예방적 상류 접근법이 모두 필요하다. 그렇지만 공중 보건의 가장 우선적인 목표는 건강의 결정요인을 파악하기 위해 상류로 이동하고, 문제가 나타나기 전에 예방하는 것이다.

공중 보건의 영역이 넓어짐에 따라 위생과 감염 관리와 관련된 좁은 학문적 정의에서 상황을 분석하고 다른 학문 분야에 알릴 수 있는 개입을 구성하는 특별한 방법이라는 지향성으로 발전되었다. 공중 보건 관점의 주요 요인은 다음과 같이 논의될 것이다.

- 인구 건강 관점
- 건강의 광범위한 결정요인 관점
- 공중 보건의 예방적 특성
- 현재 공중 보건의 실천, 특히 사회정의와 인권의 기본적 가치

공중 보건의 인구 건강 관점

앞에서 논의한 것과 같이, 공중 보건 관점의 주요 특징은 개인적 건강보다 전체 인구에 초점을 맞춘다는 것이다. 의사나 임상 심리학자들은 대개 적절한 치료를 제공하기 위해서 개인이 왜 아픈지에 대한 물음의 답을 찾는다. 공중 보건 실무자들은 '치료'를 위해서 전체 인구 혹은 집단이 왜 아픈지에 대해서 고려한다.

Geoffrey Rose는 고전적 간행물 『아픈 개인과 아픈 집단(Sick individuals and

sick populations)』에서 건강에 대한 공중 보건 관점의 본질을 요약했다(Rose, 1985). 그는 **사례의 원인**(예, 왜 특정 집단의 일부 사람들이 비정상적인 고혈압을 가지고 있고, 다른 일부는 그렇지 않은가?)과 **발생의 원인**(예, 왜 어떤 집단에서는 평균 혈압이 높고, 다른 집단에서는 정상인가?)이라는 근본적으로 다른 두 가지 질문들을 구분하기 위해 고혈압의 예를 사용했다. 첫 번째 질문은 실무자들에게 고혈압을 가진 사람들을 어떻게 치료할 것인지 혹은 자신들의 혈압을 개선하기 위해 생활습관을 어떻게 변화시켜야 하는지에 대해서 교육하는 데 유용한 안내를 제공한다. Rose(1985)에 따르면, 두 번째 접근법은 보다 급진적이고 실무자들과 연구자들이 혈압의 영향을 주는 사회의 일반적 원인(혹은 근본적 원인)들을 결정하는 데 도움을 준다. 고혈압을 가진 개인을 우리가 치료하거나 교육하는 데 있어서 상류–하류 비유를 계속하자면, 고지방, 고염분 음식의 섭취가 쉽게 이루어지거나 건강하지 않은 음식과 청량음료의 광고의 과다, 그리고 환경적으로 신체적 활동의 기회가 부족한 것과 같은 고혈압 발생에 영향을 미치는 사회의 근본적 원인(상류)을 다루지 않으면 다른 개인이 고혈압을 일으킬 것이다.

1 건강의 광범위한 결정요인

고혈압의 예에서, 공중 보건에는 건강의 결정요인에 대한 보다 넓은 관점이 적용되어야 한다는 것은 분명하다. 건강의 결정요인이 단순히 아픈 개인의 즉각적인 환경에서 발견되는 것이 아니라, 더 혹은 덜 건강하거나 아픈 인구에서 발견된다. 개인과 인구 건강의 사회구조적 요인들의 영향을 연구하는 것은 사회 역학의 영역으로 공중 보건의 핵심 분야 중 하나이다. 건강의 광범위한 결정요인을 기술하기 위해 널리 사용되는 공중 보건 구조는 건강의 결정요인들을 마치 층과 같이 개념화한다(Dahlgren & Whitehead, 1991).

[그림 11–1]의 중심부는 건강에 영향을 주지만 성별, 유전적인 것과 같이 수정될 수 없는 개인적 특성들을 상징한다. 그렇지만 그것들을 둘러싸고 있는 것들은 공중 보건 개입에 의해 수정될 수 있는 건강 결정요인이다. 첫 번째 층은 흡

연, 운동 또는 안전 행동과 같은 개인적 건강 관련 행동을 상징한다. 두 번째 층은 개인이 동료, 이웃 그리고 가족들과 상호작용할 수 있는 즉각적인 사회적 환경이다. 다음으로, 건강은 생활과 작업 조건에 의해 영향을 받는다. 그리고 건강은 다음 차례로 사회경제적, 문화적, 그리고 환경적 조건들에 의해 영향을 받는다. 이 구조는 층들 간의 상호작용을 강조한다. 예를 들어, 생활양식은 대개 개인의 선택이 아닌 사회적 규범과 동료 압력을 포함한 사회 및 지역사회 네트워크에 영향을 받는다. 생활양식은 또한 삶과 작업조건의 영향을 받을 수 있다. 예를 들면, 음주 문화와 결합된 높은 스트레스의 직업은 스트레스를 극복하기 위해서 과음을 하게 될 수도 있다. 각 계층은 건강에 대한 공동적이고 개인적인 책임감 모두를 지적한다. 이 체계를 기반으로 하는 개입에 대한 공중 보건 접근법들은 각 층이 분리되어 있는 것이 아니라 다른 층들의 맥락 속에 있다고 강조한다.

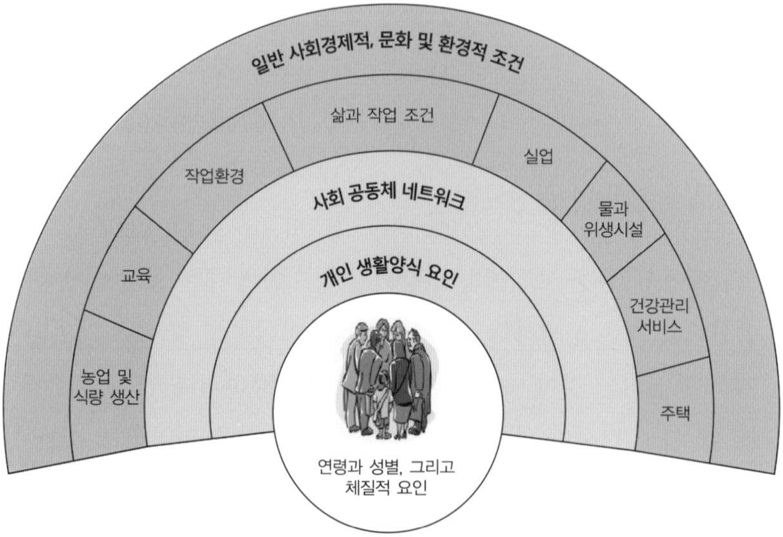

[그림 11-1] 건강의 광범위한 결정요인(Dahlgren & Whitehead, 1991)

건강의 광범위한 결정요인 모델은 인과관계의 개인적 수준의 구조를 넘어서 전체 인구 수준의 구조로 향할 것을 요구한다. '미세-역학'으로 비판받는 개인-

수준 역학(Venkatapuram & Marmot, 2009)은 개인 생물학적 요인들(예, 유전, 나이, 성별), 개인 생활양식(예, 흡연, 위기관리 행동), 그리고 유해한 위험으로의 개인적 노출(예, 환경오염)에 제한된 질병의 인과적 위험요인에 초점을 맞추고 있다. 이에 '개인적' 행동으로 불리는 생활 및 작업환경에서의 원인과 같은 '원인의 원인'을 무시한다.

2 인구 건강과 건강 관점에 대한 광범위한 결정요인은 어떻게 직업건강 심리학과 건강 및 안전 실천을 알릴 수 있는가

부상, 사고 그리고 다른 건강에 해로운 영향을 방지하고 건강을 증진시키기 위한 작업 조건 개선은 많은 직업 건강과 안전 실무자들에게 일상적인 업무이다. 일반적으로, 개인 근로자가 영향을 받는 직접적인 작업환경이나 개인적 행동은 교육, 작업 조직화, 기술, 그리고 행정 조치를 사용한 변화의 목표가 된다. 예를 들어, 개인 사고 조사에서 인간 실수의 역할 분석과 안전 인식 훈련 프로그램 개발에 많은 노력이 투입되고 있다. 다른 실무자들은 노동자들의 직무 통제 증가를 위해 작업 재설계에 관여하고 있다. 따라서 대부분의 건강 및 안전 전문가의 주요 영역은 Dahlgren과 Whitehead의 구조에서 세 번째 층으로, 특히 작업 조건을 개선하고 실업의 영향을 다루려고 한다. 건강에 대한 광범위한 결정요인의 관점은 실천에 있어 또 다른 시야를 제공한다. 모델에서 개념화된 것처럼, 작업 조건과 건강에 대한 영향은 다른 계층의 광범위한 맥락에서 볼 수 있다. 그것들은 사회 및 공동체 요소와 일반적 사회경제, 문화, 그리고 환경적 조건에 입각해 형성된다. 작업 조건을 개선하고 전체 인구의 지속적인 건강 효과를 얻기 위해서 이 광범위한 요인들이 고려될 필요가 있다.

광범위한 공중 보건 관점의 관련성은 도시 대중교통 운전자의 작업 조건과 건강의 예를 사용해서 논의될 것이다. Ragland, Krause, Greiner와 Fisher(1998)는 노동자(이 경우에는 대중교통 운전자), 운송 시스템 자체, 그리고 연구가 수행된 샌프란시스코의 더 큰 공동체에 따른 역동적인 상호작용관계를 인식하는 통합적 접근법을 개발했다. 사회생태학 이론(Stokols, Pelletier, & Fielding, 1996)이 결합된 이 모델에 따르면, 대중교통 운영의 작업 조건은 기업의 내부 작업 조직, 수요와 자원에 달려 있다. 그러나 그들의 작업 조건은 또한 운송 시스템과 광범위한 사회적 환경의 '건강'에 의한 그들의 직접적인 직무 이외의 외부 요소들에 의해 형성된다. 대중교통 시스템의 평판이 좋지 않은 혼잡하고 혼란스러운 도시 환경에서 예상되는 서비스가 시스템의 역량을 초과하는 외부 경제 및 정치적 압력에 의해 운송 시스템에 부담이 가해진다. 빈번한 승객 불만, 승객들의 언어 및 신체적 폭력, 그리고 운영 효율성 감소와 비용 증가로 인한 건강과 복지의 감소와 같은 열악한 작업 조건의 악순환과 스트레스가 많은 광범위한 사회적 환경이 잇달아 일어난다. 분명히 개별 운송자의 건강 개선에만 오로지 초점을 맞춘 건강 개입 프로그램은 근본적 원인을 해결하고 이 악순환을 깨기에 충분하지 않다. 앞서 기술된 모델을 반영하여, 저자는 시스템과 노동자의 건강 간의 관련성을 인정하는 차별적인 수준의 광범위한 예방 접근법을 설명했다. 그들의 개입에는 기업 내 개별 운전자들의 직접적인 작업 특성들의 수정이 포함된다. 그러나 더 중요한 것은, 승객과 운전자 모두를 위해 보다 건강하고 안전한 장소인 대중교통을 만들기 위해 버스 전용차선과 개선된 운행 일정을 소개하는 것과 함께, 노동자/공공 인터페이스, 그리고 대중과의 의사소통과 운송 시스템의 대중 인식을 개선하기 위한 승객 이익 단체, 경찰, 그리고 언론을 포함한 광범위한 사회적 그리고 구축 환경의 개선이다.

공중 보건 예방 관점

공중 보건의 초점은 질병의 예방과 인구 건강의 증진이다. 전체 인구 수준의 예방 프로그램은 위험요인 혹은 질병 상태에 관계없이 모든 구성원을 대상으로 한다. 전통적인 공중 보건에서는 전체 인구를 위한 수돗물의 불소화 혹은 차량 안전벨트 법안 도입과 같은 집단적 개입이 포함된다.

인구 예방 전략은 만성적 질병 대부분은 '고위험'에 있는 몇몇 개인이 아닌 평균 가까이의 위험 요소를 가진 인구 집단으로부터 일어난다는 Rose(1985)의 중요한 관찰 내용에 따른다. 많은 사람이 기저의(근원적) 원인에 노출되어 있기 때문에 일반적인 질병과 신체장애가 나타나며, 광범위한 문제는 고위험군 개인의 반응이 아닌, 보다 큰 규모의 광범위한 반응을 필요로 한다. 인구 예방 전략은 일반 장애와 위험 노출이 일부 개인의 행동만이 아닌 사회 전체의 행동과 상황을 반영한다는 인식에서 시작된다.

대조적으로, 고위험 전략은 생활방식이나 위험 노출 같은 개인적 특성들과 같이 특정 질병이 발생하거나 특정 손상을 겪을 위험이 높은 개인 혹은 집단을 대상으로 한다. 심장병을 예방하기 위한 많은 개입은 고혈압, 비만, 혹은 고지혈증을 가진 고위험 개인의 행동 변화를 목표로 한다. 마찬가지로, 작업장에서 부상, 사고, 그리고 질병을 예방하기 위한 많은 작업 기반 개입은 어린 노동자와 같이 사고가 자주 발생하는 사람, 과도한 음주를 하는 사람, 혹은 무거운 짐을 드는 일을 하는 사람과 같이 특정한 고위험 특성을 가지고 있거나 높은 위험에 노출되는 개인에 초점을 맞춘다.

예방을 위한 인구 접근법은 낮은 빈도를 포함한 위험 요인의 전체 분포를 긍정적 방향으로 이동시키기 위한 것처럼 보인다. 예를 들면, Rose와 Day(1990)는 대부분의 전체 인구에서 수축기 혈압 1mmHg의 평균적 감소는 1%의 고혈압 유병률을 낮추는 것과 관련된다고 계산했다. 고혈압 유병률이 15%인 집단에서 평균 혈압이 5mmHg 떨어지는 것은 5%의 유병률을 감소시키고, 고혈압 환자의 수가 1/3으로 감소한다는 것으로 해석된다([그림 11-2]).

인구 예방 접근법은 '작은 위험에 있는 많은 수의 사람은 고위험에 있는 소수의 사람들보다 더 많은 질병과 부상을 일으킬 수 있다'(Rose, 1985)는 예방의 역설로 이어진다. 이러한 맥락에서 **개인적 위험**과 **인구 위험** 간의 차별화는 중요하다(Rockhill, Kawachi, & Colditz, 2000). 예를 들면, 알코올 소비는 부상에 대한 개인적 위험을 증가시킨다. 그러나 대부분의 부상은 알코올 소비가 평균 혹은 그보다 낮은 사람들에게서 일어난다(Danielsson, Wennberg, Hibell, & Romelsjo,

2011; Spurling, 2005). 이러한 점은 예방을 위한 근본적인 의미를 가진다. 단순히 부상을 예방하기 위해 고위험 개인(즉, 과잉 음주자)을 대상으로 하는 것이 그 개인들에게 확실히 도움이 되기는 하지만, 전체 부상 발생률의 실질적인 변화로 이어지지는 못한다. 인구 접근법(예, 광고 캠페인을 통해)은 전체 인구를 대상으로 하며, 정책들은 많은 사람이 자신의 음주량을 조금씩 변화시키도록 권장한다. 그러나 이 전략은 고위험 전략에 비해 단점이 있다. 많은 사람은 심각한 질병을 예방하기 위해 예방 조치를 취해야만 하며, 그 개인적 위험의 감소는 매우 적을 수 있다. 예를 들어, 차량 사고에서 안전벨트의 사용이 사망의 위험을 반으로 줄인다고 가정하면, 소수의 사람만이 차량 사고로 사망하므로 개인적으로 이득이 주어질 가능성은 적다.

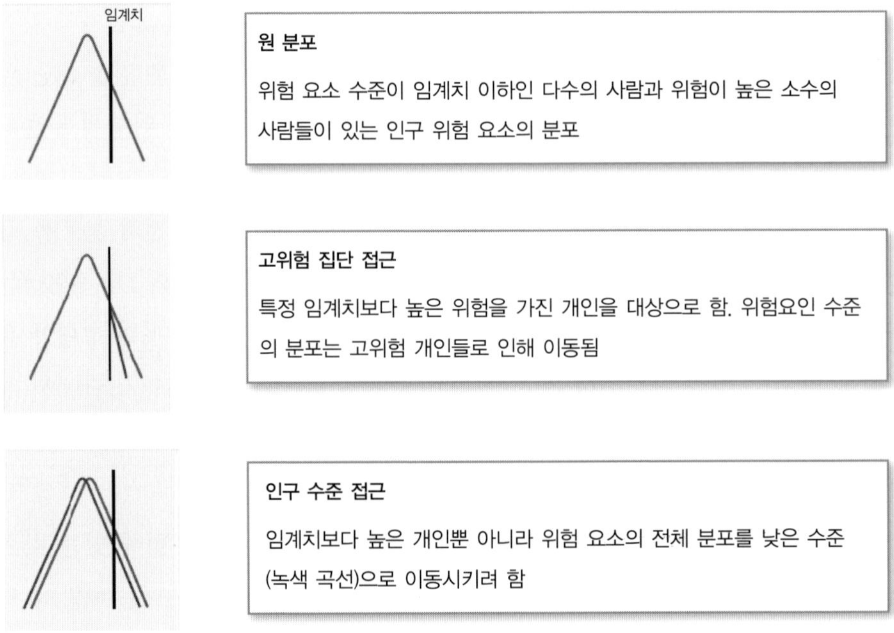

[그림 11-2] 예방을 위한 인구 수준 및 고위험 접근법

고위험 전략과 인구 전략은 결합될 수 있다. 예를 들면, 몇몇 일본 기업의 대규모 직업건강 증진 연구는 심장병 위험이 높은 개인(혈압이 높은 사람들)을 대상으

로 한다. 또한 이 연구는 기업 내 모든 근로자에게 건강한 영향 및 신체 활동에 대한 기회를 제공하여 인구 전략을 제공하고 있다(Okamura et al., 2004).

예방적 관점은 직업건강과 안전 실천을 어떻게 알릴 수 있는가

공중 보건 예방의 4가지 수준(Bonita, Beaglehole, Kjellstrom, & World Health Organization, 2006)은 조직 환경에서 실천적 개입을 발전시키기 위한 유용한 체계를 제공한다. **근본적인 예방**은 원인이 되는 요인('원인의 원인')들에 노출되게 하는 조건들을 다룬다. 그것은 건강에 대한 위험을 최소화하고 그것을 유지하는 것을 목표로 한다. 이 접근법은 정책 혹은 건강 증진을 통해 전체 인구 혹은 하위 집단들을 대상으로 한다. **1차 예방**은 건강한 사람들을 보호하고 질병이 나타나기 전에 조치를 취하는 것을 포함한다. 1차 예방의 목적은 원인과 위험요인을 통제하여 질병의 발생률을 줄이는 것이다. 이 접근법은 평균 위험(인구 전략)을 줄이기 위한 시도로서 전체 인구에 초점을 맞추거나, 혹은 특정 노출의 결과로 고위험에 있는 개인들(고위험 개인 전략)을 목표로 삼을 수 있다. **2차 예방**은 질병이나 부상의 초기 단계에서 조치를 취하거나, 질병의 진행을 막기 위해서 심각한 위험 요소를 다루는 것이다. 고위험 개인 혹은 질병의 조기 발견은 무엇보다 중요하다. 마지막으로, **3차 예방**은 특정 질병이나 부상이 이미 나타났을 때 건강이 더 악화되는 것을 예방하는 것을 목표로 한다. 그리고 대개 의학적 혹은 심리학적 치료나 재활을 포함한다.

Tetrick, Campell과 Quick(2003)은 직업건강심리학 이론에 1차, 2차 그리고 3차 예방 접근법을 적용했다. 그들은 직업건강심리학의 우선적 초점은 안전하고 건강한 작업환경을 만들어 상해와 질병을 예방하는 것이라고 제안했다. '건강한 기업'은 개별적 개입보다 조직 개입이 선호된다. 이것이 1차적 예방이다.

〈표 11-1〉은 4가지 예방 수준을 강조하고, 직무스트레스를 예방하기 위해 그것들이 어떻게 사용될 수 있는지에 대한 예시를 제공한다. 각각의 예방 수준은 인구 및 고위험 개인 접근법에 대해서 설명한다. 공중 보건 맥락에서의 인구는

종종 '국가 인구'로 정의된다. 여기서는 첫 번째 열에 나와 있다. 직업안전심리학과 건강 그리고 안전 실천의 맥락에서, 인구는 특정 기업의 전체 근로자로 정의되기도 한다. 여기서는 두 번째 열에 나와 있다. 직무스트레스의 기본적인 예방은 주로 노사 관계 혹은 윤리 강령의 최소 기준과 원칙으로 정의되는 국제 노동조합과 다국적 기업의 경영진 간의 국제 기본 협약과 같은 거시-경제와 기업의 고용 맥락에 영향을 미치는 규제 개입과 관련이 있다(European Foundation for the Improvement of Living and Working Conditions, 2008). 1차 예방의 예로는 모든 작업장에서 스트레스 요인의 평가와 통제를 포괄하는 기업 수준의 개입과 국내외 수준이 적용된 노동 기준 및 규범의 변화가 포함된다. 이러한 맥락에서 정기적인 평가, 통제, 그리고 심리사회적 스트레스 요인들의 관찰 노력과 같은 직무스트레스의 관리 개입은 중요하다. 또한 이는 영국에서 시행되는 것과 같은 개선의 시간 경과에 대한 국가적 감시로 이어질 가능성이 있다(Kerr, McHugh, & McCrory, 2009). 대조적으로, 고위험 전략은 그들의 작업 조건을 수정하고(1차 예방), 스트레스에 보다 효과적으로 대처하거나(2차 예방) 심각한 스트레스 사건으로부터 회복할 수 있도록(3차 예방) 취약하거나 영향받기 쉬운 개인을 식별하는 것을 포함한다.

〈표 11-1〉 직무스트레스 개입의 예시와 4가지 예방 수준

예방 수준	인구 수준 전략		고위험 전략
	국가	기업	
기본적: 건강에 대한 위험을 최소화하는 조건을 수립하고 유지	건강 전략을 축소화하고 아웃소싱하는 것을 규제 지역 무역 협정에 조직 건강 및 안전 문제를 포함시키기	'양질의 노동' 전략을 시행	해당 사항 없음

1차적: 스트레스 요인 제거 또는 수정	스트레스가 많은 작업 조건에 노출되는 것을 규제하는 노동 표준 및 규범 스트레스 원인 예방에 관한 좋은 실천의 전문적 국가 기준 진행 상황에 대한 국가적 모니터링을 포함한 스트레스 관리 표준 간호사나 교사와 같은 전문가의 최소한의 인력 수준	정기적 팀 미팅을 통한 노동자와 관리자 간의 의사소통 향상 모든 작업장에 대한 심리사회적 위험 평가와 직무재설계 기업 실천을 통한 스트레스 요인 위험 평가와 관리 접근법 향상	높은 스트레스 노출 직무를 위한 개선된 노동 조직 부상 위험이 높은 노동자를 위한 심리사회적 위험 평가와 노동 재설계
2차적: 스트레스 요인에 대한 반응 수정	직무 관련 질병의 조기 탐지를 위해 건강의 직무 관련성 인식을 향상시키고 건강관리 노동자들을 국가적으로 훈련	모든 노동자에게 스트레스 관리 및 이완 강좌 제공 체력단련시설 이용	고위험 개인(예, 교대근무자)에 대한 신규 훈련 기업 내 보다 적합한 직무로의 개인 이동 높은 스트레스 직무에 대한 직원 선발 고위험 직무 노동자들을 대상으로 한 훈련 (예, 스트레스 발산 훈련)
3차적: 스트레스의 영향 감소와 스트레스 관련 질병의 회복을 위한 도움	전국적 노동자 건강 센터 설립 국가적 공중 보건 시스템의 1차적 건강관리에 조직건강의 통합	모든 직원이 이용할 수 있는 직원 지원 프로그램 모든 직원을 위한 상담 및 의료 관리의 제공	장기 부재 노동자를 위한 노동 복귀 프로그램 부상 노동자를 위한 수정된 작업의 제공 중요 사고 관리

고위험 개인을 대상으로 하는 2차와 3차 예방과 전략은 실무자와 정책 입안자 모두에게 매력적이지만, 그것들은 새로운 사례들의 흐름에는 거의 도움이 되지 않는다. 보완적인 인구-기반 접근법을 제외하고, 직무스트레스에 대한 새로운 사례들의 흐름은 줄어들지 않을 것이다. 그리고 인구 수준에서의 변화도 일어나지 않을 것이다.

공중 보건의 윤리적 가치

1 공중 보건의 기본적 가치로서의 사회적 정의

공중 보건 관점은 직무 및 건강 문제와 관련된 유용한 윤리적 고려사항을 제공한다(Childress et al., 2002). 윤리적 고려사항은 수행해야 할 도덕적 목표를 정의함으로써 개입을 지도하는 데 주된 역할을 한다. 역사적으로, 공중 보건은 빈곤층에 초점을 맞추고 사회에 보다 공평하게 자원을 분배하고 평등한 건강을 달성함으로써 사회정의의 가치에 근간을 두어 왔다(Braveman & Gruskin, 2003; Whitehead, 1992). 사회정의 시스템하에서, 모든 사람들은 건강, 웰빙, 상해와 질병으로부터 자유와, 죽음과 병의 예방에 대한 이익(혹은 부담)의 균등한 분배를 받을 자격이 있다. Beauchamp(1976)는 "공중 보건의 중추적 의미는 도구적이거나 기술적 행위와 같이 편협하게 생각되어서는 안 된다. 공중 보건은 정의를 실천하는 방법이어야 하며, 모든 인간 생명의 가치와 중요성을 주장하는 방법이어야 한다."(p. 108)는 말과 같이 공중 보건을 규율보다는 사회적 움직임으로 묘사했다.

수많은 사회 역학 연구가 사회정의 접근법에 근간을 두어 왔다. 건강의 사회계층적 기울기는 성별과 모든 연령 집단의 거의 모든 건강 지표에서 실제로 잘 나타나는 현상이다(Mackenbach et al., 2008; Marmot et al., 1997). 낮은 사회적 지위에 있는 사람은 높은 지위에 있는 사람보다 건강이 나쁘며, 이는 풍족한 국가에서도 마찬가지이다. 이러한 증거들은 국가 내부뿐만 아니라 국가 간의 건강 불균형의 원인에 대한 논의를 불러 일으켰다. 국제보건기구(WHO)에서 최근 발간된 가장 영향력 있는 보고서에 따르면, 몇몇 공중 보건의 안건은 혜택을 받는 집단과 받지 못하는 집단 간의 건강 격차를 줄이기 위한 문제에 집중하고 있다 (WHO Commission on Social Determinants of Health, 2008). WHO의 '건강 형평성' 개념은 피할 수 있고, 불필요하거나 불공평/부당한 질병, 부상, 사망을 예방하거나 완화하기 위한 도덕적 의무로 정의된다(Venkatapuram & Marmot, 2009; Whitehead, 1990). 이러한 **맥락**에서, 건강과 자원의 **불평등**과 **불공평**은 구분될 필요가 있다. 건강의 불평등은 건강 혹은 다른 개인 혹은 인구 간의 건강 결정요인의 분포의 차이이며, 그것들은 해당 개인의 통제를 벗어난 생물학적 변인 혹은 환경적 요인에 기인하는 것으로 피할 수 없다. 건강의 불공평은 체계적이고, 피할 수 있으며, 부당하고 불공정하며, 권력, 수입, 재화와 서비스의 불평등한 분배와 보살핌, 자원, 교육에 대한 접근으로 인해 발생되는 것으로 간주된다. 그리고 종종 사회적 위치와 민족성, 그리고 성별에 의해 사회 내에서 만들어진다.

2 작업 조건과 건강 불공평

작업 조건은 건강의 사회 계층적 기울기를 설명할 수 있는 주된 요인이 될 수 있다. 몇몇 연구는 인구의 하위 집단에 따른 작업 조건의 불공평한 분배가 건강의 불평등과 불공평에 어떻게 기여하는지 조사한다. 높은 소음과 오염된 공기, 교대작업, 반복적이고 높은 속도의 작업 조건과 같은 신체적 작업 유해성들에 대한 불공평한 노출과 관련된 가장 일관된 증거가 발견될 수 있다(Evans & Kantrowitz, 2002; Niedhammer, Chastang, David, & Kel1eher, 2008; Quinn et al., 2007; Schrijvers, van de Mheen, Stronks, & Mackenbach, 1998). 스트레스가 많은 작업 조건과 같은 심리사회적 작업장 문제가 건강에서 사회 계층적 기울기를 설명하는지에 대한 몇몇 논의가 있다. 비록 사회경제적 조건과 불리한 작업환경과 건강을 연결하는 구체적인 경로는 명확하지 않지만, 낮은 통제, 낮은 기술 재량권, 높은 긴장과 노력-보상 불균형은 낮은 사회경제적 지위의 직무에서 더욱 만연하며, 건강의 다양한 측정(Andersen et al., 2004; Borg & Kristensen, 2000; Bosma et al., 1997; Chandola, Siegrist, & Marmot, 2005; KunzEbrecht, Kirschbaum, & Steptoe, 2004; Niedhammer et al., 2008, Kaikkonen, Rahkonen, Lallukka, & Lahelma, 2009; LaMontagne et al., 2008; Siegrist & Marmot, 2004; Suadicani, Hein, & Gyntelberg, 1997)에서 사회 계층적 기울기 중 일부가 설명된다. 일부 학자들은 불리한 작업 특성들이 사회경제적 위치와 건강의 연관성에서 인과적인 관계가 있다고 제안했다. 예를 들면, Shrijvers 등(1998)은 위험한 작업 조건과 낮은 직무 통제에 의해 직업적 계층과 빈곤하게 지각된 건강 간의 연관성의 상당한 부분(35~83%)이 설명된다고 밝혔다.

작업 조건 개선을 위한 개입은 사회 집단 간의 건강 격차를 줄이기 위한 좋은 방법이다. 건강 불평등을 줄이기 위한 개입의 효율성에 대한 최근 체계적인 평가는 주택, 물과 위생, 농업과 식품, 실업과 복지뿐만 아니라 건강과 사회적 보살핌 서비스 그리고 작업 조건과 같은 거시-경제 환경과 작업 및 삶의 조건에 대한 개입 연구들을 포함한다. 연구 결과가 대부분 유형의 개입의 성공에 결정적이지는 않았지만, 특정 작업장과 주택에 대한 개입이 특정한 취약 집단의 건강 격차를 줄이는 긍정적 효과가 있다는 점을 제안할 근거이다(Bambra et al., 2010).

많은 공중 보건 논의에 내포된 것은 평등주의적 관점이다. 평등은 공정성 및 정의에 대한 것이며, 모든 사람이 건강을 위한 잠재력을 최대한 발휘할 수 있는 기회를 가져야 하고, 성별, 민족성 혹은 사회적 지위에 관계없이 모두가 동일한 가치를 지니고 있다는 것을 의미한다. 건강 평등의 원칙은 성취되어야 하는 명확한 목적을 규정하므로 본질적으로 규범적이다(Ruger, 2004).

고용 조건 지식 네트워크(Employment Conditions Knowledge Network: EMCONET)에 의해 개발된 체계는 고용과 건강 불평등을 연결시키는 잠재적 경로들을 묘사한다. 이 체계는 행동적, 심리사회적, 그리고 정신병리학적 기제들이 작업 조건과 건강 불평등을 관련시킨다고 가정하는 공중 보건 모델에 기반한다([그림 11-3]).

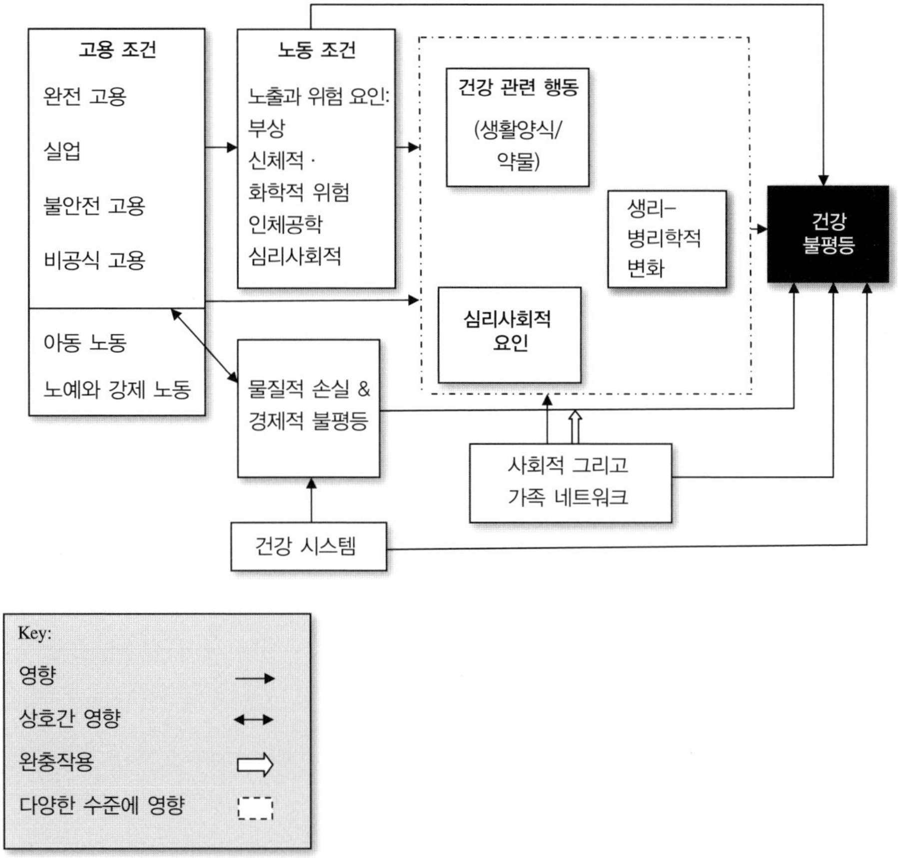

[그림 11-3] 고용 조건과 건강 불평등에 대한 미시-이론적 체계

물질적 자원의 불평등, 건강 관련 행동의 영향, 그리고 사회 및 가족 네트워크와 같은 심리사회적 문제와 함께 고용 조건과 신체적, 심리사회적 근로 조건에 대한 차별적 노출은 중요한 건강 자원이다(Benach, Muntaner, & Santana, 2008).

사회정의와 평등은 인권 원리와 밀접하게 관련된다. 건강에 대한 권리는 WHO 규약과 국제인권협약에 명시되어 있다. 여기서는 '달성 가능한 최고 수준'에 건강에 대한 권리를 규정한다(United Nations, 1948). 달성 가능한 최고 수준은 사회에서 가장 풍족한 위치에 있는 집단이 누리는 건강 상태에 의해 반영된다고 제안하며, 이 반영은 해당 시점에서 생물학적으로 달성 가능한 것이다

(Braveman & Gruskin, 2003).

건강에 대한 권리는 또한 건강을 지원하는 자원과 조건에 대한 접근하는 권리까지 포함된다. 경제, 사회 그리고 문화 권리에 대한 국제 규약(United Nations, 1976)은 건강의 근본적 결정요인을 지적하고, 근로 조건과 환경 조건을 중요한 요소로 명기한다. 노동 안전과 건강에 대한 서울 선언(International Labour Organization, 2008)은 안전에 대한 권리와 건강한 근로 조건을 강조한다. 이는 공중 보건 관점과 일치하며, 건강과 안전의 증진은 사회 전체의 책임이며, 사회 모든 구성원은 반드시 이 목적을 향해 기여해야 한다고 선언한다. 이 선언은 또한 건강하고 안전한 근로 조건에 대한 권리가 존중되고, 지속적인 개선이 추구되는 국가적 예방 안전과 건강 문화를 강조한다. 서울 선언을 토대로, 일부 기업은 인권, 부패방지, 과도한 작업시간 예방, 그리고 건강과 안전 보호의 국제적으로 인정된 기준에 부합하는 정도의 제공을 위해 평등한 작업 조건, 적절한 보호 수단과 인도적인 작업 조건을 위한 인권 전략을 실행했다(예시는 다음에서 찾아볼 수 있다: http://www.rexam.com/files/pdf/policies/protection_of_human_rights_and_labour_conditions.pdf, http://cr.aiag.org/files/Chrysler_expectations.pdf).

3 공중 보건 옹호

법령, 정책, 그리고 제도적 관습과 같은 상류 요인들을 수정하기 위한 공중 보건의 가장 우선적인 임무와 더불어 이 분야는 중립적이며 이익이 없이는 운영되지 않는다. 사실 일부 공중 보건 사업은 회의론, 저항 및 논쟁을 불러일으킨다. 예를 들면, 간접흡연 노출로부터 노동자들을 보호하기 위해 작업장에서 입법적으로 금연을 시행하기 위해서는 담배 산업의 반대에도 불구하고 고용주, 노동자, 이해 집단, 정책입안자, 그리고 일반 대중이 이 정책을 허용하고 적극적으로 지원하는 방법으로 고안하고 의사소통하는 것이 필요하다(Chapman & Wakefield, 2001). '공중 보건 목표에 대한 구조적(개인 혹은 행동적 반대와 같은) 장벽을 극복하는 과정'으로 정의되는 공중 보건 옹호(Chapman, 2004)는 로비, 설득, 그리고 목표 대중매체 지지를 사용하는 체계적이고 실용적인 접근법으로 개발되었다(Wallack, Woodruff, Dorfman, & Diaz, 1999).

상자 11-2 공중 보건 옹호: 10단계(Chapman, 2004를 적용하여)

1. 목표를 정의하기
2. 모두에게 좋은 결과를 설계하기
3. 주요 의사결정자들에게 영향을 미치는 전략 개발하기
4. 상대방의 강점과 약점을 알아내기
5. 언론 옹호 목표 정의하기
6. 문제로 표현하기
7. 의사전달을 위한 상징 만들기
8. 6번과 7번을 전달하기 위한 인상적인 어구 만들기
9. 문제를 개인화하기
10. 그들의 관심사를 표현하기 위한 많은 사람의 조직을 계획하기

공중 보건 옹호는 인구 건강 목표의 명확한 정의, 의사결정자 '모두에게 이득이 되는' 결과의 기술, 그리고 공유된 가치에 해당하는 핵심 메시지의 표현, 문제의 구조화, 주요 이해관계자들로부터 동의를 얻기 위한 대중매체의 인상적인 어구와 상징의 개발을 요구하는 신중한 전략 계획을 포함한다(〈상자 11-2〉). '옹호는 그 의도 자체에 목적이 있다'는 핵심 가치를 기반으로 한다(Chapman, 2001).

공중 보건 옹호 도구들은 특히 예방 활동이 논쟁의 여지가 있고 최소 법정 건강 및 안전 요구들을 넘어서는 경우 직업건강심리학자와 건강 그리고 안전 전문가들에게 유용한 지원이 될 수 있다.

결론

공공 노동자를 포함해 성장하는 서비스직 노동자 집단과 함께 작업하는 실무자는 건강의 광범위한 결정요인의 고려로부터 이득을 얻을 수 있다. 이 접근법은 개인과 작업하거나 직접적 작업환경 영역 그 이상을 다루는 직업건강심리학자를 요구한다. 공익 집단과 노동자의 광범위한 사회적 환경에 영향을 미치는 핵심 인력과 협력관계를 맺는 것은 서비스직 노동자의 심리사회적 작업 조건의 지속적 개선의 성취에 유용할 수 있다.

건강 불평등을 줄이기 위한 공중 보건 관점과 건강, 일, 그리고 작업 조건에 대한 인권 접근법은 일과 건강을 포함한 관련된 모든 분야에서 선구자적 리더십을 개발하기 위해 시사하는 바가 많은 윤리적 체계를 제공한다. 건강의 사회적 결정요인 위원회의 영향력 있는 WHO 보고서의 발간을 계기로, 작업과 건강 그리고 건강 불균형을 연구하고 적용하기 위한 광범위한 노력의 개입을 연결시킬 수 있는 중요한 기회가 되었다. 심리사회적 작업 조건에 대한 최적의 공중 보건 대응은 사회 전반에 걸쳐 모든 이해관계자의 참여가 포함된다. 사회정의와 평등의 윤리적 원칙은 최소 법정 요구사항을 넘어서는 적극적이고 예방 지향적인 개입을 유도하는 강력한 가치를 제공한다. 심리사회적 위험을 통제하기 위한 구속력이 있고 규범적인 법안이나 기준이 거의 없어 심리사회적 작업 특성을 수정하기 위한 능동적 접근법은 필수적이다.

직업건강심리학 및 건강과 안전 과학은 핵심 원칙으로 옹호를 받아들일 필요가 있다. 변화를 위한 과학적 · 정치적 환경을 조성하기 위해 공중 보건 옹호 도구는 기업, 국가, 국제적 수준과 같은 모든 수준의 노동과 건강의 개선을 옹호하는 데 유용할 수 있다. 숙련된 옹호자들과의 협력관계 없이 노동 및 건강 문제를 다루는 학문 분야는 무대 중앙에서 근거 기반 정책들과 노동 기준을 효과적으로 추진하는 능동적 선수가 아니라 토론에서 단역이 될 위험이 있다. 물론 옹호는 노동 운동에서 강력한 역사적 배경을 가진 직업 안전과 건강의 새로운 쟁점은 아니다. 그럼에도 불구하고 과거의 공중 보건, 직업건강심리학, 그리고 건강과 안전 개입의 성공과 실패로부터 배우고, 노동과 건강 문제를 전면으로 내세우기 위한 체계적인 옹호 체계와 도구를 개발할 수 있는 기회이다. 성공적인 옹호는 성공적인 지도자 육성을 위한 공인 훈련 전략의 능력과 리더십 개발이 요구된다.

개인 위험과 인구 위험을 구분하고 노동과 건강 문제에 대한 예방 역설의 적용 가능성을 조사하기 위해서는 보다 많은 연구가 필요하다. 이 주제에서는 대부분 심혈관 장애와 알코올 관련 부상에 대한 연구들이 수행되었다(Danielsson, Wennberg, Hibell, & Romelsjo, 2011; Spurling, 2005; Rose & Day, 1990). 그렇지만 예방 역설이 노동 및 건강 문제에 어느 정도로 적용되는지는 알려져 있지 않다. 예를 들면, 대부분의 근골격계 부상은 무거운 짐을 들어 올리는 것으로 설명되는가, 아니면 적당한 무게를 들어야 하는 노동자들에게서 대부분 일어난다고 보아야 하는가? 마찬가지로 직무 수요의 과도한 혹은 적당한 수준이 노동 관련 건강 문제와 관련되는지 아닌지에 대해서는 알려져 있지 않다.

공중 보건, 직업건강심리학, 그리고 건강 및 안전 분야의 연구자들이 비슷한 주제들을 연구하지만, 이러한 분야들 간의 협력이 거의 없다는 것은 놀라운 일이다. 예를 들어, 심리사회적, 신체적, 인체공학적, 생물학적, 그리고 화학적 노동 환경과 건강 및 건강 격차의 다양한 고용요인에 대한 결합 효과에 대한 연구는 거의 없다. 가장 잘 알려진 현대사회 역학자 중의 하나인 Nancy Krieger(2010)은 "훌륭한 과학, 훌륭한 정치, 그리고 공중 보건을 위해서 직업건강 불평등에 대한 연구는 필수적이다."라고 요약했다(p. 112). 이 분야의 학제 간 연구는 개인 수준을 넘어서는 변화에 동기를 부여하지만, 인구 수준에서 지속적인 효과를 내지는 못한다.

참고문헌

Andersen, I., Burr, H., Kristensen, T. S., Gamborg, M., Osler, M., Prescott, E., et al. (2004). Do factors in the psychosocial work environment mediate the effect of socioeconomic position on the risk of myocardial infarction? Study from the Copenhagen Centre for Prospective Population Studies. *Journal of Occupational and Environmental Medicine, 61* (11), 886–892.

Bambra, C., Gibson, M., Sowden, A., Wright, K., Whitehead, M., & Petticrew, M. (2010). Tackling the wider social determinants of health and health inequalities: Evidence from systematic reviews. *Journal of Epidemiology and Community Health, 64*(4), 284–291.

Beauchamp, D. E. (1976). Public health as social justice. *Inquiry, 13*(1), 3–14.

Benach, J., Muntaner, C., & Santana, V. (2008). *Employment conditions and health inequalities.* Final report to the WHO Commission on Social Determinants of Health (CSDH).

Bonita, R., Beaglehole, R., Kjellström, T., & World Health Organization. (2006). *Basic Epidemiology* (2nd edn.). Geneva: World Health Organization.

Borg, V., & Kristensen, T. S. (2000). Social class and self-rated health: Can the gradient be explained by differences in life style or work environment? *Social Science & Medicine, 51* (7), 1019–1030.

Bosma, H., Marmot, M. G., Hemingway, H., Nicholson, A. C., Brunner, E., & Stansfeld, S. A. (1997). Low job control and risk of coronary heart disease in Whitehall II (prospective cohort) study. *British Medical Journal, 314,* 558–565.

Braveman, P., & Gruskin, S. (2003). Defining equity in health. *Journal of Epidemiology and Community Health, 57*(4), 254–258.

Chandola, T., Siegrist, J., & Marmot, M. (2005). Do changes in effort-reward imbalance at work contribute to an explanation of the social gradient in angina? *Journal of Occupational and Environmental Medicine, 62*(4), 223–230.

Chapman, S. (2001). Advocacy in public health: Roles and challenges. *International Journal of Epidemiology, 30*(6), 1226–1232.

Chapman, S. (2004). Advocacy for public health: A primer. *Journal of Epidemiology and Community Health, 58*(5), 361–365.

Chapman, S., & Wakefield, M. (2001). Tobacco control advocacy in Australia: Reflections on 30 years of progress. *Health Educ Behav, 28*(3), 274–289.

Childress, J. F., Faden, R. R., Gaare, R. D., Gostin, L. O., Kahn, J., Bonnie, R. J., et al.(2002). Public health ethics: Mapping the terrain. *Journal of Law, Medicine & Ethics, 30*(2), 170–178.

Dahlgren, D., & Whitehead, M. (1991). *Policies and strategies to promote social equity in health*. Background document to WHO– Strategy paper for Europe: Institute for Future Studies.

Danielsson, A.-K., Wennberg, P., Hibell, B., & Romelsjö, A. (2011). Alcohol use, heavy episodic drinking, and subsequent problems among adolescents in 23 European countries: Does the prevention paradox apply? *Addiction*. doi: 10. 1111/j. 1360–0443. 2011. 03537. x

Detels, R., & Breslow, L. (2004). Current scope and concerns in public health. In R. Detels, J. McEwen, R. Beaglehole, & H. Tanaka (Eds.), *Oxford textbook of public health* (4th edn.) (pp. 3–20). Oxford: Oxford University Press.

European Foundation for the Improvement of Living and Working Conditions. (2008). *Codes of conduct and international framework agreements: New forms of governance at company level*. Dublin: Eurofound.

European Foundation for the Improvement of Living and Working Conditions (2010). *Changes over time: First findings from the 5th European working conditions survey: Resume*. Dublin: Eurofound.

Evans, G. W., & Kantrowitz, E. (2002). Socioeconomic status and health: The potential role of environmental risk exposure. *Annual Review of Public Health, 23*(1), 303–331.

Hemingway, H., & Marmot, M. (1999). Clinical evidence: Psychosocial factors in the etiology and prognosis of coronary heart disease: systematic review of prospective cohort studies. *Western Journal of Medicine, 171*(5–6), 342–350.

Hoogendoorn, W. E., van Poppel, M. N. M., Bongers, P. M., Koes, B. W., & Bouter, L. M. (2000). Systematic review of psychosocial factors at work and private life as risk factors for back pain. *Spine, 25*(16), 2114–2125.

HMSO (Her Majesty's Stationery Office) (1988). *Acheson report. Public health in england. Report of the committee of inquiry into the future development of the public health function*. London: HMSO.

International Labour, Organization. (2008). *Seoul Declaration of Health and Safety at Work.* Available at: http://www.seouldeclaration.org/en/The-Seoul-Declaration

Kaikkonen, R., Rahkonen, O., Lallukka, T., & Lahelma, E. (2009). Physical and psychosocial working conditions as explanations for occupational class inequalities in self-rated health. *European Journal of Public Health, 19*(5), 458–463.

Kerr, R., McHugh, M., & McCrory, M. (2009). HSE Management Standards and stressrelated work outcomes. *Occupational Medicine, 59*(8), 574–579.

Kivimaki, M., Virtanen, M., Elovainio, M., Kouvonen, A., Vaananen, A., & Vahtera, J. (2006). Work stress in the etiology of coronary heart disease-a meta-analysis. *Scandinavian Journal of Work, Environment & Health, 32*(6), 431–442.

Krieger, N. (2010). Workers are people too: Societal aspects of occupational health disparities – an ecosocial perspective. *American Journal of Industrial Medicine, 53*(2), 104–115.

Kunz-Ebrecht, S. R., Kirschbaum, C., & Steptoe, A. (2004). Work stress, socioeconomic status and neuroendocrine activation over the working day. *Social Science and Medicine, 58*(8), 1523–1530.

LaMontagne, A. D., Keegel, T., Vallance, D., Ostry, A., & Wolfe, R. (2008). Job strain – attributable depression in a sample of working Australians: Assessing the contribution to health inequalities. *BMC Public Health, 8*, 181.

Mackenbach, J. P., Stirbu, I., Roskam, A. J., Schaap, M. M., Menvielle, G., Leinsalu, M., et al. (2008). Socioeconomic inequalities in health in 22 European countries. *New England Journal of Medicine, 358*(23), 2468–2481.

Marmot, M., Ryff, C. D., Bumpass, L. L., Shipley, M., & Marks, N. F. (1997). Social inequalities in health: Next questions and converging evidence. *Social Science and Medicine, 44*(6), 901–910.

McKinlay, J. B. (1979). Acase for refocussing upstream: A political economy of illness. In E. C. Jaco (Ed.), *Patients, physicians and illness.* New York: Free Press.

Niedhammer, I., Chastang, J. F., David, S., & Kelleher, C. (2008). The contribution of occupational factors to social inequalities in health: Findings from the national French SUMER survey. *Social Science and Medicine, 67*(11), 1870–1881.

Okamura, T., Tanaka, T., Babazono, A., Yoshita, K., Chiba, N., Takebayashi, T., et al. (2004). The High-risk and Population Strategy for Occupational Health Promotion

(HIPOPOHP) Study: study design and cardiovascular risk factors at the baseline survey. *Journal of Human Hypertension, 18*(7), 475–485.

Quinn, M. M., Sembajwe, G., Stoddard, A. M., Kriebel, D., Krieger, N., Sorensen, G., et al. (2007). Social disparities in the burden of occupational exposures: Results of a crosssectional study. *American Journal of Industrial Medicine, 50*, 861–875.

Ragland, D. R., Krause, N., Greiner, B. A., & Fisher, J. M. (1998). Studies of health outcomes in transit operators: Policy implications of the current scientific database. *Journal of Occuational Health Psychology, 3*(2), 172–187.

Rockhill, B., Kawachi, I., & Colditz, G. A. (2000). Individual risk prediction and populationwide disease prevention. *Epidemiol Rev, 22*(1), 176–180.

Rose, G. (1985). Sick individuals and sick populations. *International Journal of Epidemiology, 14*(1), 32–38.

Rose, G., & Day, S. (1990). The population mean predicts the number of deviant individuals. *British Medical Journal, 301*, 1031–1034.

Ruger, J. P. (2004). Ethics of the social determinants of health. *The Lancet, 364*, 1092–1097.

Schrijvers, C. T., van de Mheen, H. D., Stronks, K., & Mackenbach, J. P. (1998). Socioeconomic inequalities in health in the working population: The contribution of working conditions. *International Journal of Epidemiology, 27*(6), 1011–1018.

Siegrist, J., & Marmot, M. (2004). Health inequalities and the psychosocial environment – two scientific challenges. *Social Science & Medicine, 58*(8), 1463–1473.

Sparks, K., Cooper, C. L., Fried, Y., & Shirom, A. (1997). The effect of hours of work on health: A mata-analytic review. *Journal of Occupational and Organizational Psychology, 70*, 391–408.

Spurling, M. (2005). Alcohol-related injuries: Evidence for the prevention paradox. *Annals of Family Medicine, 3*(3), 47–52.

Stokols, D., Pelletier, K. R., & Fielding, J. E. (1996). The ecology of work and health: Research and policy directions for the promotion of employee health. *Health Education Quarterly, 23*(2), 137–158.

Suadicani, P., Hein, H. O., & Gyntelberg, F. (1997). Strong mediators of social inequalities in risk of ischaemic heart disease: A six-year follow-up in the Copenhagen Male Study. *International Journal of Epidemiology, 26*(3), 516–522.

Tetrick, L. E., & Campell Quick, J. (2003). Prevention atwork: Public health in occupational settings. In J. C. Campell Quick & L. E. Tetrick (Eds.), *Handbook of occupational health psychology* (1st edn.) (pp. 3–18). Washington, DC: American Psychological Association.

United, Nations. (1948). *Universal Declaration of Human Rights*. Available at: http://www.un.org/en/documents/udhr/

United, Nations. (1976). *International Covenant on Economic, Social and Cultural Rights.* Available at: http://www.un.org/millennium/law/iv–3.htm

Venkatapuram, S., & Marmot, M. (2009). Epidemiology and social justice in light of social determinants of health research. *Bioethics, 23*(2), 79–89.

Verweij, M., & Dawson, A. (2007). The meaning of 'public' in 'public health'. In A. Dawson & M. Verweij (Eds.), *Ethics, prevention, and public health* (pp. 13–29). New York: Oxford University Press.

Virtanen, M., Kivimaki, M., Joensuu, M., Virtanen, P., Elovainio, M., & Vahtera, J. (2005). Temporary employment and health: A review. *International Journal of Epidemiology, 34* (3), 610–622.

Wallack, L., Woodruff, K., Dorfman, L., & Diaz, I. (1999). *News for a change: An advocate's guide to working with the media*. Thousand Oaks: Sage Publications.

Whitehead, M. (1990). *The concepts and principles of equity and health*. Copenhagen: WHO Regional Office for Europe.

Whitehead, M. (1992). The concepts and principles of equity and health. *International Journal of Health Services, 22*(3), 429–445.

WHO Commission on Social Determinants of, Health. (2008). *Closing the gap in a generation – Health equity through action on the social determinants of health.* Geneva: World Health Organization.

12장

프리젠티즘: 짧은 역사와 교훈적인 이야기

Gary Johns
컨커디어 대학교(Concordia University, 캐나다)

프리젠티즘(presenteeism)이라는 용어는 아픈 동안에도 작업에 참여하고, 그 활동으로 인한 결과로 생각할 수 있는 생산성 감소를 가리키는 데 사용된다. 이 장의 목적은 이 구성개념이 어떻게 만들어지고 발전해 왔는지를 추적하고, 이 분야의 연구에 대한 여러 문제에 주의를 요구하기 위함이다.

프리젠티즘의 다양한 정의

아마도 이보다 더 오래된 단어인 결근에 익숙하기 때문에, 저자는 프리젠티즘이라는 용어를 누가 만들었는지에 대해서 의견을 제시하고자 한다. Smith(1970)는 Uris("프리젠티즘이 어떻게 형성되는가", Petroleum Refiner, 1955)에 의해 처음 사용되었다고 말했으며, Reciniello(1996)는 영국의 컨설턴트이자 학자인 Charles Hampden-Turner와 Shamansky(2002)는 건강 향상 연구 조직의 대표인 R. W. Whitmer라고 말했다. 또한 많은 학자(예, Shuster, 2003; Simpson, 1998)는 영국의 경영학 교수인 Cary Cooper라고 언급하였다. 사실, 프리젠티즘이라는 단어는 1892년 『American Claimant(온라인 옥스포드 영어사전)』에 미국 작가 Mark Twain에 의해 만들어졌다. 그 후, 프리젠티즘이라는 용어는 가끔 비즈니스 출판물에 등장했다.

〈표 12-1〉은 문헌에서 사용 가능한 프리젠티즘의 9가지 정의를 나타낸다. 비록 모든 정의가 노동에서 실제 물리적 출석을 가리키고 있지만, 각각은 독특하게 얽히고설켜 있다.

표면적으로, 정의 ①(프리젠티즘은 무단결근의 반대)은 과학적 근거가 부족하다. 이것은 단순히 결근의 반대말이며, 일반적으로 동의된 정의이며 광범위한 연구 역사를 가진 오래된 용어이다(Harrison & Martocchio, 1998; Johns, 1997). 그러나 정의 ①은 프리젠티즘에 대해 일을 하지 못한다는 다소 혁신적인 생각을 강조하기보다 작업장에 간다는 측면에서의 출근을 재구성할 가능성에 대해서 우리에게 경고한다. 유사하게, 정의 ②(프리젠티즘은 우수한 출석과 같음)는 단지 무단결근이 낮음을 나타내기 위해 사용한다는 점에서 과학적 접근이라고 보기 어렵다.

〈표 12-1〉 프리젠티즘의 정의(Johns, 2010)

① 무단결근의 반대로, 노동에 참여하는 것(Smith, 1970)
② 우수한 출석률을 보이는 것(Canfiend & Soash, 1955; Stolz, 1993)
③ 노동시간의 증가로 부적합할 때에도 '실제 얼굴을 마주하는 시간'을 갖게 됨(Simpson, 1998; Worrall, Cooper, & Campbell, 2000)
④ 전일제 근무에 비해 시간제 근무를 꺼림(Sheridan, 2004)
⑤ 건강하지 않지만 병으로 인한 결근을 하지 않음(Kivimaki et al., 2005)
⑥ 건강하지 않다고 느낌에도 불구하고 일하러 감(Aronsson, Gustafsson, & Dallner, 2000; Dew, Keefe, & Small, 2005)
⑦ 건강하지 않다고 느낌에도 불구하고 일하러 가거나 보통은 결근하게 되는 다른 사건을 경험하고 있음(Evans, 2004; Johansson & Lundberg, 2004)
⑧ 건강 문제로 작업 중 생산성이 감소됨(Turpin et al., 2004)
⑨ 건강 문제로 작업 중 생산성이 감소되거나 전체 생산성 중 일부를 방해하는 사건을 경험함(Hummer, Sherman, & Quinn, 2002; Whitehouse, 2005)

정의 ③(노동시간의 증가)과 ④(시간제 근무를 꺼림)는 직업 불안정성과 성별이라는 두 가지 중요한 주제와 관련된다. 따라서 조직 구조조정은 직무 불안정을 조장하여 노동시간을 늘리고, 동기부여와 충성도를 나타내는 의미로 '실제 얼굴을 마주하는 시간'을 활성화하는 것으로 보인다(Worrall, Cooper, & Campbell, 2000; Elsbach, Cable, & Sherman, 2010). 특히 여성들은 프리젠티즘의 이와 같은 요구로 인해 불이익을 당하는 것으로 생각되며(Simpson, 1998; Simpson, 1997 참고), Sheridan(2004) 또한 이러한 요구로 남성들은 여성들의 경력을 희생시키는 시간제 근무를 추구하도록 설득한다고 주장했다.

정의 ⑤(아픔에도 불구하고 결근하지 않음)는 최근 직업건강 학자들(예, Aronsson, Gustafsson, & Dallner, 2000; Caverley, Cunningham, & MacGregor, 2007; Gustafsson & Marklund, 2011)에게서 기본적으로 받아들여지고 있는 보다 일반적인 정의 ⑥(건강하지 않을 때 일하러 감)보다 특별한 사례이다. 그렇지만 최근의 많은 문헌은 프리젠티즘의 **경영상의** 정의로서 정의 ⑧(근무하는 동안 건강으로 인한 생산성 손실)로 동의하는 경향이 있다(예, Collins et al., 2005; Turpin et al., 2004). 따라서 건강하지 않은 동안 작업하는 것은 프리젠티즘을 발생시키기 위한 필요조건이다. 정의 ⑦과 ⑨는 프리젠티즘이 질병을 비롯해 무수히 많은 요인(예를 들면, 육아, 사무실 정치)으로 인한 생산성 감소가 일어난다는 생각을 허용함으로써 정의 ⑥과 ⑧을 확장한다.

이 영역의 전문용어는 다소 모순적이다. 따라서 Vingard, Alexanderson과 Norlund(2004)는 '병의 출현' 그리고 Johansson과 Lundberg(2004)는 보다 일반적인 표시의 프리젠티즘을 참고해 '병의 존재'를 사용했다. 반면에 McKevitt, Morgan, Dundas와 Holland(1997)는 병가의 '부적당한 비사용'으로 불렀다. 놀랍게도, Turpin 등(2004)은 '손상된 프리젠티즘', 그리고 Koopman 등(2002)은 전형적인 사용법에서 프리젠티즘의 징후 변화를 정리한 '감소된 프리젠티즘'을 사용했다.

프리젠티즘의 다양한 정의는 시간과 장소와 같은 다양한 외부 상황의 영향을 받은 결과이다(Johns, 2006). 따라서 경영 실무자인 Smith(1970), Uris(1955), Canfield와 Soash(1955)에 의해서 제공된 '고전적'인 정의는 제2차 세계대전 이후 근대 미국 인사관리 분야에서의 긍정적인 분위기를 반영한다. 경영학자인 Sheridan(2004), Simpson(1998), Worrall, Cooper와 Campbell(2000)에 의해 제안된 후속 정의들은 1980년대에 시작된 조직의 구조조정을 반영하여 함축적으로 긍정적인 의미가 훨씬 덜하다(의미 없는 면담을 실시하고, 남성들은 남녀평등을 깨트려 가면서 전일제 일을 뺏어 간다). Aronsson, Gustafsson과 Dallner(2000) 그리고 Kivimaki 등(2005)이 제안한 '유럽식'의 정의는 유럽의 직업건강 학자들에 의해 노동자 보건 및 복지 육성에 대한 우려를 반영한다. 마지막으로, 최근 생산성 저하의 관점에서 프리젠티즘의 정의는 보험의료비용의 상승에 대한 북미 고용주들의 우려가 반영된 것이다(Collins et al., 2005).

프리젠티즘이 '노동 과다'라는 생각은 대중매체에서 흔히 볼 수 있다. 전형적인 예시는 앞서 휴가를 얻은 직원에 관한 것이다(Beaubien, 2006; Lang, 2004). 또 다른 하나는 출근하기보다 집에 있어야 하는 이유와 같이 프리젠티즘으로 인한 생산성 감소를 보여 주는 연구 해석과 관련된 것이다(예, Nebenzahl, 2004). 이러한 결론은 개별 사례들에 대한 전체 생산성 감소의 부적절한 적용에 기인한다. 즉, 언론인들은 프리젠티즘이 개인 결근을 정당화하는 것으로 무단결근보다 전체 생산성의 더 큰 손실을 일으킨다는 일반적인 발견으로 해석한다(예, Collins et al., 2005).

보건 출현에 대한 합의

학문적 담론에서, 프리젠티즘이 작업 질병(정의 ⑥)과 일부 생산성의 저하의 원인이 될 수 있다는(정의 ⑧) 합의가 최근 몇 년간 나타났다. 어떤 사건들이 모여 근로자 건강에 대한 프리젠티즘 개념의 합의로 이어지고, 새로운 사회적 과학 구조의 효과적 출현으로 이어지는가?

프리젠티즘의 등장에 대한 분명한 공헌은 경제적 효과를 포함하는 효능과 안전으로부터 건강 개입(예, 약학)의 평가 기준을 확대한 것이다. 가장 명백한 경제적 영향은 노동자 건강 보험에 대한 개입 비용이다. 그러나 다양한 긍정적 작업 성과가 이러한 비용을 상쇄시킬 수 있다는 이유로 '성과' 연구들이 진행되기 시작했다. 이 분야의 초기 연구에서 핵심 변인은 일에서의 결근이었고, 당시 많은 연구가 편두통 및 우울과 같은 병과 결근 간의 연관성에 대한 근거를 제공했다(예, Conti & Burton, 1994; Lipton, Steward, & Von Korff, 1994). 그렇지만 결근은 많은 원인을 가진 복잡한 변인이며(Johns, 1997, 2008, 2009) 행동 결정에 다양한 원인이 있기 때문에, 개입을 위한 임상적 대응에는 한계가 있다. 그러므로 건강 문제로 인한 결근의 연관성과 의학적 징후의 감소에도 불구하고 결근에 대한 영향을 설명하는 것은 쉬운 일이 아니었다. 이 딜레마에 대한 명확한 모범 답안은 Adelman 등(1996)의 생산성에 대한 편두통 약물의 효과에 대한 임상적 시험에서 얻을 수 있다(Amick et al., 2000). 초기 분석에서는 치료 집단과 통제 집단 간의 결근에서 차이가 없다고 나타났다. 그러나 여기에는 정상적 수준의 편두통 경험 시 지각된 작업 효율성을 조사하는 설문지가 포함되어 있었다. 결과적으로 생산성 감소가 결근으로 인한 생산성 손실과 결합되었을 때, 치료그룹은 생산성의 저하가 적은 것으로 나타났다. Johns(2010)가 주장한 것처럼, Adelman 등(1996)의 연구는 질병 상황에서 생산성을 감소시키는 프리젠티즘 측정의 많은 형태 중 하나가 될 임상적 반응성을 설명하는 하나의 전환점이 되었다.

Adelman 등(1996)의 언급 이후, Aronsson, Gustafsson과 Dallner(2000)는 역학 및 사회 건강 학술지에서 많은 응답자가 스웨덴 통계청의 노동시장 조사에 포함된 다음과 같은 질문에 긍정적으로 응답했다는 내용을 보고했다. "지난 12개월 동안 건강 상태로 인해 병가를 내야 할 것 같다는 느낌에도 불구하고 일하게 된 적이 있습니까?" 이 질문에 대한 긍정적 반응('네')을 프리젠티즘이라고 하며, 이 개념에 대한 관심이 커지고 있다. 많은 사람이 건강 문제에 직면하여 '현재 그렇다'라고 보고하는 것은 매우 흥미로운 현상으로 프리젠티즘을 입증한다. 더 구체적으로, 그 상태에서 얼마나 생산적이었는지 그리고 상태를 개선시키기 위한 개입이 생산성에 영향을 미칠 수 있는지, 신생 연구 결과와 정확하게 일치하는지에 대한 질문들이 제시되었다.

더할 수 없이 나쁜 상황의 세 번째 요소는 조직의 축소와 구조조정의 발생이었다. 합병, 인수, 정리해고와 비정규직 고용이 만연하고, 일부 경영 및 조직건강 학자들에 의해 제기된 우려는 직무 불안정성이 질병에도 불구하고 작업에 참여하도록 한다는 것이다(예, Simpson, 1998; Vahtera et al., 2004; Worrall, Cooper, & Campbell, 2000). 질병 중의 일부는 고용 불안정에 대한 스트레스로 인해 발생한 것으로 생각된다. 이 연구의 주요 공헌은 건강을 넘어서 프리젠티즘 및 생산성 감소와 관련된 다양한 맥락적 요인과 개인적 요인에 대한 생각이다.

여기에는 흥미로운 반전이 있다. 대기업 소속의 경영 및 조직 연구자들(예, Brief, 2000; Walsh & Margolis, 2003)은 프리젠티즘에 대한 그들의 입장에서 직원 복지에 대한 상당한 걱정을 나타냈다. 반대로 의학 연구자들은 인간 조건의 감소보다 기록된 생산성 감소에 대해 결정적 관심을 나타냈다. 그리고 회계, 경제 및 인적 자원에 대한 기초적 내용들은 건강 학자들을 소개하는 의학 및 건강 관련 학술지에 수록된 프리젠티즘 관련 문헌들(예, Berger, Howell, Nicholson, & Sharda, 2003)에서 찾아볼 수 있다.

프리젠티즘 연구에 의해 구체화된 작업 생산성의 의료화(Coveney, Nerlich, & Martin, 2009 참고)는 어려운 경제 논리로 암시되는 기업과 정보 건강 계획에 의해 보험에서 더 비싼 최신의 약물이 더 쉽게 포함되게 했다. 이 추세의 계기적 사건은 Hemp(2004)의 「하버드 비즈니스 리뷰」 논문으로 프리젠티즘의 비용(미국에서는 매년 150억 달러라고 말함)에 대한 상장 기업 임원들의 관심을 불러일으키고, 효과적인 경영을 경쟁 우위 자원으로 제시했다. 일부는 작업 생산성 향상에 대한 미국식품의약국(FDA)의 승인이 제약 업체들의 목적이라고 이야기했다(Evans, 2004; Prasad, Wahlqvist, Shikiar, & Shih, 2004). Brooks 등(2010)은 방 안에 있는 코끼리 같은 프리젠티즘의 보급과 비용 왜곡에 대한 동기가 있는 건강 컨설턴트와 실무자들에 따른 이해관계의 갈등의 출현에 관심을 요청했다.

프리젠티즘 연구가 가진 문제

최소 14개의 생산성 손실 도구의 개발을 포함한 관심의 증대와 더불어 현재 프리젠티즘 연구의 진전을 제한하는 많은 문제가 확인되었다(프리젠티즘 도구에 대한 설명은 다음에서 찾아볼 수 있다: Amick et al., 2000; Brooks et al., 2010; Lofland, Pizzi, & Frick, 2004; Prasad et al., 2004).

1 이론의 부족

이론은 문제적 사고의 부당성을 고려하고 탐색하기 위해 기대할 수 있는 효과적인 방식, 합리적이고 검증 가능한 논리의 연구를 설명한다. 이론이 없으면 특별한 진전 없이 연구가 반복되는 경향이 있는데, 이는 생산성 손실에 대한 연구에서 더욱 그렇다. 이론적 토대의 빈틈은 기업 프리젠티즘 연구의 생산성 측정과 질병과 생산성 간의 연합이라는 두 가지 측면에서 명백하다.

Evans(2004, p. s4)가 관찰한 것처럼 자기보고식 생산성 측정방법의 개념적 모델은 설문지 개발자들의 논문들에서 대부분 빠져 있다. 이는 차원, 시간, 그리고 존재와 부재 간의 연결에 대한 예들에 의해 설명된다.

조직 심리학자들은 직무수행의 최신 개념을 다차원적인 것으로 간주한다. 전반적 수행으로 연구 관심사를 제한하는 것이 바람직하지는 않지만, 프리젠티즘 연구에서 흔히 볼 수 있는 그러한 제한은 수행의 다양한 측면에 다양한 의학적 조건들을 매핑시키는 것을 배제한다. 따라서 단순히 전체 작업 생산성 저하에서 다양한 의학적 조건의 영향을 문서화하는 데 상당한 노력이 투입되었으며, 그러한 영향이 왜, 어떻게, 그리고 언제 일어나는지에 대해서는 너무 적은 노력이 투입되었다. 부분적 예외는 작업 제한사항 질문지(Work Limitations Questionnaire: WLQ; 예, Burton et al., 2004; Lerner et al., 2001)의 여러 행동 차원의 다양한 질병의 차별적 영향을 보고하는 연구가 포함된다. 지금 필요한 것은 이러한 기술적 결과에 기반한 이론 형성이다.

또 다른 예로, 프리젠티즘 연구자들은 회고적 설문 조사의 길이에 대한 일부 관심을 제외하고, 일시적 문제를 상당히 회피해 왔다. 예를 들어, 조사자들은 기본적으로 횡단적(예, 2주간) 생산성 저하 평가를 매년 일상적으로 분석한다(예,

Collins et al., 2005). 이러한 관행은 프리젠티즘이 본질적으로 불안정할 것이라는 기대를 근거로 스탠포드 프리젠티즘 척도 단축형(the short form of the Stanford Presenteeism Scale: SPS-6)의 시간적 안정성 보고까지도 거부한 Koopman 등(2002)의 연구나, 알레르기가 심한 계절 외에 수행한 연구를 통해 천식이나 알레르기로 인해 작은 생산성 감소가 나타난다고 발견한 Burton 등(2004)의 연구의 논리와 다르다. 출근과 결근 간의 시간적 상호작용은 큰 관심의 대상이지만 사실상 연구되지 않았다. 그러나 Gustafsson과 Marklund(2011)는 결근은 다음 해의 프리젠티즘을 예측하지 못하는 데 반해 프리젠티즘이 다음 해의 결근에 대해서 정적 상관이 있다는 것을 보여 줌으로써 시간적 접근법의 가치를 설명했다. 이러한 '출석 역동'을 이해하는 것이 중요하다.

마지막 예는 이론의 절실한 필요성을 설명하는 데 충분할 것이다. 정말로 감소된 생산성을 이해하기 원한다면, 결근과 프리젠티즘 간의 본질적인 상충관계를 이해하는 것이 반드시 필요하다. 다시 말해, 노동자는 어떠한 조건에서 결근(생산성 없음) 혹은 아픈 상태에서 출근하는 것을 선택하는가? 전형적인 프리젠티즘 연구는 결근과 출근 둘 다로 인한 생산성 저하를 실제적으로 측정한다. 두 변수들 간의 상호작용에 관심을 가지지 않은 것은 무엇 때문인가?

생산성 손실에 대조적으로 프리젠티즘 행동의 심리사회적 상관관계를 조사한 연구는 이론적 토대를 가진다. 연구들(Aronsson & Gufstasson, 2005; Aronsson, Gufstasson, & Dallner, 2000; Caverley, Cunningham, & MacGregor, 2007; Demerouti et al., 2009; Hansen & Andersen, 2008; Johns, 2011; McKevitt et al., 1997; Munir et al., 2007; van den Heovel et al., 2010)은 프리젠티즘을 부추기는 개인적 요인(예, 성격, 건강상태, 재정적 필요)과 맥락적 요인(예, 직업, 업무 부하량, 직무 설계, 팀워크)을 일부 설명한다.

2 원인과 영향의 결합

조직건강 문헌에서 프리젠티즘 행동(아플 때 일을 가는 것)과 그 결과(결과적으로 생산성 손실)를 결합하려는 경향이 있어 왔다. 이는 앞서 정의 ⑧에서 논의되었는데, 간단히 말해서 프리젠티즘과 생산성 감소를 동일시하며, 생산성 손실에서 건강의 영향을 측정하는 거의 대부분의 연구에 적용된다(예, Collins et al., 2005; Turpin et al., 2004). 이 원인과 결과의 결합에서 비롯된 일부 불행한 결과는 원인 혹은 결과라는 관점에서의 구성의 정의를 회피하기 위한 규정의 위반이다. 하나는 아픈 상태에서 작업에 참여하는 것의 심리사회적 상관관계 연구를 선점하려는 경향성이다. 다시 말해서, 프리젠티즘은 아픈 상태에서 누가 일하러 가게 되는가, 그리고 어떤 조건에서 가게 되며, 또 아픈 상태에서 일하러 가는 사람을 강화하는 가의 문제를 무시할 때 감소된 생산성으로 간단하게 정의된다. 더 심각한 것은 생산성 손실과 프리젠티즘 행동의 결합은 프리젠티즘 연구 설문지에서 보고된 질환으로 인한 손실에 전적으로 원인을 돌리는 행동을 부추겼다. 따라서 연구 참여자가 천식을 가지고 있다고 한 후에 자신의 생산성을 보고하면, 생산성의 감소는 질환에 전적으로 기인하는 것으로 추정된다(Goetzel et al., 2004; Schultz & Edington, 2007). 이 가정의 한계는 Johns(2011)에 의해 가장 명백하게 밝혀졌다. 그는 건강 상태를 통제하고, SPS-6(Koopman et al., 2002)에서의 반응과 WLQ(Lerner et al., 2001)의 결과 요구 하위척도의 차이가 신경성, 성실함, 지각된 대체 용이성, 직무 안정 및 작업-가족 갈등에 의해서 설명된다는 것을 발견했다. 이러한 결과가 반드시 측정의 문제를 나타내는 것은 아니지만 비의학적 정보가 이러한 평가를 오염시키는 것처럼 보이기 때문에 질환 상태에서의 작업으로 인한 생산성 손실에 원인이 되는 높은 비용 평가의 문제가 있음을 나타낸다. 결합의 세 번째 문제는 생산성 감소 외에 프리젠티즘 행동의 가능한 결과들을 배제한다는 것이다. 예를 들면, 일부 노동자들은 아플 때에도 작업에 참여하고 여전히 높은 수행을 유지하지만, 결과적으로 시간이 지나면 건강에 영향을 주거나 혹은 손상된 가족생활을 겪을 수도 있다.

여기에서 중요한 것은, 건강과 관련된 심리사회적 결정요인 그리고 질환 상태에서의 노동 참여 경향성과 이러한 행동에 수반되는 생산성 손실의 결과 모두를 프리젠티즘의 전체 그림에서 이해해야 한다는 것이다.

3 생산성 손실 개념의 어려움

프리젠티즘 연구에서 사용되는 생산성 손실 개념의 과학적 상태에 대한 질문이 제기될 수 있다. 본질적으로 산업 및 조직 심리학자들에 의한 작업 수행에 대한 지난 50년간의 연구 결과들은 무시되어 왔다. 산업과 경제 분야에서 일반적으로 사용되는 생산성의 정의는 입력 대비 산출의 비율을 참고한다. 생산성은 대개 부서와 같은 조직의 하위 단위에 적용되는 총량으로 표현된다. 비록 생산성을 개인의 속성으로 나타내는 것이 정확하지 않지만, 여기서 명백한 사실은 ① 비교적 현대의 직무는 특히 개인적 수준에서 객관적이고, 셀 수 있는 생산성에 익숙하다. 그리고 ② 50년이 넘게 조직 의식 행동, 윤리적 행동과 혁신적 행동을 포함하는 전체 직무수행에 기여하는 모든 요인을 담아내는 것이 매우 부족하다고 인식되어 왔다. 이 두 가지 요인을 종합해 볼 때, 거의 모든 성과 평가가 판매 성과와 같은 생산성 데이터를 사용할 수 있음에도 관리자가 주관적 평가를 하는 이유를 설명한다. 그럼에도 불구하고, 의학적 조건으로 인한 생산성 손실을 평가하기 위한 '표준'이 되는 객관적 생산성 데이터의 부족을 후회하는 논문은 드물지 않다.

현재 사용하고 있는 생산성 손실 측정 도구들은 이 전 단락에서 언급했던 복잡한 문제들을 반영하지 못하며, 성과의 다차원적인 측면을 반영하지 못하고 성과의 단일 항목을 측정하는 도구(예, the Health and Work Performance Questionnaire: HPQ; Kessler et al., 2004)가 사용되어 왔다. 반면 종종 기본적 입력과 출력 원리를 무시하는 것처럼 보이는 다중 항목 측정법이 개발되었다. 예를 들어, SPS-6(Koopman et al., 2002)의 문항 중 하나는 "내 건강 문제는 직장에서 즐거움을 얻는 데 방해가 된다."이다. 이 문항은 작업 입력과 출력 모두를 반영하지 않고 직무만족도에 초점이 맞춰진 것처럼 보인다. 그리고 오랜 연구 역사에서는 성과의 대용물로 만족을 사용하는 결함을 설명한다(Judge, Thoresen, Bono, & Patton, 2001).

4 보고된 작업 손실의 구인 타당도에 대한 제한된 근거

프리젠티즘과 관련된 작업 손실과 같은 구성개념의 타당성을 요약하는 단일 숫자는 없다. 오히려 그것은 타당성을 구성하는 연합의 누적된 패턴이다. 일반적으로 구성개념은 여러 가지 방법으로 측정 가능해야 한다. 측정은 서로 상호관련성이 있어야 하고, 바람직한 측정은 엄격한 이론에 의해 명시된 다른 변수들과 상호관련성이 있어야 한다.

몇몇 연구는 수렴 타당도를 증명하기 위해 주어진 샘플에서 두 가지 혹은 그 이상의 작업 손실 도구를 사용했다. 동일한 구성개념의 타당한 대안적 측정은 정적 상관관계가 있어야 하고, 보고된 생산성 손실의 양에 대한 절대적 차이는 최소화되어야 한다. Johns(2011)는 SPS-6 반응과 제곱근으로 변환시킨 WLQ 생산 요구 반응 간에 .46의 상관이 있다고 보고하였으며, Turpin 등(2004)은 SPS 확장형과 앞의 연구와 동일한 WLQ 하위 지표들 간에 .49의 상관이 있음을 보고하였다. Ozminkowski 등(2004)은 근로자들에게 WLQ와 작업 생산성 단축 설문지(Goetzel, Ozminkowski, & Long, 2003)를 동시에 사용하였다. 두 도구들 간에 나타난 프리젠티즘으로 인한 작업 손실에 대한 상관은 .30으로 나타났다. 게다가 전자(4.9%)는 후자(6.9%)보다 생산성 손실이 현저히 낮았다.

Brouwer, Koopmanschap와 Rutten(1999)은 다음과 같은 프리젠티즘 평가의 3가지 방법을 비교했다. 수정된 Osterhaus 척도(Osterhaus, Gutterman, & Plachetka, 1992), Van Roijen 척도(Van Roijen et al., 1995) 그리고 저자가 개발한 양과 질(QQ) 척도이다. 첫 번째와 마지막 측정의 양적 척도 간에 약간의 수렴이 관찰되었다(사례들에서 주당 각각 91시간과 82시간의 손실, 작업 중 질환시간 각각 6.3%와 5.6%). 그러나 Van Roijen 척도에서는 0.9%의 질환시간과 12시간의 손실시간만이 나타났다.

Meerding 등(2005)의 연구에서는 근로자들에게 QQ 척도와 건강과 노동 질문지(HLQ; Van Roijen et al., 1996)를 실시했다. Cohen의 카파 계수는 건강(K=0.18)으로 작업 손실의 양에서 일치된 결과가 나타나지 않았다. HLQ와 반대로 QQ에서 생산성 손실을 주장한 작업자가 두세 배 더 많았다.

관절염 환자들을 대상으로 실시된 엄격한 연구에서는 4가지 도구를 사용해서 2주간 작업 손실을 비교했다(Zhang et al., 2010). HLQ, WLQ, HPQ, 그리고 작업 생산성과 활동 손상 질문지(WPAI; Reilly, Zbrozek, & Dukes, 1993)에 대한 각각의 작업 손실은 1.6, 4.0, 13.5 그리고 14.2시간이었고, 그 비용은 30CAD(캐나다 달러)부터 285CAD까지였다.

측정도구 간 생산성 손실의 차이는 건강 조건이 정의하는 방법과 손실에 화폐 가치를 적용시키는 절차에 의해서 확대될 수 있다(Schultz & Edington, 2007 참고). 5가지 프리젠티즘에 대한 대규모 연구들을 종합해 볼 때, Goetzel 등(2004, p. 408)은 "특정 질환 범주에 대한 평가의 광범위성으로 인해 직무 생산성 손실 평가에서 거대한 변동성이 발견되었다. 변화의 양은 '전체적 상황'에 대한 명확한 이해를 얻으려 할 때 다소 당황스럽게 한다."고 강조했다. 이러한 차이에도 불구하고, Goetzel 등(2004)은 프리젠티즘에 해마다 1인당 수백 달러의 비용을, Collins 등(2005)은 수천 달러의 비용을 귀속시켰다. Evans(2004)는 과거 질환-비용 연구자들로 인해 제공된 성급한 평가를 상기시키는 고통과 함께 가장 높은 비용을 투입했다. 만약 조직 심리학자들에 의해 개발된 유용성 분석의 역사가 어떤 기준이라면, 경영자들은 단순히 프리젠티즘에 투입되는 높은 비용이 재정적으로 중요하다는 사실을 믿지 않을 것이다(Latham & Whyte, 1994). Brookset 등(2010)은 기본 측정과 비용-전환 절차가 개선될 때까지 프리젠티즘에 대한 비용 관련 연구들의 일시적 정지를 요청했다.

수렴 타당도를 확립하기 위한 대안적 방법은 보고된 생산성 손실과 생산성(처리된 요구, 완료된 요청) 혹은 감독 수행 등급의 객관적 측정 간의 연관성을 연구하는 것이다. Evans(2004)는 이 유형의 몇몇 긍정적 연관성 결과를 평가했다. 그러나 Johns(2010)는 생산성 손실이 개인 간 개념이 아니라 개인 내 개념이기 때문에 이러한 결과의 의미가 분명하지 않다고 주장했다. 이러한 이유로 "천식으로 인해 생산성의 20% 손실을 보고하는 두 콜센터 근로자는 다른 기준점에서 시작했을 수도 있다"(Johns, 2010, p. 523). 따라서 생산성 손실과 총 생산성 간의 연관성의 의미는 의문의 여지가 있다.

동일한 변수의 수렴 타당도 측정이 유사한 분포를 공유할 것으로 기대할 것이다. 그러나 동일한 응답자의 매우 유사한 반응 형식을 사용해서 Johns(2011)는 SPS-6의 정규 분포와, WLQ 산출 요구 하위지표에 대한 우측으로 치우친 분포를 발견했다. 유사한 준거 타당도 역시 마찬가지이다. 그러나 Sanderson 등(2007)은 WLQ가 SPS-6보다 우울의 단계에 따른 구분에 보다 민감하다는 것을 보고하였다. 관련하여, Johns(2011)는 건강 상태와 심리사회적 전체들의 다양성이 SPS-6의 분산 중 21% 그리고 WLQ 산출 요구 하위지표의 분산 중 31%를 설명했다는 실용적 의미에서의 차이를 발견했다.

요약하면, 프리젠티즘 연구자들은 이 구성개념의 타당도에 대한 충분한 근거의 제공 없이, 새로운 핵심 구성인(자기-보고식) 생산성 손실을 만들어 냈다. 다음으로, 구인 타당도에 대한 구체적 위협이 고려된다.

5 동일방법분산의 잠재성

프리젠티즘 연구의 가장 걱정스러운 측면은 동일방법 오류의 잠재성이다. 동일방법분산은 문제의 변수들이 동일한 도구로 측정된다는 사실에 연구 결과가 영향을 받게 된다는 경향성을 의미한다(Podsakoff, MacKenzie, Lee, & Podsakoff, 2003). 일반적인 생산성 손실에 대한 연구에서, 사람들은 자신들의 건강 상태에 대해서 스스로 보고해야 하고, 그것이 자신들의 생산성에 얼마나 영향을 미치는지도 보고해야 한다. 동일방법 효과에 기초가 되는 심리학적 기반은 우리가 종종 변수들 간의 사실적 연결성을 넘어서는 것을 기대하는 것과 같다. 즉, 사람들이 프리젠티즘 조건하에서 생산성 감소를 보고하는 과도한 경향성이 있음을 기대할 수 있는 것이다.

일반적인 연구에서는 방법의 차이에 기여하는 것으로 생각되는 몇 가지 요인이 모두 존재하기 때문에 생산성 손실에 대한 연구가 방법적 오류에 특히 취약할 수 있다는 점이 걱정되는 이유이다. 이들 중 첫 번째는 이전에 언급했던 생산성에 내재된 애매모호함이다. 현대사회에서 계산 가능한 산출량을 가진 직업들이 비교적 적기 때문에 프리젠티즘 조사에서 볼 수 있는 생산성 손실 평가 비율의 종류에 따르게 된다. 보다 질적인 응답 형식은 문제를 아주 복잡하게 한다. 프리젠티즘 설문에 솔직한 대답을 제공하기 위한 노력에서 건축가나 비디오 게임 디자이너를 배제하지는 않는다. 그러나 지각 심리과학의 규칙 중 하나는 애매모호한 목표는 문맥의 요구에 따라서 잘못 해석되기 쉽다는 것이다. 이러한 경우, 맥락은 생산성 조사에 앞서 건강에 대한 설문 항목으로 구성된다. 많은 현대 심리 측정 연구에서 설명되어 온 것처럼, 순서에 의해 제공되는 맥락은 점화기제를 통해 후속 질문에 대한 반응에 많은 영향을 미친다(Podsakoff et al., 2003; Schwarz, 1999). 결과적으로, 건강 조사 연구는 설문지의 계획된 의도에 더하여 생산성 조사에 영향을 미칠 수 있다.

복합적 문제는 변수들 간의 상관관계를 추정하도록(그리고 때로는 과장) 응답자를 이끄는 암묵적인 이론이다. 사람들은 건강과 생산성 간의 연결성에 대해서 암묵적 이론을 갖고 있는 경향이 매우 강하다. 그러나 이러한 내재이론이 정확한 경우에도 스스로 보고한 건강과 생산성 간의 연결성이 부풀려질 수 있다. 따라서 만약 내 건강 상태가 좋지 않다면, 내 스스로 생산성이 감소된 것처럼 보이고자 하는 것은 '자연스러운 일'이다.

방법분산 문제의 가능한 지표는 우울과 심리학적 질병의 양상이 프리젠티즘으로 인한 생산성 손실에 특히 관여되어 있다는 것이다(Johns, 2010). 이것은 심리적 문제가 신체적 문제보다 결근에 대한 덜 타당한 이유처럼 보이는 사실 때문에 가능하다(Johns & Xie, 1998). 그렇지만 정신건강에 대한 부정적 귀인 양식 특성이 높은 작업 생산성 손실 평가에 기여하는 것 또한 가능하다(Burton et al., 2004; Johns, 2010). 이러한 해석은 신경증적 문제가 SPS-6와 WLQ 산출요구 하위 지표에 보고된 생산성 손실과 정적 상관관계가 있다는 Johns(2011)의 발견에 의해 뒷받침된다.

동일방법분산의 또 다른 가능한 지표는 연구들이 항상 결근보다 프리젠티즘으로 인한 생산성 손실을 더 보고한다는 사실이다. 이는 조직이 프리젠티즘보다 결근을 하지 않게 할 가능성이 더 크기 때문일 수 있다(Johns, 2010). 그러나 결근하는 것보다 아픈 상태에서도 일하는 것이 사회적으로 더 바람직하다는 사실로부터 이 차이 중 일부가 생겨났을 가능성도 있다. 사실, 사람들은 스스로 보고해야 하는 기간이 수개월 이상일 때 실제 기록에 비해 자신의 결근을 과소 보고하는 경향이 뚜렷하다(Johns, 1994).

어느 것도 건강이 개인 직무 성과에 영향을 줄 수 있다는 것을 부정하기 위한 것은 아니다. 오히려 건강 조사는 응답자들이 건강과 생산성 간의 연결성을 무의식적으로 과장하는 것과 생산성 손실을 부풀려 보고하는 것에 대해 준비시키기 위한 것이라고 주장한다. 생산성 손실 연구들이 상관관계만을 위한 것이라면 이러한 것들은 문제가 되지 않는다. 그러나 이 영역에서의 많은 연구가 총생산성 손실 그 자체에 관심을 두고 있으며, 손실을 평가하기 위해 주로 비용적인 측면을 추가한다. 따라서 손실 비용 추정치로 인한 정책 결정에는 심각한 문제가 있을 수 있다.

일부 겸손한 제안

초기 프리젠티즘 연구들은 앞서 강조한 문제들에도 불구하고 직업건강 영역에서 많은 기여를 했다. 그렇기는 하지만 스스로 보고한 건강은 앞으로 더 언급하는 것이 귀중한 자원의 낭비라고 말할 수 있을 만큼 스스로 보고한 생산성 손실과 연관된다(Schultz & Edington, 2007)고 명확하게 기술될 수 있다. 그 자원은 차라리 앞서 언급된 문제들을 개선하기 위해 사용하는 것이 더 좋을 것이다.

Johns(2010)와 Aronsson과 Gustafsson(2005)은 실행 가능한 이론적 시작점을 제공하는 프리젠티즘의 심리사회적 상관관계를 포괄하는 모델을 제시했다. 생산성에의 효과에 대한 관심이 지배적이었던 보다 엄격한 의학적 측면에서 다양한 질병이 직무수행, 특히 직업 전반에 걸쳐 다양한 영향을 미칠 수 있을 것이라는 점을 통해 그 기제에 대해서 생각해 볼 필요가 있다. 예를 들어, 가벼운 우울은 실제로 비관적 사고를 활발하게 하지만 팀워크 능력을 손상시킬 수 있다. 이러한 영향은 직업적 역할에 따라서 다르게 나타날 수 있다.

이론적 진보는 두 변수의 측정을 위한 모범적 사례를 수립한다는 목적으로 프리젠티즘 행동과 생산성 손실의 엄격한 구인 타당도 연구를 준비해야 한다. 사용되는 도구들 중 일부는 상당한 가능성이 있다. 예를 들어, WLQ(Lerner et al., 2001)는 작업 성과의 다차원성을 반영하고 좋은 구인 타당도라는 경험적 우수함(예를 들면, 신체 및 심리사회적 예언 인자들에 대한 좋은 민감도)을 보여 준다(Allen, Hubbard, & Sullivan, 2005; Johns, 2011; Lerner et al., 2001; Sanderson et al., 2007; Tang, Pitts, Solway, & Beaton, 2009).

가능한 동일방법분산에 대응할 수 있는 연구 설계 방법이 있다는 점을 주의해야 한다. 여기에는 건강과 생산성 측정의 출처(원천)를 분산시키거나, 시간적으로 자기보고 측정을 분리하는 것이 포함된다. 또한 응답자들은 질병과 생산성 간의 보편적인 연관성이 없으며 응답의 범위가 자유롭다고 안내받을 수도 있다.

겸손한 기대는 다른 실행 가능한 결과는 말할 것도 없이, 아픈 상태에서 작업에 참여하는 빈도와 이 행동이 생산성에 기여하는 바에 대한 정보를 수집하기 위한 프리젠티즘에 관심을 두는 연구들이 진행되는 것이다. 최근 드문 이 연구 전략은(Johns, 2011; Munir et al., 2007; Sanderson et al., 2007) 다양한 질병에 대한 상대적 민감도를 포함해 행동과 그 결과 간의 상호작용에 대한 이해를 돕는다. 결근 또한 참여 원동력이라 말할 수 있는 전체적인 그림을 제공하기 위해 통합되어야 한다는 것은 말할 필요도 없다. 비록 프리젠티즘의 의학적으로 지향된 연구들은 변함없이 결근을 측정하지만, 결근과 프리젠티즘 간의 기본적 상호작용이 사실상 전혀 보고되지 않는 정도까지 두 변수들 간의 가능한 상호작용은 거의 사용되지 않았다. Caverley, Cunningham과 MacGregor(2007)가 지적한 것처럼, 결근의 기회는 프리젠티즘의 경향에 영향을 줄 수 있다.

전자기술로 인해 활성화된 큰 가치는 '일상 다이어리' 연구 시리즈일 것이다. 일부 연구는 과거에 경험한 결함을 피하기 위한 전략으로 프리젠티즘, 결근, 생산성 감소, 그리고 의학적 징후학을 실시간으로 측정할 수 있다. 이러한 연구를 통해 두 가지 방법으로 분석할 수 있다(Hackett, Bycio, & Guion, 1989). 개인 간 횡단적 연구는 현대 프리젠티즘 연구에서 전형적으로 요구되는 정보의 종류를 훨씬 더 정확하게 제공할 수 있다. 그러나 이 데이터는 개인 내 방식으로도 분석할 수 있어 프리젠티즘, 결근, 그리고 시간이 지남에 따라 전체 작업 참여 간의 상호작용을 참여 원동력 연구에 사용할 수도 있다. 개인적 '프로파일'은 유형별로 그룹화될 수 있으며, 현재 프리젠티즘 조사로 해결되지 않은 주제인 시간 경과에 따라 작업 요구와 다양한 질병이 어떻게 상호작용하는지 설명할 수 있다. 이 데이터는 임상 실험에 대한 훌륭한 미시적 수준의 기준을 제공할 수도 있다.

실용적 측면에서, 경영자와 건강 심리학자들은 프리젠티즘의 극단적인 형태를 자극할 수 있는 조직의 관행과 조건에 대해 경계해야 한다. 여기에는 결근, 부적당한 질병 수당, 직무 불안정성, 부재 직원에 대한 충원 계획의 부재, 그리고 '실제 얼굴을 마주하는 시간'과 상징적 존재에 대한 보상과 같은 조직문화가 포함된다(Johns, 2010). 또한 대중적 간행물이 이러한 관행이 건강한 동료들을 얼마나 괴롭히고 있는지를 정기적으로 강조하고 있지만, 전염병 증상을 보이는 직원이 출근하지 않게 하는 정책을 가진 조직은 거의 없다(Johns, 2009). 반대로, 경영자들은 만성적 의학 상태와 관련된 자칭 프리젠티즘에 취약한 사례들에 대해서 동정과 격려를 보여 주는 훈련을 받아야 한다. 조직건강 감사(조사)에 프리젠티즘과 장기 결근에 대한 질문이 포함되는 것은 환영한다. 그러나 경영자들은 아마도 언급된 생산성 측정과 비용 문제(Brooks et al., 2010; Johns, 2010)가 해결될 때까지 명백한 숫자보다 결과의 패턴에 대해 보다 관심을 가져야 한다.[1]

참고문헌

Adelman, J., Sharfman, M., Johnson, R., Miller, D., Clements, B., Pait, D.G., & Batenhorst, A. (1996). Impact of oral sumatriptan on workplace productivity, health-related quality of life, health care use, and patient satisfaction with medication in nurses with migraine. *American Journal of Managed Care, 10*, 1407–1416.

1) 이 장은 캐나다의 사회과학과 인문학연구위원회의 보조금(410–2006–1929)을 지원받았다.

Allen, H., Hubbard, D., & Sullivan, S. (2005). The burden of pain on employee health and productivity at a major provider of business services. *Journal of Occupational and Environmental Medicine, 47,* 658–670.

Amick, B. C. III, Lerner, D., Rogers, W. H., Rooney, T., & Katz, J. N. (2000). A review of health-related work outcome measures and their uses, and recommended measures. *Spine, 25,* 3152–3160.

Aronsson, G., & Gustafsson, K. (2005). Sickness presenteeism: Prevalence, attendancepressure factors, and an outline of a model for research. *Journal of Occupational and Environmental Medicine, 47,* 958–966.

Aronsson, G., Gustafsson, K., & Dallner, M. (2000). Sick but yet at work. An empirical study of sickness presenteeism. *Journal of Epidemiology and Community Health, 54,* 502–509.

Beaubien, S. (2006). *Work gets in the way of vacations for Canadians.* National Post, May 17, p. A9.

Berger, M. L., Howell, R. H., Nicholson, S., & Sharda, C. (2003). Investing in healthy human capital. *Journal of Occupational and Environmental Medicine, 45,* 1213–1225.

Brief, A. P. (2000). Still servants of power. *Journal of Management Inquiry, 9,* 342–351.

Brooks, A., Hagen, S. E., Sathyanarayanan, S., Schultz, A. B., & Edington, D. W. (2010). Presenteeism: Critical issues. *Journal of Occupational and Environmental Medicine, 52,* 1055–1067.

Brouwer, W. B. F., Koopmanschap, M. A., & Rutten, F. F. H. (1999). Productivity losses without absence: Measurement validation and empirical evidence. *Health Policy, 48,* 13–27.

Burton, W. N., Pransky, G., Conti, D. J., Chen, C.-Y., & Edington, D. W. (2004). The association of medical conditions and presenteeism. *Journal of Occupational and Environmental Medicine, 46,* No. 6 Suppl. S38-S45.

Canfield, G. W., & Soash, D. G. (1955). Presenteeism – a constructive view. *Personnel Journal, July/August,* 94–97.

Caverley, N., Cunningham, J. B., & MacGregor, J. N. (2007). Sickness presenteeism, sickness absenteeism, and health following restructuring in a public service organization. *Journal of Management Studies, 44,* 304–319.

Collins, J. J., Baase, C. M., Sharda, C. E., Ozminkowski, R. J., Nicholson, S., Billotti, G. M., & Berger, M. L. (2005). The assessment of chronic health conditions on work performance, absence, and total economic impact for employers. *Journal of Occupational and Environmental Medicine, 47*, 547–557.

Conti, D. J., & Burton, W. N. (1994). The economic impact of depression in the workplace. *Journal of Occupational Medicine, 36*, 983–988.

Coveney, C. N., Nerlich, B., & Martin, P. (2009). Modafinil in the media: Metaphors, medicalisation and the body. *Social Science & Medicine, 68*, 487–495.

Demerouti, E., Le Blanc, P. M., Bakker, A. B., Schaufeli, W. B., & Hox, J. (2009). Present but sick: A three-wave study on job demands, presenteeism and burnout. *Career Development International, 14*, 50–68.

Dew, K., Keefe, V., & Small, K. (2005). 'Choosing' to work when sick: Workplace presenteeism. *Social Science & Medicine, 60*, 2273–2282.

Elsbach, K. D., Cable, D. M., & Sherman, J. W. (2010). How passive 'face time' affects perceptions of employees: Evidence of spontaneous trait inference. *Human Relations, 63*, 735–760.

Evans, C. J. (2004). Health and work productivity assessment: State of the art or state of flux? *Journal of Occupational and Environmental Medicine, 46*, No. 6 Suppl. S3-S11.

Goetzel, R. Z., Ozminkowski, R. J., & Long, S. R. (2003). Development and reliability analysis of the Work Productivity Short Inventory (WPSI) instrument measuring employee health and productivity. *Journal of Occupational and Environmental Medicine, 45*, 743–762.

Goetzel, R. Z., Long, S. R., Ozminkowski, R. J., Hawkins, K., Wang, S., & Lynch, W. (2004). Health, absence, disability, and presenteeism cost estimates of certain physical and mental health conditions affecting U. S. employees. *Journal of Occupational and Environmental Medicine, 46*, 398–412.

Gustafsson, K., & Marklund, S. (2011). Consequences of sickness presence and sickness absence on health and work ability: A Swedish prospective cohort study. *International Journal of Occupational Medicine and Environmental Health, 24*(2).

Hackett, R. D., Bycio, P., & Guion, R. M. (1989). Absenteeism among nurses: An idiographic-longitudinal analysis. *Academy of Management Journal, 32*, 424–453.

Hansen, C. D., & Andersen, J. H. (2008). Going ill to work-What personal circumstances, attitudes and work-related factors are associated with sickness presenteeism? *Social Science & Medicine, 67*, 956–964.

Harrison, D. A., & Martocchio, J. J. (1998). A time for absenteeism: A 20-year review of origins, offshoots, and outcomes. *Journal of Management, 24*, 305–350.

Hemp, P. (2004). Presenteeism: At work – but out of it. *Harvard Business Review, October*, 49–58.

Hummer, J., Sherman, B., & Quinn, N. (2002). Present and unaccounted for. *Occupational Health & Safety, 71*, 40–44, 100.

Johansson, G., & Lundberg, I. (2004). Adjustment latitude and attendance requirements as determinants of sickness absence or attendance. Empirical tests of the illness flexibility model. *Social Science & Medicine, 58*, 1857–1868.

Johns, G. (1994). How often were you absent? A review of the use of self-reported absence data. *Journal of Applied Psychology, 79*, 574–591.

Johns, G. (1997). Contemporary research on absence from work: Correlates, causes, and consequences. *International Review of Industrial and Organizational Psychology, 12*, 115–174.

Johns, G. (2006). The essential impact of context on organizational behavior. *Academy of Management Review, 31*, 386–408.

Johns, G. (2008). Absenteeism and presenteeism: Not at work or not working well. In C. L. Cooper, & J. Barling (Eds.), *The sage handbook of organizational behavior* (Vol. 1) (pp. 160–177). London: Sage.

Johns, G. (2009). Absenteeism or presenteeism? Attendance dynamics and employee wellbeing. In S. Cartwright & C. L. Cooper (Eds.), *The oxford handbook of organizational well-being* (pp. 7–30). Oxford: Oxford University Press.

Johns, G. (2010). Presenteeism in the workplace: A review and research agenda. *Journal of Organizational Behavior, 31,* 519–542.

Johns, G. (2011). Attendance dynamics at work: The antecedents and correlates of presenteeism, absenteeism, and productivity loss. *Journal of Occupational Health Psychology, 16*, 483–500.

Johns, G., & Xie, J. L. (1998). Perceptions of absence from work: People's Republic of China versus Canada. *Journal of Applied Psychology, 83,* 515–530.

Judge, T. A., Thoresen, C. J., Bono, J. E., & Patton, G. K. (2001). The job satisfactionjob performance relationship: A qualitative and quantitative review. *Psychological Bulletin, 127*, 376–407.

Kessler, R. C., Ames, M., Hymel, P. A., Loeppke, R., McKenas, D. K., Richling, D. E.,& Ustun, T. B. (2004). Using the World Health Organization Health and Work Performance Questionnaire (HPQ) to evaluate the indirect workplace costs of illness. *Journal of Occupational and Environmental Medicine, 46*, No 6 Suppl. S23-S37.

Kivimäki, M., Head, J., Ferrie, J. E., Hemingway, H., Shipley, M. J., Vahtera, J., et al. (2005). Working while ill as a risk factor for serious coronary events: The Whitehall II study. *American Journal of Public Health, 95*, 98–102.

Koopman, C., Pelletier, K. R., Murray, J. F., Sharda, C. E., Berger, M. L., Turpin, R. S., & Bendel, T. (2002). Stanford Presenteeism Scale: Health status and employee productivity. *Journal of Epidemiology and Community Health, 44*, 14–20.

Lang, M. (2004). Most Alberta workers forgo full holiday allotment, says poll. *Calgary Herald, August 17*, p. D1.

Latham, G., & Whyte, G. (1994). The futility of utility analysis. *Personnel Psychology, 47*, 31–46.

Lerner, D., Amick, B. C. III, Rogers, W. H., Malspeis, S., Bungay, K., & Cynn, D. (2001). The work limitations questionnaire. *Medical Care, 39*, 72–85.

Lipton, R. B., Steward, W. F., & Von Korff, M. (1994). The burden of migraine: A review of cost to society. *PharmacoEconomics, 22*(6), 215–221.

Lofland, J. H., Pizzi, L., & Frick, K. D. (2004). A review of health-related workplace productivity loss instruments. *PharmacoEconomics, 22*, 165–184.

McKevitt, C., Morgan, M., Dundas, R., & Holland, W. W. (1997). Sickness absence and 'working through' illness: A comparison of two professional groups. *Journal of Public Health Medicine, 19*, 295–300.

Meerding, W. J., Ijzelenberg, W., Koopmanschap, M. A., Severens, J. L., & Burdorf, A. (2005). Health problems lead to considerable productivity loss at work among workers with high physical load jobs. *Journal of Clinical Epidemiology, 58*, 517–523.

Munir, F., Yarker, J., Haslam, C., Long, H., Leka, S., Griffeths, A., & Cox, S. (2007). Work factors related to psychological and health-related distress among employees with chronic illnesses. *Journal of Occupational Rehabilitation, 17*, 259–277.

Nebenzahl, D. (2004). Calling in sick is good for business. *The Gazette (Montreal), May 3*, p. B1.

Osterhaus, J. T., Gutterman, D. L., & Plachetka, J. R. (1992). Health care resource and lost labor costs of migraine headache in the US. *Pharmacoeconomics, 2*, 67–76.

Ozminkowski, R. J., Goetzel, R. Z., Chang, S., & Long, S. (2004). The application of two health and productivity instruments at a large employer. *Journal of Occupational and Environmental Medicine, 46*, 635–648.

Podsakoff, P. M., MacKenzie, S. B., Lee, J.-Y., & Podsakoff, N. P. (2003). Common method biases in behavioral research: A critical review of the literature and recommended remedies. *Journal of Applied Psychology, 88*, 879–903.

Prasad, M., Wahlqvist, P., Shikiar, R., & Shih, Y.-C. T. (2004). A review of self-report instruments measuring health-related work productivity: A patient-reported outcomes perspective. *Pharmacoeconomics, 22*, 225–244.

Reciniello, S. (1996). *What does psychoanalytic theory and application have to offer the women of workforce 2000?* Working paper, School of Business Administration, Oakland University.

Reilly, M. C., Zbrozek, A. S., & Dukes, E. M. (1993). The validity and reproducibility of a work productivity and activity impairment instrument. *PharmacoEconomics, 4*, 353–365.

Sanderson, K., Tilse, E., Nicholson, J., Oldenburg, B., & Graves, N. (2007). Which presenteeism measures are more sensitive to depression and anxiety? *Journal of Affective Disorders, 101*, 65–74.

Schultz, A. B., & Edington, D. W. (2007). Employee health and presenteeism: A systematic review. *Journal of Occupational Rehabilitation, 17*, 547–579.

Schwarz, N. (1999). Self-reports: Howthe questions shape the answers. *American Psychologist, 54*, 93–105.

Shamansky, S. L. (2002). Presenteeism··· or when being there is not being there. *Public Health Nursing, 19*, 79–80.

Sheridan, A. (2004). Chronic presenteeism: The multiple dimensions to men's absence from part-time work. Gender, *Work and Organization, 11*, 207–225.

Shuster, C. R. (2003). *Present and Unaccounted For: Presenteeism.* The Ohio State University Family and Consumer Sciences Family Tapestries Packet Fact Sheet FML-

FS- 14-03.

Simpson, R. (1997). Have times changed? Career barriers and the token woman manager. *British Journal of Management, 8,* S121-S130.

Simpson, R. (1998). Presenteeism, power and organizational change: Long hours as a career barrier and the impact on the working lives of women managers. *British Journal of Management, 9,* S37-S50.

Smith, D. J. (1970). Absenteeism and "presenteeism" in industry. *Archives of Environmental Health, 21*, 670–677.

Stolz, R. L. (1993). Reducing turnover through incentive programs. *Cornell Hotel and Restaurant Administration Quarterly, 34*, 79.

Tang, K., Pitts, S., Solway, S., & Beaton, D. (2009). Comparison of the psychometric properties of four at-work disability measures in workers with shoulder or elbow disorders. *Journal of Occupational Rehabilitation, 19*, 142–154.

Turpin, R. S., Ozminkowski, R. J., Sharda, C. E., Collins, J. J., Berger, M. L., Billotti, G. M., & Nicholson, S. (2004). Reliability and validity of the Stanford Presenteeism Scale. *Journal of Occupational and Environmental Medicine, 46,* 1123–1133.

Uris, A. (1955). How to build presenteeism. *Petroleum Refiner, 34,* 348–359.

Vahtera, J., Kivimaki, M., Pentti, J., Linna, A., Virtanen, M., Virtanen, P., & Ferrie, J. E. (2004). Organisational downsizing, sickness absence, and mortality: 10-town prospective cohort study. *British Medical Journal, 328*, 555.

van den Heuvel, S. G., Geuskens, G. A., Hooftman, W. E., Koppes, L. L. J., & van den Bossche, S. N. J. (2010). Productivity loss at work; health-related and work-related factors. *Journal of Occupational Rehabilitation, 20*, 331–339.

Van Roijen, L., Essink-Bot, M. L., Koopmanschap, M. A., Bonsel, G., & Rutten, F. F. H. (1996). Labor and health status in economic evaluation of health care: The Health and Labor Questionnaire. *International Journal of Technological Assessment in Healthcare, 12*, 405–415.

Van Roijen, L., Essink-Bot, M. L., Koopmanschap, M. A., Michel, B. C., & Rutten, F. F. H. (1995). Societal perspective on the burden of migraine in the Netherlands. *PharmacoEconomics, 7,* 170–179.

Vingård, E., Alexanderson, K., & Norlund, A. (2004). Sickness presence. *Scandinavian Journal of Public Health, 32 (Suppl. 63)*, 216–221.

Walsh, J. P., Weber, K., & Margolis, J. D. (2003). Social issues in management: Our lost cause found. *Journal of Management, 29*, 859–881.

Whitehouse, D. (2005). Workplace presenteeism: How behavioral professionals can make a difference. *Behavioral Healthcare Tomorrow, 14*, 32.

Worrall, L., Cooper, C., & Campbell, F. (2000). The new reality for UK managers: Perpetual change and employment instability. *Work, Employment & Society, 14*, 647–668.

Zhang, W., Gignac, M. A. M., Beaton, D., Tang, K., & Anis, A. H. (2010). Productivity loss due to presenteeism among patients with arthritis: Estimates from 4 instruments. *Journal of Rheumatology, 37*, 1805–1814.

13장

작업부하: 원인, 결과 그리고 가능한 개입방안

Nathan A. Bowling과 Cristina Kirkendall
라이트 주립대학교(Wright State University, 미국)

이 장은 직무스트레스의 근원이기도 한 작업부하에 관한 것이다. 과도한 작업부하는 많은 노동자에게 중요한 문제이다. 실제로 최근 스트레스가 되는 일에 대해 기술하는 개방형 질문지에 응답한 노동자의 반응에서 과도한 작업부하가 스트레스의 가장 흔한 원인 중 하나인 것으로 나타났다(Keenan & Newton, 1985). 다음의 연구들 역시 과도한 작업부하에 대한 다양한 부정적 영향을 강조하고 있다.

과도한 작업부하는 흔한 문제인 동시에 심각한 현실적 함의를 가지고 있으나 직무스트레스 연구는 그동안 작업부하에 상대적으로 많은 관심을 기울이지 않았으며, 일반적으로 스트레스적인 작업조건과 같은 스트레스원(stressor)을 연구하는 데 더 많은 관심이 있었다. 즉, 다른 스트레스원과 함께 작업부하가 연구되어 왔으며, 하나의 스트레스원이라기보다는 전체 스트레스원 중의 하나로 다루어져 왔다. 예를 들면, 여러 가지 스트레스원을 평가하는 연구에서 각각의 개별적인 스트레스원에 대한 가설 없이 전반적인 스트레스원에 대한 가설만을 포함하고 있는 것 등이 그 증거이다(Jex, Beehr, & Roberts, 1992; Spector, Chen, & O'Connell, 2000; Zellars & Perrewe, 2001).

따라서 이 장에서는 작업부하에 대한 직접적인 관심을 기울이고자 한다. 작업부하 용어에 대해 정의하고 작업부하와 관련한 원인 및 결과에 대한 연구들을 살펴보고자 한다. 또한 작업부하와 관련되는 문제 해결에 이용될 수 있는 조직적 개입방안에 대해서도 논의하고자 한다.

작업부하의 정의

심리학자들이 연구한 많은 다른 개념과 마찬가지로, '작업부하'라는 용어에 대해 전반적으로 동의된 정의는 존재하지 않는다. 그래서 '작업부하'는 통상 업무나 일의 양, 또는 어려움 등의 다양한 변수를 포함하는 포괄적 용어로 사용되고 있다. 작업부하가 다루고 있는 범위가 넓어짐에 따라, 연구자들이 작업부하를 구성하는 몇 가지 차원을 확인하고 몇몇 서로 다른 방식으로 작업부하를 조작화했다는 것은 놀라운 일은 아니다. 작업부하가 정신적이고 신체적인 차원(Dwyer & Ganster, 1991)뿐만 아니라 양적이고 질적인 차원까지도 포함하는 것(LaRocco, Tetrick & Meder, 1989)으로 설명되고 있다는 것이 그 예이다.

1 양적 작업부하 또는 질적 작업부하

몇몇 연구는 양적 작업부하와 질적 작업부하를 구분했다(예, LaRocco, Tetrick, & Meder, 1989; Parasuraman & Purohit, 2000). 양적 작업부하는 일이 가지고 있는 일의 양과 관련이 있다. 반면, 질적 작업부하는 일이 가지는 어려움과 관련이 있다. 양적 작업부하와 질적 작업부하의 차이점을 설명하기 위해서 두 명의 자동차 정비공 사례를 생각해 보자. 첫 번째 정비공은 하루가 끝날 때까지 오일 교환을 완료해야 한다. 오일 교환 작업이 정비공에게 쉬운 작업 중 하나일 수 있으나 짧은 시간 내에 많은 양의 오일을 교환하는 것은 정비공에게 부담이 될 수 있다. 즉, 양적 작업부하의 수준이 높은 것으로 설명될 수 있으나, 질적 작업부하는 낮다. 두 번째 정비공은 고객의 자동차에 있는 컴퓨터를 수리해야 하는데, 이러한 작업에 대해 훈련받은 적이 없고, 또한 수리한 경험도 거의 없어 매우 어려움을 느낀다. 두 번째 정비공은 양적 작업부하는 낮지만 높은 수준의 질적 작업부하로 설명될 수 있다.

2 정신적 작업부하 또는 육체적 작업부하

정신적 작업부하와 육체적 작업부하를 구분 짓는 것도 중요하다(Dwyer & Ganster, 1991). 정신적 작업부하와 육체적 작업부하의 원인과 결과가 다를 수 있기 때문에 이러한 구분이 이론적으로 그리고 현실적으로 중요할 수 있다. 예를 들어, 누군가의 육체적 능력은 육체적 작업부하에 대한 지각 수준과 높은 연관성이 있을 수 있는 반면에, 누군가의 정신적 능력은 정신적 작업부하에 대한 지각 수준과 높은 연관성이 있을 수 있다. 작업부하의 영향에 있어서 과도한 육체적 작업부하는 어떠한 신체적 증상과 같은 신체적 질병을 직접적으로 야기할 수 있다. 반면, 과도한 정신적 작업부하는 불안, 좌절 같은 심리적 질병을 직접적으로 야기할 수 있다.

작업부하의 조작화

몇몇 다른 방식으로 작업부하를 조작화한 연구가 있다. 주목할 만한 것은 작업부하가 일부 연구에서는 지각적 개념으로(예, Chen & Spector, 1991), 다른 연구에서는 객관적 개념으로서(예, Dwyer & Ganster, 1991) 측정되었다는 점이다. 어떤 연구는 실험적 조작을 이용하여 작업부하를 연구하였다(예, O'Connell, Cummings, & Huber, 1976). 반면에 또 다른 연구는 자연스럽게 발생하는 작업부하의 수준을 평가하기도 하였다(예, Spector & Jex, 1998). 여기에서는 이러한 작업부하의 서로 다른 조작화에 대해 논의하고자 한다.

1 객관적인 작업부하 또는 지각된 작업부하

작업부하의 측정은 객관적인 조작화 또는 지각된 조작화 여부에 따라서 달라진다. 노동자의 지각에 크게 좌우되지 않는 객관적 측정방법은 다음의 평가 방법 중 하나를 이용한다. 첫째, 참여자에게 지정된 시간 동안 얼마나 많은 일을 완료하였는지에 대해 질문하는 것이다. 예를 들면, '당신은 한 주에 몇 시간 일을 했습니까?'와 같은 **자기보고 형식**의 질문을 묻는 것이다(Sparks, Cooper, Fried, & Shirom, 1997). 다른 객관적 측정방법은 연구자가 한 주 동안 노동자가 일한 시간을 계산하기 위한 근무시간표를 이용하거나 또는 병원에서 간호사가 몇 명의 환자를 돌보고 있는지에 대해 숫자를 세는 것처럼 사업장의 기록에서 수집된 자료를 이용하는 것이다(Fox, Dwyer, & Ganster, 1993; Spector, Dwyer, & Jex, 1988). 이 외에도 직종 사전에서 얻은 정보(Spector, Jex, & Chen, 1995), 관리감독자의 판단(Spector, Dwyer, & Jex, 1988), 또는 관찰자 평가(Kirmeyer & Dougherty, 1988)를 통해서도 작업부하를 객관적으로 평가할 수 있다.

요컨대, 객관적인 작업부하는 검증할 수 있는 양 또는 일이 가지고 있는 어려움과 관련이 있다. 다음에 설명할 지각된 작업부하와 달리, 객관적인 작업부하의 개념은 주관적인 개인의 기준을 참고하지 않는다. 이러한 객관적인 작업부하 측정방법의 특징은 한 주 동안 얼마나 많은 시간을 일했는지에 대해 응답자에게 질문하는 예시 문항에서 알 수 있다. 일주일에 40시간씩 일하는 것이 반드시 스트레스원에 대한 지표가 될 수 있는 것은 아니다. 왜냐하면 개인이 가지고 있는 기준에 따라 자신에게 주어진 과도한 작업부하를 수용할 수 있기도 하며 또는 그것을 적당한 것으로 받아들일 수도 있기 때문이다. 이것은 특히 장시간 동안 일할 수 있는 체력과 능력을 가진 노동자의 경우에 그럴 수 있다. 따라서 지각된 작업부하와 달리, 과도한 객관적인 작업부하에 대한 노출은 노동자가 반드시 피하도록 동기를 부여해야 하는 것은 아니다. 사실 심지어 어떤 노동자는 스스로 과도한 객관적인 작업부하를 선택하는 경우도 있다. 아마도 이러한 노동자는 시간 외 수당을 받기를 원하거나 또는 부동산 사업자와 같이 일하는 것이 임금과 직결될 수 있기 때문이다. 너무 쉬운 수준의 객관적인 작업부하는 장시간 근무를 원하거나 또는 장시간 근무가 필요한 노동자에게는 오히려 스트레스원이 될 수도 있다. 객관적인 작업부하는 개인의 기준에 따라서 평가되지 않기 때문이다. 그러나 이러한 가능성은 객관적인 작업부하의 측정방법에서는 고려되지 않는다. 주관적 작업부하와 달리, 객관적인 작업부하는 법적으로 해결할 수 있는 현실적으로 유용한 방법이 있다는 사실에 더 주목해야 한다. 의료 종사자의 경우에 계속 일할 수 있는 연속 근무시간을 제한하는 규정을 새롭게 신설하는 것 등이 예가 될 수 있다.

반면에 지각된 작업부하의 측정방법은 해야 할 일이 너무 많거나 너무 적은지, 또는 일이 너무 어려운지 아니면 너무 쉬운지 등에 대해 노동자에게 질문한다(예, Beehr, Walsh, & Taber, 1976; Spector & Jex, 1998). 즉, 지각된 측정방법은 통상적으로 일의 상대적인 양이나 어려움에 초점을 두고 있다(Bolino & Turnley, 2005; Ortqvist & Wincent, 2006). 예를 들어, Bolino와 Turnley(2005)의 연구에서는 '내가 해야 할 것으로 예상되는 일의 양이 너무 많다' '때로는 한 사람이 해야 할 일의 양이 너무 많은 것으로 보인다'와 같은 문항이 이용되었다. 즉, 지각된 작업부하는 가지고 있는 일의 양에 대한 누군가의 생각 또는 주관적인 개인의 기준과 비교한 일의 어려움일 수 있다. 이러한 개인적인 기준은 일의 양이나 어려움에 대한 개인의 체력과 능력, 일을 완료해야 하는 시간, 또는 일의 양이나 어려움에 대한 개인의 선호도와 같은 몇몇 다른 방식으로 개념화될 수도 있다. 즉, 이것은 개인의 기준에 따른 일의 양 또는 어려움을 나타내기 때문에 어떠한 노동자든지 이상적인 상태에서는 높은 수준의 지각된 작업부하가 없을 수도 있다. 따라서 노동자는 일반적으로 과도하게 지각되는 작업부하는 피하도록 동기화될 것이고, 이미 과도한 작업부하를 지각한 노동자는 일반적으로 본인도 모르는 사이에 무의식적으로 그렇게 할 것으로 예상된다.

객관적인 작업부하와 지각된 작업부하의 차이를 좀 더 명확히 설명하기 위해서 동일한 신체 노동이 요구되며 한 주에 60시간을 일하는 두 명의 사람을 생각해 보자. 이 두 명의 노동자는 동일하게 어려운 업무를 동일한 시간 동안 하기 때문에, 동일한 수준의 객관적인 작업부하를 가지고 있다고 할 수 있다. 그러나 개인이 가지고 있는 기준에는 차이가 있기 때문에 두 명의 노동자는 서로 다른 수준의 지각된 작업부하를 경험할 수 있다. 다른 모든 것이 동일한 경우, 장시간 근무가 자신에게 잘 맞다는 개인적 기준을 가진 노동자는 그렇지 않은 노동자보다 작업부하를 상대적으로 덜 지각할 수 있다. 반대로 만성적으로 아픈 아이를 돌보아야 하는 책임과 같은 외적 제약조건이 있는 노동자라면 가벼운 작업부하에도 압도되는 것을 느낄 수 있다.

흥미로운 것은 객관적인 작업부하와 지각된 작업부하 사이의 관계가 때로는 그다지 대단하지 않을 수도 있다는 점이다(Dwyer & Ganster, 1991; Spector, Dwyer, & Jex, 1988). 이것은 3가지 측면에서 해석될 수 있다. 첫째, 객관적인 작업부하 측정은 타당성이 부족할 수 있다. 둘째, 지각된 작업부하 측정방법 역시 타당성이 부족할 수 있다. 마지막으로 객관적인 작업부하 측정방법은 지각된 작업부하의 서로 다른 개념 때문에 확대 평가될 수 있다. 선행연구가 객관적인 스트레스원의 측정방법(Spector, Dwyer, & Jex, 1988)과 지각된 스트레스원의 측정방법(Spector & Jex, 1998)에 대한 구성 타당도를 지지한다고 가정해 보면, 객관적인 측정방법과 지각된 측정방법은 약간은 다른 부분을 평가하는 것이라고 생각된다. 즉, 객관적인 측정방법은 작업부하를 절대적으로 평가하는 반면에 지각된 측정방법은 누군가의 현재 일이 어떻게 다른 사람이 한 다른 일과 연관이 있는가와 같이 작업부하를 상대적으로 평가하는 것일 수 있다.

객관적인 작업부하와 지각된 작업부하를 구분하는 것은 현실적으로 그리고 이론적으로 모두 중요하다. 첫째, 경영자는 작업환경을 개선함으로써 작업부하의 객관적 수준을 직접 조작할 수도 있다. 반면에 지각된 작업부하는 이러한 방법으로 조작할 수가 없다. 지각된 작업부하가 노동자의 지각 또는 주관적 경험에 기반하고 있기 때문이다. 물론 객관적인 작업환경에 대한 조작이 작업환경의 지각에 간접적인 영향을 미칠 수는 있다. 그러나 객관적인 작업부하와 지각된 작업부하 사이의 관계가 대단하지 않음을 고려해 볼 때 그런 영향은 크지 않을 것으로 예상된다.

둘째, 객관적인 작업부하를 조작하는 것이 상대적으로 쉬울 수는 있으나, 지각된 작업부하가 노동자의 웰빙과는 더욱 강한 관계가 있을 수 있다. 이러한 예측은 사람이 환경의 실제 본질에 대해 반응하는 것이 아니라 환경에 대한 자신의 지각에 따라 반응한다는 일반적인 개념과도 일치한다(Spector, Jex, & Chen, 1995). 또한 지각된 작업부하의 측정은 일의 양과 어려움에 대한 노동자의 선호도와 기대를 고려하기 때문에 특히나 웰빙과 강한 관련성을 가질 수 있다. 또 다른 말로는 노동자의 웰빙에 대한 객관적인 작업부하의 영향이 지각된 작업부하를 통해서 조절될 수도 있다는 점을 의미하는 것이기도 하다.

2 자연적으로 발생하는 작업부하 또는 실험적으로 조작되는 작업부하

산업 및 조직심리학과 직업건강심리학 분야의 선행연구 대부분은 자연적으로 발생하는 수준의 작업부하를 연구자가 평가하는 비실험적 현장연구로 이루어져 있다(Specto, Dwyer, & Jex, 1988). 작업부하를 조작화하려는 접근방법은 특정한 연구의 외부 상황을 일반화할 수 있는 장점도 있으나 작업부하의 인과관계를 철저하게 연구할 수 없다는 단점도 있다.

다른 연구자는 실험적 조작을 이용해서 작업부하를 연구하였는데(O'Connell, Cummings, & Huber, 1976; Sales, 1969, 1970), 이 패러다임에서 참여자는 다양한 수준의 작업부하가 있는 작업에 무선적으로 배정되었고 일반적으로는 작업 수행과 같은 독립변인을 측정하였다. 이러한 접근방법은 특히 인적 요인을 다루는 심리학에서 일반적이다(Bosch et al., 2011; Prewett et al., 2010). 작업부하를 조작하려는 연구는 작업부하를 측정하려는 연구와 다르다는 점에 주목할 필요가 있다. 작업부하를 조작하려는 연구는 통상 작업부하에 대한 미시적인 관점을 취하는 반면에 후자의 연구는 거시적인 관점을 취한다. 즉, 실험적 연구는 일반적으로 특정한 작업과제에 대한 특성의 하나로서 작업부하에 초점을 두는 반면에 비실험적인 연구들은 전체적인 작업 특성으로써 작업부하에 초점을 맞추고 있다.

작업부하와 다른 작업장 스트레스원과의 개념적 중첩

작업부하는 조직적 제약, 모욕적 감독, 역할갈등, 그리고 일-가정 갈등과 같은 다른 작업장 스트레스원과 몇 가지 이론적 중첩이 있을 수 있는데, 스트레스원이 노동자의 웰빙에 관한 관심 부족을 반영하고 있기 때문이다. 여기서는 이러한 스트레스원이 작업부하와 개념적으로 어떻게 유사한지에 대해 논의하고자 한다.

1) 조직적 제약

조직적 제약은 적절하지 않은 장비, 부족한 훈련, 그리고 동료에게 방해받는 경험을 비롯하여 효과적인 직무수행을 방해하는 작업환경의 한 측면으로 정의할 수 있다(Spector, Dwyer, & Jex, 1988). 그러나 과도한 작업부하는 노동자가 일반적 수준의 양질의 성과 달성을 못하도록 할 수 있기 때문에 그 자체가 조직적 제약으로 고려될 수 있다.

2) 모욕적 감독

모욕적 감독은 감독자에 의해 자행되는 지속적인 언어 공격이나 심리적 공격과 관련되며, 정의에 따르면 신체적 공격은 제외하고 있다(Tepper, 2000). 모욕적 감독의 사례에는 하위직급의 노동자를 예의 없이 대하는 것, 거짓말하는 것, 그리고 하위직급 노동자의 사생활을 침범하는 것 등이 포함될 수 있다. 작업부하가 있는 일을 할당하는 감독자의 동기가 하위직급의 노동자를 괴롭히고자 하는 것이라면 이러한 불합리한 작업부하 할당도 모욕적 감독의 한 형태로 고려될 수 있다. 반면에 감독자가 지나치게 쉬운 일을 할당하는 것도 하위 직급의 노동자에게 모욕이 될 수 있다. 이러한 가능성은 모욕적 감독과 작업부하 간에 복잡한 관계가 있음을 말해 주는 것이며, 이 관계가 상황에 따라서 긍정적일 수도 부정적일 수도 있다.

3) 역할갈등

역할갈등은 노동자가 서로를 간섭하게 되는 다양한 직무 역할을 수행하게 될 때 발생한다(Schaubroeck, Cotton, & Jennings, 1989). 예를 들면, 대학 교수에게는 교과과정을 가르치고 연구를 수행하며, 동시에 추가적인 서비스 활동 수행에 대한 기대가 있다. 강의에 대한 과도한 부담이 교수가 일하는 시간의 대부분을 차지하기 때문에 생산적인 연구를 할 수 없는 사례처럼 서로 다른 역할은 때때로 방해가 된다. 역할갈등은 누군가에게 과도한 작업부하가 있을 때도 발생할 수 있다. 하나의 일을 제대로 하기 위해서 필요한 노력과 시간이 다른 일을 제대로 하는 데 필요한 시간과 노력을 방해하기 때문이다. 실제로 작업부하는 역할갈등의 특정한 형태로 다루어지기도 한다(Kahn et al., 1964).

4) 일-가정 갈등

일-가정 갈등은 직장생활에서의 요구가 가족과의 생활에서 발생하는 요구와 양립할 수 없을 때 발생한다(Bacharach, Bamberger, & Conley, 1991). 과중한 작업부하는 일-가정 갈등에 영향을 미친다. 일에 쏟아야 하는 과중한 시간과 개인적 에너지가 가족의 의무를 충족하는 데 필요한 능력을 제한하기 때문이다(Ilies et al., 2007).

요약하자면 작업부하는 다양한 작업장 스트레스원과 관련이 있다. 그러나 일부 개념적 중첩에도 불구하고 경험적 근거들은 작업부하가 다른 스트레스원과 완전히 중첩되는 것은 아니라는 점을 보여 주고 있다(Bacharach, Bamberger, & Conley, 1990).

과중한 작업부하의 잠재적 원인

대부분의 선행연구가 작업부하의 결과에 초점을 맞추고 있으나, 가능한 예측변인을 고려하는 것은 중요하다. 이를 통해 과도한 작업부하에 대한 유용한 개입방안을 찾을 수 있기 때문이다. 작업부하의 예측변인은 일반적으로 작업환경 관련 요인과 개별 노동자 관련 요인으로 구분된다.

1 작업환경 관련 요인

작업부하에 잠재적으로 영향을 미치는 작업환경과 관련되는 다양한 요인이 있다. 여기에는 리더의 행동, 조직적/직업적 문화, 그리고 직무요구에 대한 변화 패턴이 포함된다.

작업부하가 경영환경에 따라 상당히 변화된다는 점을 고려하면, 불합리한 작업부하에는 리더의 비효율적인 행동도 상당 부분 반영된다고 할 수 있다(House & Rizzo, 1972). 예를 들면, 리더가 하위 직급의 노동자가 합리적으로 완수할 수 있는 일의 양에 대한 지식이 부족하면 너무 많은 또는 너무 적은 일을 할당할 수 있다. 또한 불합리한 작업부하를 주는 것은 하위 직급 노동자를 괴롭히려는 의도의 반영으로도 볼 수 있다. 이것은 특히 모욕적 감독자에게서 흔하다(Tepper, 2000).

조직적/직업적 문화도 작업부하에 영향을 미칠 수 있다. 예를 들면, 어떤 조직은 유난히 힘들게 일을 하도록 독려하는 문화를 가지고 있다(Rutherford, 2001). 의학 분야의 레지던트와 젊은 변호사는 일터에서 더 높은 수준의 업무수행을 원하는 것처럼 작업장의 수준 또는 직업에 따른 기준이 높은 작업부하를 유발하는 문화를 만들 수 있다.

어떠한 특정한 전문가에게만 나타나는 패턴도 높은 작업부하와 낮은 작업부하를 만들 수 있다. 예를 들면, 세무사는 세금 마감일 이전에 직무 부담이 증가할 것이며 세금 시즌 이후에는 직무 부담이 줄어들 것이라고 예측이 가능하다. 계절 농장의 노동자와 학교 선생님도 유사한 증가와 감소를 경험한다. 응급실 의사와 같은 직업은 한 순간에서 다음 순간으로 작업부하의 변화를 경험하지만 변화의 대부분은 예측이 불가능하다. 앞으로의 연구는 이러한 변화의 비예측성뿐 아니라 작업부하의 일시적인 변화가 작업부하의 수준과는 독립적으로 노동자의 웰빙에 미치는 영향에 대해서도 다룰 필요가 있을 것이다.

2 개별 노동자 관련 요인

작업부하는 능력, 시간관리 기술, 부정적 정서와 같은 다양한 개인차에 의해 영향을 받기도 한다. 개인차는 작업부하의 지각 수준에 따라 영향이 있을 수 있으며 일을 더 하려는 경향성뿐 아니라, 일을 '쌓여 있는' 것으로 보는 경향성에도 영향을 미칠 수 있다.

일반적으로 일과 연관된 능력에는 지능과 같은 정신적 능력과 운동 기술과 같은 신체적 능력 모두가 포함된다. 이러한 능력은 양적인 작업부하보다는 질적인 작업부하에 영향을 미칠 수 있다. 이러한 능력의 결핍은 일을 더 어렵게 인지하게 할 수 있기 때문이다. 예를 들면, 암산으로 계산 문제 풀기는 낮은 수준의 정신적 능력을 가진 노동자에게는 높은 질적 작업부하로 인식될 수 있으나, 반대로 정신적 능력이 높은 노동자에게는 낮은 수준의 질적 작업부하로 인식될 수 있다. 유사하게, 트럭에 무거운 박스를 적재하는 것과 같은 신체적 능력이 요구되는 직무는 신체적 조건이 좋지 않은 노동자에게는 높은 질적 작업부하일 수 있으나, 신체적 조건이 좋은 노동자에게는 상대적으로 낮은 질적 작업부하일 수 있다.

이러한 개인적 능력이 지각된 작업부하와 부정적으로 관련되나, 반대로 객관적인 작업부하와는 긍정적으로 관련된다. 능력과 객관적 작업부하 사이의 긍정적 관계에는 적어도 두 가지 이유가 있을 수 있다. 첫째, 높은 능력을 가진 노동자는 객관적으로 높은 작업부하가 있는 일을 스스로 선택한다는 점이다. 둘째, 객관적으로 높은 작업부하의 일을 가진 조직은 높은 능력을 가진 노동자를 선별하는 선택 시스템을 이용할 수 있다는 점이다.

어떤 개인차 변인은 일이 '늘어나는' 것과 관련되는 경향성에 영향을 미침으로써 작업부하에 영향을 줄 수 있다. 예를 들면, 시간관리 기술이 부족한 노동자(Jex & Elacqua, 1999)는 시간을 비효율적으로 사용하기 때문에 높은 수준의 작업부하를 보고할 수 있다. 그 결과, 이러한 노동자는 종종 마감일 직전에 눈에 띄게 작업부하의 증가를 경험한다. 그러나 모든 일이 '늘어나는' 가능성을 제공하는 것은 아니라는 점에 주목할 필요가 있다. 예를 들어, 소방관이 월초에 긴급전화를 받지 않았다고 해서 월말에 긴급전화가 밀어닥치는 것은 아니다. 즉, 작업부하와 부정적 시간관리의 효과는 직업군에 따라 다양할 수 있다.

어떤 개인차 변인은 객관적인 작업부하와 관련은 없으나 높은 수준의 작업부하를 경험하는 개인의 경향성에는 영향이 있을 수 있다. 다양한 상황에서 부정적 감정을 경험하는 일반적 경향성인 부정적 정서는 지각된 작업부하와 정적인 상관이 있을 수 있으나 객관적인 작업부하와는 그렇지가 않다. 또한 이전 연구에서 부정적 정서가 역할 모호성과 역할갈등과 같은 다른 스트레스원에 대한 인식과 정적 상관이 있다는 것을 확인했다(Spector, Chen, & O'Connell, 2000). 높은 부정적 정서의 노동자는 부정적 사건을 알아차리고, 기억하고, 회상하는 것에 능숙하기 때문에 이러한 것이 가능할 것으로 생각된다. 그리고 이러한 노동자는 모호한 자극을 고통스러운 방식으로 해석하고자 하는 편향이 있기 때문이기도 하다. 결과적으로 높은 부정적 정서의 노동자는 일이나 직무가 높은 작업부하와 연관되는 것으로 인지할 수 있다. 그러나 부정적 정서의 수준이 낮은 노동자는 동일한 일이나 직무에 대해서 작업부하가 상대적으로 낮은 것으로 인식한다. 이러한 이론과 동일한 맥락으로 부정적 정서는 지각된 작업부하와 양의 상관관계가 있는 것으로 나타났다(Chen & Spector, 1991).

마지막으로, 어떤 노동자는 스스로가 더 일하기를 원하거나 또는 더 어려운 일을 원하기 때문에 과도한 작업부하가 있을 수 있다. 시간관리 부족으로 인한 과도한 작업부하와 달리, 이러한 원인은 조직에서 바람직한 것으로 여겨질 수가 있다. 과도한 작업부하를 추구하는 이러한 경향성은 성실성이 높은 노동자에게서 나타날 수 있다(Burgess, Irvine, & Wallymahmed, 2010). 이러한 유형의 작업부하에서 흥미로운 점은 노동자 개인에 의한 자발적 선택 결과라는 점이다. 자발적인 과도한 작업부하는 노동자가 그 상황을 통제할 수 있다고 생각할 때에는 상대적으로 유해한 영향을 미치지 않기 때문에 이것은 실제 작업현장에서 관심있게 다룰 필요가 있다. 앞으로의 연구에서는 비자발적인 과도한 작업부하가 어떠한 건강상 문제를 가지는지에 대한 관심도 필요할 것이다.

노동자 웰빙에 대한 작업부하의 잠재적 영향

작업부하는 신체적 또는 심리적 질병을 나타내는 몇 가지 다른 유형에도 영향이 있는 것으로 가정되고 있다. 여기에서는 노동자 웰빙에 대한 작업부하의 부정적 영향을 자원보존이론(Conservation of Resources Theory: CRT; Hobfoll, 1988)으로 설명하고자 한다. 자원보존이론은 스트레스원의 영향을 설명하기 위한 일반적인 접근방법이다. 자원보존이론에 따르면 사람은 개인적 자원을 획득 · 유지하고, 보존하려는 고유의 욕구가 있다. 이러한 자원에는 고유한 본질적 가치 또는 가치 있는 것을 얻기 위해 누군가를 도울 수 있는 능력 등 많은 것이 포함된다. 시간, 돈, 사회적 지지, 자존감, 지식, 그리고 신체적 에너지 등이 자원의 예시가 될 수 있다. 자원보존이론 학자들은 개인이 자원 손실 위협을 받을 때마다, 그리고 자원의 손실이 실제로 발생했을 때, 또는 새로운 것을 얻기 위한 자원 투자가 실패했을 때 스트레스를 경험한다고 주장한다.

자원보존이론에서는 작업부하가 웰빙에 부정적 영향을 미칠 수 있는 몇 가지 메커니즘을 주장한다. 첫째, 과도한 작업부하는 신체적 에너지 수준이나 이용가능한 시간의 양과 같은 자원을 직접적으로 감소시킬 수 있다는 점이다. 둘째, 자원보존이론은 사람에게 새로운 자원을 만들기 위한 고유한 욕구가 있다고 가정하고 있으나, 중요한 활동이나 과도한 작업부하를 다루는 데 주의와 에너지를 집중하고 있을 때처럼 스트레스원을 경험하고 있을 때에는 새로운 자원의 획득이 어려울 수도 있다.

1) 심리적 압박

몇몇 연구는 작업부하가 심리적 압박과 긍정적 관련성이 있음을 발견했다. 예를 들어, Spector와 Jex(1998)에 의한 메타분석은 양적 작업부하 측정도구

(Quantitative Workload Inventory: QWI)에서 불안(0.4), 우울(0.21), 좌절(0.46)과 상관관계가 있음을 확인했다.

2) 신체적 긴장

작업부하는 신체적 질병과도 긍정적 관련성이 있다. 응답자에게 두통, 복통, 피로 등의 여러 종류 증상 여부를 묻는 증상 체크리스트와 작업부하와의 관계(Spector & Jex, 1998), 작업부하와 심혈관 질환(Kopp, Skrabski, Szanto, & Siegrist, 2006), 그리고 근골격계 질환(Sprigg et al., 2007)과 같은 특정한 질병 간의 관계를 다루는 연구에서 이러한 결과가 나타났다. Spector와 Jex(1998)의 메타분석 결과는 양적 작업부하 측정도구가 신체적 건강 증상(0.27)과 상관관계가 있다는 점을 발견했다.

3) 직무태도

작업부하와 직무만족 간에는 긍정적 상관관계(예, Dwyer & Ganster, 1991)와 함께 부정적 상관관계(예, Beehr et al., 2003; Spector, Dwyer, & Jex, 1988)를 보고하는 연구가 혼합되어 나타났다. 한 가지 가능성은 과도한 작업부하는 직무만족에 부정적 영향을 가진다는 점이다. 그러나 처음에 만족하는 노동자의 경우, 이후 주어진 추가적인 일에 대해서 상당히 자발적이다. 부정적 작업부하와 만족, 그리고 긍정적 만족과 작업부하의 관계가 동시에 존재할 수 있다는 것은 기존의 상관관계 결과를 오해할 수 있는 결과를 야기할 수도 있다.

노동자 행동에 대한 작업부하의 잠재적 영향

작업부하는 조직성과에 직접적으로 기여하는 행동과 관련이 있을 수 있다. 여기에서는 작업부하와 역할 내 성과, 조직시민행동, 반생산적인 과업행동, 그리고 노동자 철회의 관계에 대해 설명하였다.

1) 역할 내 직무성과

작업부하와 노동자 웰빙 간의 일반적인 부정적 관계에도 불구하고, 자신의 공식적인 직무를 효과적으로 수행하는 정도와 같은 역할 내 직무성과(Borman & Motowidlo, 1997)에 대한 작업부하의 영향은 좀 더 복잡하다. 우선, 작업부하가 성과와 긍정적 연관성이 있을 것으로 기대하는 이론적 근거가 있다(Beehr, Jex, Stacy, & Murray, 2000). 간단히 말하자면, 한 노동자가 완료해야 하는 일의 양은 노동자에게 할당된 일의 양이 증가됨에 따라 증가한다. 예를 들어, 높은 수준의 작업부하는 노동자에게 주의와 노력을 요구하고 동료 노동자와의 과도한 사교적 활동 같은 업무 이외의 활동은 원하지 않는다. 이러한 시나리오에서 과도한 작업부하의 존재는 모든 노동자에게 한결같이 높은 성과 수준을 요구하는 강경한 상황처럼 보일 수 있다(Withey, Gellatly, & Annett, 2005). 반면 작업부하가 직무성과와 부정적으로 관련이 있다는 근거도 있다(Beehr, Jex, Stacy, & Murray, 2000). 예를 들면, 과도한 작업부하는 일을 효과적으로 수행하기 위해 필요한 노동자의 신체적 · 인지적 자원을 대폭 감소시킬 수 있다. 앞에서 제안했듯이 작업부하와 성과 간의 관계는 몇몇 연구의 긍정적 관계(Spector & Jex, 1998)와 또 다른 몇몇 연구의 부정적 관계(Brown, Jones, & Leigh, 2005; Fritz & Sonnentag, 2006), 그리고 유의미하지 않은 관계의 다른 연구들(Beehr, Jex, Stacy & Murray, 2000)이 혼재되어 있다.

2) 조직시민행동

작업부하는 조직시민행동과 부정적 관계가 있는 것으로 알려져 있다(Organ & Ryan, 1995). 조직시민행동은 노동자의 직무기술에 언급된 행동은 아니지만 조직 내에서 특정한 사람이나 조직 전체를 돕는 노동자의 자발적 행동을 말한다. 조직시민행동 사례는 신규 동료 노동자를 자발적으로 돕는 것, 조직의 아웃사이더에 대해 사업주에게 호의적으로 이야기하는 것, 그리고 조직성과를 개선할 수 있는 관리방안을 제시하는 것 등이 포함될 수 있다.

다음의 이유에서 작업부하가 조직시민행동과 부정적으로 관련이 있다고 할 수 있다. 첫째, 과도한 작업부하는 노동자의 시간과 에너지를 독점할 수 있으며 조직시민행동에 노력을 기울일 기회를 없앤다. 둘째, 작업부하는 조직시민행동의 직접적인 원인으로 가정되어 온 긍정적 정서에 부정적 영향을 미칠 수 있다(Miles, Borman, Spector, & Fox, 2002). 마지막은 호혜주의 원칙(Gouldner, 1960)으로, 노동자를 나쁘게 대하는 사업주에게는 노력을 기울이지 않는다는 점을 제안한다. 과도한 작업부하는 사업주의 부정적인 대우 때문인 것으로도 해석될 수 있으며 과도한 작업부하를 가진 노동자는 조직시민행동을 하지 않음으로써 사업주에게 대응하려는 시도를 할 수 있다. 놀랍게도, 어떤 연구자는 작업부하가 조직시민행동과 긍정적 관련성이 있다는 것을 밝히기도 했다(예, Bolino & Turnley, 2005; Chu, Lee, & Hsu, 2006). 예를 들면, Miles, Borman, Spector와 Fox(2002)의 연구에서는 작업부하와 조직시민행동 간의 상관관계(0.31)가 나타났다. 아마도 이러한 긍정적 관계는 조직시민행동을 일이 쌓이게 하는 원인으로 고려하거나 또는 노동자가 작업부하 수준을 보고할 때 해야 하는 조직시민행동의 양을 고려하기 때문에 나타난 것일 수 있다.

3) 반생산적인 과업행동

반생산적인 과업행동은 조직을 해하려는 또는 조직 내 특정한 사람을 해하려는 목적이 있는 노동자의 자발적인 행동을 말한다(Fox, Spector, & Miles, 2001). 반생산적인 과업행동의 사례로는 사업주에게서 무엇을 훔치는 것, 동료 노동자의 일을 방해하는 것, 의도적으로 작업장에 지각하는 것 등이 포함될 수 있다. 적어도 다음의 두 가지 이유에서 작업부하와 반생산적 과업행동 사이에는 긍정적 관련성이 있을 것으로 본다. 첫째, 작업부하는 부정적 정서 상태를 야기하고 이것이 반생산적인 과업행동의 직접적인 원인이라는 가설이 있다(Miles, Borman, Spector, & Fox, 2002). 둘째, 호혜주의 원칙(Gouldner, 1960)에서는 노동자에게 과도한 작업부하가 있을 때 조직에 해로운 행동을 함으로써 사업주에게 '되돌려 주고자' 하는 사례가 예측이 가능하다. 작업부하와 반생산적인 과업

행동 간의 긍정적 관계를 지지하는 연구도 있는데(Chen & Spector, 1991; Miles, Borman, Spector, & Fox, 2002), Miles, Borman, Spector와 Fox(2002)의 연구에서 작업부하와 반생산적인 과업행동 간의 유의한 상관관계(0.21)가 나타나기도 했다.

4) 노동자 철회

노동자들은 불만족스러운 작업환경에 노출되지 않기 위해서 철회 행동을 한다(Mowday, Porter, & Steers, 1982). 철회에 대한 사례들로는 지각, 빨리 퇴근하기, 결근, 그리고 이직 등이 포함된다. 많은 노동자에게 과도한 작업부하가 불만족스러운 작업 조건으로 경험된다는 점을 고려해 본다면, 노동자는 철회 행동을 함으로써 과도한 작업부하를 피하려 한다는 것을 알 수 있다. 그러나 습관적인 철회 행동은 반복되는 결근 등으로 인해 오히려 일이 쌓이는 사례와 같이 다시 과도한 작업부하로 이어질 수 있다. 이러한 이론의 연장선상에서 작업부하가 결근(Rajbhandary & Basu, 2010), 이직 의향(Chen & Spector, 1991; Spector, Dwyer, & Jex, 1988)과도 긍정적 관련이 있음을 발견한 연구도 있다. 반대로, 어떤 연구는 작업부하가 결근과 부정적 관련이 있음을 찾았으며(Dwyer & Ganster, 1991), 또는 관계가 없다는 연구(Spector, Dwyer, & Jex, 1988)도 있다. 이러한 부정적 관계는 노동자가 철회를 바라지만 실제로는 너무 많은 일을 하고 있기 때문에 이러한 행동을 할 수 없을 것이라는 점을 제안한다.

작업부하 영향에 대한 연구와 관련되는 두 가지 조건

앞에서 언급된 연구들은 작업부하가 노동자의 웰빙과 행동에 연관이 있다는 점을 제안하고 있으나, 이러한 결과와 관련해서 다음의 조건에 주목할 필요가 있다. 첫째, 작업부하의 잠재적 영향을 연구한 앞의 선행연구 대부분이 일반적 관계를 분명하게 검증하기에는 불충분한 횡단적이며 비실험적 설계를 이용했다는 점이다. 작업부하에서 추측할 수 있는 많은 영향이 실제로 작업부하의 원인이 될 수도 있기 때문에 이 점은 중요하다. 작업부하가 노동자의 웰빙과 일반적으로 관계가 있을 것이라는 개념은 스트레스원이 긴장을 유발한다는 직무스트레스 연구자의 일반적인 가정과도 일치하지만, 높은 수준의 긴장 경험은 개념적으로는 노동자의 작업부하 수준이 상당히 높다고 보고하는 원인이 될 수도 있다. 예를 들어, 적당한 수준의 신체적 또는 정신적 요구가 있는 일도 노동자에게 어떠한 신체적 증상이 있을 때에는 수행이 어려울 수 있다. 마찬가지로, 노동자 행동이 작업부하에 일반적인 영향을 미칠 수도 있다. 예를 들면, 장기간 결근은 일이 쌓이는 원인이 될 수도 있고, 결국 작업부하가 증가한다. 유사하게 일을 효율적으로 수행하는 것은 나중에 일을 더 많이 하거나 또는 더 어려운 일을 하게 되는 결과를 만들 수도 있다.

두 번째는 대부분의 연구가 작업부하의 영향이 선형관계에 있다고 보는 함축된 가정에 둘러싸여 있다는 점이다. 그러나 작업부하가 긴장과 비선형적 관계에 있을 수도 있다는 점은 구분되는 특징이다. 특히 어떤 연구자는 작업부하와 긴장간의 관계가 역전된 U패턴에 의해 잘 설명된다고 제안한다(LaRocco, House, & French, 1980; Shultz, Wang, & Olson, 2010). 즉, 노동자는 작업부하의 이상적인 수준을 가지고 있을 수 있으며 긴장은 노동자의 작업부하가 이상적인 수준보다 더 높거나 또는 더 낮을 때 나타날 수 있다는 점이다.

긴장에 관한 작업부하의 비선형적 영향이 있을지라도 선형적 영향은 다른 스트레스원들보다는 약한 것으로 나타났다. 예를 들어, Spector와 Jex(1998)는 조직적 제약과 대인관계의 혼란이 작업부하보다 긴장과 더 강한 상관관계를 가지고 있다는 점을 발견했다. 작업부하의 이러한 선형적 영향이 간과되고 있는 비선형적 영향의 존재에 의해서 약화될 수도 있다.

작업부하의 영향에 대한 조절인자

앞에서 노동자의 웰빙, 태도, 그리고 행동에 대한 작업부하의 영향에 대해 언급했으나 작업부하의 영향은 상황 또는 개인에 따라서 일정하지 않다. 즉, 연구자는 상황적 차이요인과 개인적 차이요인이 작업부하의 영향력을 개선하는지 또는 악화시키는지에 대한 연구를 수행했다. 다음에서는 작업부하의 영향력에 대한 잠재적인 완충역할로서 통제감, 사회적 지지, 그리고 개인차 요인에 대해 논의하고자 한다.

1) 통제감

요구-통제(demands-control) 이론(Karasek, 1979)에서는 통제 수준이 요구 수준보다 낮을 때 직무요구가 노동자의 긴장을 야기할 것이라고 주장한다. 요구 수준은 작업부하 측정에 종종 이용된다. 이 모델의 근거는 요구 수준이 삶의 통제감에서 느낄 수 있는 기본적인 인간의 욕구를 충족한다는 것이다. 그리고 통제 수준의 존재는 과도한 작업부하에 의한 부정적 스트레스와 대응된다. 작업부하와 통제 수준의 상호작용 효과에 관한 연구에서는 혼합된 근거들이 있다는 것을 주장한다(Fox, Dwyer, & Ganster, 1993; Ganster, Fox, & Dwyer, 2001). 반면 몇몇 연구는 통제 수준의 존재가 작업부하의 부정적 영향을 개선한다는 것을 발견했다(예, Fox, Dwyer, & Ganster, 1993). 다른 연구에서는 작업부하의 영향이 통제 수준과 차이가 없다는 것을 발견하기도 했다(Ganster, Fox, & Dwyer, 2001).

2) 사회적 지지

사회적 지지는 직무스트레스 요인의 영향력에 완충역할을 하는 것으로 오랜 시간 가정되어 왔다(LaRocco, House, & French, 1980). 간단하게 보자면, 연구자는 높은 수준의 사회적 지지를 받을 때보다 낮은 수준의 사회적 지지를 받을 때 스트레스원은 긴장에 더 강력한 영향을 미친다고 믿는다. 개념적으로 사회적 지지의 존재는 과도한 작업부하를 다루는 데 도움이 될 수 있다. 예를 들면, 실질적인 지원을 받는 것과 같이 중요한 사회적 지지는 긴장이 과도한 작업부하로 바뀌는 것을 직접적으로 예방할 수 있다. 과도한 작업부하를 경험할 때 중요한 도움을 받는 것은 직접적으로 작업부하의 크기를 줄일 수 있다. 감정이입과 격려 등의 도움과 관련되는 정서적 지지는 완전히 다른 형태의 메커니즘을 통해 작업부하와 긴장 간의 관계에 영향을 미칠 수 있다. 예를 들면, 정서적 지지는 작업부하의 부정적 영향력에 대응하는 데 도움이 되는 긍정적 정서 반응을 야기할 수 있다.

이러한 일반적인 완충작용에 대한 가정과 모순되는 근거도 있다. 많은 연구가 사회적 지지의 긍정적인 영향력을 지지하는 반면에(Beehr et al., 2003; LaRocco, House, & French, 1980), 다른 연구는 사회적 지지의 효과가 없다거나(Chu, Lee, & Hsu, 2006), 심지어 작업부하와 긴장 간의 관계를 악화시킨다는 것을 발견하기도 했다(Kaufmann & Beehr, 1986).

3) 성격

앞에서 환경적 상황이 노동자 긴장에 대한 작업부하의 영향력을 줄이거나 또는 증가시킬 수 있다고 하였다. 이와 마찬가지로 작업부하의 영향력은 개인 노동자에 따라서 다양할 수도 있다. 게다가 부정적 정서는 작업부하와 긴장과의 관계에서 잠재적인 조절인자로 받아들여지고 있다. 보다 구체적인 경험적 근거에 의해 지지되는 것으로서 부정적 정서는 작업부하와 긴장 간의 관계를 악화시키는 영향력이 있는 것으로 가정되어 오고 있다(Klainin, 2009; Parkes, 1990).

과도한 작업부하에 대한 조직적 개입방안

작업부하에 따른 원하지 않는 많은 결과가 있기 때문에, 과도한 작업부하에 대한 해결책을 찾는 것은 개인과 조직의 큰 관심거리이다. 다행히 과도한 작업부하의 존재는 대부분의 일이 가지고 있는 원래의 구성 요소는 아니다. 그러므로 스트레스원의 이러한 유형은 조직적 개입방안을 통해서 설명될 수 있다. 노동자의 선발, 훈련 그리고 직무재설계에 의해 어떻게 과도한 작업부하가 다루어질 수 있는지를 논의하고자 한다.

1) 노동자 선발

과도한 작업부하의 존재는 노동자 선발 시스템의 문제를 의미하는 것일 수 있다. 작업부하가 문제가 된다는 것은 직무요구에 대한 개인 노동자의 지식, 기술, 그리고 능력 사이의 부적응자를 의미하는 것일 수도 있기 때문이다. 이것은 특히 양적인 작업부하가 과도할 때 그러할 수 있다. 즉, 조직 전반에 양적인 작업부하의 수준이 높다는 것은 조직이 일을 효과적으로 수행할 수 있는 지식, 기술, 그리고 능력을 갖춘 노동자를 고용하는 데 초점을 맞추어야 된다는 점을 제안한다. 과도한 양적인 작업부하는 노동자의 지식, 기술, 능력을 초과하는 직무요구가 있을 때 주로 나타나기 때문이다.

또한 과도한 작업부하는 신규 노동자 채용 계획이 부적절할 때에도 나타난다. 이러한 경우에는 현재 노동자의 부담을 덜어 줄 수 있는 추가 노동자를 채용함으로써 과도한 작업부하를 다룰 수 있다.

2) 훈련

효과적인 훈련 역시 과도한 작업부하를 대응하는 데 효과적이다. 첫째, 효과적인 훈련 프로그램은 일을 잘 수행하는 데 필요한 지식과 기술을 발전시킴으로 노동자의 작업부하를 줄일 수 있다. 필요한 지식과 기술을 가지는 것은 지각된 작업부하의 감소를 유도할 수도 있다. 둘째, 경영관리에 대한 훈련은 과도한 작업부하의 원인이 되는 감독자의 비효율적 행동을 다룰 수 있다. 예를 들면, 관리자에게 어떻게 작업부하를 효율적으로 관찰해야 하는지 그리고 과도한 작업부하의 징후를 어떻게 발견해야 하는지를 가르치는 것이다.

3) 직무재설계

직무재설계도 과도한 작업부하의 효과적인 수단이 될 수 있다. 가능한 한 가지 방법은 과도한 업무 양의 일부를 작업부하 수준이 상대적으로 낮은 동료 노동자에게 재할당하는 것이다. 특히 이런 개입방법은 누군가 높은 수준의 양적 작업부하를 경험하고 있을 때 유용하다. 대신 양적 작업부하는 이러한 일을 좀 더 쉽게 수행할 수 있는 지식, 기술, 능력을 가진 동료 노동자에게 재할당되어야 한다.

요약

이 장에서는 과학적인 문헌에서 작업부하가 어떻게 정의되고 측정되어 왔는지를 요약했다. 높은 수준의 작업부하에 대한 원인과 결과를 검토했으며, 이러한 작업부하에 영향을 미칠 수 있는 조절요인에 대해 논의했다. 또한 과도한 작업부하를 다룰 수 있는 조직 내의 잠재적 개입방안에 대해서도 고찰했다. 이러한 주제의 이론적이고 현실적인 중요성을 감안할 때, 직업건강심리학 분야의 연구자와 현장전문가 모두가 작업부하에 관심을 가질 필요가 있다고 생각한다.

참고문헌

Bacharach, S. B., Bamberger, P., & Conley, S. (1991). Work-home conflict among nurses and engineers: Mediating the impact of role stress on burnout and satisfaction at work. *Journal of Organizational Behavior, 12*(1), 39–53.

Bacharach, S. B., Bamberger, P., & Conley, S. C. (1990). Work processes, role conflict, and role overload: The case of nurses and engineers in the public sector. *Work and Occupations, 17*(2), 199–228.

Beehr, T. A., Farmer, S. J., Glazer, S., Gudanowski, D. M., & Nair, V. N. (2003). The enigma of social support and occupational stress: Source congruence and gender role effects. *Journal of Occupational Health Psychology, 8*(3), 220–231.

Beehr, T. A., Jex, S. M., Stacy, B. A., & Murray, M. A. (2000). Work stressors and coworker support as predictors of individual strain and job performance. *Journal of Organizational Behavior, 21*(4), 391–405.

Beehr, T. A., Walsh, J. T., & Taber, T. D. (1976). Relationship of stress to individually and organizationally valued states: Higher order needs as a moderator. *Journal of Applied Psychology, 61*(1), 41–47.

Bolino, M. C., & Turnley, W. H. (2005). The personal costs of citizenship Behavior: The relationship between individual initiative and role overload, job stress, and work-family conflict. *Journal of Applied Psychology, 90*(4), 740–748.

Borman, W. C., & Motowidlo, S. J. (1997). Task performance and contextual performance: The meaning for personnel selection research. *Human Performance, 10*(2), 99–109.

Bosch, T., Mathiassen, S. E., Visser, B., de Looze, M. P., & van Dien, J. H. (2011). The effect of work pace on workload, motor variability and fatigue during simulated light assembly work. *Ergonomics, 54*(2), 154–168.

Brown, S. P., Jones, E., & Leigh, T. W. (2005). The attenuating effect of role overload on relationships linking self-efficacy and goal level to work performance. *Journal of Applied Psychology, 90*(5), 972–979.

Burgess, L., Irvine, F., & Wallymahmed, A. (2010). Personality, stress and coping in intensive care nurses: A descriptive exploratory study. *Nursing in Critical Care, 15*(3), 129–140.

Chen, P. Y., & Spector, P. E. (1991). Negative affectivity as the underlying cause of correlations between stressors and strains. *Journal of Applied Psychology, 76*(3), 398–407.

Chu, C., Lee, M., & Hsu, H. (2006). The impact of social support and job stress on public health nurses' organizational citizenship behaviors in rural Taiwan. *Public Health Nursing, 23*(6), 496–505.

Dwyer, D. J., & Ganster, D. C. (1991). The effects of job demands and control on employee attendance and satisfaction. *Journal of Organizational Behavior, 12*(7), 595–608.

Fox, M., Dwyer, D., & Ganster, D. C. (1993). Effects of stressful job demands and control on physiological and attitudinal outcomes in a hospital setting. *Academy of Management Journal, 36*(2), 289–318.

Fox, S., Spector, P. E., & Miles, D. (2001). Counterproductive work behavior (CWB) in response to job stressors and organizational justice: Some mediator and moderator tests for autonomy and emotions. *Journal of Vocational Behavior, 59*(3), 291−309.

Fritz, C., & Sonnentag, S. (2006). Recovery, well-being, and performance-related outcomes: The role of workload and vacation experiences. *Journal of Applied Psychology, 91*(4), 936−945.

Ganster, D. C., Fox, M. L., & Dwyer, D. J. (2001). Explaining employees' health care costs: A prospective examination of stressful job demands, personal control, and physiological reactivity. *Journal of Applied Psychology, 86*, 954−964.

Gouldner, A. W. (1960). The norm of reciprocity: A preliminary statement. *American Sociological Review, 25*(2), 161−178.

Hobfoll, S. E. (1998). *Stress, culture, and community: The psychology and philosophy of stress.* New York: Plenum Press.

House, R. H., & Rizzo, J. R. (1972). Role conflict and ambiguity as critical variables in a model of organizational behavior. *Organizational Behavior & Human Performance, 7*(3), 467−505.

Ilies, R., Schwind, K. M., Wagner, D. T., Johnson, M. D., DeRue, D. S., & Ilgen, D. R. (2007). When can employees have a family life? The effects of daily workload and affect on work-family conflict and social behaviors at home. *Journal of Applied Psychology, 92*(5), 1368−1379.

Jex, S. M., & Elacqua, T. C. (1999). Self-esteem as a moderator: A comparison of global and organization-based measures. *Journal of Occupational and Organizational Psychology, 72* (1), 71−81.

Jex, S. M., Beehr, T. A., & Roberts, C. K. (1992). The meaning of occupational stress items to survey respondents. *Journal of Applied Psychology, 77*(5), 623−628.

Kahn, R., Wolfe, D., Quinn, R., Snoek, J., & Rosenthal, R. (1964). *Organizational stress: Studies in role conflict and ambiguity*. John Wiley & Sons. New York: John Wiley & Sons.

Karasek, R. (1979). Job demands, job decision latitude, and mental strain: Implications for job re-design. *Administrative Science Quarterly, 24*(2), 285−306.

Kaufmann, G. M., & Beehr, T. A. (1986). Interactions between job stressors and social support. *Journal of Applied Psychology, 71*(3), 522−526.

Keenan, A., & Newton, T. J. (1985). Stressful events, stressors and psychological strains in young professional engineers. *Journal of Occupational Behavior, 6*(2), 151–156.

Kirmeyer, S. L., & Dougherty, T. W. (1988). Work load, tension, and coping: Moderating effects of supervisor support. *Personnel Psychology, 41*(1), 125–139.

Klainin, P. (2009). Stress and health outcomes: The mediating role of negative affectivity in female health care workers. *International Journal of Stress Management, 16*(1), 45–64.

Kopp, M., Skrabski, A., Szanto, Z., & Siegrist, J. (2006). Psychosocial determinants of premature cardiovascular mortality differences within Hungary. *Journal of Epidemiology & Community Health, 60*(9), 782–788.

LaRocco, J. M., House, J. S., & French, J. R. (1980). Social support, occupational stress, and health. *Journal of Health and Social Behavior, 21*(3), 202–218.

LaRocco, J. M., Tetrick, L. E., & Meder, D. (1989). Differences in perceptions of work environment conditions, job attitudes, and health beliefs among military physicians, dentists, and nurses. *Military Psychology, 1*(3), 135–151.

Miles, D. E., Borman, W. E., Spector, P. E., & Fox, S. (2002). Building an integrative model of extra role work behaviors: A comparison of counterproductive work behavior with organizational citizenship behavior. *International Journal of Selection and Assessment, 10*, 51–57.

Mowday, R., Porter, L., & Steers, R. (1982). Employee-organization linkages. In P. Warr (Ed.), *Organizational and occupational psychology* (pp. 219–229). New York: Academic Press.

O'Connell, M. J., Cummings, L. L., & Huber, G. P. (1976). The effects of environmental information and decision unit structure on felt tension. *Journal of Applied Psychology, 61*(4), 493–500.

Organ, D. W., & Ryan, K. (1995). A meta-analytic review of attitudinal and dispositional predictors of organizational citizenship behavior. *Personnel Psychology, 48*(4), 775–802.

Ortqvist, D., & Wincent, J. (2006). Prominent consequences of role stress: A meta-analytic review. *International Journal of Stress Management, 13*(4), 399–422.

Parasuraman, S., & Purohit, Y. S. (2000). Distress and boredom among orchestra musicians: The two faces of stress. *Journal of Occupational Health Psychology, 5*(1),

74–83.

Parkes, K. R. (1990). Coping, negative affectivity, and the work environment. *Journal of Applied Psychology, 75*(4), 399–409.

Prewett, M. S., Johnson, R. C., Saboe, K. N., Elliott, L. R., & Coovert, M. D. (2010). Managing workload in human-robot interaction: A review of empirical studies. *Computers in Human Behavior, 26*(5), 840–856.

Rajbhandary, S., & Basu, K. (2010). Working conditions of nurses and absenteeism: Is there a relationship? An empirical analysis using National Survey of the Work and Health of Nurses. *Health Policy, 97*, 152–159.

Rutherford, S. (2001). "Are you going home already": The long hours culture, women managers and patriarchal closure. *Time & Society, 10*, 259–276.

Sales, S. M. (1969). Organizational role as a risk factor in coronary disease. *Administrative Science Quarterly, 14*(3), 325–336.

Sales, S. M. (1970). Some effects of role overload and role underload. *Organizational Behavior & Human Performance, 5*(6), 592–608.

Schaubroeck, J., Cotton, J. L., & Jennings, K. R. (1989). Antecedents and consequences of role stress: A covariance structure analysis. *Journal of Organizational Behavior, 10*(1), 35–58.

Shultz, K. S., Wang, M., & Olson, D. A. (2010). Role overload and underload in relation to occupational stress and health. *Stress and Health: Journal of the International Society for the Investigation of Stress, 26*(2), 99–111.

Sparks, K., Cooper, C., Fried, Y., & Shirom, A. (1997). The effects of hours of work on health: A meta-analytic review. *Journal of Occupational and Organizational Psychology, 70*(4), 391–408.

Spector, P. E., & Jex, S. M. (1998). Development of four self-report measures of job stressors and strain: Interpersonal Conflict at Work Scale, Organizational Constraints Scale, and Quantitative Workload Inventory. *Journal of Occupational Health Psychology, 3*(4), 356–367.

Spector, P. E., Chen, P. Y., & O'Connell, B. J. (2000). Alongitudinal study of relations between job stressors and job strains while controlling for prior negative affectivity and strains. *Journal of Applied Psychology, 85*(2), 211–218.

Spector, P. E., Dwyer, D. J., & Jex, S. M. (1988). The relationship of job stressors to affective, health, and performance outcomes: A comparison of multiple data sources. *Journal of Applied Psychology, 73*(1), 1–19.

Spector, P. E., Jex, S. M., & Chen, P. Y. (1995). Relations of incumbent affect-related personality traits with incumbent and objective measures of characteristics of jobs. *Journal of Organizational Behavior, 16*(1), 59–65.

Sprigg, C. A., Stride, C. B., Wall, T. D., Holman, D. J., & Smith, P. R. (2007). Work characteristics, musculoskeletal disorders, and the mediating role of psychological strain: A study of call center employees. *Journal of Applied Psychology, 92*(5), 1456–1466.

Tepper, B. J. (2000). Consequences of abusive supervision. *Academy of Management Journal, 43*(2), 178–190.

Withey, M., Gellatly, I. R., & Annett, M. (2005). The moderating effect of situation strength on the relationship between personality and provision of effort. *Journal of Applied Social Psychology, 35*(8), 1587–1608.

Zellars, K. L., & Perrewe, P. L. (2001). Affective personality and the content of emotional social support: Coping in organizations. *Journal of Applied Psychology, 86*(3), 459–467.

14장

작업, 스트레스 그리고 건강 행동

Nicola Payne
미들섹스 대학교(Middlesex University, 영국)

Gail Kinman과 Fiona Jones
베드퍼드셔 대학교(University of Bedfordshire, 영국)

직무스트레스는 많은 심리적 · 신체적 건강 문제와 연결되어 있다. 특히 종단연구에 의하면, 직무요구가 높고 직무통제가 낮은 고-긴장(high-strain) 직무(Karasek, 1979)는 심혈관 질환의 위험을 높인다(예, Kuper & Marmot, 2003). 직무스트레스가 건강에 영향을 주는 가능한 기제들이 있다. 보통은 스트레스원이 건강 행동에 영향을 주어 심혈관 질환과 같은 결과가 발생하는 것으로 본다(예, Jones, Kinman, & Payne, 2006; Steptoe, 1991). 예를 들어, 고-스트레스(high-stress) 직무를 수행하는 사람들은 스트레스가 덜한 직무를 수행하는 사람들에 비하여, 음주나 위안 삼아 먹기와 같은 스트레스 해소 행동을 더 많이 보일 가능성이 있다.

음주를 하거나, 무리한 식이요법을 하거나, 운동을 등한시하는 것과 같은 다양한 건강 행동은 암과 심혈관 질환뿐만 아니라 현재 유행하고 있는 비만과도 연관이 있다(World Health Organization Europe, 2011). 직무스트레스가 건강을 해치는 행동으로 이어질 때에는 이러한 관계를 미리 알고 있는 것이 건강한 행동을 회복하는 데에 큰 도움이 될 것이다.

이번 장에서는 직무스트레스가 건강 행동에 영향을 미친다는 증거와 이러한 증거가 개입 절차를 개발할 때에 무엇을 함의하여 주는지를 개관한다. 작업설계와 작업환경이 건강 행동에 도움이 된다면 이는 고용자와 노동자 모두에게 이익이 될 것이다. 다음의 사항을 알아보기로 한다.

1. 직무스트레스와 건강 행동 사이의 관계를 설명하는 주요 이론적 접근
2. 직무스트레스와 3가지 건강 행동(음주, 운동, 건강한 섭식)이 연결되었다는 증거
3. 이러한 증거들의 실용적인 함의
4. 결론과 후속 연구 방향

이론적 접근

1 역할의 갈등과 촉진

역할갈등이론(Katz & Kahn, 1978)은 다양한 역할에 의한 요구들이 서로 충돌하여 역할을 효과적으로 수행하기가 어렵게 된다는 주장이다. 따라서 작업 역할에 부여된 요구와 건강 행동에 참여하는 것 사이에는 갈등이 존재할 수 있다. 역할갈등은 양방향적이며, 여기에는 건강 행동과 관련된 몇 가지 차원이 있다(Greenhaus & Beutell, 1985). 예를 들어, 시간–기반 갈등(예, 많은 시간을 작업에 할애하는 것)은 운동과 건강한 음식을 준비하는 시간을 단축시킬 수 있다. 긴장–기반 갈등(예, 근무시간이 아닌데도 일을 걱정하는 것)은 '위안이 목적인' 식사와 과음을 일으킬 수 있다. 그리고 행동–기반 갈등(예, 직장에서 활동적이지 않은 것)은 직장 밖에서의 활동을 억제할 수 있다. 그러나 일과 삶 사이의 갈등은 피할 수 없는 것이 아니다. 어떤 한 역할에 몰입하는 것이 다른 역할의 성장(즉, 촉진; Grzywacz, Carlson, Kacmar, & Holliday Wayne, 2007)을 도울 수도 있다. 예를 들면, 융통성 있게—유연근무제로—작업을 하는 노동자가 엄격한 스케줄로 작업을 하는 노동자보다 규칙적인 운동을 더 잘 유지할 수도 있는 것이다.

2 대처이론

건강 행동이 스트레스에 대처하는 방안이 되기도 한다(Ingledew, Hardy, Cooper, & Jemal, 1996). 지금까지 밝혀진 주요 스트레스 대처 전략에는 문제-중심 대처와 정서-중심 대처가 있다(Carver, Scheier, & Weintraub, 1989; Lazarus & Folkman, 1984). 문제-중심 대처는 특정 스트레스원(예, 계획하기)을 직접 통제하는 전략을 말한다. 정서-중심 대처는 특정 스트레스원이 일으키는 정서를 다루는 전략인데, 부정(denial), 분산 추구, 혹은 건강 행동(예, 음주나 위안이 목적인 식사)과 같은 전략들이 있다. 보통은 문제-중심 대처가 더 적응적인 전략으로 간주되지만(Holahan, Moos, & Schaefer, 1996), 급성의 스트레스원을 다룰 때에는 정서-중심 대처가 유용할 때도 있다(Lazarus, 1993). 그러나 Ingledew, Hardy, Cooper와 Jemal(1996)은 건강 행동(운동, 식사, 그리고 자기-관리 행동)을 하나의 독립적인 대처 전략으로 분류하였다. 그 이유는 건강 행동의 기능이 정서-중심 대처의 기능과는 차이가 있다고 보았기 때문이다. 건강 행동은 일종의 예방이나 방지를 위한 대처일 수 있으며(Aspinwall & Taylor, 1997), 건강 행동을 통하여 미래에 더 효과적으로 대응하는 데에 필요한 자원(즉, 체력과 양호한 건강)을 비축할 수도 있다. 예를 들어, 특히나 스트레스가 많은 일을 하는 사람들은—앞으로 늘어날 요구를 예상하여 신체 활동을 더 많이 함으로써—대처에 필요한 에너지를 미리 준비할 수 있다. 결국에 직무스트레스가 건강 행동에 미치는 영향은 부정적일 수도 있고 긍정적일 수도 있다.

3 직무긴장 모델

건강 행동을 예측하는 직무스트레스 모델이 몇 가지 있다. 그중에 특히 유명한 모델이 Karasek(1979)의 직무 요구-통제 모델이다(직무긴장 모델로 알려져 있다). 이 모델은 저-긴장(low-strain) 직무(요구 수준이 낮고 통제 권한이 높음)보다 고-긴장 직무(요구 수준이 높고 통제 권한이 낮음)가 건강에 더 부정적임을 가정한다. 사회경제적인 지위뿐 아니라 다른 인구통계학적인 영향을 배제하더라도 고-긴장 직무는 음주와 같은 건강에 해로운 행동과 연결되며, 시간과 에너지를 들여야 하는 건강한 식사나 운동과 같은 건강 행동을 방해한다(예, Hellerstedt & Jeffrey, 1997; Lallukka et al., 2004, 2008). 더 나아가 Karasek은 활동적인 스타일의 '능동적 직무'(요구 수준이 높고 통제 권한이 높음)와 주로 앉아서 일을 하는 스타일의 '수동적 직무'(요구 수준이 낮고 통제 권한이 낮음)를 구분하였다(예, Hellerstedt & Jeffrey, 1997; Kouvonen et al., 2005c; Lallukka et al., 2008). 예컨대, 미국의 32개 작업장을 대상으로 한 Hellerstedt와 Jeffrey(1997)의 연구는 고-긴장 직무에 종사하는 남성 흡연자가 다른 직무에 종사하는 남성 흡연자보다 흡연을 더 많이 하고, 고-긴장 직무에 종사하는 여성이 다른 직무에 종사하는 여성보다 체질량 지수(BMI)가 더 높은 경향이 있음을 보여 주었다. 동시에 이 연구에서는 수동적 직무에 종사하는 남성이 다른 남성보다 운동을 더 적게 하고, 능동적 직무에 종사하는 여성이 다른 여성보다 운동을 더 많이 한다는 사실, 그리고 직무통제 권한이 남성과 여성의 운동량을 높이고, 직무요구가 남성과 여성의 흡연 강도, 여성의 높은 지방 섭취, 그리고 남성의 높은 BMI와 관련이 있다는 사실도 드러났다.

4 직무스트레스에 대한 다른 접근

직무스트레스와 건강 행동의 관계를 조사한 몇몇의 결과는 노력-보상 불균형 모델(Effort-Reward Imbalance model: ERI; Siegrist, 1996)과 같은 다른 이론적인 접근으로 해석되기도 하였다. 노력-보상 불균형 모델은 노력(예, 직무요구)은 많이 요구하지만 보상(예, 돈, 존중, 직무안전, 경력 개발 기회)이 적은 직무가 긴장을 유발하는 지각된 불균형을 초래한다고 말한다. 예를 들면, Kouvonen 등(2006)은 36,127명의 핀란드 노동자에게서 높은(노력보다 보상이 적은) ERI가 여성의 흡연, 신체 활동의 부재, 그리고 더 높은 BMI와 연관되고, 또한 남성의 신체 활동의 부재와도 연관되는 결과를 얻었다.

어떤 연구들은 직장생활 특유의 특성이 건강 행동에 영향을 줄 수 있음에 주목하였다. 예컨대, Jones 등(2007)은 영국의 노동자 422명을 조사하여 추가 근무가 간식량을 늘리고 운동량을 줄인다는 사실을 발견하였다. 이것은 건강 행동에 대한 시간-기반 역할갈등의 효과를 보여 주는 것이다. 교환적 접근(Lazarus & Folkman, 1984)을 이용한 또 다른 연구는 지각된 스트레스나 일상에서 경험하는 귀찮은 일들이 건강 행동에 영향을 줄 수 있다고 하였다. 예를 들어, 미국의 26개 작업장을 조사한 한 연구에 따르면 지각된 높은 일반 스트레스는 더 고지방의 식이요법, 운동량 저하, 흡연의 증가와 연합된다(Ng & Jeffery, 2003).

직무스트레스와 건강 행동이 연결되었다는 증거

이 영역에서는 음주에 관한 연구가 가장 많이 이루어졌다. 아마도 음주가 작업에 직접 영향을 주기 때문일 것이다. 그러나 운동과 건강한 섭식에 관한 연구도 점차 늘어나고 있다. 이 절에서는 이 3가지 건강 행동에 관한 연구를 하나씩 개관한다. 비록 대부분이 횡단적 조사에 의존하고는 있으나, 종단연구, 양적 일상일기연구, 그리고 질적연구와 같은 다양한 접근이 점점 많이 이용되고 있다. 그 결과로 다양한 작업요인이 건강 행동에 관여한다는 사실이 밝혀졌다. 예를 들어, Payne, Jones와 Harris(2011)는 24명의 노동자와 인터뷰를 진행하여 작업이 건강 행동에 영향을 주는 4가지의 주제를 발견하였다. 첫째는 **작업환경**이다. 작업환경에는 작업장 시설 정책, 편의시설, 그리고 각종 유혹거리뿐만 아니라, 건강 행동을 지원, 혹은 침해하는 문화적 작업장 규범도 포함된다. 둘째는 **예외적인 중요한 업무**(예, 업무상 누군가와 점심 식사를 하거나 출장을 가는 일)이다. 당연히 이러한 업무들은 통상의 업무에 영향을 미치기 마련이다. 또한 이러한 업무를 수행하는 중에는 편의시설, 유혹거리, 그리고 문화적 작업장 규범이 나쁘게 작용하여 건강에 좋지 못한 행동이 나타나기도 한다. 셋째는 **바쁜 업무**이다. 바쁜 업무는 피로감을 불러일으키고, 건강 행동에 관심을 가질 시간이 부족하다는 생각을 하도록 한다. 그리고 넷째는 **직무스트레스**이다. 직무스트레스에 따른 건강 행동은 일종의 대처 반응인 셈이다.

1 직무스트레스와 알코올 소비

추정컨대 영국은 음주 관련 질환으로 1년에 1,400만의 근무일을 낭비하고 있다. 이를 경제적으로 환산하면 연간 64억 파운드의 손실이 발생하는 것과 같다(Chartered Institute of Personnel and Development, 2007). 알코올 남용은 조기퇴직, 이직률 상승, 생산성 감소, 동료와의 관계 악화, 그리고 오류와 재해의 증가와 같은 부정적인 결과와 상관이 있다(Bacharach, Bamberger, & Biron, 2010; Bush & Autry, 2002). 따라서 노동자의 문제성 음주를 통제하는 개입 절차를 개발하면 그 효과가 상당할 것으로 예상된다. 개입의 효과는 알코올 남용 위험의 평균을 상회하는 직업군에서 두드러질 것이다. 군인(Bray, Fairbank, & Marsden, 1999)이나 의료 종사자(Higgs, 1995), 고위 간부(Marchand, 2008)와 같은 직업군이 여기에 속한다.

작업장에서 물질적 · 사회적으로 알코올을 사용할 수 있느냐(가용성)에 따라 알코올 소비가 달라지는 것으로 나타났다(Frone, 2000). 물질적 가용성이란 근무나 휴식 중에 음주를 할 수 있는 용이성을 가리킨다. 따라서 서비스업과 같이 음주가 용이한 직종은 알코올과 연관된 문제가 생길 위험성을 안고 있다(Zhu, Tews, Stafford, & George, 2011). 또한 예외적인 중요한 업무를 볼 때에도 음주가 많아지기 쉽다(Payne, Jones, & Harris, 2011). 사회적 가용성은 조직문화가 영향을 주는 알코올에 관한 신념과 가치, 그리고 행동과 연관이 있다. 어떤 직업들(보통은 남성 주도형) 중에는 노동자의 지루함과 불만을 줄이고 서로의 결속을 다진다는 이유로 '과음' 규범이 존재하기도 한다(Janes & Ames, 1989). MacDonald, Wells와 Wild(1999)는 사교적 음주가 문제성 알코올 소비를 예측하는 가장 중요한 변인 중에 하나라고 하였다. 그 반대로 자유를 제한하는 작업장 사회규범은 더 낮은 알코올 소비와 연합된다(Barrientos-Gutierrez et al., 2007). 하지만

Payne, Jones와 Harris(2011)의 결과를 보면, 정작 노동자들은 소수의 사람들이 즐기는 음주 문화를 크게 대수롭지 않게 여기는 것 같다. 다시 말하면, 많은 노동자가 동료와의 사교적인 음주를 긍정적으로 받아들인다는 말이다. 다른 연구들(예, Peel & Brodsky, 2000)과 마찬가지로 이들의 결과는 건강상에 문제가 없는 한 음주가 사회적 · 심리적인 이득을 제공할 수 있음을 시사한다.

지금까지 음주는 긴장이 완화되는 느낌 때문에 정서-중심의 대처로 분류되었다(Greeley & Oei, 1999). Payne, Jones와 Harris(2011)는 노동자들이 일을 마치고 쉴 때 자주 술을 마시는데, 특히 '일수가 사나웠던' 날에는 더 과음을 한다고 하였다. 하지만 Karasek의 직무긴장 모델로 알코올 소비를 예측하는 연구의 결과들이 늘 일치하는 것만은 아니다. Bromet, Dew, Parkinson과 Schulberg(1988), 그리고 Crum, Muntaner, Eaton과 Anthony(1995)의 종단연구는 고-긴장 직무를 수행하는 남성(여성은 제외)의 알코올 남용 위험이 그렇지 않은 남성의 위험보다 더 높다는 것을 보여 주었다. Tsutsumi 등(2003)도 고-긴장 직무와 알코올 소비가 관련이 있다고 하였다. 그러나 Lallukka 등(2008)의 연구에서, 비록 영국 여성들은 수동적 직무가 '술고래'로 쉽게 이어지지는 않았으나, 핀란드와 일본의 참가자들은 꼭 그렇지만은 않았다. 복잡하게도 Hemmingsson과 Lundberg(1998)의 조사에서는 직무가 수동적인 사람들이 문제성 음주자로 발전하기가 더 쉬웠다.

알코올 소비는 작업 과부하, 인지적 요구, 직장 내 희롱, 대인 갈등, 낮은 사회적 지지, 직무 불안정, 역할갈등, 잦은 출장, 그리고 빈번한 직무 이동과 같은 직장 스트레스원과도 관련이 있다(Frone, 1999, 2008; Hagihara, Tarumi, & Nobutomo, 2001; Hiro, Kawakami, Tanaka, & Nakamura, 2007; Metcalfe et al., 2003; Rospenda, 2002). 예를 들어, 일-가정 갈등이 알코올 소비를 조장하며, 일과 가정 사이의 관계가 음주 규범이나 동료나 가족의 지원으로 조절된다는 종단연구의 주장이 있다(Wang, Liu, Zhan & Shi, 2010).

몇몇 일기연구도 지각된 직무스트레스가 알코올 소비에 영향을 주는지를 알아 보았다. Steptoe, Lipsey와 Wardle(1998)은 작업이 과중하고 귀찮은 일이 많았던 몇 주 동안에 이를 음주로 대처하였던 사람들의 음주량이 증가하였다고 하였다. Carney 등(2000)도, 비록 실제로는 작업과는 무관한 귀찮은 일이 많았을 때에만 알코올 소비가 늘었지만, 작업과 관련하여 귀찮은 일이 많았던 며칠 동안에도 참가자들의 음주 욕구가 더 높아지는 것을 관찰하였다. 한편, Jones 등(2007)은 일일 근로시간의 증가가 음주량의 감소로 이어진다고 하였는데, 이는 아마도 술을 마실 기회가 줄어들었던 탓일 것이다.

어떤 연구들은 직무스트레스원과 알코올 소비가 관련이 있다는 설득력 있는 증거를 발견하지 못하기도 하였다(예, Kouvonen et al., 2005b; Landsbergis et al., 1998; Lallukka et al., 2004). 어쩌면 그 이유가, 예컨대 개인적 자원과 사회적 자원(예, 사회적 지지)이 줄었고, 음주의 효과에 더 호의적인 믿음을 가진 사람들 사이에서만 둘 간의 관계가 드러나기 때문일지도 모른다(예, Cooper et al., 1992). 또는 이 둘 간의 관계는 긴장을 풀고 싶은 사람들, 술로 마음을 달래는 현실도피주의자의 하소연을 거드는 사람들, 혹은 이 둘 중에 하나가 이유인 사람들에게서만 나타나는 것일 수도 있다(Grunberg, Moore, Anderson-Connolly, & Greenberg 1999; Steptoe, Lipsey, & Wardle, 1998).

일부의 결과가 갈등적이기는 하나 직무스트레스와 알코올 소비는 전반적으로 연관이 있어 보인다. 문화적 작업장 음주 규범이 이러한 행동을 부추기기도 한다. 하지만 이 둘의 관계는 그렇게 단순하지만은 않다. 예를 들어, Payne, Jones와 Harris(2011)는 어떤 노동자들은 '좋은' 날(좋은 일이 일어난 날)에도 술을 마시고 '나쁜' 날(스트레스가 심한 날)에도 술을 마신다고 하였다. 이것은 긍정적, 혹은 부정적인 감정 모두가 알코올 소비의 증가로 이어진다는 이전의 연구(Jones et al., 2007)에 잘 들어맞는다.

2 직무스트레스와 운동

Payne, Jones와 Harris(2011)에 의하면 직장에서 운동을 지원할 때에 노동자들은 편리하면서도 무료로, 혹은 저렴하게 이용할 수 있는 시설을 중요하게 생각한다. 융통성 있는 작업환경(예, 유연근무제)도 운동량을 높이는 것으로 알려져 있다(Grzywacz, Casey, & Jones, 2007; Payne, Jones, & Harris, 2011). 반면에 Payne, Jones와 Harris(2011)가 밝혔듯이, 사람들은 일이 너무 바쁘게 돌아가면(즉, 시간-기반 갈등) 일 때문에 운동을 하지 못한다고 생각한다. 물론 이들 연구에 참가한 많은 노동자들이 바쁜 일은 핑계에 불과하다고는 하였으나, 보통은 작업시간이 길어지면 운동시간이 줄어들기 마련이다(Artazcoz et al., 2009; Jones et al., 2007).

작업과 관련하여 운동을 방해하는 장애물로 늘 등장하는 요인은 시설과 시간의 부족이다. Schwetschenau, O'Brien, Cunningham과 Jex(2008)는 외적 장애물(예, 불충분한 운동시설 혹은 출장)로 직장 피트니스 센터에 가입하지 않는 것을 예측할 수 있고, 외적 및 내적 장애물(예, 운동할 때에 느끼는 동료들 간의 어색한 기분)로 피트니스 센터의 이용 빈도를 예측할 수 있다고 하였다. 단, 이들의 연구에서 시간-관련 장애물은 유의미한 예측변인이 되지 못하였다. 그러나 다른 연구들(예, Fletcher, Behrens, & Domina, 2008)에서는 시간의 부족이 직장에서의 신체활동을 방해하는 가장 흔한 장애물로 지목된다. Tavares와 Plotnikoff(2008)의 질적연구에서는 시간 부족(예, 마감시간, 휴식 부재, 긴 근무시간, 융통성 부재), 물리적 환경(예, 시설 부족), 그리고 직무에 따라오는 요구와 책임(예, 직무스트레스/부하, 점심시간에 책상에 붙어 있기를 바라는 문화적 규범)이 여성 노동자들의 운동을 방해하는 것으로 나타났다.

Karasek의 모델을 사용한 연구들을 보면, 고-긴장 직무(Hellerstedt & Jeffrey, 1997; Kouvonen et al., 2005c; Lallukka et al., 2004, 2008)와 수동적 직무(Kouvonen et al., 2005c)에 종사하는 사람들이 신체 활동을 덜 하는 것으로 나타난다. Yang 등(2010)의 9년 종단연구도 이와 비슷한 결과를 보여 주었다. 마찬가지로, Payne, Jones와 Harris(2002)의 예측연구에서도 일주일 전에 보고한 운동 의도(계획)에서는 직무 유형 간에 큰 차이가 없었으나, 실제로는 고-긴장 직무를 수행하는 사람들의 운동량이 더 적은 것으로 나타났다. 특히 의도대로 운동을 하였던 사람들에 비하여, 의도는 있었으나 정작 실천은 하지 못하였던 사람들의 작업 요구와 운동 자기효능감이 각각 유의미하게 더 높고 더 낮았다. 이것은 직무스트레스가 좋은 의도의 실천을 방해할 수도 있다는 증거이다. Payne, Jones와 Harris(2010)의 일기연구도 이러한 사실을 뒷받침하여 준다. 또한 일이 가정을 방해하는 갈등(work-to-family conflict; Roos, Sarlio-Lähteenkorva, Lallukka, & Lahelma, 2007)과 가정이 일을 방해하는 갈등(family-to-work conflict; Allen & Armstrong, 2006; Roos, Sarlio-Lähteenkorva, Lallukka & Lahelma, 2007)이 있을 때에도 노동자들의 신체 활동은 감소한다.

알코올 소비와 마찬가지로, 직무스트레스와 운동 간의 관계에서도 연구의 결과들이 일치하지 않는다. 여기에는 부분적으로 직업의 종류, 직무스트레스의 측정 방법, 그리고 건강 행동의 종류와 같은 방법론적인 요인들이 작용하였을 것이다. 더욱이 직무스트레스와 운동이 연합되었다는 유의미한 결과가 지속적으로 관찰되는 것도 아니다. Landsbergis 등(1998)과 Payne, Jones와 Harris(2005)의 예측연구에서도 직무긴장과 관련된 변인과 운동 사이에 연관성이 발견되지 않았으며, Steptoe, Lipsey와 Wardle(1998)의 일기연구에서도 작업상 귀찮은 일들이 운동에 아무런 영향을 주지 못하였다.

이러한 무위(null) 결과들에 대한 한 가지 가능한 설명은 사람들이 직무스트레스원에 두 가지의 대립적인 반응을 보일 수 있다는 점이다(즉, 스트레스 기간에 운동을 더 많이 하는 사람이 있고 더 적게 하는 사람이 있음). 실제로 Payne, Jones와 Harris(2011)의 연구에서는 직무스트레스로 인한 각성을 신체 활동으로 조절하는 노동자들에게서 직무스트레스가 운동에 미치는 정적인 효과가 관찰되기도 하였다. 또한 운동은 일반적 자기효능감과 자기도식을 변화시키고, 에너지와 체력이 보강되므로 예방적인 대처자원의 하나일 수 있다(Long & Flood, 1993). 또 다르게 운동은 Ingledew, Hardy, Cooper와 Jemal(1996)의 말대로 정서-중심의 대처 전략으로 이용될 수도 있다. 그 이유는 운동을 하면 이완이 되고, 주의가 분산되고, 그리고 기분이 고양되기 때문이다(Payne, Jones, & Harris, 2011). 직무스트레스원에 대한 두 가지의 대립적인 반응을 설명하기 위해서는 개인차와 같은 요인을 추가적으로 더 검토해 보아야 할 것이다.

요컨대, 앞에서 개관한 문헌들은 운동량 감소가 스트레스 자체와 관련이 있다기보다는 일이 바쁜 상황(즉, 시간-기반 갈등)에 대한 반응일 수 있음을 보여 준다. 일이 바쁠 때에는 작업이 스포츠와 운동의 물리적인 방해물이 될 수 있다. 또 일이 바쁠 때에 생기는 긴장이 피로감을 불러일으키고 이것이 운동 동기를 억제할 수도 있다. 반면, 어떤 사람에게는 운동이 스트레스원에서 오는 긴장이나 나쁜 기분에 대처하는 하나의 수단이 되기도 한다. 하지만 Payne, Jones와 Harris(2011)에 따르면 어떤 노동자들은 직장생활이 좋았을 때와 나빴을 때 모두 일과 후에 더 많은 운동량을 보인다. 또 Jones 등(2007)의 일기연구에 참가한 남성들은 운동을 더 많이 하였음에도 불구하고, 부정적 감정과 긍정적 감정을 모두 경험하기도 하였다. 결국, 알코올 소비에서와 비슷하게 직무스트레스와 운동 간의 관계도 양상이 복잡하다. 앞으로 더 많은 연구가 필요하다.

3 직무스트레스와 건강한 섭식

작업시간에 편의시설(예, 구내식당, 상점)을 이용할 수 있도록 하면 건강한 섭식이 방해를 받을 수 있다는 질적인 연구가 있다(Devine et al., 2007; Payne, Jones, & Harris, 2011). 보통 이러한 시설들에는 건강한 음식이 많이 구비되어 있지 않다. 그렇기 때문에 건강에 해로운 음식을 먹고 싶은 유혹에 빠지기가 쉽다. Payne, Jones와 Harris(2011)는 예외적인 중요한 업무를 보거나 늦게까지 일을 할 때에 해로운 음식을 허용하는 문화적 작업장 규범이 때로는 이러한 위험을 더 악화시킨다고 하였다. 하지만 구내식당이 제대로 된 식사를 제공한다고 생각하는 사람들도 있다. 실제로 Roos, Sarlio-Lähteenkorva와 Lallukka(2004)는 구내식당에서 점심을 해결하는 노동자들이 권장 식습관을 따르기가 더 쉬우며, 구내식당이 식이요법을 개선하는 데에 효과적일 수 있으므로 전체 노동자에게 이를 장려하자고 하였다.

Payne, Jones와 Harris(2011)는 일이 바쁘면 건강하게 먹기가 어렵기 마련이라고 하였다. 근무시간이 섭식에 미치는 영향을 조사한 연구들이 이를 입증하여 준다. 예를 들면, Wardle, Steptoe, Oliver와 Lipsey(2000)의 노동자들은 몇 주 동안 근무시간이 길어지자 칼로리, 지방, 그리고 당(sugar) 수치가 높아지는 증세를 보였다. 비슷하게도 여성 참가자를 대상으로 한 Jones 등(2007)의 연구에서도 근무시간과 간식 사이의 연관성이 확인되었다. 또한 늘어난 근무시간과 비만 사이에 상관이 있다는 사실도 영국의 여성들에게서 발견되었다(Lallukka et al., 2008). 몇몇 연구는 좋지 못한 식이요법, 비만, 그리고 대사증후군이 많아지는 것이 교대근무와 관련이 있다고 하였다(예, Lowden et al., 2010). 이 모든 결과는 작업 요구와 건강하지 못한 섭식이 서로 연결되어 있을 가능성을 함의하여 준다. 지금까지는 일반 생활 스트레스와 섭식 간의 관계(Greeno & Wing, 1994; O'Connor & Conner, 2011), 특히 스트레스와 에너지 밀도가 높은 간식 간의 관계(예, Grunberg & Straub, 1992)에 관한 연구들이 매우 광범위하게 수행되었다. 하지만 직무스트레스원이 구체적으로 어떻게 영향을 주는지에 관한 연구는 상대적으로 많지가 않다.

Karasek의 모델의 예언대로 고-긴장 직무는 BMI를 높이고(Kouvonen et al., 2005a), 채소 소비량을 낮춘다(Tsutsumi et al., 2003). 저-긴장 직무를 수행하는 사람들이 일주일 후에 건강에 좋지 않은 간식을 먹을 계획을 더 잘 실천하였다는 예측연구(Payne, Jones, & Harris, 2005)도 있으나, 일반적으로 저-긴장 직무는 더 건강한 식습관과 연결된다(Hellerstedt & Jeffrey, 1997; Lallukka et al., 2004). 한편, 고-긴장 직무가 비만과 상관이 있다는 19년의 추적연구(Brunner, Chandola, & Marmot, 2007)가 있음에도 불구하고, 10편의 횡단연구를 검토한 결과에서는 직무긴장과 BMI가 상관이 있다는 증거가 거의 발견되지 않았다(Overgaard, Gyntelberg, & Heitmann, 2004).

스트레스와 섭식 간의 상관은 일기연구에서도 확인된다. Steptoe, Lipsey와 Wardle(1998)은 업무가 더 많아지고 업무와 무관한 귀찮은 일들을 처리하는 지난 몇 주 동안에 사람들이 '패스트푸드'를 더 많이 소비하였다고 하였다. O'Connor 등(2008)도 일상에서 일어나는 귀찮은 일들(업무상 귀찮은 일들을 포함)이 간식 소비의 증가, 주된 식사의 감소, 그리고 야채 소비의 감소와 상관을 보인다고 하였다. 마지막으로, 일이 가정을 방해하는 갈등은 건강한 음식을 덜 소비하는 것과 연합되었고(Allen & Armstrong, 2006; Devine et al., 2007), 가정이 일을 방해하는 갈등은 기름진 음식의 소비와(Allen & Armstrong, 2006), 덜 건강한 식습관과 연결되었다(Roos et al., 2007). 그러나 예상과는 달리 Roos 등(2007)에서는 일이 가정을 방해하는 갈등에 있는 여성들이 좋은 식습관을 더 잘 따르는 것으로 조사되었다.

앞에서 다루었던 다른 건강 행동과 유사하게—직무스트레스와 섭식이 관련성이 있다는 보고들이 있기는 하나—연구의 결과들이 일관적이지는 못하다. 특히 어떤 연구들은 BMI와의 연관성을 발견도 하지 못하였다(예, Landsbergis et al., 1998; Overgard et al., 2004). 예컨대, Kawakami 등(2006)에 의하면 작업 지원은 건강한 영양분이나 그렇지 못한 영양분 모두와 상관을 보이며, 직무긴장과 17가지의 영양분 사이의 관계는 매우 일관적이지 못하다. 운동에서와 마찬가지로, 결과들이 불일치하였던 부분적인 이유는 연구들 간에 표본과 측정이 달랐다는 방법론상의 문제와 스트레스 반응의 개인차에서 찾을 수 있을 것이다. 스트레스를 받을 때에 어떤 사람들은 더 많이 먹고 어떤 사람들은 더 적게 먹는다는 스트레스-섭식 패러독스(Stone & Brownell, 1994)가 스트레스 반응에서 나타나는 개인차를 잘 보여 준다.

섭식에 관한 개인차 연구는 '외부요인 유발 섭식' '통제된 섭식', 그리고 '정서적 섭식'이라는 세 종류의 스트레스 반응을 중심으로 이루어져 왔다. '외부요인 유발 섭식자'의 섭식은 내적인 배고픔 단서가 아닌 외적인 자극에 대한 반응이다(Schachter, Goldman, & Gordon, 1968). '통제된 섭식자'는 자신의 통제하에서 음식의 섭취를 제한하려고 노력한다(Herman & Polivy, 1975). '정서적 섭식자'는 배고픔과 불안을 잘 구분하지 못하며, 불안할 때에는 '위안이 목적인 섭식' 경향을 보인다(van Strien, Frijters, Bergers, & Defares, 1986). 몇몇 연구는 스트레스와 섭식 사이의 관계가 섭식 패턴으로 조절된다고 하였다. 예를 들어, O'Connor 등(2008)은 일상에서 일어나는 귀찮은 일(특히 작업 중에 일어나는 귀찮은 일을 포함하여)과 더 많은 간식 사이의 관계를 주로 정서적 섭식이 조절한다고 하였다. 이러한 양상은 성별에 따라 더 복잡해진다. 왜냐하면 여성들이 스트레스성 섭식에 더 취약하기 때문이다(Greeno & Wing, 1994).

결국 다른 건강 행동과 마찬가지로 직무스트레스가 섭식에 미치는 영향도 복잡한 양상을 보인다. 아마도 스트레스 반응의 개인차와 스트레스원의 종류가 섭식의 향방을 결정한 것에 부분적인 이유가 있을 것이다(예, O'Connor et al., 2008). 또한 Payne, Jones와 Harris(2011)는 일이 바쁜 탓에 음식을 덜 먹을 수도(혹은 '올바르게' 먹지 못할 수도) 있고, 지루하고 바쁘지 않은 상황이 오히려 건강에 해로운 간식을 부추길 수도 있다고 하였다. 따라서 '바쁨'의 정도를 최적화하는 일이 직장에서는 중요한 과제가 되었다. 음식의 가용성과 작업장의 문화가 달라지면 직무스트레스를 경험하는 사람들도 건강한 섭식이 가능하게 될 것이다.

실용적 함의

건강 행동은 분명히 스스로가 책임을 져야 한다. 그러나 유해한 작업환경에 회사가 연루되어 있다면 회사도 위험을 줄이는 일에 동참을 하여야 한다. 포괄적/다층적인 개입 절차를 개발할 필요가 있으며, 물리적인 환경뿐만 아니라 조직의 정책, 구조, 그리고 문화를 통해서도 건강 행동을 지원하는 작업환경을 구축하여야 한다(O'Donnell, 1986).

섭식 환경이 건강해지기 위해서는 건강하고, 입맛에 당기고, 질 좋고, 그리고 가격이 합리적인 음식들이 구내매점이나 구내식당, 혹은 자동판매기에 구비되어 있어야 한다. 예외적인 중요한 업무를 볼 때에도 이러한 여건들이 조성되어야 한다. 다시 말하면, 근무시간이 '정상적'이든지 그렇지 않든지 간에 모두 그렇게 되어 있어야 한다는 뜻이다. 특히 건강한 음식을 표시하는 눈에 띄는 표지와 음식을 소비하는 시점에 건강식을 장려하는 포스터를 보도록 하는 조치도 도움이 된다(Devine et al., 2007). 이러한 방략들 모두가 건강한 섭식을 장려하는 데에 효과적임이 밝혀졌다(예, Take Heart: Glasgow et al., 1997). 13개의 무작위 대조시험(Randomized Controlled Trials: RCTs; Engbers, van Poppel, Paw, & van Mechelen, 2005)에서도 긍정적인 효과를 얻었다.

Tavares와 Plotnikoff(2008)는 직장에서 운동이 가능한 방안을 노동자들에게 제안하여 달라고 하였다. 노동자들은 현장 운동시설, 편의시설 이용 기회, 회사의 협조, 무료이거나 저렴한 시설 이용료, 고용주의 유연한 자세, 더 많은 시간적인 여유, 그리고 탄력근무제와 같은 방안들을 제시하였다. 또는, 직장 체육관과 같은 시설을 구비하거나, 걸을 수 있는 이동 경로를 표시하여 주거나(예, Working Healthy Project; Emmons et al., 1999), 혹은 워킹 트랙(예, Heart at Work; Pegus, Bazzarre, Brown, & Menzin, 2002)과 계단 사용을 권장하는 포스터(예, Kerr, Yore, Ham, & Dietz, 2004)를 설치하는 방법도 있다. 한편, 어떤 한 RCTs 개관 연구(Engbers, van Poppel, Paw, & van Mechelen, 2005)에서는 이러한 개입들의 효과가 결정적이라는 결론은 내리지 못하였다. 하지만 대부분의 RCTs 방법이 엄격하지 못하였듯이, 이 연구에서도 단지 3개의 연구만을 개관하였을 뿐이다.

건강 행동을 개선하기 위해 작업환경을 변경할 때에는 작업설계도 함께 수정하여야 한다. 예컨대, 근무일 전후나 근무 중에 운동이 가능하기 위해서는 작업 일정을 충분히 유연하게 짜야 할 것이다. 작업 스케줄을 신중하게 설계하는 일과 함께, 노동자들의 직무역할이 그들의 자극 추구 욕구에 부응하는지도 살펴보아야 한다. 매치가 이루어진다면 작업 중에 최적의 각성이 유지될 수 있다. 장시간 일을 하거나 매우 바쁜 상황에 놓일 때, 그리고 자극이 없거나 일이 지루할 때 모두가 건강 행동에는 해로울 수 있다. 우리가 이번 장에서 개관한 문헌들은 최적의 '바쁨'이 중요하다는 사실과 규칙적인 휴식이 필요하다는 것을 보여 주었다. Taylor(2005)는 작업 중에 취하는 휴식이 종종 흡연이나 간식과 같은 건강하지 못한 행동으로 이어지기 쉬우므로 '부스터 휴식(booster breaks)'을 대안으로 제시하였다. 이 휴식은 잘 짜여진 휴식을 의미한다(예, 안내를 따라 움직이는 10분 동안의 신체 활동).

McGillivray(2005)는 직장에서 건강을 도모하는 일을 '고의로' 방해하는 몇 가지의 장애물(예, 시간, 애로사항, 피로감, 다른 업무들, 난처한 상황들)이 있다고 하였다. 따라서 건강을 지원하는 환경을 조성하는 것만으로는 노동자의 건강 행동을 개선하는 데에는 한계가 있다. 노동자의 참여율이 떨어지는 이유가 바로 여기에 있다. 더욱이 그는 건강증진 활동에 참여하는 노동자들은 이미 건강에 관심이 많은 백인이거나, 중산층이거나, 그리고 고등교육을 받은 사람일 가능성이 높다고 하였다. 이렇게 볼 때, 각종 건강증진 활동이 모든 사람의 관심을 받기에는 무리가 있으며, 사실상 이것이 노동자를 분열시키고 건강 지원 문화의 발전을 저해할 수도 있다. 동시에 노동자들은 이러한 활동이 스스로 라이프 스타일을 선택할 권리를 권위적으로 간섭한다고 여길 수 있다. 결국에 노동자들이 직장에서 건강을 증진할 기회를 스스로 무시하고 이에 적극적으로 저항하는 일이 벌어질 수도 있다.

강조하건대, 직장에서 이루어지는 건강증진 개입 절차는 모든 이해 당사자의 의견을 고려하여 신중하게 추진되어야 한다. 개입이 성공하기 위해서는 노동자들이 관련 활동을 '매입'하여야 한다. 하지만 고용주와 관리자의 '매입'도 중요하게 작용한다. Wilson 등(2007)은 대표직에 있는 사람의 지원과 참여가 성공을 예측하는 가장 중요한 변인이라고 하였다(인센티브, 접근 용이성과 합리적인 이용료, 그리고 프로그램 홍보가 그 뒤를 이었다). 반면, 사업의 목적이 노동자의 건강과 관련이 없다는 인식, 시간의 제약, 그리고 작업의 부하가 성공에 있어 가장 큰 걸림돌이 되었다. 조직을 운용할 때에는 성공적인 활동 사례를 만들 수 있어야 한다. 또 조직은 적절한 시스템을 가동하여 이러한 활동을 지원할 수 있어야 하며, 결과적으로 이러한 활동이 조직의 문화에 흡수될 수 있어야 한다. 후속 연구에서는 이에 관한 영향력 있는 경영 사례를 소개할 필요가 있다. 노동자와 고용주 모두에게 성공적이고, 실현 가능하고, 그리고 수용 가능한 기안이 마련되면, 그 기안을 참여적으로 평가하는 절차를 꼭 거쳐야 한다(Devine et al., 2007; Wilson et al., 2007). McGillivray(2005)는 모든 이해 당사자가 각자의 견해를 개진할 수 있도록, 직원들이 폭넓게 참여하는 작업장 건강위원회를 구성할 것을 제안하였다.

결론 및 후속 연구 방향

직무스트레스와 건강 행동이 보이는 연관성이 성별과 문화에 따라 종종 줄어들거나 조절되기도 하지만, 이 둘의 관계를 지지하는 대부분의 증거는 해로운 영향을 보고하고 있다. 예를 들어, Lallukka 등(2008)에 의하면 직무긴장은 영국 남성과 핀란드 여성의 신체 활동의 감소, 혹은 일본 남성의 흡연의 증가와 관련을 보이며, 수동적 직무는 영국 여성의 흡연과 음주의 감소로 이어진다. 하지만 이번 장에서 우리가 개관하였던 문헌들은 건강하지 못한 행동과 연결된 요인이 직무스트레스뿐만이 아니라는 사실을 보여 준다. 즉, 정책이나 시설, 그리고 작업장 문화와 같은 작업환경의 요인도 중요한 예언변인으로 작용하였다.

직무스트레스원이 건강 행동에 미치는 긍정적인 효과에 관해서는 아직까지 조사가 거의 이루어지지 않았다. 하지만 몇 가지 효과는 확인되었다. 예를 들어, 작업 일정이 융통성 있게 짜여 있거나 체육관과 같은 시설이 마련되어 있으면 긍정적인 효과가 나타나기도 하며, 업무가 바쁘기 때문에 음주가 줄거나 섭식이 통제되기도 하며, 심지어 어떤 노동자들은 운동으로 직무스트레스에 대처하기도 한다. 앞으로의 연구는 작업이 건강 행동에 미치는 긍정적인 효과에 더 집중하여야 할 것이며, 혹 작업환경이 건강 행동에 불리하더라도 변화가 가능하다는 것을 강조할 수 있어야 한다.

작업은 건강 행동에 영향을 미치는 한 가지 상황일 뿐이다. 작업이 아닌 다른 환경도 생각해 보아야 한다. 향후에는 작업요인과 함께 비-작업요인(예, 사회생활이나 가정생활과 관련된 요인)도 살펴보아야 한다. 특히 일과 가정 사이의 인터페이스를 주목할 필요가 있다. 예컨대, 일과 삶 사이에서 일어나는 갈등의 효과도 검증해 보아야 한다. 왜냐하면 이 갈등이 스트레스와 건강 행동 사이의 연결을 조절하는 잠재적인 요인일 수 있기 때문이다. 더불어 일과 삶 사이의 연결이 고무적일 때에 어떤 일이 벌어지는지도 관찰하여야 한다.

직무스트레스와 건강 행동 사이에는 개인차가 중요한 변인으로 작용할 것이다. 하지만 이에 관해서는 섭식과 관련된 연구가 대부분을 차지하고 있다. 향후에는 기타의 다른 건강 행동(예, 운동)으로 범위를 확장하여야 한다.

궁극적으로는 직무스트레스가 건강 행동에 영향을 주는 기제를 지속적으로 규명하여야 한다. 지금까지는 직무긴장 모델이 이 분야의 연구를 주도하였다. 앞으로는 작업특성 요소를 광범위하게 포괄하는 더 최근의 대안 이론들(예, 노력-보상 불균형 모델)도 통합적으로 활용하여야 할 것이다. 스트레스와 건강 행동 간의 연결 기제를 더 잘 이해하게 되면 이것이 종합적인 개입 절차를 개발하는 데에 좋은 기반이 될 수 있다. 이와 함께, 이러한 개입들이 노동자와 고용주(리더) 모두에게 실행 가능하고 수용 가능한지를 확인하는 일과, 엄격하게 설계된 RCTs를 적용하여 개입의 효과를 평가하는 일도 요구된다.

참고문헌

Allen, T. D., & Armstrong, J. (2006). Further examination of the link between work-family conflict and physical health: the role of health-related behaviors. *American Behavioral Scientist, 49*(9), 1204–1221.

Artazcoz, L., Cortes, I., Escriba-Aguir, V., Cascant, L., & Villegas, R. (2009). Understanding the relationship of long working hours with health status and health-related behaviours. *Journal of Epidemiology and Community Health, 63*(7), 521–527.

Aspinwall, L. G., & Taylor, S. E. (1997). A stitch in time: Self-regulation and proactive coping. *Psychological Bulletin, 121,* 417–436.

Bacharach, S. B., Bamberger, P., & Biron, M. (2010). Alcohol consumption and workplace absenteeism: The moderating effect of social support. *Journal of pplied Psychology, 95*(2), 334–348.

Barrientos-Gutierrez, T., Gimeno, D., Mangione, T. W., Harrist, R. B., & Amick, B. C. (2007). Drinking social norms and drinking behaviours: a multilevel analysis of 137 workgroups in 16 worksites. *Occupational Environmental Medicine, 64*(9), 602–608.

Bray, R. M., Fairbank, J. A., & Marsden, M. E. (1999). Stress and substance use among military women and men. *American Journal of Drug & Alcohol Abuse, 25*(2), 239–256.

Bromet, E. J., Dew, M. A., Parkinson, D., & Schulberg, H. (1988). Predictive effects of occupational and marital stress on the mental health of a male workforce. *Journal of Organizational Behavior, 9*(1), 1–13.

Brunner, E. J., Chandola, T., & Marmot, M. G. (2007). Prospective effect of job strain on general and central obesity in the Whitehall II study. *American Journal of Epidemiology, 165*(7), 828–837.

Bush, D. M., & Autry, J. H. (2002). Substance abuse in the workplace: Epidemiology, effects, and industry response. *Occupational Medicine, 17*(1), 13–25.

Carney, M. A., Armeli, S., Tennen, H., Affleck, G., & O'Neil, T. P. (2000). Positive and negative daily events, perceived stress and alcohol use: a diary study. *Journal of Consulting and Clinical Psychology, 68*(5), 788–798.

Carver, C. S., Scheier, M. F., & Weintraub, J. K. (1989). Assessing coping strategies: A theoretically based approach. *Journal of Personality and Social Psychology, 56*(2), 267–283.

Chartered Institute of Personnel and, Development. (2007). *Managing Drug and Alcohol Misuse at Work*. Available at http://www.cipd.co.uk/NR/rdonlyres/EFE87A7D-B088- 43C0-A0B5-B6F71DA1E678/0/mandrgalcmisuseg.PDF (accessed June 2, 2011).

Cooper, M. L., Russell, M., Skinner, J. B., Frone, M. R., & Mudar, P. (1992). Stress and alcohol use: Moderating effects of gender, coping, and alcohol expectancies. *Journal of Abnormal Psychology, 101*(1), 139–152.

Crum, R. M., Muntaner, C., Eaton, W. W., & Anthony, J. C. (1995). Occupational stress and the risk of alcohol abuse and dependence. *Alcoholism: Clinical & Experimental Research, 19*, 647–655.

Devine, C. M., Nelson, J. A., Chin, N., Dozier, A., & Fernandez, I. D. (2007). "Pizza is cheaper than salad": Assessing worker's views for an environmental food intervention. *Obesity, 15*, S57-S68.

Emmons, K., Linnan, J., Shadel, W., Marcus, B., & Abrams, D. (1999). The Working Healthy Project: A worksite health-promotion trial targeting physical activity, diet and smoking. *Journal of Occupational and Environmental Medicine, 41*(7), 545–555.

Engbers, L. H., van Poppel, M. N. M., Paw, M. C. A., & van Mechelen, W. (2005).

Worksite health promotion programs with environmental changes: A systematic review. *American Journal of Preventive Medicine, 29*(1), 61–70.

Fletcher, G. M., Behrens, T. K., & Domina, L. (2008). Barriers and enabling factors for worksite physical activity programs: A qualitative examination. *Journal of Physical Activity and Health, 5*, 418–429.

Frone, M. R. (1999). Work stress and alcohol use. *Alcohol Research and Health, 23*, 284–291.

Frone, M. R. (2000). Work-family conflict and employee psychiatric disorders: The national comorbidity survey. *Journal of Applied Psychology, 85*(6), 888–895.

Frone, M. R. (2008). Are work stressors related to employee substance use? The importance of temporal context assessments of alcohol and illicit drug use. *Journal of Applied Psychology, 93*(1), 199–206.

Glasgow, R., Terborg, J., Stryker, L., Boles, S., & Hollis, J. (1997). Take Heart II: replication of a worksite health promotion trial. *Journal of Behavioral Medicine, 20*(2), 143–159.

Greeley, J., & Oei, T. (1999). Alcohol and tension reduction. In K. E. Leonard & H. T. Blane (Eds.), *Psychological theories of drinking and alcoholism* (2nd edn.). London: Guilford Press.

Greenhaus, J. H., & Beutell, N. J. (1985). Sources of conflict between work and family roles. *Academy of Management Review, 10*, 76–88.

Greeno, C. G., & Wing, R. R. (1994). Stress-induced eating. *Psychological Bulletin, 115*, 444–464.

Grunberg, N. E., & Straub, R. O. (1992). The role of gender and taste class in the effects of stress on eating. *Health Psychology, 11*(2), 97–100.

Grunberg, L., Moore, S., Anderson-Connolly, R., & Greenberg, E. (1999). Work stress and self-reported alcohol use: The moderating role of escapist reasons for drinking. *Journal of Occupational Health Psychology, 4*(1), 29–36.

Grzywacz, J., Casey, P. R., & Jones, F. A. (2007). Workplace flexibility and employee health behaviors: A cross-sectional and longitudinal analysis. *Journal of Occupational and Environmental Medicine, 49*, 1302–1309.

Grzywacz, J. G., Carlson, D. S., Kacmar, K. M., & Holliday Wayne, J. (2007). A multi-level perspective on the synergies between work and family. *Journal of*

Occupational and Organizational Psychology, 80, 559–574.

Hagihara, A., Tarumi, K., & Nobutomo, K. (2001). A signal detection approach to the combined effects of work stressors on alcohol consumption. *Journal of Studies on Alcohol, 62*(6), 798–805.

Hellerstedt, W. L., & Jeffrey, R. W. (1997). The association of job strain and health behaviors in men and women. *International Journal of Epidemiology, 26*, 575–583.

Hemmingsson, T., & Lundberg, I. (1998). Work control, work demands, and work social support in relation to alcoholism among young men. *Alcoholism: Clinical and Experimental Research, 22*, 921–927.

Herman, C. P., & Polivy, J. (1975). Anxiety, restraint and eating behavior. *Journal of Abnormal Psychology, 84*(6), 666–672.

Higgs, R. (1995). Doctors in crisis: creating a strategy for mental health in health care work. In P. Litchfield (Ed.), *Health risks to the health care professional* (pp. 113–131). London: Royal College of Physicians.

Hiro, N., Kawakami, N., Tanaka, K., & Nakamura K. (2007). Association between job stressors and heavy drinking: Age differences in male Japanese workers. *Industrial Health, 45*, 415–425.

Holahan, C. J., Moos, R. H., & Schaefer, J. A. (1996). Coping, stress resistance and growth: Conceptualising adaptive functioning. In M. Zeidner & N. S. Endler (Eds.), *Handbook of coping: Theory, research, applications.* New York: John Wiley and Sons.

Ingledew, D. K., Hardy, L., Cooper, C. L., & Jemal, H. (1996). Health behaviors reported as coping strategies: A factor analytic study. *British Journal of Health Psychology, 1*, 263–281.

Janes, C. R., & Ames, G. (1989). Men, blue collar work and drinking: alcohol use in an industrial subculture. *Culture, Medicine and Psychiatry, 13*, 245–274.

Jones, F. A., Kinman, G., & Payne, N. (2006). Work stress and health behaviours: A work life balance issue. In F. Jones, R. Burke, & M. Westman (Eds.), *Work life balance: a psychological perspective* (pp. 185–215). London: Taylor Francis.

Jones, F., O'Connor, D. B., Conner, M., McMillan, B., & Ferguson, E. (2007). Impact of daily mood, work hours, and iso-strain variables on self-reported health behaviors. *Journal of Applied Psychology, 92*, 1731–1740.

Karasek, R. (1979). Job demands, job decision latitude and mental strain: Implications for job design. *Administrative Science Quarterly, 24*, 285–308.

Katz, D., & Kahn, R. K. (1978). *The Social Psychology of Organizations*. New York: John Wiley & Sons.

Kawakami, N., Tsutsumi, A., Haratani, T., Kobayashi, F., Ishizaki, M., Hayashi, T., & Araki, S. (2006). Job strain, worksite support, and nutrient intake among employed Japanese men and women. *Journal of Epidemiology, 16*(2), 79–89.

Kerr, N. A., Yore, M. M., Ham, S. A., & Dietz, W. H. (2004). Increasing stair use in a worksite through environmental changes. *American Journal of Health Promotion, 18*(4), 312–315.

Kouvonen, A., Kivimaki, M., Cox, S. J., Cox, T., & Vahtera, J. (2005a). Relationship between work stress and body mass index among 45,810 female and male employees. *Psychosomatic Medicine, 67*, 577–583.

Kouvonen, A., Kivimaki, M., Cox, S. J., Poikolainen, K., Cox, T., & Vahtera, J. (2005b). Job strain, effort-reward imbalance, and heavy drinking: A study in 40,851 employees. *Journal of Occupational & Environmental Medicine, 47*, 503–513.

Kouvonen, A., Kivimaki, M., Elovainio, M., Virtanen, M., Linna A., & Vahtera, J. (2005c). Job strain and leisure-time physical activity in female and male public sector employees. *Preventive Medicine: An International Journal Devoted to Practice and Theory, 41*, 532–539.

Kouvonen, A., Kivimäki, M., Virtanen, M., Heponiemi, T., Elovainio, M., Pentti, J., & Vahtera, J. (2006). Effort-reward imbalance at work and the co-occurrence of lifestyle risk factors: Cross-sectional survey in a sample of 36,127 public sector employees. *BMC Public Health, 6*, 24. doi: 10.1186/1471–2458–6–24.

Kuper, H., & Marmot, M. (2003). Job strain, job demands, decision latitude, and risk of coronary heart disease within the Whitehall II study. *Journal of Epidemiology & Community Health, 57*, 147–153.

Lallukka, T., Sarlio-Lähteenkorva, S., Roos, E., Laaksonen, M., Rahkonen, O., & Lahelma, E. (2004). Working conditions and health behaviors among employed women and men: The Helsinki Health Study. *Preventive Medicine, 38*, 48–56.

Lallukka, T., Lahelma, E., Rahkonen, O., Roos, E., Laaksonen, E., Martikainen, P., & Kagamimori, S. (2008). Associations of job strain and working overtime with adverse health behaviors and obesity: Evidence from the Whitehall II Study, Helsinki Health Study, and the Japanese Civil Servants Study. *Social Science & Medicine, 66*(8), 1681–1698.

Landsbergis, P. A., Schnall, P. L., Deitz, D. K., Warren, K., Pickering, T. G., & Schwarz, J. E. (1998). Job strain and health behaviors: Results of a prospective study. *American Journal of Health Promotion, 12,* 237–245.

Lazarus, R. S. (1993). Coping theory and research: Past, present and future. *Psychosomatic Medicine, 55,* 234–247.

Lazarus, R. S., & Folkman, S. (1984). *Stress, appraisal and coping.* New York: Springer.

Long, B. C., & Flood, K. R. (1993). Coping with work stress: Psychological benefits of exercise. *Work and Stress, 7*(2), 109–119.

Lowden, A., Moreno, C., Holmback, U., Lennernas, M., & Tucker, P. (2010). Eating and shift work – effects on habits, metabolism and performance. *Scandinavian Journal of Work, Environment & Health, 36*(2), 150–162.

Marchand, A. (2008). Alcohol use and misuse: What are the contributions of occupation and work organisation conditions? *BMC PublicHealth, 8,* 33. doi: 10.1186/1471–2458– 8–333.

MacDonald, S., Wells, S., & Wild, C. T. (1999). Occupational risk factors associated with alcohol and drug problems. *American Journal of Drug and Alcohol Abuse, 25,* 351–369.

McGillivray, D. (2005). Health promotion in the workplace: A missed opportunity? *Health Education, 102*(2), 60–67.

Metcalfe, C., Davey-Smith, G., Sterne, J. A. C., Heslop, P., Macleod, J., & Hart, C. (2003). Frequent job change and associated health. *Social Science and Medicine, 56,* 1–15.

Ng, D. N., & Jeffery, R. W. (2003). Relationships between perceived stress and health behaviors in a sample of working adults. *Health Psychology, 22*(6), 638–642.

O'Connor, D. B., Jones, F., Conner, M., McMillan, B., & Ferguson, E. (2008). Effects of daily hassles and eating style on eating behavior. *Health Psychology, 27* (1, Suppl.), S20-S31.

O'Connor, D. B., & Conner, M. (2011). Effects of stress on eating behavior. In R. J. Contrada & A. Baum (Eds.), *The handbook of stress science: Biology, psychology, and health* (pp. 275–286). New York: Springer.

O'Donnell, M. (1986). Definition of health promotion: Part II: levels of programs. *American Journal of Health Promotion, 1*, 6–9.

Overgaard, D., Gyntelberg, F., & Heitmann, B. L. (2004). Psychological workload and body weight: Is there an association? A review of the literature. *Occupational Medicine-Oxford, 54,* 35–41.

Payne, N., Jones, F., & Harris, P. (2002). The impact of working life on health behaviour: The effect of job strain on the cognitive predictors of exercise. *Journal of Occupational Health Psychology, 7,* 342–353.

Payne, N., Jones, F., & Harris, P. R. (2005). The impact of job strain on the predictive validity of the Theory of Planned Behaviour: An investigation of exercise and healthy eating. *British Journal of Health Psychology, 10,* 115–131.

Payne, N., Jones, F., & Harris, P. R. (2010). A daily diary investigation of the impact of work stress on exercise intention realisation: Can planning overcome the disruptive influence of work? *Psychology and Health, 25,* 111–129.

Payne, N., Jones, F., & Harris, P. R. (2011). Employees' perceptions of the impact of work on health behaviours. Paper presented at the British Psychological Society Division of Occupational Psychology Conference, Stratford upon Avon.

Peel, S., & Brodsky, A. (2000). Exploring psychological benefits associated with moderate alcohol use: A necessary corrective to assessments of drinking outcomes? *Drug and Alcohol Dependence, 60*(3), 221–247.

Pegus, C., Bazzarre, T. L., Brown, J. S., & Menzin, J. (2002). Effect of the Heart at Work program on awareness of risk factors, self-efficacy, and health behaviors. *Journal of Occupational & Environmental Medicine, 44*(3), 228–236.

Roos, E., Sarlio-Lähteenkorva, S., & Lallukka, T. (2004). Having lunch at a staff canteen is associated with recommended food habits. *Public Health Nutrition, 7*(1), 53–61.

Roos, E., Sarlio-Lähteenkorva, S., Lallukka, T., & Lahelma, E. (2007). Associations of workfamily conflicts with food habits and physical activity. *Public Health Nutrition, 10*(3), 222–229.

Rospenda, K. M. (2002). Workplace harassment, services utilization, and drinking outcomes. *Journal of Occupational Health Psychology, 7*, 141–155.

Schachter, S., Goldman, R., & Gordon, A. (1968). Effects of fear, food deprivation and obesity on eating. *Journal of Personality and Social Psychology, 10*, 91–97.

Schwetschenau, H. M., O'Brien, W. H., Cunningham, C. J. L., & Jex, S. M. (2008). Barriers to physical activity in an on-site corporate fitness center. *Journal of Occupational Health Psychology, 13*, 371–380.

Siegrist, J., (1996). Adverse health effects of high-effort/low-reward conditions. *Journal of Occupational Health Psychology, 1,* 27–41.

Steptoe, A. (1991). The links between stress and illness. *Journal of Psychosomatic Research, 35*, 633–644.

Steptoe, A., Lipsey, Z., & Wardle, J. (1998). Stress, hassles, and variations in alcohol consumption, food choice and physical exercise: A diary study. *British Journal of Health Psychology, 3*, 51–63.

Stone, D. N., & Brownell, K. D. (1994). The stress eating paradox: Multiple daily measurements in adult males and females. *Psychology and Health, 9*, 425–436.

Tavares, L. S., & Plotnikoff, R. C. (2008). Not enough time? Individual and environmental implications for workplace physical activity programming among women with and without young children. *Health Care for Women International, 29,* 244–281.

Taylor, W. C. (2005). Transforming work breaks to promote health. *American Journal of Preventive Medicine, 29*(5), 461–465.

Tsutsumi, A., Kayaba, K., Yoshimura, M., Sawada, M., Ishikawa, S., Sakai, K., & The Jichi Medical School Cohort Study Group. (2003). Association between job characteristics and health behaviors in Japanese rural workers. *International Journal of Behavioral Medicine, 10,* 125–142.

van Strien, T., Frijters, J. E. R., Bergers, G. P. A., & Defares, P. B. (1986). The Dutch Eating Behavior Questionnaire for assessment of restrained, emotional and external eating behavior. *International Journal of Eating Behavior, 5*, 295–315.

Wang, M., Liu, S., Zhan, Y., & Shi, J. (2010). Daily work-family conflict and alcohol use: Testing the cross-level moderation effects of peer drinking norms and social support. *Journal of Applied Psychology, 95*(2), 377–386.

Wardle, J., Steptoe, A., Oliver, G., & Lipsey, Z. (2000). Stress, dietary restraint and food intake. *Journal of Psychosomatic Research, 48*, 195–202.

Wilson, M. G., Goetzel, R. Z., Ozminkowski, R. J., DeJoy, D. M., Della, L., Chung Roemer, E., & Baase, C. M. (2007). Using formative research to develop environmental and ecological interventions to address overweight and obesity. *Obesity, 15*, S37-S47.

World Health Organization Europe. (2011). *Global Health Starts with Healthy Behaviour.* Available from http://www.euro.who.int/en/who-we-are/technical-programmes-in-theeuropean-region/good-health-starts-with-healthy-behaviour (accessed July 13, 2011).

Yang, X., Telama, R., Hirvensalo, M., Hintsanen, M., Hintsta, T., Pulkki-Raback, L., & Viikari, J. S. A. (2010). The benefits of sustained leisure-time physical activity on job strain. *Occupational Medicine (London), 60*(5), 369–375.

Zhu, J., Tews, M. J., Stafford, K., & George, R. T. (2011). Alcohol and illicit substance use in the food service industry: Assessing self-selection and job-related risk factors. *Journal of Hospitality and Tourism Research, 35*(1), 45–63.

찾아보기

ㅇ

편저자 소개

Jonathan Houdmont 박사

영국 노팅엄 대학교(University of Nottingham) 노동, 건강, 조직 연구소(Institute of Work, Health and Organisations: I-WHO)의 박사후 연구프로그램 중에 직업건강심리학 및 작업장 건강/웰빙분과 소장 및 전담강사이다. 주 관심 분야는 직무 관련 스트레스, 심리사회적 위험, 작업장 건강증진 주제와 연관된 측정 및 중재방안을 연구하는 것이다. Wiley-Blackwell 에서 출판한『직업건강심리학(Occupational Health Psychology)』공동 편집자이고, 현재 학생들을 위한 교재를 준비 중이다. 더 자세한 정보는 여기서 볼 수 있다(www.nottingham.ac.uk/iwho/people/jonathan.houdmont).

Stavroula Leka

세계보건기구(World Health Organization) 산하 노동프로그램 소장이고, I-WHO 직업건강심리학 분과 부교수이다. 주 연구관심사는 직업건강 및 안전에 관한 지식과 정책을 산업현장에 접목시키고, 심리사회적 위험 감소 경영을 위해 노력하고 있다. 미국심리학회(APA) 산하 직업건강심리학회로부터 젊은 학자상을 수상하기도 했다. 그녀는 유럽 직업건강심리학회 교육분과 위원장이다. 더 자세한 개인정보는 여기서 볼 수 있다(http://nottingham.ac.uk/iwho/people/stavroula.leka).

Robert R. Sinclair 박사

미국 클렘슨 대학교(Clemson University) 심리학과 부교수로 직업건강심리학회 전임회장이면서 창립자이다. 현재『경영학회지(Journal of Management)』『조직행동학회지(Journal of Organizational Behavior)』『직업건강심리학회지(Journal of Occupational Health Psychology)』편집위원이다. 현재 연구는 소매직원, 군인, 간호사 직종이 당면한 직업건강 문제를 다루고 있고, 경제적 스트레스, 리더십 및 정신건강, 노동 스케줄, 개인 탄력성, 안전 등의 연구 주제를 다룬다. 더 자세한 개인정보는 여기서 볼 수 있다(http://bobsinclair.webnode.com).

역자 소개

김경우(Kim, Kyungwoo)

영남대학교 대학원 심리학 박사
인간공학기술사
현 한국산업안전보건공단 산업안전보건연구원 연구위원

민승기(Min, Sungki)

영남대학교 대학원 심리학 박사
현 영남대학교 심리학과 강사

〈주요 역서〉

심리학 통계 검증(3판, 공역, 박학사, 2013)

이상일(Lee, Sangil)

경북대학교 대학원 심리학 박사
임상심리전문가, 정신건강임상심리사(2급)
현 울산과학기술원 연구교수
　서울사이버대학교 특임교수

〈주요 역서〉

영화와 심리학: 필름에 그려진 인간의 심연(공역, 학지사, 2012)

임호찬(Lim, Hochan)

경북대학교 대학원 심리학 박사
미국 애리조나 주립대학교 박사후 연구원
현 나사렛대학교 심리재활학과 정교수

〈주요 저 · 역서 및 검사〉

재활심리학개론(서현사, 2008), 미술치료입문(역, 학지사, 2012)
한국판 성인 인·적성 검사(Personality and Adaptation Scale: K-PAS)

직업건강심리학
-현대인의 일, 웰빙 그리고 조직문화-

Contemporary Occupational Health Psychology
– Global Perspectives on Research and Practice, Vol. 2

2019년 11월 5일 1판 1쇄 인쇄
2019년 11월 10일 1판 1쇄 발행

엮은이 • Jonathan Houdmont · Stavroula Leka · Robert R. Sinclair
옮긴이 • 김경우 · 민승기 · 이상일 · 임호찬
펴낸이 • 김진환
펴낸곳 • (주) 학지사
04031 서울특별시 마포구 양화로 15길 20 마인드월드빌딩
대표전화 • 02)330-5114 팩스 • 02)324-2345
등록번호 • 제313-2006-000265호

홈페이지 • http://www.hakjisa.co.kr
페이스북 • https://www.facebook.com/hakjisabook

ISBN 978-89-997-1906-6 93180

정가 22,000원

역자와의 협약으로 인지는 생략합니다.
파본은 구입처에서 교환해 드립니다.

이 도서의 국립중앙도서관 출판시도서목록(CIP)은 서지정보유통지원시스템 홈페이지(http://seoji.nl.go.kr)와 국가자료공동목록시스템(http://www.nl.go.kr/kolisnet)에서 이용하실 수 있습니다.
(CIP 제어번호: CIP2019038119)